★ 2024년 및 2025년 7·9급 공무원 시험 대비 ★

이진욱 세무사의

TAX NOTE

세법도 필기노트에서 다 나온다

▶ 세법의 쉽고 빠른 정리를 위한 필기노트형 요약서
▶ 체계적인 표로 핵심이론을 정리하여 학습 효율 극대

2024년 개정법률 및 시행령 완벽 반영

PREFACE

이진욱 세무사의 Tax Note

본서는 7급·9급 세무직 공무원 시험을 준비하는 수험생들을 위한 세법 요약서이다. 또한 본서는 필자가 다년간 공무원세법을 강의해오면서 세무직 공무원시험을 준비하는 수험생들이 세법이라는 어려운 분야를 수험과목으로서 준비하기 위해 가장 효율적으로 내용을 정리할 수 있는 요약서가 될 수 있도록 고민하고 연구한 노력의 결과물로서 수험생들에게 최고의 세법 요약서가 될 수 있도록 집필하였다.

세법은 그 방대한 내용의 이해와 더불어 수험을 대비하는 과정에서의 수많은 회독을 통해 형성되는 '숙련'이 그 실력을 더해주는 것이므로, 본 요약서는 수험생들의 세법 회독에 대한 시간을 줄여주고 효율성을 더해주는 강력한 무기가 될 수 있을 것이라 믿어 의심치 않는다.

이 책이 나오기까지 많은 분들로부터 도움을 받았다. 특히 보다 더 좋은 책을 만들기 위해 편집과 디자인 구성에 열성을 아끼지 않은 출판사 직원들에게 고마움의 뜻을 전하고자 한다.

공무원 수험생들에게 많은 도움이 될 수 있을 것이라는 자신감을 갖고 이 책을 집필하였지만, 세상에 완벽한 것은 없으므로 수험생 여러분의 건설적인 충고와 질책을 바라며, 부족한 부분은 계속 보완해 나갈 것을 약속드린다.
수험생 여러분의 건투를 비는 바이다.

2024년 1월
편저자 이진욱 올림

CONTENTS

PART 1
조세총론

CHAPTER 01	조세총론	8

PART 2
국세기본법

CHAPTER 01	국세기본법 총론	12
CHAPTER 02	국세부과와 세법적용	16
CHAPTER 03	납세의무	18
CHAPTER 04	조세채권의 보전	24
CHAPTER 05	과세 및 환급	28
CHAPTER 06	국세불복제도	37
CHAPTER 07	납세자의 권리 및 보칙	43

PART 3
국세징수법

CHAPTER 01	총칙 및 보칙	54
CHAPTER 02	임의적 징수절차	60
CHAPTER 03	강제적 징수절차	66

PART 4
부가가치세법

CHAPTER 01	부가가치세법 총론	84
CHAPTER 02	과세거래	88
CHAPTER 03	영세율과 면세	94
CHAPTER 04	과세표준과 매출세액의 계산	97
CHAPTER 05	매입세액의 계산	105
CHAPTER 06	공통사용재화에 대한 과세문제	110
CHAPTER 07	부가가치세의 납세절차	112
CHAPTER 08	간이과세제도	121

PART 5 법인세법

CHAPTER 01	법인세법 총론	132
CHAPTER 02	법인세의 계산구조	135
CHAPTER 03	익금	138
CHAPTER 04	손금 I	145
CHAPTER 05	손금 II (감가상각비)	156
CHAPTER 06	손금 III (충당금과 준비금)	160
CHAPTER 07	손익의 귀속시기 및 자산·부채의 평가	165
CHAPTER 08	부당행위계산의 부인	170
CHAPTER 09	과세표준과 세액의 계산	172
CHAPTER 10	법인세의 납세절차	174
CHAPTER 11	합병 및 분할 등에 관한 특례	179
CHAPTER 12	법인세법의 기타사항	184

PART 6 소득세법

CHAPTER 01	소득세법 총론	192
CHAPTER 02	이자소득과 배당소득	198
CHAPTER 03	사업소득	203
CHAPTER 04	근로·연금·기타소득	210
CHAPTER 05	소득금액계산의 특례	219
CHAPTER 06	종합소득과세표준의 계산	222
CHAPTER 07	종합소득세액의 계산	225
CHAPTER 08	퇴직소득세의 계산	231
CHAPTER 09	종합·퇴직소득세의 납세절차	233
CHAPTER 10	양도소득세	240
CHAPTER 11	소득세법의 기타사항	257

PART 7 상속세 및 증여세법

CHAPTER 01	상속세	264
CHAPTER 02	증여세	274
CHAPTER 03	상속세 및 증여세의 납세절차	286
CHAPTER 04	재산의 평가	290

PART 8 종합부동산세법

종합부동산세법	296

이진욱 세무사의 **Tax Note**

조세총론

CHAPTER 01 조세총론

조세총론

조세총론

구 분	내 용
조세의 개념	① 부과주체 : 국가 또는 지방자치단체 ② 과세목적 : 재정수입조달목적 ③ 과세근거·객체 : 법률에 의해 과세요건을 충족한 모든 자에게 부과 ④ 무보상성 : 직접적반대급부 × ⑤ 납부방법 : 금전납부(예외적 물납허용 → 상속세)
조세의 분류	① 부과주체에 따라 → 국 세 vs 지방세 ② 사용용도의 특정여부에 따라 → 보통세 vs 목적세 ③ 조세전가의 예정여부에 따라 → 직접세 vs 간접세 ④ 독립된 세원의 유무에 따라 → 독립세 vs 부가세 ⑤ 과세표준이 가액인지 수량인지에 따라 → 종가세 vs 종량세 ⑥ 납세자의 인적상황 고려여부에 따라 → 인 세 vs 물 세
조세법의 법 원	① 법원성 ○ : 헌법, 법률, 조약, 명령, 조리 ② 법원성 △ : 조례·규칙(지방세에 한하여), 판례(대법원판례에 한하여) ③ 법원성 × : 행정규칙, 관습법
조세법의 기본원칙	**조세 법률주의** ① 과세요건법정주의 : 위임입법의 문제(개별위임 ○, 포괄위임 ×) ② 과세요건명확주의 : 일의적 명확규정(다의적, 자의적 해석여지 ×) ③ 소급과세금지 : 진정소급 ×, 부진정소급 ○, 납세자에 유리한 소급효 ○ ④ 엄격해석원칙 : 문언주의에 따른 문리해석(확장해석 ×, 유추해석 ×) **조세 평등주의** ① 수평적공평 : 실질과세원칙, 부당행위계산부인, 최저한세, 의제배당 등 ② 수직적공평 : 초과누진세율, 금융소득종합과세 등 ★ 조세평등주의 저해 : 간이과세제도, 감면·공제·비과세, 선택적분리과세 등

■ ■ ■ 이진욱 세무사의 **Tax Note**

PART 2

국세기본법

CHAPTER 01	국세기본법 총론
CHAPTER 02	국세부과와 세법적용
CHAPTER 03	납세의무
CHAPTER 04	조세채권의 보전
CHAPTER 05	과세 및 환급
CHAPTER 06	국세불복제도
CHAPTER 07	납세자의 권리 및 보칙

CHAPTER 01 국세기본법 총론

1 국세기본법 총론

구 분	내 용
성 격	총칙법적 성격 + 불복절차법적 성격
다른 법률과의 관 계	① vs 다른 세법 : 다른 세법에 별도의 규정이 있는 경우를 제외하고는 국세기본법에서 정하는 바에 따름 → 다른 세법 우선 ② vs 관세법 : 수출입·무역거래에 대한 특별법 성격 → 관세법 우선 ③ vs 행정심판법 : 불복절차에 대한 특별법 성격 → 국세기본법 우선

용어의 정의 주요사항	① 국세 : 13가지 개별세목(지방세, 관세, 임시수입부가세 → 국세 ×)
	② 세법 : 12가지 개별세법 및 5가지 일반세법(국세기본법, 지방세법, 관세법 → 세법 ×)
	③ 원천징수 : 세법에 따라 원천징수의무자가 국세(가산세 제외)를 징수하는 것
	④ 가산세 : 의무불이행 벌과금적 성격, 국세에 포함 ○
	⑤ 강제징수비 : 국세징수법 중 강제징수에 관한 규정에 따른 재산의 압류·보관·운반과 매각에 든 비용(매각을 대행시키는 경우 그 수수료 포함)을 말함
	⑥ 공과금 : 국세징수법에서 규정하는 강제징수의 예에 따라 징수할 수 있는 채권 중 국세, 관세, 임시수입부가세, 지방세와 이에 관계되는 강제징수비를 제외한 것
	⑦ 납세자 : 납세의무자(주된·연대·제2차·보증인) + 징수의무자(원천징수·대리납부·납세조합)
	⑧ 과세표준 : 세법에 따라 직접적으로 세액산출의 기초가 되는 과세물건의 수량(종량세) 또는 가액(종가세)
	⑨ 특수관계인
	   ㉠ 혈족·인척 등 일정한 친족관계(4촌이내 혈족, 3촌이내 인척, 배우자, 친생자 등)
	   ㉡ 임원·사용인 및 그와 생계를 함께하는 친족 등 일정한 경제적 연관관계
	   ㉢ 주주·출자자 등 일정한 경영지배관계

2 기간과 기한

(1) 기간의 계산

구 분	내 용
원 칙	민법상 규정에 따름 ① 초일불산입 원칙 ② 그 기간이 오전 0시부터 시작하는 때 → 초일산입, 연령계산시 → 출생일 산입
예 외	세법에 특별한 규정 ○ → 초일산입 (ex 적수계산)

(2) 기한의 특례

구 분	내 용
공휴일 등	기한이 토요일·일요일·공휴일·대체공휴일 및 근로자의 날에 해당하는 경우에는 <u>그 다음날</u>을 기한으로 함
우편에 의한 서류제출	① 원칙 : 우편날짜도장이 찍힌 날(발신주의) ② 예외 : 우편날짜도장 확인 × → 통상 배송일수를 기준으로 발송한 날로 인정되는 날
전자신고	① 신고시기 : 해당 신고서 등이 국세청장에게 전송된 때 ② 기한의 특례 : 신고기한 만료일·납부기한 만료일에 정전, 장애, 오류 등의 사유로 전자신고·전자납부를 할 수 없는 경우 → <u>그 장애가 복구되어 신고·납부할 수 있게 된 날의 **다음날**</u> ③ 첨부서류 : 10일의 범위에서 제출기한을 연장할 수 있음

(3) 천재 등으로 인한 기한연장

구 분	내 용
적용대상기한	신고·신청·청구·서류의 제출·통지(납부기한 및 징수기한 제외)
연장사유	① 천재지변이 발생한 경우 ② 납세자가 화재, 전화, 그 밖의 재해를 입거나 도난을 당한 경우 ③ 납세자 또는 그 동거가족이 질병이나 중상해로 6개월 이상의 치료가 필요하거나 사망하여 상중인 경우 ④ 정전, 프로그램의 오류 그 밖의 부득이한 사유로 한국은행(그 대리점 포함) 및 체신관서의 정보통신망의 정상적인 가동이 불가능한 경우 ⑤ 금융회사 또는 체신관서의 휴무 그 밖의 부득이한 사유로 인하여 정상적인 세금납부가 곤란하다고 국세청장이 인정하는 경우 ⑥ 권한 있는 기관에 장부 또는 서류가 압수 또는 영치된 경우 ⑦ 납세자의 장부작성을 대행하는 세무사 등의 세무대리인이 화재, 전화, 그 밖에 재해를 입거나 도난을 당한 경우 ⑧ 위 ②③⑥에 준하는 사유가 있는 경우
연장기한	① 원칙 : 3개월 이내 + 1개월 → Max 4개월 이내 ② 예외 : 신고기한연장 → Max 9개월 이내
연장방법	납세자의 신청에 의한 연장 + 관할세무서장의 직권연장 모두 가능
연장절차	① 원칙 : 기한 만료일 3일 전까지 신청 → 기한 만료일 전에 승인 여부 통지 ② 예외 : 기한 만료일 3일 전까지 신청할 수 없다고 인정하는 경우 　　　　→ 기한의 만료일까지 신청

3 서류의 송달

구 분	내 용

송달장소	① 원칙 : 명의인의 주소·거소·영업소·사무소에 송달
	② 연대납세의무자
	   ㉠ 일반서류 : 대표자 → If not, 국세징수상 유리한 자에게 송달
	   ㉡ 납부고지·독촉 : 연대납세의무자 모두에게 각각 송달
	③ 지정된 사람 or 장소 : 그 사람 or 그 장소에 송달
	④ 송달받아야 할 자가 체포·구속 또는 유치된 경우 : 해당 교정시설의 장 또는 국가경찰관서의 장에게 송달

송달방법	(1) **교부송달** : 송달장소에서 송달받아야 할 자에게 교부
	  ① 송달받아야 할 자가 승낙 → 송달장소 외의 장소에서 교부 ○
	  ② 송달장소에 송달받아야 할 자 × → 보충수령인에 교부 ○
	  ③ 송달받아야 할 자 or 보충수령인 수령거부 → 유치송달
	
	(2) **우편송달** : 일반(통상)우편, 등기우편 모두 가능
	  ① 고지·독촉·강제징수·정부명령 관련서류 → 등기우편
	  ② 다음 중 어느 하나에 해당하는 납부고지서로서 50만원 미만에 해당하는 납부고지서는 일반우편으로 송달할 수 있음
	    ㉠ 소득세법에 따른 중간예납세액의 납부고지서
	    ㉡ 부가가치세법에 따른 예정고지세액의 납부고지서
	    ㉢ 신고납부세목에 해당하는 국세에 대한 과세표준신고서를 법정신고기한까지 제출하였으나 해당 세액의 전부 또는 일부를 납부하지 아니하여 발급하는 납부고지서
	
	(3) **전자송달**
	  ① 원칙 : 송달받아야 할 자가 신청한 경우에만 가능.
	  ② 예외 : 정보통신망장애로 전자송달 불능시 → 교부 or 우편송달 가능
	  ③ 전자송달 대상서류 및 전자송달의 방법
	
	       | 송달서류 | 전자송달의 방법 |
	       |---|---|
	       | ㉠ 납부고지서. 독촉장 개정안 ★
	㉡ 국세환급금통지서 | 해당 납세자로 하여금 국세정보통신망에 접속하여 해당 서류를 열람할 수 있게 하여야 함 |
	       | ㉢ 신고안내문
	㉣ 그 밖에 국세청장이 정하는 서류 | 해당 납세자가 지정한 전자우편주소로 송달하여야 함 |
	
	  ★ 2024. 7. 1. 이후 서류송달분부터 적용
	  ④ 전자송달 신청의제 : 납부고지서 송달 전 납세자가 국세정보통신망을 통해 소득세 중간예납세액·VAT 예정고지세액·예정부과세액을 확인 후 계좌이체 또는 신용카드 등의 방법으로 전액 자진납부한 경우 자진납부한 시점에 전자송달을 신청한 것으로 봄
	  ⑤ 전자송달의 철회신청 : 전자송달의 신청을 철회하려는 자는 전자송달 철회신청서를 세무서장에게 제출하여야 하며, 전자송달의 신청을 철회한 자가 전자송달을 재신청하는 경우에는 철회 신청일부터 30일이 지난 날 이후에 신청할 수 있음
	  ⑥ 전자송달 철회신청의제 : 납세자가 <u>2회 연속</u>하여 전자송달(국세정보통신망에 송달된 경우에 한정)된 서류를 열람하지 아니하는 경우에는 두 번째로 열람하지 아니한 서류에 대한 다음의 구분에 따른 날의 다음날에 전자송달 신청을 철회한 것으로 본다. 다만, 납세자가 전자송달된 납부고지서에 의한 세액을 그 납부기한까지 전액 납부한 경우에는 그러하지 아니하다.
	    ㉠ 납부기한 등 송달된 서류에 기한이 정해져 있는 경우 : 그 정해진 기한
	    ㉡ 위 ㉠ 외의 경우 : 국세정보통신망에 최초로 저장된 때부터 1개월이 되는 날

구분	내용
송달방법	(4) **공시송달** : 교부·우편·전자송달을 할 수 없는 경우 ① 사유 : 주소·영업소가 국외 or 불분명, 수취인 부재로 송달곤란 인정 ② 방법 : 국세정보통신망, 시·군·구 게시판 게시, 일간신문 게재 ★ 국세정보통신망 이용시 다른 방법과 함께 하여야 함.
송달효력	① 교부·우편송달·전자송달 : 그 송달을 받아야 할 자에게 도달한 때(도달주의) ★ 다만, 전자송달의 경우 송달받을 자가 지정한 전자우편주소에 입력된 때 또는 국세정보통신망에 저장된 때를 도달한 때로 본다. ② 공시송달 : 서류의 주요내용을 공고한 날로부터 14일이 지난 때

4 법인 아닌 단체

구 분	내 용
법인의제 (법인세법 적용)	★ 구성원에게 수익분배 × → ∴ 비영리법인 ① 주무관청 인·허가·등록한 미등기 단체 → 당연의제법인(승인 ×) ② 공익목적 출연재산 있는 미등기 재단 → 당연의제법인(승인 ×) ③ 단체규정 ○ + 대표자·관리인 ○ + 단체명의 재산·수익관리 + 신청 + 승인 → 승인의제법인 ★ 승인의제법인의 경우에는 승인일이 속하는 과세기간과 그 과세기간이 끝난 날부터 3년이 되는 날이 속하는 과세기간까지는 거주자(비거주자) 변경 × ★ 관할세무서장은 법인의제 승인신청이 있는 경우에는 그 승인여부를 신청일부터 10일 이내에 신청인에게 통지하여야 함
개인의제 (소득세법 적용)	법인으로 보는 법인 아닌 단체 이외의 단체로서, ① 1거주자 : 수익을 구성원에게 분배 × → 해당 단체를 1인으로 보아 납세의무 적용 ② 공동사업 : 수익을 구성원에게 분배 ○ → 공동사업자 각각 개별납세의무(연대납세의무×)
전환 국립대학법인 특례	① 세법에서 규정하는 납세의무에도 불구하고 전환 국립대학 법인(「고등교육법」에 따른 국립대학 법인 중 국립학교 또는 공립학교로 운영되다가 법인별 설립근거가 되는 법률에 따라 국립대학 법인으로 전환된 법인을 말함)에 대한 국세의 납세의무(국세를 징수하여 납부할 의무는 제외)를 적용할 때에는 전환 국립대학 법인을 별도의 법인으로 보지 아니하고 국립대학 법인으로 전환되기 전의 국립학교 또는 공립학교로 본다. ② 다만, 전환 국립대학 법인이 해당 법인의 설립근거가 되는 법률에 따른 교육·연구 활동에 지장이 없는 범위 외의 수익사업을 하는 경우의 납세의무에 대해서는 그러하지 아니하다.

CHAPTER 02 국세부과와 세법적용

1 국세부과원칙

구 분	내 용
의 의	국세의 부과과정(조세채권의 확정과정)에서 지켜야 할 원칙으로서 과세관청뿐 아니라 납세자에게도 적용됨
실질과세 원칙	① 의의 : 법적형식 ≠ 경제적실질 → 경제적 실질에 따라 과세 ② 종류 : 귀속에 관한 실질과세, 거래내용에 관한 실질과세, 우회거래 등에 관한 실질과세 ③ 조세평등주의를 구현하기 위한 규정 ④ 조세법률주의가 침해되지 않는 범위 내에서 제한적으로 적용
신의성실 원칙	① 적용 : 과세관청·납세자 모두에게 적용 ○, 주로 과세관청 신의위반에 대해 적용됨 ② 과세관청의 신의위반에 대한 신의성실원칙 {적용 요건} ㉠ 과세관청의 **공적인 견해의 표명** ㉡ 납세자가 과세관청의 견해표시를 신뢰 + 납세자의 귀책사유× ㉢ 납세자가 과세관청의 견해표시를 기초로 세무상 처리 등의 행위를 할 것 ㉣ 과세관청이 과거의 언동에 반한 적법한 소급처분을 할 것 ㉤ 과세관청의 적법한 소급처분에 의해 **납세자의 이익 또는 권리침해** {적용 효과} 과세관청의 처분은 적법한 처분임에도 불구하고 신의성실원칙의 위반으로 취소사유가 됨 ③ 납세자의 신의위반에 대한 신의성실원칙 : 다음의 요건 모두 충족시 적용 {적용 요건} ㉠ 납세자의 세무상 행위에 있어서 객관적으로 모순되는 행태가 존재할 것 ㉡ 그 행태가 납세의무자의 심한 배신행위에 기인하였을 것 ㉢ 그에 기하여 야기된 과세관청의 신뢰가 보호받을 가치가 있을 것 {적용 효과} 납세자의 주장은 신의성실원칙의 위반으로서 인정될 수 없으므로 과세관청에 의한 당초 과세처분의 효력은 그대로 유지됨 ④ 신의칙적용한계 : 신뢰이익의 보호가치가 합법성의 관철로 인하여 유지되는 법익보다 크다고 인정되는 경우에 한하여, 조세법률주의를 본질적으로 훼손하지 않는 범위 내에서 제한적으로 적용되어야 함
근거과세 원칙	장부·증빙 없는 부분에 대해서만 정부의 조사에 따라 결정 ○
조세감면 사후관리	감면요건규정 → 사후 위반시 '감면액 + 이자상당액' 추징

2 세법적용원칙

구 분	내 용
의 의	과세관청이 세법을 해석·적용함에 있어서 지켜야할 원칙으로서 과세관청에만 적용되고 납세자에게는 적용될 여지가 없음
세법해석 기준*	세법을 해석·적용함에 있어서 과세의 형평과 해당 조항의 합목적성에 비추어 납세자의 재산권이 부당히 침해되지 않도록 하여야 하는 원칙(**재산권부당침해금지원칙**)
소급과세 금지*	① 종류 : 입법상소급과세금지, 행정상소급과세금지(=비과세관행규정) ② 판단기준 : 납세의무성립일 기준 ③ 소급과세금지의 내용 및 적용효력 | 구 분	내 용	적용효력
---	---	---
진정소급	납세의무성립일 이후의 국세에 대하여 성립 후 새로운 세법에 따라 소급하여 적용하는 것	㉠ 원칙 : 허용 × ㉡ 예외 : 납세자에게 유리한 소급은 허용 ○

부진정소급	과세기간 중에 세법이 개정된 경우 과세기간 개시일로 소급하여 적용하는 것	㉠ 원칙 : 허용 ○
		㉡ 예외 : 납세자 신뢰보호가치가 있다고 할 특단의 사정이 있는 경우에는 허용 ×
			
			④ 규정별 성격
			  ㉠ 입법상소급과세금지 → 조세법률주의의 하부원칙
			  ㉡ 행정상소급과세금지 → 신의성실원칙을 구체화한 규정

세무공무원 재량한계	세무공무원이 재량으로 직무를 수행할 때에는 과세의 형평과 해당 세법의 목적에 비추어 일반적으로 적당하다고 인정되는 한계를 엄수하여야 한다는 원칙
기업회계 존중	세법에 특별한 규정이 없는 경우에 한하여 적용

*세법 외의 법률 중 국세의 부과·징수·감면 또는 그 절차에 관하여 규정하고 있는 조항은 이러한 <u>세법해석의 기준 및 소급과세의 금지규정</u>을 적용할 때에는 세법으로 본다.

CHAPTER 03 납세의무

1 납세의무 성립

구 분	내 용
개 념	과세요건이 충족되는 시점(납세의무의 추상적 발생단계)
원칙적인 성립시기	① 법인세 　㉠ 각사업연도소득, 미환류소득, 토지등양도소득에 대한 법인세 : 과세기간이 끝나는 때 　㉡ 청산소득에 대한 법인세 : 해당 법인이 해산하는 때 ② 소득세 : 과세기간이 끝나는 때 ③ 부가가치세 　㉠ 일반적인 경우 : 과세기간이 끝나는 때 　㉡ 수입재화에 대한 부가가치세 : 세관장에게 수입신고 하는 때 ④ 상속세 : 상속이 개시되는 때 ⑤ 증여세 : 증여에 의하여 재산을 취득하는 때 ⑥ 개별소비세, 주세, 교통·에너지·환경세 　㉠ 일반적인 경우 : 제조장 반출시 or 판매장 판매시 등 　㉡ 수입재화에 대한 개별소비세 등 : 세관장에게 수입신고 하는 때 ⑦ 인지세 : 과세문서를 작성한 때 ⑧ 증권거래세 : 매매거래가 확정되는 때 ⑨ 종합부동산세 : 과세기준일(매년 6월 1일) ⑩ 교육세 　㉠ 국세에 부과되는 교육세 : 본세의 납세의무가 성립하는 때 　㉡ 금융·보험업자의 수익금액에 부과되는 교육세 : 과세기간이 끝나는 때 ⑪ 농특세 : 본세의 납세의무가 성립하는 때 ⑫ 가산세 | 구 분	성립시기 | |---|---| | 무신고가산세 과소신고가산세 초과환급신고가산세 | 법정신고기한이 경과하는 때 | | 납부지연가산세 | ① 0.022% 적용분 : 법정납부기한 경과 후 1일마다 그 날이 경과하는 때 ② 3% 적용분 : 납부고지서에 따른 납부기한이 경과하는 때 | | 원천징수 등 납부지연가산세 | ① 0.022% 적용분 : 법정납부기한 경과 후 1일마다 그 날이 경과하는 때 ② 3% 적용분 : 법정납부기한이 경과하는 때 | | 그 밖의 가산세 | 가산할 국세의 납세의무가 성립하는 때 |
성립시기 특례	① 원천징수하는 소득세·법인세 : 소득금액 또는 수입금액을 지급하는 때 ② 납세조합징수 소득세, 예정신고납부 소득세 : 과세표준이 되는 금액이 발생한 달의 말일 ③ 중간예납법인세·소득세, 예정신고·예정부과 부가가치세 : 중간예납·예정신고·예정부과기간이 끝나는 때 ④ 수시부과국세 : 수시부과사유 발생한 때

2 납세의무 확정

구 분	내 용
개 념	성립된 납세의무가 구체적으로 확인되는 시점(납세의무의 구체적 확인단계)
신고납부세목	① 확정권자 : 납세의무자 ② 확정일 : 과세표준과 세액을 신고하는 때 ③ 대상국세 : 소득세, 법인세, 부가가치세, 개별소비세, 주세, 증권거래세, 교육세 또는 교통·에너지·환경세 및 납세의무자가 신고납부방식에 따라 신고한 종합부동산세 ④ 납세의무자가 신고하지 않은 경우 : 정부가 2차적 확정권을 가지며, 이 경우의 확정일은 정부가 결정하는 때가 된다.

정부부과세목	① 확정권자 : 정부(과세관청)
	② 확정일 : 정부가 결정하는 때(대외적 확정효력 발생일 : 납부고지서 도달일)
	③ 대상국세 : 상속세, 증여세, 종합부동산세(납세자가 신고한 경우 제외)
	   ㉠ 상속세 및 증여세 : 신고의무 ○ → 신고의 확정력 ×
	   ㉡ 종합부동산세 : 원칙 → 정부부과제도, 예외 → 신고납부제도 선택가능

자동확정국세	① 인지세 ② 원천징수하는 소득세·법인세 ③ 납세조합징수 소득세(예정신고 소득세 ×) ④ 중간예납하는 법인세*(중간예납소득세 ×, 예정신고VAT ×) ⑤ 납부지연가산세 및 원천징수 등 납부지연가산세(납부고지서에 따른 납부기한 후의 가산세로 한정함)

*세법에 따라 정부가 조사·결정하는 경우는 제외

☆ 참고   확정된 납세의무의 변경효력

구 분	내 용
수정신고의 효력	① 신고납부세목에 해당하는 국세의 수정신고(과세표준신고서를 법정신고기한까지 제출한 자의 수정신고로 한정함)는 당초의 신고에 따라 확정된 과세표준과 세액을 증액하여 확정하는 효력을 가진다. ② 위 ①의 수정신고는 당초 신고에 따라 확정된 세액에 관한 이 법 또는 세법에서 규정하는 권리·의무관계에 영향을 미치지 아니한다.
경정 등의 효력	① 증액경정 : 세법에 따라 당초 확정된 세액을 증가시키는 경정(更正)은 당초 확정된 세액에 관한 이 법 또는 세법에서 규정하는 권리·의무관계에 영향을 미치지 아니한다. ② 감액경정 : 세법에 따라 당초 확정된 세액을 감소시키는 경정은 그 경정으로 감소되는 세액 외의 세액에 관한 이 법 또는 세법에서 규정하는 권리·의무관계에 영향을 미치지 아니한다.

3 납세의무의 소멸

(1) 소멸사유

납부, 충당, 부과취소, 제척기간만료, 소멸시효완성(5가지 사유)

★부과철회 : 납세의무소멸사유 ×

(2) 제척기간 만료

구 분	내 용
부과권	성립된 납세의무에 대한 과세관청의 확정권(형성권)
제척기간	부과권의 존속기간(행사가능기간)
원칙적인 제척기간	① 일반국세(상증세 外) ② 상속세 및 증여세
상증세 특례 제척기간	① 적용요건 : 납세자가 부정행위로 상속세·증여세를 포탈하는 경우로서 다음 중 어느 하나에 해당하는 경우 　㉠ 제3자의 명의로 되어 있는 피상속인 또는 증여자의 재산을 상속인이나 수증자가 취득한 경우 　㉡ 계약에 따라 피상속인이 취득할 재산이 계약이행기간에 상속이 개시됨으로써 등기·등록 또는 명의개서가 이루어지지 아니하고 상속인이 취득한 경우 　㉢ 국외에 있는 상속재산이나 증여재산을 상속인이나 수증자가 취득한 경우 　㉣ 등기·등록 또는 명의개서가 필요하지 아니한 유가증권, 서화, 골동품 등 상속재산 또는 증여재산을 상속인이나 수증자가 취득한 경우 　㉤ 수증자의 명의로 되어 있는 증여자의 금융자산을 수증자가 보유하고 있거나 사용 수익한 경우 　㉥ 「상속세 및 증여세법」에 따른 비거주자인 피상속인의 국내재산을 상속인이 취득한 경우 　㉦ 「상속세 및 증여세법」에 따른 명의신탁재산의 증여의제에 해당하는 경우

① 일반국세(상증세 外)

구 분	제척기간	
	일반거래	역외거래
① 원 칙	5년	7년
② 법정신고기한까지 과세표준신고서를 제출하지 아니한 경우	7년	10년
③ 부정행위로 국세를 포탈하거나 환급·공제받은 경우	10년	15년

[참고] 일반국세 제척기간의 예외
① 소득처분 금액의 제척기간 : 부정행위로 포탈한 국세가 법인세이면 이에 대한 소득처분금액에 대한 소득세 또는 법인세도 10년간(역외거래에서 발생한 부정행위의 경우에는 15년간)의 제척기간 적용
② 부정행위 가산세의 제척기간 : 납세자가 부정행위로 세금계산서 또는 계산서 불성실가산세 부과대상이 되는 경우 해당 가산세는 10년간을 제척기간으로 함
③ 이월결손금 공제시 제척기간 : 5년 또는 7년의 제척기간이 끝난 날이 속하는 과세기간 이후의 과세기간에 「소득세법」 및 「법인세법」에 따라 이월결손금을 공제하는 경우에는 그 결손금이 발생한 과세기간의 소득세 또는 법인세는 이월결손금을 공제한 과세기간의 법정신고기한으로부터 1년간
④ 부담부증여시 양도소득세의 제척기간 : 부담부증여에 따라 증여세와 함께 양도소득세가 과세되는 경우 그 양도소득세는 아래 증여세에 대하여 정한 제척기간(10년 또는 15년)을 적용함

② 상속세 및 증여세

구 분	제척기간
① 원 칙	10년
② 신고서를 제출하지 아니한 경우(무신고시) ③ 신고서를 제출한 자가 거짓 신고 또는 누락신고를 한 경우 ④ 부정행위로 상속세·증여세를 포탈하거나 환급·공제받은 경우	15년

상증세 특례 제척기간	ⓒ 상속재산 또는 증여재산인 「특정 금융거래정보의 보고 및 이용 등에 관한 법률」에 따른 가상자산을 가상자산사업자(가상자산거래소)를 통하지 아니하고 상속인이나 수증자가 취득한 경우
	② 특례제척기간 : 원칙적인 제척기간(15년)에 불구하고 해당 재산의 상속 또는 증여가 있음을 안 날부터 <u>1년 이내</u>
	③ 적용배제
	  ㉠ 상속인이나 증여자 및 수증자가 사망한 경우
	  ㉡ 포탈세액 산출의 기준이 되는 재산가액이 <u>50억원 이하</u>인 경우		

	구 분	내 용	제척기간
기타의 특례 제척기간	조세쟁송에 따른 판결	① 국세기본법에 의한 이의신청, 심사청구, 심판청구, 감사원법에 따른 심사청구 또는 행정소송법에 따른 소송에 대한 결정 또는 판결이 확정된 경우	결정 또는 판결이 확정된 날부터 <u>1년</u>
		② 위 ①의 결정이나 판결이 확정됨에 따라 그 결정 또는 판결의 대상이 된 과세표준 또는 세액과 연동된 다른 세목(같은 과세기간으로 한정)이나 연동된 다른 과세기간(같은 세목으로 한정)의 과세표준 또는 세액의 조정이 필요한 경우	위 ①의 결정이나 판결이 확정된 날부터 <u>1년</u>
	조세쟁송 외의 소송에 따른 판결	① 「형사소송법」에 따른 소송에 대한 판결이 확정되어 「소득세법」에 따른 기타소득인 뇌물이나 알선수재 또는 배임수재로 인한 소득이 발생한 것으로 확인된 경우	판결이 확정된 날부터 <u>1년</u>
		② 최초의 신고·결정 또는 경정에서 과세표준 및 세액의 계산 근거가 된 거래 또는 행위 등이 그 거래·행위 등과 관련된 소송에 대한 판결(판결과 같은 효력을 가지는 화해나 그 밖의 행위를 포함)에 의하여 다른 것으로 확정된 경우	판결이 확정된 날부터 <u>1년</u>
	상호합의	조세조약에 부합하지 아니하는 과세의 원인이 되는 조치가 있는 경우 그 조치가 있음을 안 날부터 3년 이내에 그 조세조약의 규정에 따른 상호합의가 신청된 것으로서 그에 대하여 상호합의가 이루어진 경우	상호합의 절차의 종료일부터 <u>1년</u>
	경정청구 또는 조정권고	① 국세기본법에 따른 경정청구 또는 국제조세조정에 관한 법률에 따른 국세의 정상가격과 관세의 과세가격 간 조정을 위한 경정청구 또는 조정권고가 있는 경우	경정청구일 또는 조정권고일부터 <u>2개월</u>
		② 위 ①의 경정청구 또는 조정권고가 있는 경우 그 경정청구 또는 조정권고의 대상이 된 과세표준 또는 세액과 연동된 다른 과세기간의 과세표준 또는 세액의 조정이 필요한 경우	위 ①에 따른 경정청구일 또는 조정권고일부터 <u>2개월</u>
	역외거래	역외거래와 관련하여 원칙적인 제척기간이 지나기 전에 「국제조세조정에 관한 법률」에 따라 조세의 부과와 징수에 필요한 조세정보를 외국의 권한 있는 당국에 요청하여 조세정보를 요청한 날부터 2년이 지나기 전까지 조세정보를 받은 경우	조세정보를 받은 날부터 <u>1년</u>
	실효세율 변경 NEW	「국제조세조정에 관한 법률」에 따른 국가별 실효세율이 변경된 경우(글로벌최저한세 적용으로 인한 추가과세의 경우)	국가별 실효세율의 변경이 있음을 안 날부터 <u>1년</u>
	실질과세 적용	조세쟁송의 결정 또는 판결에서 명의대여 사실이 확인된 경우에는 그 결정 또는 판결에 의하여 다음의 어느 하나에 해당하게 된 경우에는 당초의 부과처분을 취소하고 그 결정 또는 판결이 확정된 날부터 1년 이내에 다음의 구분에 따른 자에게	그 결정 또는 판결이 확정된 날부터 <u>1년</u>

	경정이나 그 밖에 필요한 처분을 할 수 있다. ㉠ 명의대여 사실이 확인된 경우: 실제로 사업을 경영한 자 ㉡ 과세의 대상이 되는 재산의 귀속이 명의일 뿐이고 사실상 귀속되는 자가 따로 있다는 사실이 확인된 경우 : 재산의 사실상 귀속자 ㉢ 「소득세법」 및 「법인세법」에 따른 국내원천소득의 실질귀속자가 확인된 경우 : 국내원천소득의 실질귀속자 또는 「소득세법」 및 「법인세법」에 따른 원천징수의무자

제척기간
기산일
	① 과세표준과 세액을 신고하는 국세 → 과세표준신고기한*의 다음날
	   *해당 국세의 정기분 과세표준과 세액에 대한 확정신고기한을 말하는 것으로서 중간예납신고기한, 예정신고기한 및 수정신고기한의 다음날을 제척기간의 기산일이 아님에 주의!
	② 종합부동산세 및 인지세 → 납세의무가 성립한 날
	③ 원천징수·납세조합징수 국세 → 원천징수·납세조합징수세액의 법정납부기한 다음 날
	④ 과세표준신고기한·법정납부기한이 연장되는 경우 → 그 연장된 기한의 다음날
	⑤ 공제, 면제, 비과세 등에 따른 세액을 의무불이행 등의 사유로 징수하는 경우
	   → 해당 공제세액 등을 징수할 수 있는 사유가 발생한 날

만료의 효력	① 국세 부과권이 장래를 향하여 소멸 ② 납세자원용 불필요

(3) 소멸시효 완성

구 분	내 용
징수권	확정된 납세의무에 대한 과세관청의 청구권
소멸시효	징수권의 불행사기간 → 5년(5억원* 이상의 국세는 10년) *가산세를 제외한 금액을 기준으로 5억원 이상 또는 미만을 판단함
중 단	① 효과 : 이미 경과한 시효기간은 효력을 상실하고 새로이 시효가 진행됨 ② 사유 : 납부고지, 독촉, 교부청구, 압류* *「국세징수법」에 따라 압류금지재산 또는 제3자의 재산을 압류한 경우로서 압류를 즉시 해제하는 경우는 제외(소멸시효 중단효력×) NEW

정 지	① 효과 : 정지사유 종료 후 이미 경과한 기간을 제외한 잔여기간이 경과하면 시효완성
	② 사유 : 소멸시효는 다음의 어느 하나에 해당하는 기간에는 진행되지 아니함
	   ㉠ 세법에 따른 분납기간
	   ㉡ 세법에 따른 납부고지의 유예, 지정납부기간·독촉장에서 정하는 기한의 연장, 징수유예기간
	   ㉢ 세법에 따른 압류·매각유예기간
	   ㉣ 세법에 따른 연부연납기간
	   ㉤ 사해행위취소소송이나 채권자대위소송이 진행 중인 기간*
	   ㉥ 체납자가 국외에 6개월 이상 계속 체류하는 경우 해당 국외 체류 기간
	   *사해행위취소소송 또는 채권자대위소송이 각하·기각·취하된 경우에는 시효정지의 효력이 없다.

소멸시효 기산일	① 신고납부세목에 있어서 신고한 세액 → 그 법정신고납부기한의 다음날 ② 정부부과세목 or 신고납부세목 무신고 → 그 납부고지에 의한 납부기한의 다음날 ③ 원천징수·납세조합징수 국세 및 인지세 → 결정·경정에 의한 고지납부기한 다음날 ④ 법정신고납부기한이 연장되는 경우 → 그 연장된 기한의 다음날

완성의 효력	① 국세 징수권이 기산일에 소급하여 소멸(강제징수비·이자상당액도 소멸) ② 주된 납세의무자의 소멸시효완성 → 보충적 납세의무자의 납세의무도 소멸(부종성) ③ 납세자원용 불필요

CHAPTER 04 조세채권의 보전

1 납세의무의 확장

구 분		내 용
납세의무 승계	법적성격	① 본래의 납세의무자의 소멸에 의한 권리·의무의 포괄승계절차 ② 당사자의 의사에 불문하고 별도의 절차 없이 당연승계 ③ 다른 세법의 규정이 국세기본법의 규정에 우선되는 특례 ④ 승계대상국세 : 부과되거나 납부할 국세 및 강제징수비(성립시점 이후의 국세 등) ＊제2차 납세의무도 승계대상에 포함
	합 병	① 본래의 납세의무자 : 피합병법인 ② 납세의무승계자 : 합병법인 ③ 승계한도 : 한도 없이 전액승계
	상 속	① 본래의 납세의무자 : 피상속인(사망자) ② 납세의무승계자 : 상속인(수유자 포함) 및 상속재산관리인 ③ 승계한도 : 상속으로 받은 재산가액 한도 ④ 상속인이 2명 이상인 경우 : 공동상속인 각자가 상속으로 인하여 얻은 재산을 한도로 연대납세의무 부담 ⑤ 납세의무의 승계시점 : 상속개시일(단, 태아에게 상속된 경우에는 그 태아가 출생한 때) ⑥ 승계대상특례 : 납세의무 승계를 피하면서 재산을 상속받기 위하여 피상속인이 상속인을 수익자로 하는 보험계약을 체결하고 상속인은 민법에 따라 상속을 포기한 경우로서 상속포기자가 피상속인의 사망으로 인하여 보험금을 받는 때에는 상속포기자를 상속인으로 보고 보험금을 상속받은 재산으로 보아 납세의무 승계 및 승계한도를 판단함
연대납세 의무	법적성격	하나의 납세의무에 대하여 2인 이상이 각각 독립해서 전액의 납부책임을 부담하고 그 중 1인이 전액을 납부하면 모든 납세자의 납세의무가 소멸하는 것
	국세 기본법	① 공유물·공동사업 등에 관한 연대납세의무 ② 법인의 분할로 인한 연대납세의무(분할로 승계된 재산가액 한도) ③ 신회사 설립으로 인한 연대납세의무
	개별 세법	① 2인 이상이 공동으로 과세문서를 작성한 경우 인지세의 연대납세의무 ② 각 연결사업연도의 소득에 대한 법인세의 연결법인간 연대납세의무 ③ 공동사업합산과세시 주된 공동사업자와 그 특수관계자의 연대납세의무 ④ 특수관계자간 우회양도시 증여자와 수증자의 양도소득세 연대납세의무 ⑤ 상속세에 대한 상속인(또는 수유자)간 연대납세의무 ⑥ 증여세에 대한 증여자와 수증자의 연대납세의무 ⑦ 해산법인의 원천징수세액에 대한 청산인과 잔여재산 분배받은 자의 연대납세의무 ※ 국세기본법상 공유물·공동사업 등에 관한 연대납세의무에도 불구하고 소득세법 공유물·공동사업에서 발생한 사업소득에 대하여 공동사업자간 개별납세의무를 규정하고 있음

제2차 납세의무	성격	① 부종성 : 주된 납세의무의 변경·소멸 효력 → 제2차 납세의무자에 미침 ② 보충성 : 주된 납세자의 징수부족액에 대해서만 납부책임
	청산인	① 주된 납세의무자 : 해산하여 청산하는 법인 ② 제2차 납세의무자 : 청산인, 잔여재산 분배 받은 자 ③ 대상국세 : 성립 이후의 국세 ④ 한도 : 청산인 → 분배한 재산가액, 분배받은 자 → 각자가 받은 재산가액

	출자자	① 주된 납세의무자 : 법인(유가증권시장 및 코스닥시장 상장법인 제외)
		② 제2차 납세의무자 : 납세의무성립일 현재의 무한책임사원, 과점주주*
		③ 대상국세 : 성립 이후의 국세
		④ 한도 : 무한책임사원 → 전액(한도 ×), 과점주주 → 지분비율 상당액
		  * 과점주주란 주주 또는 유한책임사원 1명과 그의 특수관계인으로서 그들의 지분합계가 해당 법인 지분의 50%를 초과하면서 그 법인의 경영에 대하여 지배적인 영향력을 행사하는 자들을 말함
		  * 과점주주의 자격판단 및 2차납세의무의 한도를 계산함에 있어 지분비율은 의결권 있는 주식(지분)에 대하여만 적용함(의결권 없는 주식 제외)

	법인	① 주된 납세의무자 : 납부기간만료일 현재 무한책임사원, 과점주주
		② 제2차 납세의무자 : 법인(상장여부불문)
		③ 대상국세 : 확정이후 국세(납부기간 만료일 이후의 국세)
		④ 적용요건
		  ㉠ 출자지분을 재공매하거나 수의계약으로 매각하려 하여도 매수희망자가 없는 경우
		  ㉡ 법률 또는 정관에 의하여 출자지분의 양도가 제한된 경우(단, 불복청구가 진행중인 사유로 공매할 수 없는 경우는 제외)
		  ㉢ 외국법인인 경우로서 출자자의 출자지분이 외국에 있는 재산에 해당하여 압류 등 강제징수가 제한되는 경우
		⑤ 한도 : 지분비율 상당액

	사업 양수인	① 주된 납세의무자 : 사업양도인
		② 사업양수인으로서 다음 중 어느 하나에 해당하는 자
		  ㉠ 양도인과 특수관계인
		  ㉡ 양도인의 조세회피를 목적으로 사업을 양수한자
		③ 대상국세 : 확정이후 국세 + 해당 사업관련 국세(양도소득세 ×)
		④ 적용요건 : 사업의 포괄적 양도·양수*
		  * 사업의 포괄적 양도·양수란 사업장별로 그 사업에 관한 모든 권리(미수금에 관한 것은 제외)와 모든 의무(미지급금에 관한 것은 제외)를 포괄적으로 승계하는 것을 말함
		⑤ 한도 : 양수한 재산가액한도

2 국세의 우선

구 분	내 용

국세에 우선되는 채권 등	① 강제집행비용 : 지방세나 공과금의 체납처분비·강제징수비 또는 강제집행·경매·파산절차에 든 비용은 국세 및 강제징수비에 우선한다.
	② 소액임차보증금 : 임대차보호법에 따라 임차인이 우선하여 변제받을 수 있는 보증금은 국세(강제징수비 ×)에 우선한다.
	③ 임금채권
	  ㉠ 최우선변제대상 임금채권 : 최종 3월분 임금, 최종 3년분 퇴직금, 재해보상금은 국세(강제징수비 ×)에 우선한다.
	  ㉡ 기타임금채권(위 ㉠외의 임금채권) – 담보채권 바로 후순위

ⓐ 담보채권이 국세에 우선할 때 : 담보채권 > 기타임금채권 > 국세
ⓑ 국세가 담보채권에 우선할 때 : 국세 > 담보채권 > 기타임금채권
④ 담보채권(전세권, 질권, 저당권) 및 일반임차보증금(위 ②외의 임차보증금)
　㉠ 담보설정일 또는 확정일자가 국세의 법정기일 전에 이루어진 경우에는 해당 담보채권 또는 일반임차보증금은 국세(강제징수비×)에 우선한다.
　㉡ 당해세(해당 재산에 부과된 상속세, 증여세 및 종합부동산세)의 경우에는 '담보설정일 또는 확정일자'와 '법정기일'의 선후에 불문하고 담보채권 및 일반임차보증금에 우선한다.
　㉢ 담보채권(또는 일반임차보증금)이 설정된 재산이 양도·상속·증여된 후 새로운 소유자의 국세체납을 원인으로 해당 재산이 매각된 경우에는 해당 국세의 법정기일이 담보설정일(또는 확정일자) 전에 도래하는 경우에도 해당 담보채권(또는 일반임차보증금)이 국세(강제징수비×)에 우선한다. 다만, 해당 재산의 직전 보유자가 전세권등의 설정 당시 체납하고 있었던 국세 등을 고려하여 다음의 방법에 따라 계산한 금액의 범위에서는 국세(법정기일이 전세권등의 설정일보다 빠른 국세로 한정함 NEW)를 우선하여 징수한다.
　　ⓐ 직전 보유자가 해당 재산을 보유하기 전에 해당 재산에 설정된 전세권등이 없는 경우 : 직전 보유자 보유기간 중의 전세권등 설정일 중 가장 빠른 날보다 법정기일이 빠른 직전 보유자의 국세 체납액을 모두 더한 금액
　　ⓑ 직전 보유자가 해당 재산을 보유하기 전에 해당 재산에 설정된 전세권등이 있는 경우 : 0원
　㉣ 주택의 일반임차보증금과 주택에 설정된 전세권(이하 임대차보증금반환채권)은 그 확정일자 또는 설정일보다 법정기일이 늦은 당해세(상속세, 증여세 및 종합부동산세)의 우선 징수 순서에 대신하여 변제될 수 있다. 이 경우 임대차보증금반환채권등보다 우선 변제되는 담보채권 등의 변제액과 당해세(상속세, 증여세 및 종합부동산세)를 우선 징수하는 경우에 배분받을 수 있었던 임대차보증금반환채권등의 변제액에는 영향을 미치지 아니한다.
⑤ 가등기에 의하여 담보된 채권 : 법정기일 후에 가등기를 마친 사실이 증명되는 재산을 매각하여 그 매각금액에서 국세를 징수하는 경우 그 재산을 압류한 날 이후에 그 가등기에 따른 본등기가 이루어지더라도 그 국세는 그 가등기에 의해 담보된 채권보다 우선한다.
⑥ 공과금 및 기타채권 : 국세 및 강제징수비에 우선될 수 없다.

	구 분	법정기일
법정기일	① 과세표준과 세액의 신고에 따라 납세의무가 확정되는 국세의 경우 신고한 해당 세액	신고일
	② 과세표준과 세액을 정부가 결정·경정 또는 수시부과결정을 하는 경우 고지한 해당 세액	납부고지서 발송일
	③ 인지세와 원천징수의무자나 납세조합으로부터 징수하는 소득세·법인세 및 농어촌특별세	납세의무 확정일
	④ 제2차 납세의무자(보증인 포함)의 재산에서 국세를 징수하는 경우 또는 양도담보재산에서 국세를 징수하는 경우	납부고지서 발송일
	⑤ 「부가가치세법」상 신탁관련 수탁자의 물적납세의무에 따라 신탁재산에서 부가가치세 등을 징수하는 경우	납부고지서 발송일
	⑥ 납세자의 재산을 확정전 보전압류한 경우에 그 압류와 관련하여 확정된 국세	압류등기(등록)일
	⑦ 「종합부동산세법」에 따라 신탁재산에서 징수하는 종합부동산세 등	납부고지서 발송일

구분	순위	법정기일 후에 담보(확정일자)가 설정된 경우	법정기일 전에 담보(확정일자)가 설정된 경우
국세와 일반채권의 우선순위	1순위	강제집행비용	강제집행비용
	2순위	소액임차보증금 및 최우선변제대상 임금채권	소액임차보증금 및 최우선변제대상 임금채권
	3순위	국세	담보채권 및 확정일자를 갖춘 임대차 보증금
	4순위	담보채권 및 확정일자를 갖춘 임대차 보증금	기타의 임금채권
	5순위	기타의 임금채권	국세
	6순위	공과금 및 일반채권	공과금 및 일반채권
조세채권간 우선순위	납세담보 → 압류 → 교부청구(참가압류 포함)		

3 양도담보권자의 물적납세의무

구 분	내 용
요 건	① 양도담보설정자가 국세 등을 체납 ② 양도담보가 국세의 법정기일 후에 설정 ③ 양도담보설정자의 자력변제부족(보충성) ④ 납부고지서가 송달되는 시점에 양도담보재산이 존재
한 도	양도담보재산가액
징수절차	① 양도담보권자에게 납부고지서 송달 ② 납부고지서상 납기까지 납세의무 불이행시 독촉 없이 강제징수(압류) 집행
법적효력	① 납부고지서 도달일 이전에 양도담보권을 실행하여 채무변제충당시 　→ 물적납세의무 × ② 강제징수(압류) 전에 양도담보재산을 제3자에게 양도한 경우 　→ 유효하게 성립된 물적납세의무도 소멸

4 짜고 거짓으로 한 담보권설정 취소청구

구 분	내 용
적용요건	① 제3자와 짜고 거짓으로 담보권설정계약 및 등기·등록을 하거나 「주택임대차보호법」 또는 「상가건물 임대차보호법」에 따른 대항요건과 확정일자를 갖춘 임대차 계약을 체결한 경우일 것 ② 위 ①의 담보권 및 임대차계약은 해당 국세의 법정기일 전에 설정되어야 함 ③ 해당 재산의 매각금액으로 국세 등을 징수하기 곤란하다고 인정되어야 함
통정허위 입증책임	① 원칙 : 세무서장이 입증하여야 함 ② 예외 : 납세자가 국세의 법정기일 전 1년 내에 친족이나 그 밖의 특수관계인과 담보권 설정계약을 한 경우에는 짜고 거짓으로 한 계약으로 추정 　→ 납세자로의 입증책임 전가(납세자가 짜고 거짓으로 한 계약이 아니라는 것을 입증하여야 함)
법률효과	위의 요건이 충족되면 세무서장은 민사소송을 제기하여 해당 담보권설정계약 또는 임대차계약의 취소를 법원에 청구할 수 있음(세무서장 직접 취소 ×)

CHAPTER 05 과세 및 환급

1 수정신고·경정청구·기한후신고

구 분		내 용

수정신고		① 대상자 : 법정신고기한 내에 신고한 자 + 기한후과세표준신고서를 제출한 자 (원천징수, 연말정산 등에 의해 신고의무 면제된 자 포함)
		② 사유 : 과소신고, 과대환급신고, 불완전한 신고(국고보조금 등을 익금과 손금에 동시에 산입하지 아니한 경우 등)
		③ 기한 : 결정·경정하여 통지하기 전으로써 해당 국세의 제척기간이 끝나기 전까지
		④ 확정력
		   ㉠ 기한내신고 : 신고납부세목 → 확정력 ○, 정부부과세목 → 확정력 ×
		   ㉡ 기한후신고 : 확정력 ×
		⑤ 가산세 감면 : 과세표준신고서를 법정신고기한까지 제출한 자만 적용 ○
		   ㉠ 과소신고·초과환급신고불성실 가산세(무신고 ×, 납부지연가산세 ×)
		   ㉡ 기간별 감면율
		     ⓐ 법정신고기한 지난 후 1개월 이내 : 90%
		     ⓑ 법정신고기한 지난 후 1개월 초과 ~ 3개월 이내 : 75%
		     ⓒ 법정신고기한 지난 후 3개월 초과 ~ 6개월 이내 : 50%
		     ⓓ 법정신고기한 지난 후 6개월 초과 ~ 1년 이내 : 30%
		     ⓔ 법정신고기한 지난 후 1년 초과 ~ 1년 6개월 이내 : 20%
		     ⓕ 법정신고기한 지난 후 1년 6개월 초과 ~ 2년 이내 : 10%
		   ㉢ 조기 수정신고시 납부하지 않은 경우도 감면 ○
		   ㉣ 경정이 있을 것을 미리 알고 수정신고한 경우는 감면적용배제

경정청구	일반적
	사 유
		① 대상자 : 법정신고기한 내에 신고한 자 + 기한후과세표준신고서를 제출한 자 + 종합부동산세를 부과·고지받은 자 (원천징수, 연말정산 등에 의해 신고의무 면제된 자, 원천징수의무자 및 원천징수대상자 포함)
		② 사유 : 과대신고, 과소환급신고(증액 경정·결정의 경우 포함)
		③ 기한
		   ㉠ 과대신고, 과소환급신고 : 법정신고기한이 지난 후 5년 이내
		   ㉡ 증액 경정·결정 : 처분이 있음을 안 날(처분의 통지를 받은 날)부터 90일 이내(법정신고기한이 지난 후 5년 이내에 한함)
		④ 효력 : 감액확정력 ×
		⑤ 결정통지
		   ㉠ 경정청구를 받은 날부터 2개월 이내에 결정·경정여부 통지
		   ㉡ 단, 2개월 이내에 아무런 통지(아래 ㉢의 통지는 제외)를 받지 못한 경우에는 통지를 받기 전이라도 그 2개월이 되는 날의 다음 날부터 불복청구를 할 수 있음
		   ㉢ 경정청구를 받은 세무서장은 결정통지기간(2개월) 내에 결정 또는 경정이 곤란한 경우에는 청구를 한 자에게 관련 진행상황 및 위 ㉡에 따른 불복청구를 할 수 있다는 사실을 통지하여야 함

	후발적 사 유	① 대상자 : 법정신고기한 내에 신고한 자 및 결정을 받은 자(무신고도 가능) ② 사유 : 소송·판결 등 신고 또는 결정 당시에는 알 수 없었던 후발적 사유 ③ 기한 : 후발적사유가 발생한 것을 안 날 ~ 3개월 이내

기한후신고	① 대상자 : 법정신고기한 내에 신고하지 않은 자로서 납부할 세액이 있는 자 및 환급받을 세액이 있는 자
	② 기한 : 결정통지 전까지
	③ 효력 : 증액 or 감액확정력 ×
	④ 가산세 감면
	   ㉠ 무신고가산세(과소신고·초과환급신고 ×, 납부지연가산세 ×)
	   ㉡ 기간별 감면율
	      ⓐ 법정신고기한 지난 후 1개월 이내 : 50%
	      ⓑ 법정신고기한 지난 후 1개월 초과 ~ 3개월 이내 : 30%
	      ⓒ 법정신고기한 지난 후 3개월 초과 ~ 6개월 이내 : 20%
	   ㉢ 조기 기한후신고시 납부하지 않은 경우도 감면 ○
	   ㉣ 결정이 있을 것을 미리 알고 기한후신고한 경우는 감면적용배제
	⑤ 결정통지 : 기한후신고일 ~ 3개월 이내에 결정 통지

2 가산세

구 분	내 용
기본개념	① 의무불이행에 대한 벌과금적 성격 ② 해당 의무가 규정된 세법의 해당 국세의 세목으로 함 ③ 해당 국세를 감면하는 경우에도 해당 국세에 대한 가산세는 그 감면대상에 포함시키지 아니함 ④ 가산세는 본세와 독립하여 불복대상이 됨
신고불성실 가산세	① 무신고가산세 : 무신고납부세액 × 20%(부정행위 40%*) 　★ 역외거래에서 발생한 부정행위의 경우는 60% ② 과소신고·초과환급신고가산세 : 과소신고납부세액등 × 10%(부정행위 40%*) 　★ 역외거래에서 발생한 부정행위의 경우는 60% ③ 법인세와 복식부기의무자의 소득세에 대한 무신고가산세와 부정행위에 의한 과소신고가산세는 수입금액의 7/10,000(부정행위 14/10,000)에 해당하는 금액과 비교적용 ④ 부가가치세법에 따라 납부의무가 면제된 간이과세자(공급대가 4,800만원 미만)는 제외 ⑤ 교육세(금융·보험업자 신고분은 제외), 농어촌특별세에 대하여는 무신고·과소신고·초과환급신고가산세를 적용하지 아니하며, 종합부동산세에 대하여는 과소신고·초과환급신고가산세는 적용되나, 무신고가산세는 적용하지 아니한다. ⑥ 부가가치세법에 따른 사업자가 무신고(또는 과소신고·초과환급신고)를 한 경우로서 영세율과세표준이 있는 경우에는 원칙적인 가산세(60% or 40% or 20% or 10%)에 해당 과세표준의 0.5%에 상당하는 금액을 합한 금액을 신고불성실가산세로 함 ⑦ 부가가치세법에 따라 공급받는 사업자가 대손세액상당액을 대손이 확정된 날이 속하는 과세기간의 매입세액에서 차감하지 아니하여 관할세무서장이 경정하는 경우에는 신고불성실가산세 및 납부지연가산세를 적용하지 아니함 ⑧ 다음 중 어느 하나에 해당하는 사유로 과세표준을 과소신고한 경우에는 이와 관련한 과소신고가산세 또는 초과환급신고가산세를 적용하지 아니한다. 　㉠ 신고당시 소유권에 대한 소송 등의 사유로 상속재산 또는 증여재산으로 확정되지 않았던 경우 　㉡ 「상속세 및 증여세법」에 따른 공제(상속공제 등)의 적용에 착오가 있었던 경우 　㉢ 상속세 또는 증여세의 과세표준 신고기한까지 신고한 상속재산 또는 증여재산으로서 재산평가 규정에 따라 평가한 가액으로 과세표준을 결정한 경우(부정행위로 상속세 및 증여세의 과세표준을 과소신고한 경우는 제외) 　㉣ 「상속세 및 증여세법」에 따라 평가한 가액으로 「소득세법」에 따른 부담부증여 시 양도로 보는 부분에 대한 양도소득세 과세표준을 결정·경정한 경우(부정행위로 양도소득세의 과세표준을 과소신고한 경우는 제외) NEW 　㉤ 「조세특례제한법 시행령」에 따라 신성장사업화시설 또는 국가전략기술사업화시설의 인정을 받을 것을 조건으로 그 인정을 받기 전에 세액공제를 신청하여 세액공제를 받았으나, 그 이후 해당 조건의 일부 또는 전부를 충족하지 못하게 된 경우 개정안

납부지연가산세	① 가산세액 : ㉠ + ㉡ + ㉢
	
	㉠ 납부하지 아니한 세액·과소납부분 세액[*1] × 기간[*2] × $\dfrac{22}{100,000}$
	
	㉡ 초과환급받은 세액[*1] × 기간[*2] × $\dfrac{22}{100,000}$
	
	㉢ 납부고지서에 따른 납부기한까지 납부하지 아니한 세액 또는 과소납부분 세액[*1,*3] × 3%
	
	[*1] 세법에 따라 가산하여 납부하여야 할 이자상당가산액이 있는 경우에는 그 금액을 더한다
	[*2] 법정납부기한(환급받은 날)의 다음 날부터 납부일까지의 기간(납부고지일부터 납부고지서에 따른 납부기한까지의 기간은 제외한다)
	[*3] 국세를 납부고지서에 따른 납부기한까지 완납하지 아니한 경우에 한정한다.
	
	② 납부지연가산세를 적용할 때 납부고지서에 따른 납부기한의 다음 날부터 납부일까지의 기간(「국세징수법」에 따라 지정납부기한·독촉장에서 정하는 기한을 연장한 경우에는 그 연장기간은 제외한다)이 5년을 초과하는 경우에는 그 기간은 5년으로 한다.
	③ 체납된 국세의 납부고지서별·세목별 세액이 150만원 미만인 경우에는 납부고지서에 따른 납부기한의 다음날부터 납부지연가산세 중 위 ㉠ 및 ㉡의 가산세를 적용하지 아니한다.
	④ 인지세(부동산의 소유권 이전에 관한 증서에 대한 인지세는 제외)의 미납부·과소납부시 납부지연가산세
	  ㉠ 원칙 : 미납부·과소납부세액의 300%에 상당하는 금액
	  ㉡ 법정납부기한 ~ 3개월 이내에 납부한 경우 : 미납부·과소납부분 세액의 100%*
	  ㉢ 법정납부기한 ~ 3개월 초과 6개월 이내에 납부한 경우 : 미납부·과소납부분 세액의 200%*
	    * 단, 과세표준과 세액을 경정할 것을 미리 알고 납부하는 경우는 제외(300% 적용)
	⑤ 국세(법·소·부에 한함)의 과세기간을 잘못 적용하여 신고납부한 경우에는 납부지연가산세를 적용할 때 실제 신고납부한 날에 실제 신고납부한 금액의 범위에서 당초 신고납부하였어야 할 과세기간에 대한 국세를 자진납부한 것으로 본다. 단, 부정행위의 경우는 제외
	⑥ 납부지연가산세 적용배제
	  ㉠ 부가가치세법에 따른 사업자가 부가가치세 납부기한까지 어느 사업장에 대한 부가가치세를 다른 사업장에 대한 부가가치세에 더하여 신고납부한 경우
	  ㉡ 부가가치세법에 따라 공급받은 사업자가 대손세액상당액을 대손이 확정된 날이 속하는 과세기간의 매입세액에서 차감하지 아니하여 관할세무서장이 경정하는 경우
	  ㉢ 법인세의 결정·경정으로 「상속세 및 증여세법」상 '특수관계법인과의 거래를 통한 이익의 증여의제' 등 일정한 증여의제 규정에 따른 증여의제이익이 변경되는 경우(부정행위로 인하여 법인세를 결정·경정하는 경우는 제외)
	  ㉣ 위 ㉢의 사유로 「소득세법」에 따른 양도소득세 과세대상 주식 등의 취득가액이 감소된 경우
	  ㉤ 「상속세 및 증여세법」에 따라 상속세·증여세를 신고한 자가 법정신고기한까지 상속세·증여세를 납부한 경우로서 법정신고기한 이후 평가심의위원회의 심의에 따라 상속재산 또는 증여재산을 평가하여 과세표준과 세액을 결정·경정한 경우
	  ㉥ 「소득세법」에 따른 부담부증여 시 양도로 보는 부분에 대하여 양도소득세 과세표준을 신고한 자가 법정신고기한까지 양도소득세를 납부한 경우로서 법정신고기한 이후 평가위원회의 심의에 따라 [개정안] 부담부증여 재산을 평가하여 양도소득세의 과세표준과 세액을 결정·경정한 경우 NEW

구분	내용
원천징수 등 납부지연가산세	(1) 적용대상 = 원천징수납부·납세조합징수납부·대리납부의무 불이행시 (2) 가산세액 = Min [①+②, ③] ① 미납·과소납부분 세액 × 3% ② 미납·과소납부분 세액 × 기간[★1,★3] × $\frac{22}{100,000}$ [★4] ③ 미납·과소납부분 세액 × 50%[★2] [★1] 법정납부기한의 다음 날부터 납부일까지의 기간(납부고지일부터 납부고지서에 따른 납부기한까지의 기간은 제외) [★2] 위 '①의 금액'과 '② 중 법정납부기한의 다음 날부터 납부고지일까지의 기간에 해당하는 금액'을 합한 금액은 미납·과소납부분 세액의 10%를 한도로 함 [★3] 납부고지서에 따른 납부기한의 다음 날부터 납부일까지의 기간(지정납부기한·독촉장에 정하는 기간을 연장한 경우에는 그 연장기간은 제외한다)이 5년을 초과하는 경우에는 그 기간은 5년으로 함 [★4] 체납된 국세의 납부고지서별·세목별 세액이 150만원 미만인 경우에는 ②의 가산세를 적용하지 아니함
가산세 감면	① 가산세를 부과하지 않는 경우(100% 감면) 　㉠ 천재지변 등으로 인한 기한연장사유에 해당하는 경우 　㉡ 납세의무불이행에 대한 정당한사유가 있는 경우 　㉢ 그 밖에 위 ㉠ 또는 ㉡과 유사한 경우로서 다음 중 어느 하나에 해당하는 경우 　　ⓐ 세법해석에 관한 질의·회신에 따라 신고·납부 하였으나, 이후 번복된 과세처분을 하는 경우 　　ⓑ 수용, 도시계획 결정, 기타 법률 규정 등으로 인해 세법상 의무이행을 할 수 없게 된 경우 　　ⓒ 「소득세법 시행령」에 따라 실손의료보험금을 의료비에서 제외함에 있어 실손의료보험금 지급의 원인이 되는 의료비를 지출한 과세기간과 해당 보험금을 지급받은 과세기간이 달라 해당 보험금을 지급받은 후 의료비를 지출한 과세기간에 대한 소득세를 수정신고 하는 경우(해당 보험금을 지급받은 과세기간에 대한 종합소득 과세표준확정신고 기한까지 수정신고 하는 경우에 한한다) ② 수정신고에 의한 가산세의 감면 	구분	내용 | 	---	--- | 	감면대상자	과세표준신고서를 법정신고기한까지 제출한 자가 법정신고기한이 지난 후 2년 이내에 수정신고를 한 경우 | 	감면대상 가산세	과소신고·초과환급신고가산세 | 	감면율	① 법정신고기한 지난 후 1개월 이내 : 90% ② 법정신고기한 지난 후 1개월 초과 ~ 3개월 이내 : 75% ③ 법정신고기한 지난 후 3개월 초과 ~ 6개월 이내 : 50% ④ 법정신고기한 지난 후 6개월 초과 ~ 1년 이내 : 30% ⑤ 법정신고기한 지난 후 1년 초과 ~ 1년 6개월 이내 : 20% ⑥ 법정신고기한 지난 후 1년 6개월 초과 ~ 2년 이내 : 10% | 	감면배제	경정할 것을 미리 알고 과세표준수정신고서를 제출한 경우 | ③ 기한후신고에 의한 가산세의 감면 	구분	내용 | 	---	--- | 	감면대상자	과세표준신고서를 법정신고기한까지 제출하지 아니한 자가 법정신고기한이 지난 후 6개월 이내에 기한후신고를 한 경우	

가산세 감면	감면대상 가산세	무신고가산세
	감면율	① 법정신고기한 지난 후 1개월 이내 : 50% ② 법정신고기한 지난 후 1개월 초과 ~ 3개월 이내 : 30% ③ 법정신고기한 지난 후 3개월 초과 ~ 6개월 이내 : 20%
	감면배제	결정할 것을 미리 알고 기한후과세표준신고서를 제출한 경우
	④ 예정신고 및 중간신고 누락분에 대한 확정신고시 가산세 감면 ㉠ 예정신고기한 및 중간신고기한까지 예정신고 및 중간신고를 과소신고·초과신고한 경우로서 확정신고기한까지 과세표준을 수정하여 신고한 경우 : 수정신고감면율 ④, ⑤, ⑥의 경우에도 불구하고 과소신고가산세 및 초과환급신고가산세의 50% 감면 ㉡ 예정신고기한 및 중간신고기한까지 예정신고 및 중간신고를 무신고 하였으나 확정신고기한까지 과세표준신고를 한 경우 : 기한후신고감면율의 규정에도 불구하고 무신고가산세의 50%를 감면 ⑤ 과세전적부심사의 결정·통지지연시 : 납부지연가산세의 50% ⑥ 기타 의무불이행의 조기시정 : 법정기한 지난 후 1월 이내 → 50%		
가산세 한도	① 단순협력의무위반에 대한 가산세에 대하여 한도적용(고의적 위반은 제외) ② 의무위반의 종류별로 각각 1억원(중소기업 5천만원)		

3 국세의 환급

(1) 국세환급금

구 분	내 용
결 정	즉시 결정
충 당	① 일반원칙 : 신청충당(납세자의 충당 동의가 있어야 충당가능) ② 납부기한 전 징수사유 및 체납국세 : 직권충당 ③ 원천징수세액간 충당 　㉠ 원칙 : 원천징수의무자가 원천징수하여 납부한 세액에서 환급받을 환급세액이 있는 경우 그 환급액은 그 원천징수의무자가 원천징수하여 납부하여야 할 세액에 충당하고 남은 금액을 환급 　㉡ 예외 : 원천징수의무자가 그 환급액을 즉시 환급해 줄 것을 요구하는 경우나 원천징수하여 납부하여야 할 세액이 없는 경우 즉시 환급 ④ 국세환급급 충당순서 　㉠ 국세환급금을 충당할 경우에는 체납된 국세와 강제징수비에 우선 충당한다. 　㉡ 충당할 국세환급금이 2건 이상인 경우에는 소멸시효가 먼저 도래하는 것부터 충당하여야 한다. ⑤ 소액환급금 충당신청의제 : 신청충당 후 남은 금액이 10만원 이하 + 지급결정일 부터 1년 이내에 환급이 이루어지지 아니하는 경우 → 납부고지에 의하여 납부하는 국세에 충당할 수 있다. 이 경우 그 충당에 대한 납세자의 동의가 있는 것으로 본다. ⑥ 세무서장이 국세환급금의 결정이 취소됨에 따라 이미 충당되거나 지급된 금액의 반환을 청구하는 경우에는 「국세징수법」의 고지·독촉 및 강제징수의 규정을 준용한다. ⑦ 국세환급금 충당시 소급효 : 국세환급금을 체납된 국세 등과 직권에 의하여 충당하는 경우, 체납된 국세 등과 국세환급금은 체납된 국세의 법정납부기한과 국세환급금 발생일 중 늦은 때로 소급하여 대등액에 관하여 소멸한 것으로 봄
지 급	환급금결정일 ~ 30일 내에 지급 + 국세환급금송금통지서 송부* *국세환급금송금통지서는 현금지급의 방식으로 환급금을 지급하는 경우에만 송부하는 것이며, 계좌이체지급 방식에 따라 지급하는 경우에는 송부하지 아니한다.
실질귀속자 환급특례	명의대여자에 대한 과세를 취소하고 실질귀속자를 납세의무자로 하여 과세하는 경우 명의대여자 대신 실질귀속자가 납부한 것으로 확인된 금액은 실질귀속자의 기납부세액으로 먼저 공제하고 남은 금액이 있는 경우에는 실질귀속자에게 환급한다.
양 도	국세환급금송금통지서 발급 전에 세무서장에게 문서로 요구
국세환급금 소멸시효	① 납세자의 국세환급금과 국세환급가산금에 관한 권리는 행사할 수 있는 때부터 5년간 행사하지 아니하면 소멸시효가 완성된다. ② 소멸시효에 관하여는 국세기본법 또는 세법에 특별한 규정이 있는 것을 제외하고는 「민법」에 따른다. 이 경우 국세환급금과 국세환급가산금을 과세처분의 취소 또는 무효확인청구의 소 등 행정소송으로 청구한 경우 시효의 중단에 관하여 「민법」에 따른 청구를 한 것으로 본다(소멸시효 중단효력 ○). ③ 소멸시효는 세무서장이 납세자의 환급청구를 촉구하기 위하여 납세자에게 하는 환급청구의 안내·통지 등으로 인하여 중단되지 아니한다.

(2) 국세환급가산금

구 분	내 용
국세환급가산금 계산	국세환급가산금 = 국세환급금 × 이자율 × 이자계산기간

적용배제	다음 중 어느 하나에 해당하는 경우에는 국세환급가산금을 지급하지 아니한다.
	① 다음의 어느 하나에 해당하는 사유 없이 고충민원의 처리에 따라 국세환급금을 충당하거나 지급하는 경우.
	   ㉠ 경정 등의 청구
	   ㉡ 이의신청, 심사청구, 심판청구, 「감사원법」에 따른 심사청구 또는 「행정소송법」에 따른 소송에 대한 결정이나 판결
	② 상속세의 물납 후 해당 물납재산으로 환급하는 경우

이자율	시중은행의 1년 만기 정기예금 금리를 고려하여 기획재정부령으로 정하는 이자율(기본이자율★[참고])

이자계산기간	(1) 가산일 : "국세환급가산금 가산일"이란 다음의 구분에 따른 날의 다음 날로 한다.
	  ① 착오납부, 이중납부 또는 납부 후 그 납부의 기초가 된 신고 또는 부과를 경정하거나 취소함에 따라 발생한 국세환급금 : 국세 납부일
	  ② 적법하게 납부된 국세의 감면으로 발생한 국세환급금 : 감면 결정일
	  ③ 적법하게 납부된 후 법률이 개정되어 발생한 국세환급금 : 개정된 법률의 시행일
	  ④ 위 외의 경우 : 일정한 날(환급신고한 날, 신청한 날, 법정신고기일 등)부터 30일이 지난 날★
	    ★ 환급세액을 법정신고기한까지 신고하지 않음에 따른 결정으로 인하여 발생한 환급세액을 환급할 때에는 해당 결정일부터 30일이 지난 날
	    ★ 세법에서 환급기한을 정하고 있는 경우(부가가치세 조기환급기한 등)에는 그 환급기한의 다음 날
	(2) 만료일 : 충당하는 날 또는 지급결정을 하는 날. 다만, 소액환급금 충당신청의제 규정에 따라 국세에 충당하는 경우 국세환급가산금은 지급결정을 한 날까지 가산한다.

> ☆ 참고 **국세환급가산금 적용 기본이자율**
>
> ① 국세환급가산금의 계산에 적용되는 이자율이란 시중은행의 1년 만기 정기예금 평균 수신금리를 고려하여 기획재정부령으로 정하는 이자율(기본이자율)을 말한다.
> ② 다만, 납세자가 「국세기본법」에 따른 이의신청, 심사청구, 심판청구, 「감사원법」에 따른 심사청구 또는 「행정소송법」에 따른 소송을 제기하여 그 결정 또는 판결에 따라 세무서장이 국세환급금을 지급하는 경우로서 그 결정 또는 판결이 확정된 날부터 40일 이후에 납세자에게 국세환급금을 지급하는 경우에는 기본이자율의 1.5배에 해당하는 이자율을 적용한다.

(3) 물납재산환급

① 물납시 → 물납재산으로 환급
② 국세환급가산금 지급 ×
③ 물납재산매각 및 행정용도 사용 등 일정한 경우에는 금전환급
④ 물납재산관련 수익적지출 → 국가부담, 자본적지출 → 납세자부담
⑤ 물납재산의 수납 이후 발생한 법정·천연과실 → 국가귀속

4 관할관청

구 분	내 용
과세표준 신고의 관할	① 신고당시 해당 국세의 납세지를 관할하는 세무서장에게 제출 ② 납세자의 관할위반 신고서 제출 → 유효한 제출로 인정 ○ ③ 전자신고 → 지방국세청장 또는 국세청장에게 제출 할수 있음.
결정·경정의 관할	① 그 처분당시 해당 국세의 납세지를 관할하는 세무서장이 행함 ② 관할관청의 경정·결정 관할위반 → 효력이 인정되지 아니함

CHAPTER 06 국세불복제도

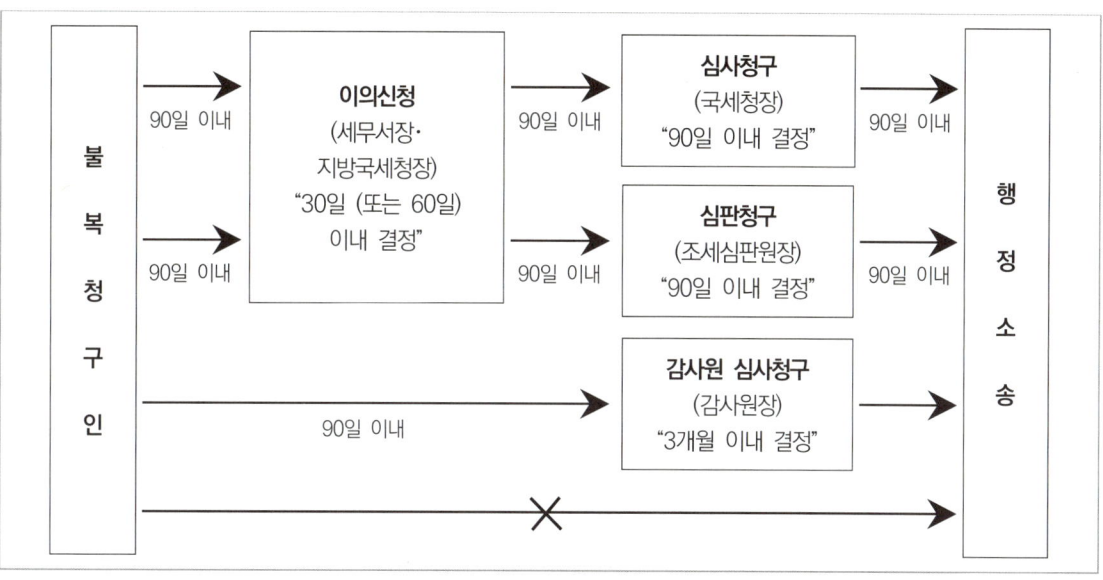

구 분		내 용
불복청구	불복대상	① 원칙 : 위법 또는 부당한 처분을 받거나 필요한 처분을 받지 못함으로 인하여 권리나 이익에 침해를 받은 경우(개괄주의 ○, 불복대상 열거주의 ×) ② 예외 : 국세기본법상 불복청구할 수 없는 처분 　㉠ 「조세범 처벌절차법」에 따른 통고처분 　㉡ 「감사원법」에 따라 심사청구를 한 처분이나 그 심사청구에 대한 처분 　㉢ 국세기본법 및 세법에 따른 과태료 부과처분 　㉣ 심사청구 또는 심판청구에 대한 처분에 대해서는 이의신청, 심사청구 또는 심판청구를 제기할 수 없다. 다만, 심사청구 또는 심판청구의 재조사 결정에 따른 처분청의 처분에 대해서는 해당 재조사 결정을 한 재결청에 대하여 심사청구 또는 심판청구를 제기할 수 있다. ★ 이의신청에 대한 처분과 이의신청의 재조사 결정에 따른 처분청의 처분에 대해서는 이의신청을 할 수 없다(심사청구 또는 심판청구 제기). [주의사항] ① 이의신청은 임의절차이므로 생략이 가능함(원칙적 1심급, 선택적 2심급) ② 국세청장이 조사·결정·경정한 처분 → 이의신청 적용배제 ③ 다음의 경우는 지방국세청장이 결정하여야 하는 이의신청으로 봄 　㉠ 지방국세청장의 조사에 따라 과세처분을 한 경우 　㉡ 세무서장에게 과세전적부심사를 청구한 경우 ④ 국세기본법상 심사청구와 심판청구를 중복하여 제기할 수 없음 ⑤ 감사원 심사청구를 한 경우 → 국세기본법상 심사청구·심판청구 ×
	불복청구인	① 당사자(납세의무승계자, 연대납세의무자 포함) ② 이해관계인 　㉠ 제2차 납세의무자로서 납부고지서를 받은 자

불복청구		ⓒ 물적납세의무자로서 납부고지서를 받은 자 ⓒ 「종합부동산세법」에 따라 물적납세의무를 지는 자로서 납부고지서를 받은 자 ⓔ 보증인 ⓜ 그 밖에 대통령령으로 정하는 자(현재 정해진 바 없음) ③ 대리인
	일반 대리인	① 원칙 : 변호사, 세무사 또는 공인회계사로 선임하여야 함 ② 예외 : 소액사건(5천만원 개정안 미만)인 경우에는 그 배우자, 4촌 이내의 혈족 또는 그 배우자의 4촌 이내의 혈족을 대리인으로 선임가능 ③ 대리권의 범위 : 그 신청 또는 청구에 관한 모든 행위를 할 수 있으나, 그 신청 또는 청구의 취하는 특별한 위임을 받은 경우에만 가능

	국선
	대리인
		① 국선대리인 선임신청 요건
		  ㉠ 경제적 요건
		    ⓐ 개인 : 종합소득금액 5천만원 이하 + 소유재산가액 5억원 이하
		    ⓑ 법인 NEW ★ : 수입금액 3억원 이하 개정안 + 소유재산가액 5억원 이하 개정안
		  ㉡ 5천만원 이하인 신청 또는 청구
		  ㉢ 상속세, 증여세 및 종합부동산세 ×
		  ★ 개정규정 : 그 동안 국선대리인은 개인에 대하여만 적용되고 법인에 대하여는 적용되지 아니하였으나 2024년 4월 1일 이후 국선대리인을 신청하는 경우에는 일정규모 이하의 영세법인도 국선대리인의 적용대상에 해당된다.
		② 선정통지 : 재결청은 국선대리인 신청이 요건을 모두 충족하는 경우 지체 없이 국선대리인을 선정하고, 신청을 받은 날부터 5일 이내에 그 결과를 이의신청인 등과 국선대리인에게 각각 통지하여야 함

	의견진술	① 의의 : 이의신청인, 심사청구인, 심판청구인 또는 처분청(처분청의 경우 심판청구에 한정)은 그 신청 또는 청구에 관계되는 서류를 열람할 수 있으며 해당 재결청에 의견을 진술할 수 있음 ② 신청 : 의견을 진술하려는 자는 진술자의 주소 또는 거소 및 성명과 진술하려는 내용의 대강을 적은 문서로 해당 재결청에 신청하여야 함 ③ 통지 : 의견진술의 신청을 받은 재결청은 출석 일시 및 장소와 필요하다고 인정되는 진술시간을 정하여 국세심사위원회, 조세심판관회의 또는 조세심판관합동회의 회의개최일(이의신청의 경우에는 결정을 하는 날) 3일 전까지 신청인에게 통지하여 의견진술의 기회를 주어야 함. 다만, 이의신청, 심사청구 또는 심판청구를 최초로 심의하는 경우에는 국세심사위원회, 조세심판관회의 회의개최일 7일 전까지 통지하여야 한다. ④ 의견진술방법 : 의견진술은 간단하고 명료하게 하여야 하며 필요한 경우에는 관련 증거, 그 밖의 자료를 제시할 수 있음. 또한 의견진술은 진술하려는 의견을 기록한 문서의 제출로 갈음할 수 있음
	청구효력	① 원칙 : 이의신청, 심사청구 또는 심판청구는 세법에 특별한 규정이 있는 것을 제외하고는 해당 처분의 집행에 효력을 미치지 아니한다(집행부정지 원칙). ② 예외 : 다만, 해당 재결청이 처분의 집행 또는 절차의 속행 때문에 이의신청인, 심사청구인 또는 심판청구인에게 중대한 손해가 생기는 것을 예방할 필요성이 긴급하다고 인정할 때에는 처분의 집행 또는 절차 속행의 전부 또는 일부의 정지(집행정지)를 결정할 수 있다. ★ 재결청은 집행정지 또는 집행정지의 취소에 관하여 심리·결정하면 지체 없이 당사자에게 통지하여야 한다. ★ 집행부정지 원칙에도 불구하고 불복청구가 계류 중인 경우에는 국세징수법에 따른 압류재산을 매각할 수 없다.

불복청구	청구기한	① 원칙적인 기한 : 처분이 있음을 안 날(처분통지일) ~ 90일 이내 ② 예외 : 다음의 경우에는 청구기한이 연장되거나 진행기간이 불산입 됨 　㉠ 천재 등 기한연장사유 발생시 : 사유가 소멸한 날부터 14일 이내 청구가능 　㉡ 상호합의절차 진행시 : 상호합의절차 개시일부터 종료일까지의 기간 불산입 　㉢ 국제거래가격에 대한 과세 조정절차 신청시 : 조정신청일 ~ 통지 받은 날까지 기간 불산입 　㉣ 우편에 의한 불복청구서 송부시 : 발신주의 적용
	청구서제출	① 이의신청 　㉠ 원칙 : 세무서장 또는 세무서장을 거쳐 관할지방국세청장에게 하여야 함 　㉡ 예외 : 다음의 경우에는 관할지방국세청장에게 이의신청을 하여야 하며, 세무서장에게 한 이의신청은 관할지방국세청장에게 한 것으로 봄 　　ⓐ 지방국세청장의 조사에 따라 과세처분을 한 경우 　　ⓑ 세무서장에게 과세전적부심사를 청구한 경우 　㉢ 세무서장의 송부 및 통지 : 지방국세청장에 대한 이의신청을 세무서장에게 제출한 경우 세무서장은 이의신청을 받은 날부터 7일 이내에 해당 신청서에 의견서를 첨부하여 지방국세청장에게 송부하고 그 사실을 이의신청인에게 통지하여야 함 ② 심사청구 　㉠ 원칙 : 세무서장을 거쳐 국세청장에게 하여야 함 　㉡ 예외 : 해당 청구서가 소관 세무서장 외의 세무서장, 지방국세청장 또는 국세청장에게 제출된 경우에도 유효한 청구로 인정 ○ 　㉢ 세무서장의 송부 : 심사청구서를 받은 세무서장은 이를 받은 날부터 7일 이내에 해당 청구서에 의견서를 첨부하여 국세청장에게 송부하여야 함 ③ 심판청구 　㉠ 원칙 : 세무서장 또는 조세심판원장에게 제출하여야 함 　㉡ 예외 : 해당 청구서가 소관 세무서장 외의 세무서장, 지방국세청장 또는 국세청장에게 제출된 경우에도 유효한 청구로 인정 ○ 　㉢ 세무서장의 송부 : 심판청구서를 받은 세무서장은 이를 받은 날부터 10일 이내에 답변서를 조세심판원장에게 송부하여야 함
	정보통신망을 이용한 불복청구	① 이의신청인, 심사청구인 또는 심판청구인은 국세청장 또는 조세심판원장이 운영하는 정보통신망을 이용하여 이의신청서, 심사청구서 또는 심판청구서를 제출할 수 있다. ② 위 ①에 따라 이의신청서, 심사청구서 또는 심판청구서를 제출하는 경우에는 국세청장 또는 조세심판원장에게 이의신청서, 심사청구서 또는 심판청구서가 전송된 때에 이 법에 따라 제출된 것으로 본다.
	심 리	① 요건심리 : 형식적 적법성에 대한 심리(ex 청구자적격, 청구기간의 준수) ★ 보정요구 : 이의신청·심사청구 → 20일 이내, 심판청구 → 상당한 기일 내 ② 본안심리 : 청구의 내용 심리
	이의신청· 심사청구의 심리원칙	① 불고불리원칙 : 국세청장(세무서장 또는 지방국세청장)은 심사청구(이의신청)에 따른 결정을 할 때 심사청구(이의신청)를 한 처분 외의 처분에 대해서는 그 처분의 전부 또는 일부를 취소 또는 변경하거나 새로운 처분의 결정을 하지 못한다. ② 불이익변경금지 : 국세청장(세무서장 또는 지방국세청장)은 심사청구(이의신청)에 따른 결정을 할 때 심사청구(이의신청)를 한 처분보다 청구인에게 불리한 결정을 하지 못한다.
	결정기간 및 절차	(1) 이의신청 ① 결정기간 : 이의신청을 받은 날부터 30일 이내 결정 및 통지하여야 함 ② 항변시 기간연장 : 이의신청인이 송부받은 의견서에 대하여 결정기간(30일 이내)

제6장 국세불복제도

불복청구		에 항변하는 경우에는 이의신청을 받은 날부터 60일 이내로 함 (2) 심사청구 ① 결정기간 : 국세청장은 심사청구를 받으면 국세심사위원회의 의결에 따라 심사청구를 받은 날부터 90일 이내에 결정 및 통지하여야 함 ② 국세청장의 재심의요청 : 국세청장은 위 ①에 따른 국세심사위원회 의결이 법령에 명백히 위반된다고 판단하는 경우 국세심사위원회로 하여금 한 차례에 한정하여 다시 심의할 것을 요청할 수 있음 (3) 심판청구 조세심판원장이 심판청구를 받았을 때에는 조세심판관회의가 심리를 거쳐 청구일로부터 90일 이내에 결정 및 통지하여야 함
	결정의 종류	① 각하 : 심사청구가 다음 중 어느 하나에 해당하는 경우에는 그 청구를 각하하는 결정을 한다. ㉠ 심판청구를 제기한 후 심사청구를 제기(같은 날 제기한 경우도 포함)한 경우 ㉡ 심사청구기간이 지난 후에 청구된 경우 ㉢ 심사청구 후 보정기간에 필요한 보정을 하지 아니한 경우 ㉣ 심사청구가 적법하지 아니한 경우 ㉤ 불복청구의 대상이 되는 처분이 존재하지 아니하는 경우 ㉥ 불복청구의 대상이 되는 처분에 의하여 권리나 이익을 침해당하지 아니하는 경우 ㉦ 불복청구의 대리인이 아닌 자가 대리인으로서 불복을 청구하는 경우 ② 기각 : 심사청구가 이유 없다고 인정될 때에는 그 청구를 기각하는 결정을 한다. ③ 인용 ㉠ 심사청구가 이유 있다고 인정될 때에는 그 청구의 대상이 된 처분의 취소·경정 결정을 하거나 필요한 처분의 결정을 한다. ㉡ 다만, 취소·경정 또는 필요한 처분을 하기 위하여 사실관계 확인 등 추가적으로 조사가 필요한 경우에는 처분청으로 하여금 이를 재조사하여 그 결과에 따라 취소·경정하거나 필요한 처분을 하도록 하는 재조사 결정을 할 수 있다. ㉢ 재조사 결정이 있는 경우 처분청은 재조사 결정일로부터 60일 이내에 결정서 주문에 기재된 범위에 한정하여 조사하고, 그 결과에 따라 취소·경정하거나 필요한 처분을 하여야 한다. ④ 처분청은 위 ③에도 불구하고 다음 중 어느 하나에 해당하는 경우에는 해당 심사청구의 대상이 된 당초의 처분을 취소·경정하지 아니할 수 있다. ㉠ 심사청구인의 주장과 재조사 과정에서 확인된 사실이 달라 원처분의 유지가 필요한 경우 ㉡ 재조사 과정에서 취소·경정 등을 위한 사실관계 확인이 불가능한 경우
	결정의 효력	① 기속력 : 재결청의 결정은 불복청구인과 관계행정청을 기속함 ② 불가쟁력 : 불복청구기간이 지나면 후심쟁송절차 × ③ 불가변력 : 그 결정에 하자가 있더라도 재결청 자신도 그 결정을 취소하거나 변경할 수 없음(단, 해당 결정에 잘못된 기재, 계산착오 등의 잘못이 명백할 때에는 직권 또는 납세자의 신청에 의하여 변경할 수 있음)
조세심판원	조세심판관	① 상임조세심판관의 임기는 3년으로 하며, 한 차례만 중임할 수 있다. ② 비상임조세심판관의 임기는 3년으로 하며, 한 차례만 연임할 수 있다 NEW. ③ 조세심판관이 다음의 어느 하나에 해당하는 경우를 제외하고는 그 의사에 반하여 임명을 철회하거나 해촉할 수 없다. ㉠ 심신쇠약 등으로 장기간 직무를 수행할 수 없게 된 경우 ㉡ 직무와 관련된 비위사실이 있는 경우 NEW

		ⓒ 직무태만, 품위손상이나 그 밖의 사유로 조세심판관으로서 적합하지 아니하다고 인정되는 경우 NEW
		ⓔ 조세심판관 제척사유 중 어느 하나에 해당하는데도 불구하고 회피하지 아니한 경우 NEW
		④ 원장인 조세심판관에 대해서는 ①과 ③의 규정을 적용하지 아니한다.
조세심판원	심판관회의	① 원칙 : 주심조세심판관 1인과 배석조세심판관 2인 이상으로 구성 ② 주심조세심판관 단독심리결정(경미한 사안) 　㉠ 심판청구금액이 5천만원 개정안 (지방세는 2천만원 개정안) 미만인 일정한 청구 　㉡ 조세심판관회의의 의결에 따라 결정된 유사사례가 있는 것 　㉢ 심판청구기간이 지난 후에 심판청구를 받은 경우 등 각하사유에 해당하는 경우 ③ 조세심판관합동회의*(중대한 사안) : 조세심판원장과 상임조세심판관 모두로 구성된 회의가 조세심판관회의의 의결이 다음의 어느 하나에 해당한다고 의결하는 경우에는 조세심판관합동회의*가 심리를 거쳐 결정한다(중대한 사항). 　㉠ 해당 심판청구사건에 관하여 세법의 해석이 쟁점이 되는 경우로서 이에 관하여 종전의 조세심판원 결정이 없는 경우 　㉡ 종전에 조세심판원에서 한 세법의 해석·적용을 변경하는 경우 　㉢ 조세심판관회의 간에 결정의 일관성을 유지하기 위한 경우 　㉣ 그 밖에 해당 결정이 다수의 납세자에게 동일하게 적용되는 등 국세행정이나 납세자의 권리·의무에 중대한 영향을 미칠 것으로 예상되는 경우 *조세심판관합동회의는 조세심판원장과 조세심판원장이 회의마다 지정하는 12명 이상 20명 이내의 상임조세심판관 및 비상임조세심판관으로 구성하되, 상임조세심판관과 같은 수 이상의 비상임조세심판관이 포함되어야 한다 NEW.
	심판관지정	조세심판관이 심판청구인 등과 일정한 이해관계에 있어 공정한 심판기대 × ① 제척 : 조세심판원장이 심판관 지정에서 배제 ② 회피 : 조세심판관 스스로 거절 ③ 기피 : 심판청구인이 조세심판관의 지정변경 신청
	심리원칙	① 자유심증주의 : 과세형평을 고려하여 자유심증으로 사실을 판단 ② 불고불리원칙 : 심판청구를 한 처분 이외의 처분에 대한 새로운 결정 × ③ 불이익변경금지 : 심판청구를 한 처분보다 불이익이 되는 결정 ×
	심판청구 절차	① 심판청구를 하려는 자는 심판청구서를 그 처분을 하였거나 하였어야 할 세무서장이나 조세심판원장에게 제출하여야 한다. 이 경우 심판청구서를 받은 세무서장은 이를 지체 없이 조세심판원장에게 송부하여야 한다. ② 심판청구서가 위 ①에 따른 세무서장 외의 세무서장, 지방국세청장 또는 국세청장에게 제출된 경우에도 심판청구를 한 것으로 본다. 이 경우 심판청구서를 받은 세무서장, 지방국세청장 또는 국세청장은 이를 지체 없이 조세심판원장에게 송부하여야 한다. ③ 조세심판원장은 심판청구서를 받은 경우에는 지체 없이 그 부본을 그 처분을 하였거나 하였어야 할 세무서장에게 송부하여야 한다. ④ 심판청구서를 받거나 위 ③에 따라 심판청구서의 부본을 받은 세무서장은 이를 받은 날부터 10일 이내에 그 심판청구서에 대한 답변서를 조세심판원장에게 제출하여야 한다. ⑤ 위 ④의 답변서가 제출되면 조세심판원장은 지체 없이 그 부본(副本)을 해당 심판청구인에게 송부하여야 한다. ⑥ 조세심판원장은 위 ④에 따른 기한까지 세무서장이 답변서를 제출하지 아니하는 경우에는 기한을 정하여 답변서 제출을 촉구할 수 있다. ⑦ 조세심판원장은 세무서장이 위 ⑥에 따른 기한까지 답변서를 제출하지 아니하는 경우에는 증거조사 등을 통하여 심리절차를 진행하도록 할 수 있다.

★ 참고 재조사결정 관련사항 정리

구 분	내 용
의 의	취소·경정 또는 필요한 처분을 하기 위하여 사실관계 확인 등 추가적으로 조사가 필요한 경우에는 처분청으로 하여금 이를 재조사하여 그 결과에 따라 취소·경정하거나 필요한 처분을 하도록 하는 결정을 재조사결정이라 한다.
절 차	① 재조사 결정이 있는 경우 처분청은 재조사 결정일로부터 60일 이내에 결정서 주문에 기재된 범위에 한정하여 조사하고, 그 결과에 따라 취소·경정하거나 필요한 처분을 하여야 한다. ② 처분청은 재조사 결과에 따라 청구의 대상이 된 처분의 취소·경정을 하거나 필요한 처분을 하였을 때에는 그 처분결과를 지체없이 서면으로 불복청구인 또는 과세전적부심사 청구인 등에게 통지하여야 한다.
재조사결정 처분에 대한 후심쟁송문제	(아래 표 참조)
기타사항	① 중복조사 허용예외 : 불복청구 또는 과세전적부심사청구에 대한 재조사결정에 따라 조사를 하는 경우(결정서 주문에 기재된 범위의 조사에 한정함)에는 같은 세목 및 같은 과세기간에 대한 재조사가 허용된다. ② 세무조사 결과통지 예외 : 불복청구 및 과세전적부심사의 재조사결정에 의한 세무조사를 마친 경우에는 세무조사 결과통지를 하지 않을 수 있다. ③ 과세전적부심사청구대상 제외 : 불복청구 및 과세전적부심사의 재조사결정에 의한 세무조사를 하는 경우에는 과세전적부심사를 청구할 수 없다.
관련판례	심판청구에 대한 결정의 한 유형으로 실무상 행해지고 있는 재조사결정은 재결청의 결정에서 지적된 사항에 관해서 처분청의 재조사결과를 기다려 그에 따른 후속 처분의 내용을 심판청구 등에 대한 결정의 일부분으로 삼겠다는 의사가 내포된 변형결정에 해당하고, 처분청의 후속 처분에 따라 그 내용이 보완됨으로써 결정으로서 효력이 발생하므로, 재조사결정의 취지에 따른 후속 처분이 심판청구를 한 당초 처분보다 청구인에게 불리하면 불이익변경금지원칙에 위배되어 후속 처분 중 당초 처분의 세액을 초과하는 부분은 위법하게 된다(대법원 2016. 9. 28. 선고 2016두39382 판결).

당초청구	재조사결정에 따른 처분에 대한 불복청구			
	이의신청	심사청구	심판청구	행정소송
심사청구	×	○	×	○
심판청구	×	×	○	○
이의신청	×	○	○	×

★ 시행령개정안 국세기본법상 소액사건 기준금액 변경

2024년 세법개정으로 인하여 아래의 규정이 적용되는 소액사건 금액기준이 변경되었다.

종 전	2024년 시행령 개정(안)
○ 청구금액 **3천만원**(지방세는 **1천만원**) 미만	○ **5천만원**(지방세는 **2천만원**) 미만

① 배우자, 4촌 이내의 혈족 등을 대리인으로 선임할 수 있는 소액사건
② 국세심사위원회의 의결을 거치지 않고 국세청장이 결정할 수 있는 소액사건
③ 조세심판관회의를 거치지 않고 주심조세심판관 단독심리결정이 가능한 소액사건

CHAPTER 07 납세자의 권리 및 보칙

납세자의 권리 및 보칙

구 분		내 용
납세자 권리	납세자 권리헌장 교부사유	① 세무조사(조세범칙조사 포함)를 하는 경우 ② 사업자등록증을 발급하는 경우 ③ 그 밖에 대통령령으로 정하는 경우(현재 정해진 사항 없음)

	세무조사권 남용금지	(1) 일반개념 : 세무공무원은 공평한 과세를 실현하기 위하여 필요한 최소한의 범위에서 세무조사(조세범칙조사 포함)를 하여야 하며, 다른 목적 등을 위하여 조사권을 남용해서는 아니 된다.
		(2) 재조사금지 : 세무공무원은 다음의 어느 하나에 해당하는 경우가 아니면 같은 세목 및 같은 과세기간에 대하여 재조사를 할 수 없다.
		  ① 조세탈루의 혐의를 인정할 만한 명백한 자료가 있는 경우
		  ② 거래상대방에 대한 조사가 필요한 경우
		  ③ 2개 이상의 과세기간과 관련하여 잘못이 있는 경우
		  ④ 불복청구 또는 과세전적부심사청구에 대한 재조사결정에 따라 조사를 하는 경우(결정서 주문에 기재된 범위의 조사에 한정함)
		  ⑤ 납세자가 세무공무원에게 직무와 관련하여 금품을 제공하거나 금품제공을 알선한 경우
		  ⑥ 부분조사(통합조사원칙의 예외사항)를 실시한 후 해당 조사에 포함되지 아니한 부분에 대하여 조사하는 경우
		  ⑦ 부동산투기·매점매석·무자료거래 등 경제질서교란 등을 통한 탈세혐의가 있는 자에 대하여 일제조사를 하는 경우
		  ⑧ 과세관청 외의 기관이 직무상 목적을 위하여 작성하거나 취득하여 과세관청에 제공한 자료의 처리를 위해 조사하는 경우
		  ⑨ 국세환급금의 결정을 위한 확인조사를 하는 경우
		  ⑩ 조세범처벌절차법에 따른 조세범칙행위의 혐의를 인정할 만한 명백한 자료가 있는 경우(다만, 해당 자료에 대해 조세범칙조사심의위원회에서 조세범칙혐의가 없다고 심의한 경우는 제외)
		(3) 세무공무원은 세무조사를 하기 위하여 필요한 최소한의 범위에서 장부 등의 제출을 요구하여야 하며, 조사대상 세목 및 과세기간의 과세표준과 세액의 계산과 관련 없는 장부 등의 제출을 요구해서는 아니 된다.
		(4) 누구든지 세무공무원으로 하여금 법령을 위반하게 하거나 지위 또는 권한을 남용하게 하는 등 공정한 세무조사를 저해하는 행위를 하여서는 아니 된다.

	세무조사시 조력받을권리	납세자는 세무조사(조세범칙조사 포함)를 받는 경우에 변호사, 공인회계사 및 세무사로 하여금 조사에 입회하게 하거나 의견을 진술하게 할 수 있다.
	납세자의 성실성추정	세무공무원은 납세자가 수시선정사유에 해당하는 경우를 제외하고는 납세자가 성실하며, 납세자가 제출한 신고서 등이 진실한 것으로 추정하여야 함

납세자 권리	세무조사 대상자선정	(1) 정기선정사유(성실성추정 배제 ×) ① 국세청장이 납세자의 신고 내용에 대하여 과세자료, 세무정보 및 감사의견, 외부감사 실시내용 등 회계성실도 자료 등을 고려하여 정기적으로 성실도를 분석한 결과 불성실 혐의가 있다고 인정하는 경우 ② 최근 4과세기간 이상 같은 세목의 세무조사를 받지 아니한 경우 ③ 무작위추출방식으로 표본조사를 하려는 경우 (2) 수시선정(성실성추정 배제 ○) ① 세법에서 정하는 신고, 제출 등의 납세협력의무를 불이행한 경우 ② 무자료거래, 위장·가공거래 등 거래내용이 사실과 다른 혐의가 있는 경우 ③ 납세자에 대한 구체적인 탈세제보가 있는 경우 ④ 신고내용에 탈루나 오류의 혐의를 인정할만한 명백한 자료가 있는 경우 ⑤ 납세자가 세무공무원에게 직무와 관련하여 금품을 제공하거나 금품제공을 알선한 경우 (3) 정부부과세목에 대한 과세표준과 세액을 결정하기 위한 세무조사
	세무조사의 관할	① 원칙 : 세무조사는 납세지 관할세무서장 또는 지방국세청장이 수행 ② 예외 : 납세자가 사업을 실질적으로 관리하는 장소의 소재지와 납세지가 관할을 달리하는 경우 등 일정한 경우에는 국세청장(지방국세청장)이 그 관할을 조정할 수 있음
	세무조사 사전통지	① 원칙 : 조사개시 15일 전에 조사대상세목, 과세기간, 조사기간, 조사사유 등을 문서 통지 ② 예외 : 사전통지의 경우 증거인멸 등으로 조사목적을 달성할 수 없다고 인정되는 경우에는 사전통지를 하지 아니한다. ③ 세무조사통지서의 교부 | 구 분	내 용
---	---
교부사유	세무공무원은 ①사전통지를 하지 아니하고 조사를 개시하거나 ②조세채권을 확보하기 위하여 조사를 긴급히 개시할 필요가 있다고 인정되는 사유(세무조사 연기기간 만료전 조사개시 사유 ⓒ)로 조사를 개시할 때에는 세무조사통지서를 세무조사를 받을 납세자에게 교부하여야 한다.
교부의무 면제	다음 중 어느 하나에 해당하는 경우에는 세무조사통지서를 교부하지 않을 수 있다. ㉠ 납세자가 세무조사 대상이 된 사업을 폐업한 경우 ㉡ 납세자가 납세관리인을 정하지 아니하고 국내에 주소 또는 거소를 두지 아니한 경우 ㉢ 납세자 또는 납세관리인이 세무조사통지서의 수령을 거부하거나 회피하는 경우	
	세무조사 결과통지	① 원칙 : 세무공무원은 세무조사를 마쳤을 때에는 그 조사를 마친 날부터 20일(공시송달 사유에 해당하는 경우에는 40일) 이내에 세무조사결과를 납세자에게 설명하고, 이를 서면으로 통지하여야 함 ② 예외 : 다음 중 어느 하나에 해당하는 경우에는 결과통지를 하지 않을 수 있음 ㉠ 납세관리인을 정하지 아니하고 국내에 주소 또는 거소를 두지 아니한 경우 ㉡ 불복청구 및 과세전적부심사의 재조사결정에 의한 세무조사를 마친 경우 ㉢ 세무조사결과통지서 수령을 회피하거나 거부하는 경우
	세무조사 연기신청	① 신청 : 세무조사의 사전통지를 받은 납세자가 다음 중 어느 하나에 해당하는 사유로 조사를 받기 곤란한 경우 ㉠ 천재지변 ㉡ 화재, 그 밖의 재해로 사업상 심각한 어려움이 있을 때 ㉢ 납세자 또는 납세관리인의 질병·장기출장 등으로 세무조사가 곤란하다고 판단될 때 ㉣ 권한 있는 기관에 장부, 증거서류가 압수되거나 영치되었을 때

납세자 권리	세무조사 연기신청	⑩ 위 ㉠부터 ㉣까지의 규정에 준하는 사유가 있을 때
		② 승인통지 : 위 ①에 따라 연기신청을 받은 관할 세무관서의 장은 연기신청 승인 여부를 결정하고 그 결과(연기 결정 시 연기한 기간을 포함)를 조사 개시 전까지 통지하여야 한다.
		③ 조사개시 : 관할 세무관서의 장은 다음의 어느 하나에 해당하는 사유가 있는 경우에는 위 ②에 따라 연기한 기간이 만료되기 전에 조사를 개시할 수 있다.
		  ㉠ 위 ①에 따른 연기 사유가 소멸한 경우
		  ㉡ 조세채권을 확보하기 위하여 조사를 긴급히 개시할 필요가 있다고 인정되는 경우
		④ 조사개시통지 : 관할 세무관서의 장은 위 ③ 중 ㉠의 사유로 조사를 개시하려는 경우에는 조사를 개시하기 5일 전까지 조사를 받을 납세자에게 연기 사유가 소멸한 사실과 조사기간을 통지하여야 한다.

	세무조사 기 간	① 원칙 : 세무조사 기간 최소화 ② 조사기간제한 : 세무공무원은 조사대상 과세기간 중 연간 수입금액 또는 양도가액이 가장 큰 과세기간의 연간 수입금액 또는 양도가액이 100억원 미만인 납세자에 대한 세무조사 기간은 20일 이내로 함 ③ 조사기간연장 : 납세자의 조사기피하는 행위가 명백한 경우 등 조사기간을 연장할 필요가 있다고 인정되는 경우에는 연장가능 ④ 조사기간 연장절차 : 최초연장→ 관할 세무관서의 장의 승인, 2회 이후 연장→ 관할 상급세무관서의 장의 승인을 받아 각각 20일 이내에서 연장가능 ⑤ 조사기간제한 적용배제 : 무자료거래, 위장·가공거래 등 거래 내용이 사실과 다른 혐의가 있어 실제 거래 내용에 대한 조사가 필요한 경우 등 일정한 경우에 해당하는 경우 세무조사기간 및 세무조사연장기간의 제한을 받지 아니한다.
	세무조사 중 지	① 중지 : 세무공무원은 납세자의 소재가 불명하거나 납세자가 해외로 출국한 경우 등 일정한 사유로 세무조사를 진행하기 어려운 경우에는 세무조사를 중지할 수 있으며, 해당 중지기간은 세무조사 기간 및 세무조사 연장기간에 산입하지 아니함 ② 세무공무원은 세무조사의 중지기간 중에는 납세자에 대하여 국세의 과세표준과 세액을 결정 또는 경정하기 위한 질문을 하거나 장부 등의 검사·조사 또는 그 제출을 요구할 수 없음.
	세무조사 범위확대	① 원칙 : 조사진행 중 세무조사의 범위확대 × ② 예외 : 구체적인 세금탈루 혐의가 여러 과세기간 또는 다른 세목까지 관련되는 것으로 확인되는 일정한 경우→ 세무조사의 범위확대 ○ ③ 통지의무 : 세무공무원은 세무조사의 범위를 확대하는 경우에는 그 사유와 범위를 납세자에게 문서로 통지하여야 함
	장부·서류 보관금지	① 원칙 : 세무조사(조세범칙조사 포함)를 목적으로 납세자의 장부 등을 세무관서에 임의로 보관할 수 없음 ② 예외 : 위 ①에도 불구하고 세무공무원은 수시선정 세무조사 사유에 해당하는 경우에는 장부 등을 납세자의 동의를 받아 세무관서에 일시 보관할 수 있음(일시보관증 교부) ③ 장부 등 반환 : 일시 보관하고 있는 장부 등에 대하여 납세자가 반환을 요청한 경우에는 그 반환을 요청한 날부터 14일 이내에 장부 등을 반환하여야 함. 다만, 조사 목적을 달성하기 위하여 필요한 경우에는 납세자보호위원회의 심의를 거쳐 한 차례만 14일 이내의 범위에서 보관 기간을 연장할 수 있음

납세자 권리	통합조사 원칙	① 통합조사원칙 : 세법에 따라 신고·납부의무가 있는 세목을 통합하여 실시
		② 특정세목조사 : 다음의 어느 하나에 해당하는 경우에는 특정한 세목만을 조사가능
		   ㉠ 세목의 특성, 납세자의 신고유형, 사업규모 또는 세금탈루 혐의 등을 고려하여 특정 세목만을 조사할 필요가 있는 경우
		   ㉡ 조세채권의 확보 등을 위하여 특정 세목만을 긴급히 조사할 필요가 있는 경우
		   ㉢ 그 밖에 세무조사의 효율성 및 납세자의 편의 등을 고려하여 특정 세목만을 조사할 필요가 있는 경우로서 대통령령으로 정하는 경우
		③ 한정조사(부분조사) : 거래상대방에 대한 세무조사 중에 거래 일부의 확인이 필요한 경우 등 일정한 경우에는 이에 대한 확인을 위하여 필요한 부분에 한정한 조사(부분조사)를 실시

	비밀유지	① 원칙 : 납세자의 과세정보를 타인에게 제공·누설 × ② 예외 : 일정한 공적기관이 공적용도로 요구하는 일정한 경우 → 제공 ○

과세전 적부심사	성격	과세관청의 국세부과처분을 받기 전에 납세자의 청구에 의해 그 부과처분의 타당성을 미리 심사하는 제도(사전적 권리구제제도)
	과세예고통지	세무서장 또는 지방국세청장은 다음의 어느 하나에 해당하는 경우에는 미리 납세자에게 그 내용을 서면으로 통지(과세예고통지)하여야 한다. ① 세무서 또는 지방국세청에 대한 지방국세청장 또는 국세청장의 업무감사 결과(현지에서 시정조치하는 경우를 포함한다)에 따라 세무서장 또는 지방국세청장이 과세하는 경우 ② 세무조사에서 확인된 것으로 조사대상자 외의 자에 대한 과세자료 및 현지 확인조사에 따라 세무서장 또는 지방국세청장이 과세하는 경우 ③ 납부고지하려는 세액이 1백만원 이상인 경우. 다만, 「감사원법」에 따른 시정요구에 따라 세무서장 또는 지방국세청장이 과세처분하는 경우로서 시정요구 전에 과세처분 대상자가 감사원의 지적사항에 대한 소명안내를 받은 경우는 제외한다.
	과세전 적부심사 청구대상	다음의 어느 하나에 해당하는 통지를 받은 경우 ① 세무조사결과에 대한 서면통지 ② 세무서장 또는 지방국세청장의 과세예고통지(위 3가지)
	청구배제	① 납부기한 전 징수사유 또는 수시부과사유가 있는 경우 ② 조세범처벌법 위반으로 고발 또는 통고처분하는 경우(다만, 고발 또는 통고처분과 관련 없는 세목 또는 세액에 대해서는 그러하지 아니함 NEW) ③ 세무조사 결과 통지 및 과세예고 통지를 하는 날부터 국세부과 제척기간의 만료일까지의 기간이 3개월 이하인 경우 ④ 국제조세조정에 관한 법률에 따라 조세조약을 체결한 상대국이 상호합의절차의 개시를 요청한 경우 ⑤ 불복청구 및 과세전적부심사의 재조사결정에 의한 세무조사를 하는 경우
	청구절차	① 원칙 : 과세예고통지 등을 받은 날부터 30일 이내에 통지를 한 세무서장이나 지방국세청 장에게 청구 ② 예외 : 국세청장 관련 결정이나 청구금액이 5억원 개정안 이상인 경우 등 일정한 경우에는 국세청장에게 과세전적부심사를 청구할 수 있다. [시행령개정안] 국세청장에게 과세전적부심사를 청구할 수 있는 사유 | 종전 | 2024년 시행령 개정(안) | |---|---| | ○ 과세전적부심사 청구금액이 **10억원** 이상인 것 | ○ 과세전적부심사 청구금액이 **5억원** 이상인 것 |
	청구효력	① 원칙 : 과세전적부심사의 청구시 과세전적부심사의 결정이 있을 때까지 과세표준 및 세액의 결정·경정결정을 유보하여야 함(결정유보효력) ② 예외 : 조기결정신청이 있는 경우는 제외
	결정기간	청구를 받은 날부터 30일 이내에 청구인에게 통지
	가산세감면	과세전적부심사 결정·통지기간 내에 그 결과를 통지하지 아니한 경우 → 통지지연기간에 대한 납부지연가산세의 50% 감면
	결정유형	① 청구가 이유없다고 인정되는 경우 : 채택하지 아니한다는 결정 ② 청구가 이유있다고 인정되는 경우 : 채택하는 결정(일부채택, 재조사결정 포함) ③ 청구기간이 지났거나 보정기간에 보정하지 아니한 경우 및 그 밖에 청구가 적법하지 아니한 경우 NEW : 심사하지 아니한다는 결정
	조기결정 신청	과세전적부심사를 청구하지 아니하고 세무서장·지방국세청장에게 통지받은 내용에 대하여 과세표준 및 세액을 조기결정·경정신청 → 세무서장·지방국세청장은 신청받은 내용대로 즉시 결정·경정결정

보 칙	(1) 납세관리인 ① 납세자가 국내에 주소·거소 × or 국외로 이전시 → 납세관리인 두어야 함 ② If not → 납부기한 전 징수사유 ○, 세무조사결과통지 ×, 세무조사통지서 교부 × (2) 고지금액의 최저한(소액부징수) ① 고지할 국세·강제징수비의 합계액이 1만원 미만 → 없는 것으로 봄 ② 인지세는 제외 (3) 장부 등의 비치 및 보존 ① 원칙 : 해당 과세기간의 법정신고기한이 지난 날부터 5년간(역외 거래의 경우는 7년간) 보존 ② 예외 : 이월결손금 공제시 → 공제하는 과세기간의 법정신고기한 ~ 1년간 보존 (4) 포상금의 지급(한도 20억원, 단, 조세탈루자신고는 40억원, 체납자 은닉재산신고는 30억원)	

구 분	내 용
조세탈루자 신고	① 대상자 : 조세를 탈루한 자에 대한 탈루세액 또는 부당하게 환급·공제받은 세액을 산정하는 데 중요한 자료를 제공한 자(이하 "제보자") ② 포상금 지급기준 : 탈루세액 등에 일정 지급률(5%~20%)을 적용하여 계산한 금액(40억원 한도) ③ 적용배제 : 납부된 탈루세액 또는 부당하게 환급·공제받은 세액이 5천만원 미만인 경우
체납자 은닉재산 신고	① 대상자 : 체납자의 은닉재산을 신고한 자 ② 포상금액 : 은닉재산의 신고를 통하여 징수된 금액에 일정 지급률(5% ~ 20%)을 적용하여 계산한 금액(30억원 한도) ③ 적용배제 : 징수금액이 5천만원 미만인 경우
미신고 해외금융계좌 신고	① 대상자 : 해외금융계좌신고 위반행위관련 중요자료를 제공한 자 ② 포상금액 : 과태료금액(벌금액)에 일정 지급률(5% ~ 15%)을 곱하여 계산한 금액(20억원 한도) ③ 적용배제 : 과태료금액(벌금액)이 2천만원 미만인 경우
신용카드 등 발급거부자 신고	① 대상자 : 신용카드·현금영수증의 발급거부 또는 허위발급 가맹점을 객관적 증거자료를 첨부하여 거래일부터 1개월 이내(현금영수증은 5년 이내)에 신고한 자 ② 포상금액 : 거래금액의 20%(최소 1만원 ~ 최대 50만원)를 포상금으로 지급하되, 연간 1인당 200만원을 한도로 함 ③ 적용배제 : 발급대상 거래금액이 5천원 미만인 경우
현금영수증 미발급신고	① 대상자 : 변호사, 회계사, 세무사 등 전문직사업자로서 건당 거래금액 10만원 이상 거래에 대하여 현금영수증발급을 하지 않은 사업자를 신고한 자 ② 포상금액 : 거래금액의 20%(최소 1만원 ~ 최대 50만원)를 포상금으로 지급하되, 동일인에게 지급할 수 있는 포상금은 연간 200만원을 한도로 함
명의위장 사업자신고	① 대상자 : 타인의 명의를 사용하여 사업을 경영한 자를 신고한 경우 ② 포상금액 : 건별 200만원 ③ 적용배제 : 타인명의 사용이 조세회피·강제집행의 면탈목적이 없는 경우
타인명의 금융자산신고	① 대상자 : 법인 또는 복식부기의무자의 타인명의 금융자산을 신고한 자 ② 포상금액 : 해당 금융자산을 통한 탈루세액 등이 1,000만원 이상인 신고 건별로 100만원 지급. 다만, 동일인 지급한도는 연간 5,000만원.

(5) 서류접수증의 발급
  ① 원칙 : 과세관청이 주요 서류 제출받는 경우 → 발급하여야 함
  ② 국세정보통신망에 의한 제출시 → 전자적형태로 통보가능
  ③ 우편, 팩스, 지정된 신고함 투입시 → 발급의무면제
(6) 불성실기부금수령단체 등 명단공개

구 분	내 용
불성실기부금 수령단체	다음에 해당하는 불성실기부금수령단체의 인적사항 및 국세추징명세 등 ㉠ 최근 2년 이내(불복청구·행정소송의 기간은 제외)에 「상속세 및 증여세법」에 따른 의무의 불이행으로 추징당한 세액의 합계액이 1천만원 이상인 경우 ㉡ 최근 3년간(불복청구·행정소송의 기간은 제외)의 기부자별·기부법인별 발급명세를 작성·보관하고 있지 아니한 경우 ㉢ 최근 3년 이내(불복청구·행정소송의 기간은 제외)에 기부금액 또는 기부자의 인적사항이 사실과 다르게 발급된 기부금영수증(거짓영수증)을 5회 이상 발급하였거나 그 발급금액의 합계액이 5천만원 이상인 경우 ㉣ 명단 공개일이 속하는 연도의 직전 연도 12월 31일을 기준으로 「법인세법」에 따른 공익법인 등이 공익사용, 목적사업수행, 모금액·활용실적명세서의 공개 및 선거운동금지 등의 의무를 위반한 사실 또는 주무관청의 요구에도 불구하고 의무이행 여부를 보고하지 아니한 사실이 2회 이상 확인되는 경우
조세포탈범	조세범처벌법에 따른 범죄로 유죄판결이 확정된 자로서 포탈세액 등이 **연간 2억원 이상**인 자(조세포탈범)의 인적사항, 포탈세액 등
해외금융계좌 신고의무위반자	「국제조세조정에 관한 법률」에 따른 해외금융계좌정보의 신고의무자로서 신고기한 내에 신고하지 아니한 금액이나 과소 신고한 금액이 **50억원을 초과**하는 자(해외금융계좌 신고의무 위반자)의 인적사항, 신고의무 위반금액 등
세금계산서 발급의무위반자	「특정범죄 가중처벌 등에 관한 법률」에 따른 범죄로 유죄판결이 확정된 사람(세금계산서발급의무등위반자)의 인적사항, 부정 기재한 공급가액 등의 합계액 등

(7) 명단공개기간 : 명단공개는 다음의 구분에 따른 기간이 만료되는 날까지로 하되, 납부해야 할 세액, 과태료 또는 벌금이 납부되지 않았거나 형의 집행이 완료되지 않은 경우에는 명단을 계속하여 공개한다.
  ① 불성실기부금수령단체 : 3년
  ② 조세포탈범
    ㉠ 조세포탈범(상습포탈범은 제외)으로 유죄판결이 확정된 자 : 5년
    ㉡ 조세포탈범(상습포탈범에 한정), 면세유의 부정유통 등의 범죄로 유죄판결이 확정된 자 : 10년
  ③ 해외금융계좌신고의무위반자 : 5년
  ④ 세금계산서발급의무등위반자 : 5년
(8) 통계자료의 작성·공개
  국세청장은 납세자의 과세정보를 직접 또는 간접적 방법으로 확인할 수 없도록 작성된 과세정보의 통계자료를 국세정보위원회의 심의를 거쳐 일반 국민에게 정기적으로 공개하여야 함(강제사항)
(9) 금품수수 및 공여에 대한 징계 등
  세무공무원이 그 직무와 관련하여 금품을 수수(收受)하였을 때에는 「국가공무원법」에 따른 징계절차에서 그 금품 수수액의 5배 이내의 징계부가금 부과 의결을 징계위원회에 요구하여야 한다.
(10) 벌칙(과태료)
  ① 직무집행 거부 등에 대한 과태료 : 관할 세무서장은 세법의 질문·조사권 규정에 따른 세무공무원의 질문에 대하여 거짓으로 진술하거나 그 직무집행을 거부 또는 기피한 자에게 5천만원 이하의 과태료를 부과·징수한다.

보 칙

보 칙	② 금품 수수 및 공여에 대한 과태료 : 관할 세무서장 또는 세관장은 세무공무원에게 금품을 공여한 자에게 그 금품 상당액의 2배 이상 5배 이하의 과태료를 부과·징수한다. 다만, 「형법」 등 다른 법률에 따라 형사처벌을 받은 경우에는 과태료를 부과하지 아니하고, 과태료를 부과한 후 형사처벌을 받은 경우에는 과태료 부과를 취소한다. ③ 비밀유지 의무 위반에 대한 과태료 : 국세청장은 비밀유지 규정의 예외규정에 따라 알게 된 과세정보를 타인에게 제공 또는 누설하거나 그 목적 외의 용도로 사용한 자에게 2천만원 이하의 과태료를 부과·징수한다. 다만, 「형법」 등 다른 법률에 따라 형사처벌을 받은 경우에는 과태료를 부과하지 아니하고, 과태료를 부과한 후 형사처벌을 받은 경우에는 과태료 부과를 취소한다.

■ ■ ■ 이진욱 세무사의 **Tax Note**

국세징수법

CHAPTER 01   총칙 및 보칙

CHAPTER 02   임의적 징수절차

CHAPTER 03   강제적 징수절차

CHAPTER 01 총칙 및 보칙

1 국세징수법 총칙

구 분	내 용
목 적	국세의 징수에 필요한 사항을 규정함으로써 국민의 납세의무의 적정한 이행을 통해 국세수입을 확보하는 것을 목적으로 한다.
성 격	① 국세징수에 필요한 사항을 규정하여 국세수입의 확보를 목적으로 하는 국세의 징수절차에 관한 일반세법 → **총칙법** ② 국세징수에 관한 절차를 규정 → **절차법** ③ 국세의 징수에 관하여「국세기본법」이나 다른 세법에 특별한 규정이 있는 경우를 제외하고는 이 법에서 정하는 바에 따른다. → 하위법
정 의	① 납부기한 : 납세의무가 확정된 국세(가산세 포함)를 납부하여야 할 기한으로서 다음의 구분에 따른 기한을 말한다. 　㉠ 법정납부기한 : 국세의 종목과 세율을 정하고 있는 법률(개별세법),「국세기본법」,「조세특례제한법」및「국제조세조정에 관한 법률」에서 정한 기한 　㉡ 지정납부기한★[참고] : 관할 세무서장이 납부고지를 하면서 지정한 기한 ② 체 납 : 국세를 지정납부기한까지 납부하지 아니하는 것. 다만, 지정납부기한 후에 납세의무가 성립·확정되는「국세기본법」에 따른 납부지연가산세 및 원천징수 등 납부지연가산세의 경우 납세의무가 확정된 후 즉시 납부하지 아니하는 것을 말한다. ③ 체납자 : 국세를 체납한 자 ④ 체납액 : 체납된 국세와 강제징수비
징수의 순위	(1순위) 강제징수비 → (2순위) 국세(가산세 제외)★ → (3순위) 가산세 ★ 국세는 교육세, 농어촌특별세, 교통·에너지·환경세, 기타의 국세 순(목적세 → 보통세)으로 징수한다.
국세 등의 징수절차	① 임의적징수절차 : 납부고지 → 독촉 ② 강제적징수절차 : 압류 → 매각 → 청산

> **☆ 참고** **지정납부기한의 범위**
>
> ① 납부기한의 구분에 있어 다음의 기한은 지정납부기한으로 본다.
> 　㉠ 관할세무서장이「소득세법」에 따라 중간예납세액을 징수하여야 하는 기한★
> 　　★ 소득세 중간예납고지에 따른 납부기한
> 　㉡ 관할세무서장이「부가가치세법」에 따라 부가가치세액을 징수하여야 하는 기한★
> 　　★ 개인사업자에 대한 부가가치세 예정고지(간이과세자에 대한 예정부과고지)에 따른 납부기한
> 　㉢ 관할세무서장이「종합부동산세법」에 따라 종합부동산세액을 징수하여야 하는 기한★
> 　　★ 종합부동산세의 부과·징수를 위한 납부고지에 따른 납부기한(매년 12월 15일)
> ② 단,「소득세법」,「부가가치세법」,「종합부동산세법」에 따라 관할세무서장의 납부고지에도 불구하고 납세자가 자진신고방식을 선택하여 해당 세액의 결정이 없었던 것으로 보는 경우는 제외한다.

2 보칙 - 국세징수의 간접적 강제제도

(1) 납세증명서의 제출

구 분	내 용
납세증명서	납세증명서란 발급일 현재 다음의 금액을 제외하고는 다른 체납액이 없다는 사실을 증명하는 문서를 말하며, 지정납부기한이 연장된 경우에는 그 사실도 기재되어야 한다. ① 납부고지의 유예액 ② 독촉장에서 정하는 기한의 연장에 관계된 금액 ③ 압류·매각의 유예액 ④ 「채무자 회생 및 파산에 관한 법률」에 따른 징수유예액 또는 강제징수에 따라 압류된 재산의 환가유예에 관련된 체납액 ⑤ 「국세기본법」에 따라 물적납세의무를 부담하는 양도담보권자 및 「부가가치세법」, 「종합부동산세법」에 따라 물적납세의무를 부담하는 수탁자가 그 물적납세의무와 관련하여 체납한 국세 또는 강제징수비 ⑥ 「조세특례제한법」상 재기중소기업인에 대한 압류 또는 매각이 유예된 체납액, 납부고지의 유예 또는 납부기한연장에 관계된 국세 또는 체납액 및 영세사업자의 체납액 징수특례를 적용받는 징수곤란 체납액
제출사유	납세자는 다음에 해당하는 경우 납세증명서를 제출하여야 함 ① 국가, 지방자치단체 및 일정한 정부관리기관 등으로부터 대금을 지급받을 경우(체납액이 없다는 사실의 증명이 필요하지 아니한 경우로서 대통령령으로 정하는 경우는 제외) ② 외국인등록 또는 국내거소신고를 한 외국인이 체류기간 연장허가 등 체류 관련 허가 등을 법무부장관에게 신청하는 경우 ③ 내국인이 해외이주 목적으로 재외동포청장에게 해외이주신고를 하는 경우 * 납세자가 납세증명서를 제출하여야 하는 경우에 해당 주무관서 등이 국세청장 또는 관할세무서장에게 조회하거나 납세자의 동의를 받아 행정정보의 공동이용을 통하여 그 체납사실 여부를 확인하는 경우에는 납세증명서를 제출받은 것으로 볼 수 있다.
제출의무면제	다음 중 어느 하나에 해당하는 경우에는 국가 등으로부터 대금을 지급받는 경우에도 납세증명서를 제출하지 아니하여도 된다. ① 수의계약과 관련하여 대금을 지급받는 경우 ② 국가·지방자치단체가 대금을 지급받아 그 대금이 국고·지방자치단체금고에 귀속되는 경우 ③ 국세 강제징수에 따른 채권 압류로 세무서장이 그 대금을 지급받는 경우 ④ 파산관재인이 납세증명서를 발급받지 못하여 관할법원이 파산절차를 원활하게 진행하기 곤란하다고 인정하는 경우로서 관할 세무서장에게 납세증명서 제출의 예외를 요청하는 경우 ⑤ 납세자가 계약대금 전액을 체납세액으로 납부하거나 계약대금 중 일부 금액으로 체납세액 전액을 납부하려는 경우
제출대상자 특례	국가 등으로부터 대금을 지급받는 자가 원래의 계약자 외의 자인 경우 ① 채권양도로 인한 경우 : 양도인과 양수인의 납세증명서 ② 법원의 전부명령에 따르는 경우 : 압류채권자의 납세증명서 ③ 건설공사의 하도급대금을 직접 지급받는 경우 : 수급사업자의 납세증명서
납세증명서 유효기간	① 원칙 : 납세증명서를 발급한 날로부터 30일간 ② 예외 : 발급일 현재 해당 신청인에게 납부고지된 국세가 있는 경우에는 해당 지정납부기한까지로 할 수 있다.

(2) 미납국세 등의 열람

구 분	내 용
열람신청	① 주거용 건물 또는 상가건물을 임차하여 사용하려는 자는 해당 건물에 대한 임대차계약을 하기 전 또는 임대차계약을 체결하고 임대차 기간이 시작하는 날까지 임대인의 동의를 받아 그 자가 납부하지 아니한 국세 또는 체납액의 열람을 임차할 건물 소재지의 관할 세무서장에게 신청할 수 있다. 이 경우 열람 신청은 관할 세무서장이 아닌 다른 세무서장에게도 할 수 있으며, 신청을 받은 세무서장은 열람 신청에 따라야 한다. ② 위 ①에도 불구하고 임대차계약을 체결한 임차인으로서 해당 계약에 따른 보증금이 1천만원을 초과하는 자는 임대차 기간이 시작하는 날까지 임대인의 동의 없이도 위 ①에 따른 신청을 할 수 있다. 이 경우 신청을 받은 세무서장은 열람 내역을 지체 없이 임대인에게 통지하여야 한다.
열람대상 국세	① 세법에 따른 과세표준 및 세액의 신고기한까지 신고한 국세 중 납부하지 아니한 국세 ② 납부고지서를 발급한 후 지정납부기한이 도래하지 아니한 국세 ③ 체납액

★ 열람신청을 받은 관할 세무서장은 각 세법에 따른 과세표준 및 세액의 신고기한까지 임대인이 신고한 국세 중 납부하지 아니한 국세에 대해서는 신고기한부터 30일(종합소득세는 60일)이 지났을 때부터 열람신청에 응하여야 한다.

(3) 체납자료의 제공

구 분	내 용
정보제공 사유	국세징수 또는 공익 목적을 위하여 필요한 경우로서 신용정보회사, 신용정보집중기관 등이 체납자의 인적사항 및 체납자료 등을 요구한 경우
정보제공 대상자	① 체납발생일로부터 1년이 지나고 체납액이 500만원 이상인 자 ② 1년에 3회 이상 체납하고 체납액이 500만원 이상인 자
정보제공 제외대상	① 체납된 국세와 관련하여 심판청구등이 계속 중인 경우 ② 납세자가 재난 또는 도난으로 재산에 심한 손실을 입은 경우 ③ 납세자가 경영하는 사업에 현저한 손실이 발생하거나 부도 또는 도산의 우려가 있는 경우 ④ 압류 또는 매각이 유예된 경우 ⑤ 「국세기본법」에 따라 물적납세의무를 부담하는 양도담보권자 및 「부가가치세법」, 「종합부동산세법」에 따라 물적납세의무를 부담하는 수탁자가 그 물적납세의무와 관련한 국세 등을 체납한 경우
체납 해지통지	관할 세무서장은 제공한 체납자료가 체납액의 납부 등으로 체납자료에 해당되지 아니하게 되는 경우 그 사실을 사유 발생일부터 15일 이내에 요구자에게 통지하여야 한다.

(4) 재산조회 및 강제징수를 위한 지급명세서 등의 사용

국세청장·지방국세청장 또는 관할 세무서장은 「금융실명거래 및 비밀보장에 관한 법률」에도 불구하고 「소득세법」 및 「법인세법」에 따라 제출받은 이자소득 또는 배당소득에 대한 지급명세서 등 금융거래에 관한 정보를 체납자의 재산조회와 강제징수를 위하여 사용할 수 있다.

(5) 사업에 관한 허가 등의 제한

구 분	내 용
사업관련 허가 등의 제한유형	① 사전적 제한 : 관할 세무서장은 허가등을 받은 사업과 관련된 소득세, 법인세 및 부가가치세를 체납한 경우 해당 사업의 주무관청에 그 납세자에 대하여 허가등의 갱신과 그 허가등의 근거 법률에 따른 신규 허가등을 하지 아니할 것을 요구할 수 있다. ② 사후적 제한 : 관할 세무서장은 허가등을 받아 사업을 경영하는 자가 해당 사업과 관련된 소득세, 법인세 및 부가가치세를 <u>3회 이상 체납</u>*하고 그 체납된 금액의 합계액이 <u>500만원 이상인</u> 경우 해당 주무관청에 사업의 정지 또는 허가등의 취소를 요구할 수 있다. *3회의 체납횟수는 납부고지서 1통을 1회로 보아 계산한다.
사업관련 허가 등의 제한금지	다음 중 어느 하나에 해당하는 경우에는 납세자에게 제한기준에 해당하는 체납액이 있는 경우에도 관허사업의 제한을 할 수 없다. ① 공시송달의 방법으로 납부고지된 경우 ② 납세자가 재난 또는 도난으로 재산에 심한 손실을 입은 경우 ③ 납세자가 경영하는 사업에 현저한 손실이 발생하거나 부도 또는 도산의 우려가 있는 경우 ④ 납세자 또는 그 동거가족이 질병이나 중상해로 6개월 이상의 치료가 필요한 경우 또는 사망하여 상중인 경우 ⑤ 「민사집행법」에 따른 강제집행 및 담보권 실행 등을 위한 경매가 시작되거나 「채무자 회생 및 파산에 관한 법률」에 따른 파산선고를 받은 경우 ⑥ 「어음법」 및 「수표법」에 따른 어음교환소에서 거래정지처분을 받은 경우 ⑦ 납세자의 재산이 총 재산의 추산가액이 강제징수비를 징수하면 남을 여지가 없어 강제징수를 종료할 필요가 있는 경우에 해당하는 경우 ⑧ 위 ①부터 ⑦까지의 규정에 준하는 사유가 있는 경우 ⑨ 「국세기본법」에 따라 물적납세의무를 부담하는 양도담보권자 및 「부가가치세법」, 「종합부동산세법」에 따라 물적납세의무를 부담하는 수탁자가 그 물적납세의무와 관련한 국세 등을 체납한 경우 ⑩ 관할 세무서장이 납세자에게 납부가 곤란한 사정이 있다고 인정하는 경우(단, 이 경우는 사후적 제한에 대하여만 제한금지사유로 인정된다)
제한요구 및 철회	주무관서는 세무서장으로부터 관허사업의 제한요구가 있는 경우 정당한 사유가 없는 한 요구에 따라야 하며, 세무서장은 관허사업의 제한을 요구한 후 해당 국세를 징수하였을 때에는 지체 없이 그 요구를 철회하여야 한다.

(6) 출국금지요청

구 분	내 용
개 요	① 국세청장은 **정당한 사유 없이 5천만원 이상의 국세를 체납한 자** 중 **대통령령으로 정하는 자**에 대하여 법무부장관에게 출입국관리법에 따라 <u>출국금지</u>를 요청하여야 한다. ② 법무부장관은 위 ①의 요청에 따라 출금금지를 한 경우 국세청장에게 그 결과를 정보통신망 등을 통하여 통보하여야 한다.
대상자 요건	다음의 요건을 모두 갖춘 자를 출국금지 대상자로 한다. ① 정당한 사유 없이 5천만원 이상의 국세를 체납한 자로서, ② 다음 중 어느 하나에 해당하는 사람으로서 관할 세무서장이 압류·공매, 담보 제공, 보증인의 납세보증서 등으로 조세채권을 확보할 수 없고, 강제징수를 회피할 우려가 있다고 인정되는 사람을 말한다. ㉠ 배우자 또는 직계존비속이 국외로 이주(국외에 3년 이상 장기체류 중인 경우 포함)한 자

	ⓒ 출국금지 요청일 현재 최근 2년간 미화 5만달러 상당액 이상을 국외로 송금한 자 ⓒ 미화 5만달러 상당액 이상의 국외자산이 발견된 자 ② 「국세징수법」에 따라 명단이 공개된 고액·상습체납자 ⓜ 출국금지 요청일을 기준으로 최근 1년간 국세 체납액이 5천만원 이상인 상태에서 사업 목적, 질병 치료, 직계존비속의 사망 등 정당한 사유 없이 국외 출입 횟수가 3회 이상이거나 국외 체류 일수가 6개월 이상인 사람 ⓗ 사해행위취소소송 중이거나 「국세기본법」에 따라 제3자와 짜고 한 거짓계약에 대한 취소소송 중인 사람
출국금지 요건확인	국세청장은 법무부장관에게 체납자에 대한 출국금지를 요청하는 경우 해당 체납자가 출국금지대상자의 요건 중 어느 항목에 해당하는지와 조세채권을 확보할 수 없고 강제징수를 회피할 우려가 있다고 인정하는 사유를 구체적으로 밝혀야 한다.

출국금지
해제요청
	① 출국금지의 해제를 요청하여야 하는 사유(강제사항)
	  ⊙ 체납액의 납부·부과결정의 취소 등에 따라 체납된 국세가 5천만원 미만으로 된 경우
	  ⓒ 위 대상자요건의 중 '②에 해당하는 출국금지 요청의 요건이 해소된 경우
	② 출국금지의 해제를 요청할 수 있는 사유(임의사항)
	  ⊙ 국외건설계약 체결, 수출신용장 개설 등 구체적인 사업계획을 가지고 출국하려는 경우
	  ⓒ 국외에 거주하는 직계존비속이 사망하여 출국하려는 경우
	  ⓒ 본인의 신병치료 등 불가피한 사유로 출국금지를 해제할 필요가 있다고 인정되는 경우

(7) 고액·상습체납자의 명단 공개

구 분	내 용
공개대상자	체납발생일부터 1년이 지난 국세의 합계액이 2억원 이상인 경우
명단공개 제외대상	다음 중 어느 하나에 해당하는 경우에는 명단공개 대상자의 요건에 해당되는 경우에도 그 명단을 공개할 수 없다. ① 체납된 국세와 관련하여 심판청구 등이 계속 중인 경우 ② 최근 2년 간의 체납액 납부비율이 100분의 50 이상인 경우 ③ 「채무자 회생 및 파산에 관한 법률」에 따른 회생계획인가의 결정에 따라 체납된 국세의 징수를 유예받고 그 유예기간 중에 있거나 체납된 국세를 회생계획의 납부일정에 따라 납부하고 있는 경우 ④ 재산상황, 미성년자 해당 여부 및 그 밖의 사정 등을 고려할 때 「국세기본법」에 따른 국세정보위원회가 공개할 실익이 없거나 공개하는 것이 부적절하다고 인정하는 경우 ⑤ 「국세기본법」에 따라 물적납세의무를 부담하는 양도담보권자 및 「부가가치세법」, 「종합부동산세법」에 따라 물적납세의무를 부담하는 수탁자가 그 물적납세의무와 관련한 국세 등을 체납한 경우
명단공개 대상자 선정절차	① 국세청장은 국세정보위원회의 심의를 거친 공개 대상자에게 명단공개 대상자임을 통지 ② 소명기회 부여 ③ 통지일부터 6개월이 지난 후 체납액의 납부 이행 등을 고려하여 체납자 명단 공개 여부를 재심의하게 한 후 공개대상자 선정
명단공개 방법	① 원칙 : 관보에 게재하거나 국세정보통신망 또는 관할세무서 게시판에 게시 ② 공개대상자가 법인인 경우 해당 법인의 대표자도 함께 공개함

(8) 고액·상습체납자의 감치

구 분	내 용
적용대상	체납자가 다음의 사유에 <u>모두</u> 해당하는 경우 ① 국세를 3회 이상 체납하고 있고, 체납발생일부터 각 1년이 경과하였으며, 체납금액의 합계가 2억원 이상인 경우 ② 체납된 국세의 납부능력이 있음에도 불구하고 정당한 사유 없이 체납한 경우 ③ 「국세기본법」에 따른 국세정보위원회의 의결에 따라 해당 체납자에 대한 감치 필요성이 인정되는 경우
감치기간	법원은 검사의 청구에 따른 결정으로 <u>30일의 범위</u>에서 체납된 국세가 납부될 때까지 그 체납자를 감치(監置)에 처할 수 있다.
감치신청	국세청장은 체납자가 감치대상자 사유에 모두 해당하는 경우에는 체납자의 주소 또는 거소를 관할하는 지방검찰청 또는 지청의 검사에게 체납자의 감치를 신청할 수 있다.
기타규정	① 국세청장은 체납자의 감치를 신청하기 전에 30일 이상의 기간을 정하여 체납자에게 소명자료를 제출하거나 의견을 진술할 수 있는 기회를 주어야 한다. ② 감치 결정에 대하여는 즉시항고를 할 수 있다. ③ 감치에 처하여진 체납자는 동일한 체납사실로 인하여 다시 감치되지 아니한다. ④ 감치에 처하는 재판을 받은 체납자가 그 감치의 집행 중에 체납된 국세를 납부한 경우에는 감치집행을 종료하여야 한다.

CHAPTER 02 임의적 징수절차

1 신고납부

납세자는 세법에서 정하는 바에 따라 국세를 관할 세무서장에게 신고납부하는 경우 그 국세의 과세기간, 세목(稅目), 세액 및 납세자의 인적사항을 납부서에 적어 납부하여야 한다.

2 납부고지

(1) 납세자에 대한 납부고지 등

구 분	내 용
필요적 기재사항	① 과세기간, ② 세목, ③ 세액, ④ 산출근거, ⑤ 납부기한, ⑥ 납부장소 ★ 이 중 하나라도 기재가 누락된 경우에는 그 고지의 효력이 인정되지 아니함(강행규정)
발급시기	① 원칙 : 징수결정 즉시 ② 납부고지를 유예한 경우 : 유예기간이 끝난 날의 다음 날 ★ 발부시기 이후에 발부된 고지서도 그 효력에는 영향이 없음(훈시규정)
발급제외	「국세기본법」에 따른 납부지연가산세 및 원천징수 등 납부지연가산세 중 지정납부기한이 지난 후의 가산세를 징수하는 경우에는 납부고지서를 발급하지 아니할 수 있다.
납부기한지정	납부기한에 관한 세법의 규정이 있는 경우 외에는 국세의 납부기한을 납부고지를 하는 날부터 30일 이내의 범위로 정한다.
납부고지 효력	① 미확정 국세에 대한 납세의무 확정효력 ② 확정 국세에 대한 국세징수권 소멸시효의 중단
강제징수비 고지서	관할세무서장은 납세자가 체납액 중 국세만을 완납하여 강제징수비를 징수하려는 경우 강제징수비의 징수와 관계되는 국세의 과세기간, 세목, 강제징수비의 금액, 산출 근거, 납부하여야 할 기한(강제징수비 고지를 하는 날부터 30일 이내의 범위로 정한다) 및 납부장소를 적은 강제징수비고지서를 납세자에게 발급하여야 한다.

(2) 보충적 납세의무자에 대한 납부고지

구 분	내 용
보충적 납세의무자	① 제2차 납세의무자, ② 보증인, ③ 물적납세의무자
필요적 기재사항	〈징수하려는 체납액에 대한〉 ① 과세기간, ② 세목, ③ 세액, ④ 산출근거, ⑤ 납부기한, ⑥ 납부장소 〈보충적 납세의무자로부터 징수할〉 ⑦ 금액, ⑧ 그 산출근거, ⑨ 그 밖에 필요한 사항 ★ 이 중 하나라도 기재가 누락된 경우에는 그 고지의 효력이 인정되지 아니함(강행규정)
발급시기	① 원칙 : 징수결정 즉시 ② 납부고지를 유예한 경우 : 유예기간이 끝난 날의 다음 날 ★ 발부시기 이후에 발부된 고지서도 그 효력에는 영향이 없음(훈시규정)
납부기한지정	납부고지를 하는 날부터 30일 이내의 범위로 정한다.

3 독 촉

구 분	내 용
발급시기	지정납부기한이 지난 후 10일 이내에 체납된 국세에 대한 독촉장 발급
납부기한	독촉을 하는 날부터 20일 이내의 범위에서 기한을 정하여 발급
발급제외	① 국세를 납부기한 전에 징수하는 경우 ② 체납된 국세가 1만원 미만인 경우 ③ 「국세기본법」 및 세법에 따라 물적납세의무를 부담하는 경우
효 력	① 국세징수권 소멸시효의 중단 ② 압류의 선행절차

4 납부기한 전 징수

구 분	내 용
대상국세 (확정국세)	① 납부의 고지를 한 국세 ② 과세표준결정의 통지를 한 국세 ③ 원천징수한 국세 ④ 납세조합이 징수한 국세 ⑤ 중간예납하는 법인세
사 유	① 국세, 지방세 또는 공과금의 체납으로 강제징수 또는 체납처분이 시작된 경우 ② 강제집행 및 담보권 실행 등을 위한 경매가 시작되거나 파산선고를 받은 경우 ③ 「어음법」및「수표법」에 따른 어음교환소에서 거래정지처분을 받은 경우 ④ 법인이 해산한 경우 ⑤ 국세를 포탈하려는 행위가 있다고 인정되는 경우 ⑥ 납세관리인을 정하지 아니하고 국내에 주소 또는 거소를 두지 아니하게 된 경우 ★ 위 사유 중 ①, ②, ④의 사유는 교부청구사유에도 해당됨
절 차	① 관할 세무서장은 납부기한 전 징수의 사유가 발생하여 납부기한 전에 국세를 징수하려는 경우 당초의 납부기한보다 단축된 기한을 정하여 납세자에게 납부고지를 하여야 한다. ② 관할 세무서장은 위 ①의 납부고지를 하는 경우 납부고지서에 당초의 납부기한, 납부기한 전 징수 사유 및 납부기한 전에 징수한다는 뜻을 부기하여야 한다.

구분	내용
효력	① 독촉절차의 생략(독촉절차 없이 압류집행) ② 송달지연으로 인한 납부기한의 연장 배제 ③ 납부기한연장 및 납부고지유예 취소사유 ④ 국세환급금 직권충당사유 ⑤ 과세전적부심사 청구배제사유

5 납부의 방법

구분	내용
납부방법	국세 또는 강제징수비는 다음의 방법으로 납부한다. ① 현금(계좌이체하는 경우 포함) ② 「증권에 의한 세입납부에 관한 법률」에 따른 증권 ③ 지정된 국세납부대행기관을 통해 처리되는 다음의 어느 하나에 해당하는 결제수단 　㉠ 「여신전문금융업법」에 따른 신용카드 또는 직불카드 　㉡ 「정보통신망 이용촉진 및 정보보호 등에 관한 법률」에 따른 통신과금서비스 　㉢ 그 밖에 위 ㉠ 또는 ㉡과 유사한 것으로서 대통령령으로 정하는 것
납부일의제	신용카드, 직불카드 및 통신과금서비스 등으로 국세를 납부하는 경우에는 국세납부대행기관의 승인일을 납부일로 본다.
기타사항	① 자동이체납부 : 납세자는 납부고지받은 국세 중 기획재정부령으로 정하는 국세(부가가치세 예정고지세액)는 금융회사등에 개설된 예금계좌로부터 자동이체하는 방법으로 납부할 수 있다. 다만, 지정납부기한이 지난 국세는 자동이체방법으로 납부할 수 없다. ② 납부대행수수료 : 국세납부대행기관은 납세자로부터 신용카드등에 의한 국세납부 대행용역의 대가로 해당 납부세액의 1% 이내에서 기획재정부령으로 정하는 바에 따라 납부대행수수료를 받을 수 있다(현행 0.8% 적용). ③ 제3자 납부 　㉠ 제3자는 납세자를 위하여 납세자의 명의로 국세 및 강제징수비를 납부할 수 있다. 　㉡ 위 ㉠에 따라 국세 및 강제징수비를 납부한 제3자는 국가에 대하여 그 납부한 금액의 반환을 청구할 수 없다.

6 체납액 징수 관련 사실행위의 위탁

구분	내용
의의	① 관할 세무서장은 독촉에도 불구하고 납부되지 아니한 체납액을 징수하기 위하여 한국자산관리공사에 일정한 징수 관련 사실행위를 위탁할 수 있다. ② 이 경우 한국자산관리공사는 위탁받은 업무를 제3자에게 다시 위탁할 수 없음
위탁업무	체납자의 주소·거소의 확인, 재산조사, 안내문 발송, 전화·방문상담 등 단순사실행위에 해당하는 업무 등
위탁대상 체납액	다음의 ① 또는 ②의 체납액으로 함 ① 인별 기준으로 체납액이 1억원 이상인 경우 ② 세무서장이 체납자의 소득·재산이 없어 징수가 어렵다고 판단한 경우

7 납부기한의 연장 및 납부고지의 유예

구 분	내 용
재난 등으로 인한 납부기한 등의 연장	관할 세무서장은 납세자가 부득이한 사유로 국세를 납부기한 또는 독촉장에서 정하는 기한까지 납부할 수 없다고 인정되는 경우 납부기한등을 연장(분할납부 포함)할 수 있다.
납부고지의 유예	관할 세무서장은 납세자가 부득이한 사유로 국세를 납부할 수 없다고 인정되는 경우 납부고지를 유예(분할납부고지 포함)할 수 있다.
연장 및 유예사유	① 납세자가 재난 또는 도난으로 재산에 심한 손실을 입은 경우 ② 납세자가 경영하는 사업에 현저한 손실이 발생하거나 부도 또는 도산의 우려가 있는 경우 ③ 납세자 또는 그 동거가족이 질병이나 중상해로 6개월 이상의 치료가 필요한 경우 또는 사망하여 상중(喪中)인 경우 ④ 정전, 프로그램의 오류, 그 밖의 부득이한 사유로 한국은행(그 대리점 포함) 및 체신관서의 정보처리장치와 시스템을 정상적으로 가동시킬 수 없는 경우 ⑤ 금융회사 등 또는 체신관서의 휴무, 그 밖의 부득이한 사유로 정상적인 국세 납부가 곤란하다고 국세청장이 인정하는 경우 ⑥ 권한 있는 기관에 장부나 서류 또는 그 밖의 물건이 압수 또는 영치된 경우 및 이에 준하는 경우 ⑦ 납세자의 장부 작성을 대행하는 세무사(세무법인 포함) 또는 공인회계사(회계법인 포함)가 화재, 전화, 그 밖의 재해를 입거나 해당 납세자의 장부(장부작성에 필요한 자료 포함)를 도난당한 경우 ⑧ 위의 사유에 준하는 경우로서 국세청장이 정하는 경우
연장 및 유예기한	① 연장 또는 유예한 날의 다음 날부터 9개월 이내 ② 위기지역 소재기업 특례에 해당하는 경우에는 최대 2년 이내
연장 및 유예방법	납세자의 신청에 의한 연장 및 유예, 관할세무서장의 직권연장 및 유예 모두 가능

연장 및 유예절차	① 직권연장 및 유예
	  ㉠ 원칙 : 문서로 즉시 납세자에게 그 연장 및 유예사실 등을 통지하여야 함
	  ㉡ 예외 : 관할세무서장은 다음의 어느 하나에 해당하는 경우에는 위 ㉠의 규정에도 불구하고 관보, 일간신문 또는 정보통신망을 통하여 공고하는 방법으로 통지가능
	    ⓐ 정전, 프로그램의 오류, 그 밖의 부득이한 사유로 정보통신망의 정상적인 가동이 불가능한 경우에 해당하는 사유가 전국적으로 일시에 발생하는 경우
	    ⓑ 연장 또는 유예의 통지 대상자가 불특정 다수인 경우
	    ⓒ 연장 또는 유예사실을 그 대상자에게 개별적으로 통지할 시간적여유가 없는 경우
	② 신청에 의한 연장 및 유예
	  ㉠ 신청 : 기한만료일 3일 전까지 신청서를 제출하여야 함. 다만, 기한 만료일 3일 전까지 신청서를 제출할 수 없다고 인정하는 경우에는 기한 만료일까지 제출가능
	  ㉡ 승인여부통지
	    ⓐ 원칙 : <u>납부기한 등의 만료일까지</u> 승인여부를 통지하여야 함
	    ⓑ 예외 : 납부기한 만료일 10일 전에 납세자의 연장 또는 유예 신청에 대하여 신청일로부터 10일 이내에 승인여부를 통지하지 아니한 때에는 신청일부터 10일이 되는 날에 해당 신청을 승인한 것으로 의제

분 납	관할세무서장은 연장 또는 유예 기간이 6개월을 초과하는 경우에는 가능한 한 연장 또는 유예 기간 시작 후 6개월이 지난 날부터 3개월 이내에 균등액을 분납할 수 있도록 정하여야 함

담보제공	① 원칙 : 그 연장 또는 유예와 관계되는 금액에 상당하는 납세담보의 제공을 요구할 수 있음(요구하여야 한다 ×). ② 예외 : 다음 중 어느 하나에 해당하는 경우에는 납세담보를 요구할 수 없음 　㉠ 납세자가 사업에서 심각한 손해를 입거나 그 사업이 중대한 위기에 처한 경우로서 관할 세무서장이 납부하여야 할 금액, 연장 또는 유예기간 및 납세자의 과거 국세 납부내역 등을 고려하여 납세자가 그 연장 또는 유예 기간 내에 해당 국세를 납부할 수 있다고 인정하는 경우 　㉡ 납세자가 재난 또는 도난으로 재산에 심한 손실을 입은 경우 　㉢ 정전, 프로그램의 오류, 그 밖의 부득이한 사유로 한국은행 및 체신관서의 정보처리장치나 시스템을 정상적으로 가동시킬 수 없는 경우 　㉣ 금융회사 등 또는 체신관서의 휴무, 그 밖의 부득이한 사유로 정상적인 국세 납부가 곤란하다고 국세청장이 인정하는 경우 　㉤ 위 ㉠ ~ ㉣과 유사한 사유에 해당하는 경우
납부지연 가산세 미부과	① 연장 또는 유예 기간 동안 「국세기본법」에 따른 납부지연가산세 및 원천징수 등 납부지연가산세를 부과하지 아니함 ② 납세자가 납부고지 또는 독촉을 받은 후에 「채무자 회생 및 파산에 관한 법률」에 따른 징수의 유예를 받은 경우에도 납부지연가산세를 부과하지 아니함
연장 및 유예취소	① 취소사유 　㉠ 국세를 분할납부하여야 하는 각 기한까지 분할납부하여야 할 금액을 납부하지 아니한 경우 　㉡ 관할세무서장의 납세담보물 추가제공 또는 보증인 변경요구에 따르지 아니한 경우 　㉢ 재산 상황의 변동 등 일정한 사유로 납부기한등의 연장 또는 납부고지의 유예를 할 필요가 없다고 인정되는 경우 　㉣ '납부기한 전 징수'의 사유 중 어느 하나에 해당되어 그 연장 또는 유예한 기한까지 연장 또는 유예와 관계되는 국세의 전액을 징수할 수 없다고 인정되는 경우 ② 관할 세무서장은 위 ①의 취소사유 중 ㉠, ㉡, ㉣에 따라 지정납부기한 또는 독촉장에서 정한 기한의 연장을 취소한 경우 그 국세에 대하여 다시 지정납부기한등의 연장을 할 수 없음(㉢의 사유로 취소된 경우에는 재연장 가능).

8 송달 지연으로 인한 지정납부기한 등의 연장

구 분	내 용
일반적인 고지의 경우	납부고지서 또는 독촉장의 송달이 지연되어 다음의 어느 하나에 해당하는 경우에는 도달한 날부터 14일이 지난 날을 지정납부기한등으로 한다. ① 도달한 날에 이미 지정납부기한등이 지난 경우 ② 도달한 날부터 14일 이내에 지정납부기한등이 도래하는 경우
납부기한 전 징수에 따른 고지의 경우	납부기한 전에 납부고지를 하는 경우에는 다음의 구분에 따른 날을 납부하여야 할 기한으로 한다(기한의 이익 박탈). → Late[도달한 날, 단축된 기한] ① 단축된 기한 전에 도달한 경우 : 단축된 기한 ② 단축된 기한이 지난 후에 도달한 경우 : 도달한 날

9 납세담보

구 분	내 용
제공사유	① 납부기한 연장, 납부고지의 유예, 압류·매각의 유예, 연부연납 등 ② 개별소비세법 및 주세법에 따라 필요하다고 인정되는 경우
담보의 종류	① 금전 ② 국채증권 등 대통령령으로 정하는 유가증권 ③ 납세보증보험증권 ④ 토지 ⑤ 화재보험에 가입한 건물·공장재단·광업재단·선박·항공기·건설기계 ⑥ 납세보증인의 납세보증서 ※ 엄격한 열거주의에 의하므로 열거되지 아니한 재산은 금전적 가치가 있는 경우에도 납세담보로 제공될 수 없음(ex) 귀금속, 자동차, 골프회원권 등)
제공방법	① 금전·미등록 유가증권(국채증권 등) : 공탁하고 공탁수령증 제출 ② 등록 유가증권(국채증권 등) : 담보등록하고 등록확인증 제출 ③ 토지 : 등기·등록필증 or 등기완료통지서 제출 → 세무서장 저당권 설정 ④ 건물·공장재단·광업재단·선박·항공기·건설기계 : 등기·등록필증 or 등기완료통지서 + 화재보험증권 제출 → 세무서장 저당권 설정 ⑤ 납세보증보험증권·납세보증인 : 보증보험증권 및 보증서 제출
평가방법	① 금전 → 평가 × ② 유가증권·토지·건물 → 「상속세 및 증여세법 시행령」을 준용하여 평가한 가액 ③ 납세보증보험증권 및 납세보증서 → 보험금액 및 보증금액 ④ 기타의 자산 → 감정가액 또는 시가표준액
기타사항	① 금전·납세보증보험증권 및 은행의 납세보증서 → 담보할 국세의 110% 이상 ② 이외 → 담보할 국세의 120% 이상 ③ 토지를 제외한 등기자산은 등기필증과 함께 화재보험증권을 제출하여야 함 ④ 납세보증보험증권 및 화재보험증권의 보험기간 : 납세담보를 필요로 하는 기간에 30일 이상을 더한 것이어야 함 ⑤ 담보의 변경 : 납세자의 신청에 대해 세무서장의 승인을 거쳐 변경가능 ⑥ 담보의 보충 : 담보가액의 감소 등에 대하여 세무서장이 보충요구 ⑦ 담보에 의한 납부 : 금전담보만 가능 ⑧ 담보에 의한 징수 : 모든 종류의 담보재산 가능 ⑨ 담보의 해제 : 납세담보 관련 국세의 납부시 지체없이 담보해제

CHAPTER 03 강제적 징수절차

제1절 통칙

구분	내용

강제징수	① 요건 : 납세자가 독촉 또는 납부기한 전 징수의 고지를 받고 지정된 기한까지 국세 또는 체납액을 완납하지 아니한 경우
	② 강제징수권자(압류권자)
	  ㉠ 원칙 : 관할세무서장
	  ㉡ 예외 : 체납발생 후 1개월 경과 + 체납액 5천만원 이상 → 지방국세청장

사해행위취소 및 원상회복	① 요 건
	  ㉠ 체납자가 재산권을 목적으로 한 법률행위(양도, 증여, 사해신탁)를 하여야 한다.
	  ㉡ 체납자가 체납자가 해당 재산 이외의 변제자력 ×
	  ㉢ 체납자·수익자·전득자의 악의 ○
	② 절 차 : 세무공무원 → 수익자·전득자를 상대로 민사소송제기
	③ 효 과 : 사해행위취소소송에서 국가가 승소하면 재산권을 목적으로 한 법률행위는 취소되므로 과세관청은 해당 재산에 대해서 강제징수를 집행할 수 있게 된다.

가압류 및 가처분에 대한 효력	관할 세무서장은 재판상의 가압류 또는 가처분 재산이 강제징수 대상인 경우에도 이 법에 따른 강제징수를 한다(가압류·가처분은 강제징수집행에 영향을 미치지 아니함).
상속·합병시 승계의 효력	① 체납자의 재산에 대하여 강제징수를 시작한 후 체납자가 사망하였거나 체납자인 법인이 합병으로 소멸된 경우에도 그 재산에 대한 강제징수는 계속 진행하여야 한다. ② 위 ①을 적용할 때 체납자가 사망한 후 체납자 명의의 재산에 대하여 한 압류는 그 재산을 상속한 상속인에 대하여 한 것으로 본다.
제3자 소유권주장	① 압류재산에 대하여 제3자가 매각 5일 전까지 소유권주장 ② 세무공무원은 그 재산에 대한 강제징수의 집행을 정지 ③ 제3자 소유권주장의 이유가 정당 → 압류해제, 부당 → 그 뜻을 청구인에게 통지 ④ 청구인이 통지받은 날부터 15일 이내에 체납자를 상대로 그 재산에 대하여 소송을 제기한 사실을 증명하지 아니하면 지체 없이 강제징수집행 ⑤ 청구인이 소송을 제기한 경우에는 강제징수의 집행정지 : 청구인이 승소 → 압류해제, 청구인이 패소 → 강제징수집행
인지세 및 등록면허세 면제	① 압류재산을 보관하는 과정에서 작성하는 문서에 관하여는 인지세 면제 ② 압류 또는 말소 등의 등기 또는 등록에 관하여는 등록면허세 면제
수입물품에 대한 강제징수위탁	명단공개 대상인 고액·상습체납자의 수입물품에 대한 강제징수 권한(수입하는 물품에 대한 강제징수에 한정)을 세관장에게 위탁할 수 있다.

구분	내용
강제징수의 인계	① 관할 세무서장은 체납자가 관할구역 밖에 거주하거나 압류할 재산이 관할구역 밖에 있는 경우 체납자의 거주지 또는 압류할 재산의 소재지를 관할하는 세무서장에게 강제징수를 인계할 수 있다. ② 다만, 압류할 재산이 채권이거나 체납자의 거주지 또는 압류할 재산의 소재지가 둘 이상의 세무서가 관할하는 구역인 경우에는 강제징수를 인계할 수 없다. ③ 위 ①에 따라 강제징수를 인계받은 세무서장은 압류할 재산이 그 관할구역에 없는 경우 강제징수의 인수를 거절할 수 있다. 이 경우 체납자가 그 관할구역에 거주하고 있는 경우에는 수색조서를 강제징수를 인계한 세무서장에게 보내야 한다.

제2절 압류

1 압류의 요건 및 절차

구 분	내 용
압류의 요건	① 독촉장 납부기한까지 납부 × ② 양도담보권자가 납부고지서 납부기한까지 납부 × ③ 납부기한 전 징수고지의 지정납부기한까지 납부 × ④ 납세의무 확정전에 납부기한 전 징수사유 발생시(확정전 보전압류)
확정전 보전압류	① 해당 국세의 확정전에 납부기한 전 징수사유 발생시 ② 지방국세청장의 승인을 받아, ③ 국세로 확정되리라고 추정되는 금액의 한도 안에서 납세자의 재산 압류 ④ 압류에 따라 징수하려는 국세를 확정한 경우 압류한 재산이 '금전 또는 납부기한 내 추심 가능한 예금 또는 유가증권'에 해당 + '납세자의 신청○' → 해당 재산의 한도에서 확정된 국세를 징수한 것으로 본다. ⑤ 국세의 확정 전에는 압류재산을 공매할 수 없음 ⑥ 해제사유 　㉠ 압류를 받은 자가 납세담보를 제공하고 압류해제를 요구한 경우 　㉡ 압류일부터 3개월(국세 확정을 위하여 실시한 세무조사가 「국세기본법」에 따라 중지된 경우에 그 중지 기간은 빼고 계산함)이 지날 때까지 압류에 따라 징수하려는 국세를 확정하지 아니한 경우
초과압류 금지원칙	① 관할 세무서장은 국세를 징수하기 위하여 필요한 재산 외의 재산을 압류할 수 없음 ② 다만, 불가분물(不可分物) 등 부득이한 경우에는 압류할 수 있음
제3자 권리보호	압류재산을 선택하는 경우 강제징수에 지장이 없는 범위에서 전세권·질권·저당권 등 체납자의 재산과 관련하여 제3자가 가진 권리를 침해하지 아니하도록 하여야 함
압류조서	① 세무공무원은 체납자의 재산을 압류하는 경우 압류조서를 작성하여야 함 ② 다만, 참가압류에 압류의 효력이 생긴 경우에는 압류조서를 작성하지 아니할 수 있음
수 색	① 세무공무원은 재산압류를 위하여 체납자의 주거·창고·사무실 등을 수색할 수 있고, 폐쇄된 문·금고 또는 기구를 열게 하거나 직접 열 수 있음(자력집행권에 의한 강제성) ② 세무공무원은 다음의 어느 하나에 해당하는 경우 제3자의 주거등을 수색할 수 있고, 해당 주거등의 폐쇄된 문·금고 또는 기구를 열게 하거나 직접 열 수 있음 　㉠ 체납자의 재산을 감춘 혐의가 있다고 인정되는 경우 　㉡ 체납자의 재산을 점유·보관하는 제3자가 재산의 인도 또는 이전을 거부하는 경우 ③ 위 ① 또는 ②에 따른 수색은 해가 뜰 때부터 해가 질 때까지만 할 수 있음. 다만, 해가 지기 전에 시작한 수색은 해가 진 후에도 계속할 수 있음

구분	내용
수 색	④ 주로 야간에 영업을 하는 장소(유흥주점, 무도장 등)에 대해서는 위 ③에도 불구하고 해가 진 후에도 영업 중에는 수색을 시작할 수 있음 ⑤ 세무공무원은 ① 또는 ②에 따라 수색을 하였으나 압류할 재산이 없는 경우 수색조서를 작성하고 수색조서에 참여자와 함께 서명날인하여야 한다. ⑥ 세무공무원이 압류를 위해 수색을 하였으나, 압류할 재산이 없어 수색조서를 작성한 경우에도 소멸시효는 중단된다.
질문·검사	세무공무원은 강제징수를 하면서 압류할 재산의 소재 또는 수량을 알아내기 위해 체납자 또는 체납자와 일정한 관계(거래관계, 채권·채무관계, 출자관계, 고용관계 등)에 있는 자에게 구두 또는 문서로 질문하거나 장부, 서류 및 그 밖의 물건을 검사할 수 있음
참여자	① 세무공무원은 압류를 위한 수색 또는 검사를 하는 경우 그 수색 또는 검사를 받는 사람, 그 가족·동거인이나 사무원 또는 그 밖의 종업원을 참여시켜야 함 ② 위 ①을 적용할 때 참여시켜야 할 자가 없거나 참여 요청에 따르지 아니하는 경우 성인 2명 이상 또는 공무원이나 경찰공무원 1명 이상을 증인으로 참여시켜야 함
증표 등의 제시	세무공무원은 압류, 수색 또는 질문·검사를 하는 경우 그 신분을 나타내는 증표 및 압류·수색 등 통지서를 지니고 이를 관계자에게 보여 주어야 함
출입제한	세무공무원은 압류, 수색 또는 질문·검사를 하는 경우로서 강제징수를 위하여 필요하다고 인정하는 경우 체납자 및 참여자 등 관계자를 제외한 사람에 대하여 해당 장소에서 나갈 것을 요구하거나 그 장소에 출입하는 것을 제한할 수 있음
저당권자 등에 대한 압류통지	① 관할 세무서장은 재산을 압류한 경우 전세권, 질권, 저당권 또는 그 밖에 압류재산 위의 등기 또는 등록된 권리자(이하 "저당권자등")에게 그 사실을 통지하여야 함 ② 국세에 대하여 우선권을 가진 저당권자등이 위 ①에 따라 통지를 받고 그 권리를 행사하려는 경우 통지를 받은 날부터 10일 이내에 그 사실을 관할 세무서장에게 신고하여야 함

2 압류대상자산 및 압류제한

구분	내용
압류대상 자산	압류 당시에 체납자가 소유하는 국내소재재산 중, 금전적 가치가 있고 양도가 가능한 재산으로서 '압류금지재산 또는 압류제한급여채권' 이외의 자산으로 한다.
압류금지 재산	다음 중 어느 하나에 해당하는 재산은 압류할 수 없다. ① 체납자 또는 동거가족의 생활에 없어서는 아니 될 의복, 침구, 가구 등 생활필수품 ② 체납자 또는 그 동거가족에게 필요한 3개월간의 식료품 또는 연료 ③ 인감도장이나 그 밖에 직업에 필요한 도장 ④ 제사 또는 예배에 필요한 물건, 비석 또는 묘지 ⑤ 체납자 또는 그 동거가족의 장례에 필요한 물건 ⑥ 족보·일기 등 체납자 또는 그 동거가족에게 필요한 장부 또는 서류 ⑦ 직무 수행에 필요한 제복 ⑧ 훈장이나 그 밖의 명예의 증표 ⑨ 체납자 또는 그 동거가족의 학업에 필요한 서적과 기구 ⑩ 발명 또는 저작에 관한 것으로서 공표되지 아니한 것 ⑪ 주로 자기의 노동력으로 농업을 하는 사람에게 없어서는 아니 될 기구, 가축, 사료, 종자, 비료, 그 밖에 이에 준하는 물건* ⑫ 주로 자기의 노동력으로 어업을 하는 사람에게 없어서는 아니 될 어망, 기구, 미끼, 새끼 물고기, 그 밖에 이에 준하는 물건*

	⑬ 전문직 종사자·기술자·노무자, 그 밖에 주로 자기의 육체적 또는 정신적 노동으로 직업 또는 사업에 종사하는 사람에게 없어서는 아니 될 기구, 비품, 그 밖에 이에 준하는 물건★ ★ 다만, 농업·어업·직업 또는 사업에 관련된 재산이라 할지라도 부동산과 상품·제품 등은 압류금지재산에 해당되지 아니한다. 즉, 압류의 제한을 받지 아니한다. ⑭ 체납자 또는 그 동거가족의 일상생활에 필요한 안경·보청기·의치·의수족·지팡이·장애보조용 바퀴의자, 그 밖에 이에 준하는 신체보조기구 및 「자동차관리법」에 따른 경형자동차 ⑮ 재해의 방지 또는 보안을 위하여 법령에 따라 설치하여야 하는 소방설비, 경보기구 등 ⑯ 법령에 따라 지급되는 사망급여금 또는 상이급여금 ⑰ 「주택임대차보호법」에 따라 우선변제를 받을 수 있는 금액(소액임차보증금) ⑱ 체납자의 생계 유지에 필요한 소액금융재산★[참고]
급여채권의 압류제한	① 급여금 등의 압류제한 | 월급여총액★	압류금지금액
500만원 [개정안] 이하	250만원 [개정안]
500만원 [개정안] 초과 600만원 이하	급여총액의 $\frac{1}{2}$
600만원 초과	300만원 + (급여총액의 $\frac{1}{2}$ − 300만원) × $\frac{1}{2}$ | ② 퇴직금 등의 압류제한 : 그 총액★의 2분의 1에 해당하는 금액 압류금지 ★ 압류제한 대상이 되는 급여금과 퇴직금 총액은 「소득세법」상 근로소득금액의 합계액(비과세소득은 제외) 또는 퇴직소득금액의 합계액(비과세소득은 제외)에서 그 근로소득 또는 퇴직소득에 대한 소득세 및 소득세분 지방소득세를 뺀 금액으로 한다(세후소득 기준).

> ☆ 참고 **압류금지대상 소액금융재산**
>
> 압류금지재산에 해당하는 소액금융재산이란 다음중 어느 하나를 말한다.
> ① 개인별 잔액이 250만원 [개정안] 미만인 예금(적금, 부금, 예탁금과 우편대체 포함)
> ② 다음의 구분에 따른 보장성보험의 보험금, 해약환급금 및 만기환급금
>   ㉠ 사망보험금 중 1천5백만원 [개정안] 이하의 보험금
>   ㉡ 상해·질병·사고 등을 원인으로 체납자가 지급받는 보장성보험의 보험금 중 다음에 해당하는 보험금
>   ⓐ 진료비, 치료비, 수술비, 입원비, 약제비 등 치료 및 장애 회복을 위하여 실제 지출되는 비용을 보장하기 위한 보험금
>   ⓑ 치료 및 장애 회복을 위한 보험금 중 ⓐ에 해당하는 보험금을 제외한 보험금의 50%에 해당하는 금액
>   ㉢ 보장성보험의 해약환급금 중 250만원 [개정안] 이하의 금액
>   ㉣ 보장성보험의 만기환급금 중 250만원 [개정안] 이하의 금액

> ☆ 시행령개정안 **압류금지 소액금융자산 및 급여금 기준금액 변경(최저생계비 상향조정)**
>
> | 종 전 | 2024년 시행령 개정(안) |
> |---|---|
> | ○ 개인별 잔액 **185만원** 미만인 예금(적금, 부금 등)
○ 사망보험금 중 **1천만원** 이하의 보험금
○ 보장성보험의 해약환급금 중 **150만원** 이하의 금액
○ 보장성보험의 만기환급금 중 **150만원** 이하의 금액
○ 월급여총액 **370만원** 이하의 금액에 대한 압류금지금액 : **185만원** | ○ 개인별 잔액 **250만원** 미만인 예금(적금, 부금 등)
○ 사망보험금 중 **1천5백만원** 이하의 보험금
○ 보장성보험의 해약환급금 중 **250만원** 이하의 금액
○ 보장성보험의 만기환급금 중 **250만원** 이하의 금액
○ 월급여총액 **500만원** 이하의 금액에 대한 압류금지금액 : **250만원** |

3 압류의 효력

구 분	내 용
처분의 제한	① 세무공무원이 재산을 압류한 경우 체납자는 압류한 재산에 관하여 양도, 제한물권의 설정, 채권의 영수, 그 밖의 처분을 할 수 없음 ② 세무공무원이 채권 또는 그 밖의 재산권을 압류한 경우 해당 채권의 채무자 및 그 밖의 재산권의 채무자 또는 이에 준하는 자(제3채무자)는 체납자에 대한 지급을 할 수 없음 ③ 세무공무원이 예탁유가증권지분 또는 전자등록주식등을 압류한 경우 예탁결제원 및 예탁자는 해당 체납자에 대하여 계좌대체 및 증권반환을 할 수 없고, 전자등록기관, 계좌관리기관 및 명의개서대행회사 등은 해당 체납자에 대하여 계좌대체 및 전자등록말소를 할 수 없다 NEW.
과실에 대한 압류의 효력	① 압류의 효력은 압류재산으로부터 생기는 천연과실 또는 법정과실에도 미친다. ② 위 ①에도 불구하고 체납자 또는 제3자가 압류재산의 사용 또는 수익을 하는 경우 그 재산의 매각으로 인하여 권리를 이전하기 전까지 이미 거두어들인 천연과실에 대해서는 압류의 효력이 미치지 아니한다. ③ 과실에 대한 압류의 효력의 특례 : 천연과실 중 성숙한 것은 토지 또는 입목과 분리하여 동산으로 볼 수 있다.
부동산 등의 압류	① 압류절차(압류등기·등록 촉탁) ㉠ 관할 세무서장은 '부동산, 공장재단, 광업재단, 선박, 자동차 항공기 및 건설기계'를 압류하려는 경우 관할 등기소 또는 관계행정기관장 등에게 압류등기·등록을 촉탁하여야 함 ㉡ 위 ㉠에 따라 압류한 자동차, 선박, 항공기 또는 건설기계가 은닉 또는 훼손될 우려가 있다고 인정되는 경우 체납자에게 인도(引渡)를 명하여 이를 점유할 수 있음 ㉢ 관할 세무서장은 압류를 한 경우 그 사실을 체납자에게 통지하여야 함 ② 부동산 등의 압류의 효력 ㉠ 부동산 등에 대한 압류의 효력은 그 압류등기 또는 압류의 등록이 완료된 때에 발생한다. ㉡ 부동산 등에 대한 압류의 효력은 해당 압류재산의 소유권이 이전되기 전에 「국세기본법」에 따른 법정기일이 도래한 국세의 체납액에 대해서도 미친다. ③ 부동산 등의 사용·수익의 제한 ㉠ 체납자 또는 제3자는 압류된 부동산등을 사용하거나 수익할 수 있음. 다만, 그 가치가 현저하게 줄어들 우려가 있다고 인정할 경우에는 그 사용·수익을 제한할 수 있음 ㉡ 자동차, 선박, 항공기 또는 건설기계에 대하여 강제징수를 위하여 필요한 기간 동안 정박 또는 정류를 하게 할 수 있음 다만, 출항준비를 마친 선박 또는 항공기에 대해서는 정박 또는 정류를 하게 할 수 없음
동산과 유가증권의 압류	① 압류절차(점유) ㉠ 동산·유가증권의 압류는 점유함으로써 하고, 압류의 효력은 점유한 때에 발생함 ㉡ 제3자가 점유하고 있는 체납자 소유의 동산·유가증권의 압류 → 그 제3자에게 문서로 해당 동산·유가증권의 인도를 요구하여야 함 ㉢ 위 ㉡에 따라 인도를 요구받은 제3자가 해당 동산·유가증권을 인도하지 아니하는 경우 → 제3자의 주거등에 대한 수색을 통하여 이를 압류함 ㉣ 세무공무원은 체납자와 그 배우자의 공유재산으로서 체납자가 단독 점유하거나 배우자와 공동 점유하고 있는 동산·유가증권을 위 ㉠에 따라 압류할 수 있음 ② 압류동산의 사용·수익의 제한 ㉠ 운반하기 곤란한 동산은 체납자 또는 제3자에게 보관하게 할 수 있음(점유의 예외) ㉡ 위 ㉠에 따라 압류한 동산을 체납자 또는 제3자에게 보관하게 한 경우 강제징수에 지장이 없다고 인정되면 그 동산의 사용 또는 수익을 허가할 수 있음 ③ 금전압류 및 유가증권에 관한 채권추심 ㉠ 금전 압류 : 그 금전 액수만큼 체납자의 체납액을 징수한 것으로 봄 ㉡ 유가증권 압류 : 그 유가증권에 따른 채권 추심 → 추심 채권의 한도에서 체납액을 징수한 것으로 봄

채권의 압류	① 압류절차(채권압류통지) 　㉠ 관할세무서장은 채권을 압류하려는 경우 그 뜻을 제3채무자에게 통지하여야 함 　㉡ 관할세무서장은 채권압류통지를 한 경우 체납액을 한도로 체납자인 채권자를 대위함 　㉢ 관할 세무서장은 위 ㉡에 따라 채권자를 대위하는 경우 압류 후 1년 이내에 제3채무자에 대한 이행의 촉구(최고)와 채무 이행의 소송(채권자대위소송)을 제기하여야 한다. 　㉣ 위 ㉠에 따라 채권을 압류한 경우 그 사실을 체납자에게 통지하여야 함 ② 채권압류의 효력 : 채권 압류 통지서가 제3채무자에게 송달된 때에 발생 ③ 채권압류의 범위 : 채권을 압류하는 경우 체납액을 한도로 하여야 함. 다만, 압류하려는 채권에 국세보다 우선하는 질권이 설정되어 있어 압류에 관계된 체납액의 징수가 확실하지 아니한 경우 등 필요하다고 인정되는 경우 채권 전액을 압류할 수 있음
채권의 압류	④ 계속적 발생채권의 압류 : 급료, 임금, 퇴직연금 등 그 밖에 계속적 거래관계에서 발생하는 채권에 대한 압류의 효력은 체납액을 한도로 하여 압류 후에 발생할 채권에도 미침 ⑤ 조건부채권의 압류 : 세무서장은 신원보증금, 계약보증금 등의 조건부채권을 그 조건 성립 전에도 압류할 수 있다. 이 경우 압류한 후에 채권이 성립되지 아니할 것이 확정된 때에는 그 압류를 지체 없이 해제하여야 한다.
그 밖의 재산권의 압류 (무체재산권)	① 권리변동에 등기·등록이 필요한 그 밖의 재산권의 압류 → 등기·등록 촉탁 ② 권리변동에 등기·등록이 필요하지 아니한 그 밖의 재산권의 압류 　→ 그 뜻을 체납자 또는 제3채무자에게 통지 ③ 가상자산의 압류 : 관할 세무서장은「특정 금융거래정보의 보고 및 이용 등에 관한 법률」에 따른 가상자산을 압류하려는 경우 체납자(가상자산사업자 등 제3자가 체납자의 가상자산을 보관하고 있을 때에는 그 제3자)에게 해당 가상자산의 이전을 문서로 요구할 수 있고, 요구받은 체납자 또는 그 제3자는 이에 따라야 한다.
예탁된 유가증권의 압류 NEW	① 예탁결제원에 예탁된 유가증권에 관한 공유지분을 압류하려는 경우에는 그 뜻을 다음의 구분에 따른 자에게 통지하여야 한다. 　㉠ 체납자가 예탁자인 경우 : 예탁결제원 　㉡ 체납자가 투자자인 경우 : 예탁자 ② 예탁유가증권지분을 압류한 경우에는 그 사실을 체납자에게 통지하여야 한다. ③ 압류의 효력발생시기 : 그 압류 통지서가 위 ①의 구분에 따른 자에게 송달된 때
전자등록된 주식의 압류 NEW	① 전자등록주식등을 압류하려는 경우 그 뜻을 다음의 구분에 따른 자에게 통지하여야 한다. 　㉠ 체납자가 계좌관리기관등인 경우 : 전자등록기관 　㉡ 체납자가 계좌관리기관에 고객계좌를 개설한 자인 경우 : 계좌관리기관 　㉢ 체납자가 특별계좌의 명의자인 경우 : 명의개서대행회사등 ② 전자등록주식등을 압류한 경우 그 사실을 체납자에게 통지하여야 한다. ③ 압류의 효력발생시기 : 그 압류 통지서가 위 ①에 구분에 따른 자에게 송달된 때
국·공유재산에 관한 권리의 압류	관할세무서장은 체납자가 국가·지방자치단체의 재산을 매수한 경우 소유권 이전 전이라도 그 재산에 관한 체납자의 국가·지방자치단체에 대한 권리를 압류한다.
공유물에 대한 체납처분	압류할 재산이 공유물인 경우 각자의 지분이 정해져 있지 아니하면 그 지분이 균등한 것으로 보아 강제징수를 집행한다.
체납자의 파산선고	세무서장은 체납자가 파산선고를 받은 경우에도 이미 압류한 재산이 있을 때에는 강제징수를 계속 진행하여야 한다.

⭐ 참고 1 |내용정리| 압류효력발생시점 재산별 비교

압류대상재산	압류의 효력발생시점
① 부동산 등	그 압류등기 또는 압류의 등록이 완료된 때
② 동산·유가증권	세무공무원이 그 재산을 점유한 때
③ 채 권	채권압류통지서가 제3채무자에게 송달된 때
④ 그 밖의 재산권 (무체재산권)	㉠ 등기·등록 대상 ○ : 그 압류등기 또는 압류의 등록이 완료된 때 ㉡ 등기·등록 대상 × : 체납자 또는 제3채무자에게 압류통지서가 송달된 때
⑤ 예탁유가증권 및 전자등록주식 NEW	㉠ 예탁유가증권 : 압류통지서가 예탁결제원 또는 예탁자에게 송달된 때 ㉡ 전자등록주식 : 압류통지서가 전자등록기관, 계좌관리기관 또는 명의개서대행회사 등에 송달된 때

⭐ 참고 2 가상자산의 압류절차

구 분	내 용

가상자산의 이전	① 「특정 금융거래정보의 보고 및 이용 등에 관한 법률」에 따른 가상자산의 이전은 다음의 구분에 따른다.
	  ㉠ 가상자산사업자가 체납자의 가상자산을 보관하고 있는 경우 : 가상자산사업자가 해당 가상자산사업자에 개설된 관할 세무서장 명의 계정으로 이전
	  ㉡ 그 밖의 경우 : 체납자가 관할 세무서장이 지정하는 가상자산주소로 이전
	② 체납자의 가상자산이 두 가지 종류 이상일 경우 관할 세무서장은 매각의 용이성, 개별 가상자산의 규모 등을 고려하여 가상자산의 이전 우선순위를 정할 수 있다.

가상자산의 압류해제	관할 세무서장이 가상자산의 압류를 해제하는 경우에는 다음의 구분에 따라 체납자에게 해당 가상자산을 이전한다. ① 가상자산사업자를 통해 이전받은 경우 : 관할 세무서장이 해당 가상자산사업자에 개설된 체납자 명의 계정으로 이전 ② 그 밖의 경우 : 관할 세무서장이 체납자의 가상자산주소로 이전

4 압류해제

구 분	내 용

필요적 해제요건	세무서장은 다음의 어느 하나에 해당하는 경우에는 그 압류를 즉시 해제하여야 한다.
	① 압류와 관계되는 체납액의 전부가 납부 또는 충당된 경우
	② 국세 부과의 전부를 취소한 경우
	③ 여러 재산을 한꺼번에 공매(公賣)하는 경우로서 일부 재산의 공매대금으로 체납액 전부를 징수한 경우
	④ 총 재산의 추산(推算)가액이 강제징수비(압류에 관계되는 국세에 우선하는 「국세기본법」따른 채권금액이 있는 경우 이를 포함함)를 징수하면 남을 여지가 없어 강제징수를 종료할 필요가 있는 경우 [(구)체납처분중지]★
	   ★ 다만, 교부청구 또는 참가압류가 있는 경우로서 교부청구 또는 참가압류와 관계된 체납액을 기준으로 할 경우 남을 여지가 있는 경우는 제외한다(압류를 해제하지 않고 강제징수 집행).
	   ★ 관할 세무서장은 위 ④의 사유로 압류를 해제하려는 경우 국세체납정리위원회의 심의를 거쳐야 한다.
	⑤ 압류금지재산을 압류한 경우 NEW
	⑥ 제3자의 재산을 압류한 경우 NEW
	⑦ 그 밖에 위 ①부터 ④까지의 규정에 준하는 다음의 사유로 압류할 필요가 없게 된 경우
	   ㉠ 확정전보전압류를 한 후 납세자가 납세담보를 제공하고 압류해제를 요구한 경우
	   ㉡ 확정전보전압류를 한 날부터 3개월이 지날 때까지 해당 국세를 확정하지 않은 경우
	   ㉢ 제3자 소유권주장 및 반환청구가 정당하다고 인정되는 경우
	   ㉣ 제3자가 체납자를 상대로 소유권에 관한 소송을 제기하여 승소판결을 받고 그 사실을 증명한 경우
	   ㉤ 신원보증금, 계약보증금 등의 조건부채권을 압류한 후 해당 채권이 성립되지 아니할 것이 확정된 경우

임의적 해제요건	세무서장은 다음의 어느 하나에 해당하는 경우에는 압류재산의 전부 또는 일부에 대하여 압류를 해제할 수 있다. ① 압류 후 재산가격이 변동하여 체납액 전액을 현저히 초과한 경우 ② 압류와 관계되는 체납액의 일부가 납부 또는 충당된 경우 ③ 국세 부과의 일부를 취소한 경우 ④ 체납자가 압류할 수 있는 다른 재산을 제공하여 그 재산을 압류한 경우 ⑤ 세무서장이 압류·매각의 유예를 하는 경우로서 압류의 해제가 필요하다고 인정하는 경우
압류해제의 절차	관할 세무서장은 재산의 압류를 해제한 경우 그 사실을 그 재산의 압류 통지를 한 체납자, 제3채무자 및 저당권자등에게 통지하여야 한다.

5 교부청구와 참가압류

구 분	내 용

교부청구	① 의 의 : 체납자의 재산에 대하여 이미 다른 징세기관의 공매절차 또는 강제환가절차 등이 개시되어 있는 경우에 그 집행기관에 대하여 환가대금에서 체납세액에 상당하는 금액의 배당을 구하는 행위
	② 사 유
	  ⊙ 국세, 지방세 또는 공과금의 체납으로 체납자에 대한 강제징수 또는 체납처분이 시작된 경우
	  ⓒ 체납자에 대하여 강제집행 및 담보권 실행 등을 위한 경매가 시작되거나 체납자가 파산선고를 받은 경우
	  ⓒ 체납자인 법인이 해산한 경우
	③ 대상국세 : 확정된 국세 등에 대하여만 교부청구를 할 수 있으며, 납부고지의 유예기간 중이라도 교부청구는 가능함
	④ 절 차 : 강제환가절차를 집행하는 기관에 교부청구서를 송달
	⑤ 효 력
	  ⊙ 강제환가절차에 따른 매각대금의 배분요구권
	  ⓒ 국세징수권의 소멸시효 중단
	  ⓒ 교부청구를 받은 집행기관의 강제환가절차가 해제되거나 취소되는 경우 교부청구의 효력도 함께 상실
	  ⓔ 기집행기관이 장기간 매각하지 않는 경우에도 매각촉구를 할 수 없음
	⑥ 해 제 : 세무서장은 납부, 충당, 부과의 취소나 그 밖의 사유로 교부를 청구한 체납액의 납부의무가 소멸되었을 때에는 교부청구를 받은 기관에 교부청구해제통지서를 송달함으로써 그 교부청구를 해제하여야 함

참가압류	① 의 의 : 관할 세무서장은 압류하려는 재산이 이미 다른 기관에 압류되어 있는 경우 참가압류 통지서를 그 재산을 이미 압류한 기관(이하 "선행압류기관")에 송달함으로써 교부청구를 갈음하고 그 압류에 참가할 수 있다.
	② 사 유
	  ⊙ 압류의 요건이 충족된 경우로서
	  ⓒ 압류하고자 하는 재산이 이미 다른 기관에 의해 압류가 집행되고 있는 경우
	③ 절 차
	  ⊙ 기압류기관에 참가압류통지서 송달
	  ⓒ 압류의 뜻을 체납자, 제3채무자 및 저당권자 등에게 통지
	  ⓒ 등기·등록이 필요한 재산일 때에는 참가압류의 등기·등록을 관할등기소등에 촉탁
	④ 효 력
	  ⊙ 강제환가절차에 따른 매각대금의 배분요구권
	  ⓒ 국세징수권의 소멸시효 중단
	  ⓒ 기압류기관의 압류해제시 참가압류통지서가 기압류기관에 송달된 때(참가압류의 등기·등록을 한 경우에는 등기·등록이 완료된 때)로 소급하여 압류의 효력발생
	  ⓔ 기압류기관이 장기간 매각하지 않는 경우 매각촉구를 할 수 있음
	⑤ 해 제 : 압류의 해제규정을 준용

제3절 압류재산의 매각

1 통 칙

구 분	내 용
매각의 착수시기	① 관할 세무서장은 압류 후 <u>1년 이내</u>에 매각을 위한 다음의 어느 하나에 해당하는 행위를 하여야 한다. 　㉠ 수의계약으로 매각하려는 사실의 체납자 등에 대한 통지 　㉡ 공매공고 　㉢ 공매 또는 수의계약을 대행하게 하는 의뢰서의 송부 ② 다만, 체납국세와 관련하여 심판청구등이 계속 중인 경우, 압류재산의 매각을 유예한 경우, 압류재산의 감정평가가 곤란한 경우, 그 밖에 법률상·사실상 매각이 불가능한 경우에는 그러하지 아니하다.
매각방법	압류재산은 공매 또는 수의계약으로 매각
공 매	① 공매방법 　㉠ 경쟁입찰 : 공매를 집행하는 공무원이 공매예정가격을 제시하고, 매수신청인에게 문서로 매수신청을 하게 하여 공매예정가격 이상의 신청가격 중 최고가격을 신청한 자(최고가 매수신청인)를 매수인으로 정하는 방법 　㉡ 경매 : 공매를 집행하는 공무원이 공매예정가격을 제시하고, 매수신청인에게 구두 등의 방법으로 신청가격을 순차로 올려 매수신청을 하게 하여 최고가 매수신청인을 매수인으로 정하는 방법 ② 위 ①에도 불구하고 관할 세무서장은 다음의 어느 하나에 해당하는 압류재산의 경우에는 각각의 구분에 따라 직접 매각할 수 있다. 　㉠ 증권시장에 상장된 증권 : 증권시장에서의 매각 　㉡ 가상자산사업자를 통해 거래되는 가상자산 : 가상자산사업자를 통한 매각 ③ 관할 세무서장은 위 ②에 따라 압류재산을 직접 매각하려는 경우에는 매각 전에 그 사실을 체납자 납세담보물소유자 및 압류재산의 질권 등 권리자 등에게 통지하여야 한다. ④ 해당 국세의 확정 전에 압류(확정전보전압류)한 재산은 그 압류와 관계되는 국세의 납세 의무가 확정되기 전에는 공매할 수 없음 ⑤ 심판청구등이 계속 중인 국세의 체납으로 압류한 재산은 그 신청 또는 청구에 대한 결정이나 판결이 확정되기 전에는 공매할 수 없음. 다만, 그 재산이 부패·변질 또는 감량되기 쉬운 재산으로서 속히 매각하지 아니하면 그 재산가액이 줄어들 우려가 있는 경우에는 그러하지 아니함(불복청구 계류시 매각가능 예외)
가족관계등록 전산정보의 공동이용	관할 세무서장(한국자산관리공사가 공매를 대행하는 경우에는 한국자산관리공사)은 공매를 위하여 필요한 경우 「전자정부법」에 따라 「가족관계의 등록 등에 관한 법률」에 따른 전산정보자료를 공동이용할 수 있다.
개별공매 및 일괄공매	① 관할 세무서장은 여러 개의 재산을 공매에 부치는 경우 이를 각각 공매하여야 한다. ② 다만, 관할 세무서장이 해당 재산의 위치·형태·이용관계 등을 고려하여 이를 일괄하여 공매하는 것이 알맞다고 인정하는 경우에는 직권 또는 이해관계인의 신청에 따라 일괄하여 공매할 수 있다.
수의계약	압류재산이 다음의 어느 하나에 해당하는 경우 수의계약으로 매각할 수 있다. ① 수의계약으로 매각하지 아니하면 매각대금이 강제징수비 금액 이하가 될 것으로 예상되는 경우 ② 부패·변질 또는 감량되기 쉬운 재산으로서 속히 매각하지 아니하면 그 재산가액이 줄어들 우려가 있는 경우 ③ 압류한 재산의 추산가격이 1천만원 미만인 경우 ④ 법령으로 소지(所持) 또는 매매가 금지 및 제한된 재산인 경우 ⑤ 제1회 공매 후 1년간 5회 이상 공매하여도 매각되지 아니한 경우 ⑥ 공매가 공익을 위하여 적절하지 아니한 경우

구 분	내 용
제2차 납세의무자 등의 재산매각제한	① 제2차 납세의무자, 납세보증인 또는 물적납세의무자의 재산은 주된 납세자의 재산을 매각한 후에 매각한다. ② 다만, 주된 납세자의 재산의 매각이 현저히 곤란한 사정이 있거나 제2차 납세의무자 등의 재산의 가액이 현저히 감소할 우려가 있는 경우 기타 세무서장이 부득이하다고 판단하는 경우에는 그러하지 아니하다.

공매대행	① 한국자산관리공사의 공매대행 : 관할 세무서장은 공매 및 수의계약 등의 업무에 전문지식이 필요하거나 그 밖에 직접 공매등을 하기에 적당하지 아니하다고 인정되는 경우 한국자산관리공사에 공매 등을 대행하게 할 수 있다. 이 경우 공매등은 관할 세무서장이 한 것으로 봄
	② 전문매각기관의 매각관련 사실행위 대행
	  ㉠ 관할세무서장은 압류한 재산이 예술적·역사적 가치가 있어 그 매각에 전문적인 식견이 필요하여 직접 매각을 하기에 적당하지 아니한 물품(예술품등)인 경우 직권이나 납세자의 신청에 따라 전문매각기관을 선정하여 예술품등의 감정, 매각기일·기간의 진행 등 매각 관련 사실행위를 대행하게 할 수 있음
	  ㉡ 전문매각기관 선정요건 : 국세청장은 다음의 요건을 모두 충족하는 기관 중에서 전문매각기관으로 선정될 수 있는 대상 기관을 지정하여 관보 및 국세청 홈페이지에 공고하여야 한다.
	    ⓐ 공고일이 속하는 연도의 직전 2년 동안 예술품등을 경매를 통하여 매각한 횟수가 연평균 10회 이상일 것
	    ⓑ 정보통신망을 이용한 매각이 가능할 것
	  ㉢ 매각대행기간 : 전문매각기관으로 선정되어 매각 관련 사실행위를 대행할 수 있는 기간은 공고일부터 2년으로 한다.
	  ㉣ 위 ㉠에 따라 선정된 전문매각기관 및 전문매각기관의 임직원은 직접적으로든 간접적으로든 매각 관련 사실행위 대행의 대상인 예술품등을 매수할 수 없음

2 공매의 준비

구 분	내 용
공매예정가격의 결정	① 관할세무서장은 압류재산을 공매하려면 그 공매예정가격을 결정하여야 함 ② 관할세무서장은 공매가격을 결정하기 어려운 경우 감정인에게 그 평가를 의뢰하여 그 가액을 참고할 수 있음
공매재산에 대한 현황조사	관할 세무서장은 공매예정가격을 결정하기 위하여 공매재산의 현 상태, 점유관계, 임차료 또는 보증금의 액수, 그 밖의 현황을 조사하여야 함
공매장소	공매는 지방국세청, 세무서, 세관 또는 공매재산이 있는 시·군·구 등에서 한다. 다만, 관할 세무서장이 필요하다고 인정하는 경우에는 다른 장소에서 공매할 수 있음

공매보증	① 관할 세무서장은 압류재산을 공매하는 경우 필요하다고 인정하면 공매에 참여하려는 자에게 공매보증을 받을 수 있음
	② 공매보증금액은 공매예정가격의 10% 이상으로 함
	③ 공매보증은 금전 뿐 아니라, 국공채, 상장증권 및 보증보험증권으로도 가능함
	④ 관할 세무서장은 다음의 경우 다음의 구분에 따른 자가 제공한 공매보증을 반환한다.
	  ㉠ 개찰(開札) 후 : 최고가 매수신청인을 제외한 다른 매수신청인
	  ㉡ 매수인이 매수대금을 납부하기 전에 체납자가 매수인의 동의를 받아 압류와 관련된 체납액을 납부하여 압류재산의 매각결정이 취소된 경우 : 매수인
	  ㉢ 차순위 매수신청인이 있는 경우로서 매수인이 대금을 모두 지급한 경우 : 차순위 매수신청인
	  ㉣ 공매재산의 매수신청인이 매각결정기일 전까지 공매재산의 매수인이 되기 위하여 다른 법령에 따라 갖추어야 하는 자격을 갖추지 못한 사유로 매각결정을 받지 못한 경우 : 매수신청인 NEW

	⑤ 관할 세무서장은 다음의 어느 하나에 해당하는 경우 공매보증을 강제징수비, 압류와 관계되는 국세의 순으로 충당한 후 남은 금액은 체납자에게 지급함 　㉠ 최고가 매수신청인이 개찰 후 매수계약을 체결하지 아니한 경우 　㉡ 매수인이 매수대금을 지정된 기한까지 납부하지 아니하여 매각결정이 취소된 경우
공매공고	① 관할 세무서장은 공매를 하려는 경우 대금납부기한, 공매재산의 명칭, 소재, 공매장소와 일시, 배분요구의 종기 등의 필요한 사항을 공고하여야 함 ② 매각결정기일은 개찰일부터 7일(토요일, 일요일, 공휴일 및 대체공휴일은 제외) 이내로 정하여야 한다. ③ 관할 세무서장은 경매의 방법으로 재산을 공매하는 경우 경매인을 선정하여 이를 취급하게 할 수 있음
공매공고기간	공매공고 기간은 10일 이상으로 한다. 다만, 그 재산을 보관하는 데에 많은 비용이 들거나 재산의 가액이 현저히 줄어들 우려가 있으면 이를 단축할 수 있다.
배분요구 등	공매공고의 등기·등록 전까지 등기·등록되지 아니한 일정한 채권을 가진 자가 배분을 받으려는 경우 배분요구의 종기까지 관할 세무서장에게 배분을 요구하여야 한다.
공유자·배우자 우선매수권	① 공유자는 공매재산이 공유물의 지분인 경우 매각결정기일 전까지 공매보증을 제공하고 다음의 구분에 따른 가격으로 공매재산을 우선매수하겠다는 신청을 할 수 있다. 　㉠ 최고가 매수신청인이 있는 경우 : 최고가 매수신청가격 　㉡ 최고가 매수신청인이 없는 경우 : 공매예정가격 ② 체납자의 배우자는 공매재산이 압류한 부부공유의 동산 또는 유가증권인 경우 위 ①의 규정을 준용하여 공매재산을 우선매수하겠다는 신청을 할 수 있다. ③ 관할 세무서장은 위 ① 또는 ②에 따른 우선매수 신청이 있는 경우 그 공유자 또는 체납자의 배우자에게 매각결정을 하여야 한다. ④ 관할 세무서장은 여러 사람의 공유자가 우선매수 신청을 하고 위 ③의 절차를 마친 경우 공유자 간의 특별한 협의가 없으면 공유지분의 비율에 따라 공매재산을 매수하게 한다. ⑤ 관할 세무서장은 위 ③에 따른 매각결정 후 매수인이 매수대금을 납부하지 아니한 경우 최고가 매수신청인에게 다시 매각결정을 할 수 있다.
매수인의 제한	다음의 어느 하나에 해당하는 자는 자기 또는 제3자의 명의나 계산으로 압류재산을 매수하지 못한다. ① 체납자 ② 세무공무원 ③ 매각 부동산을 평가한 감정평가법인 등(소속 감정평가사 포함) ④ 공매재산의 매수신청인이 매각결정기일 전까지 다른 법령에 따른 매수자격을 갖추지 못한 경우 NEW
공매참가의 제한	관할 세무서장은 다음의 어느 하나에 해당한다고 인정되는 사실이 있는 자에 대해서는 그 사실이 있은 후 2년간 공매장소 출입을 제한하거나 입찰에 참가시키지 아니할 수 있다. ① 입찰을 하려는 자의 공매참가, 최고가 매수신청인의 결정 또는 매수인의 매수대금 납부를 방해한 사실 ② 공매에서 부당하게 가격을 낮출 목적으로 담합한 사실 ③ 거짓 명의로 매수신청을 한 사실

3 공매의 실시

구 분	내 용
입찰서 제출과 개찰	① 공매를 입찰의 방법으로 하는 경우 공매재산의 매수신청인은 그 성명·주소·거소, 매수하려는 재산의 명칭, 매수신청가격, 공매보증, 그 밖에 필요한 사항을 입찰서에 적어 개찰이 시작되기 전에 공매를 집행하는 공무원에게 제출하여야 한다. ② 개찰은 공매를 집행하는 공무원이 공개적으로 각각 적힌 매수신청가격을 불러 입찰조서에 기록하는

	방법으로 한다. ③ 공매를 집행하는 공무원은 최고가 매수신청인을 정한다. 이 경우 최고가 매수신청가격이 둘 이상이면 즉시 추첨으로 최고가 매수신청인을 정한다. ④ 공매를 집행하는 공무원은 공매예정가격 이상으로 매수신청한 자가 없는 경우 즉시 그 장소에서 재입찰을 실시할 수 있다.
차순위 매수신청	① 최고가 매수신청인이 결정된 후 해당 최고가 매수신청인 외의 매수신청인은 매각결정기일 전까지 공매보증을 제공하고 매수인이 매수대금을 지정된 기한까지 납부하지 아니한 사유로 매각결정이 취소되는 경우 최고가 매수신청가격에서 공매보증을 뺀 금액 이상의 가격으로 공매재산을 매수하겠다는 신청(이하 "차순위 매수신청")을 할 수 있다. ② 관할 세무서장은 차순위 매수신청을 한 자가 둘 이상인 경우 최고액의 매수신청인을 차순위 매수신청인으로 정하고, 최고액의 매수신청인이 둘 이상인 경우에는 추첨으로 차순위 매수신청인을 정한다. ③ 관할 세무서장은 차순위 매수신청이 있는 경우 매각결정을 취소한 날부터 3일(토요일, 일요일, 공휴일 및 대체공휴일 제외) 이내에 차순위 매수신청인을 매수인으로 정하여 매각결정을 할 것인지 여부를 결정하여야 한다. ④ 다만, 다음 중 어느 하나의 사유(매각결정불가사유)가 있는 경우에는 차순위 매수신청인에게 매각결정을 할 수 없다. ㉠ 공유자·배우자의 우선매수 신청이 있는 경우 ㉡ 차순위 매수신고자가 매수인 제한 또는 공매참가 제한을 받는 자에 해당하는 경우 ㉢ 매각결정 전에 공매의 취소·정지 사유가 있는 경우 ㉣ 그 밖에 매각결정을 할 수 없는 중대한 사실이 있다고 세무서장이 인정하는 경우
매각결정 및 대금납부기한	① 관할 세무서장은 매각결정불가사유가 없으면 매각결정기일에 최고가 매수신청인을 매수인으로 정하여 매각결정을 하여야 한다. ② 관할 세무서장은 최고가 매수신청인이 공매재산의 매수인이 되기 위하여 다른 법령에 따라 갖추어야 하는 자격을 갖추지 못한 경우에는 매각결정기일을 1회에 한정하여 당초 매각결정기일부터 10일 이내의 범위에서 연기할 수 있다. NEW. ③ 매각결정의 효력은 매각결정기일에 매각결정을 한 때에 발생한다. ④ 관할 세무서장은 매각결정을 한 경우 매수인에게 대금납부기한을 정하여 매각결정 통지서를 발급하여야 한다. 다만, 권리 이전에 등기 또는 등록이 필요 없는 재산의 매수대금을 즉시 납부시킬 경우에는 구두로 통지할 수 있다. ⑤ 위 ④의 대금납부기한은 매각결정을 한 날부터 7일 이내로 한다. 다만, 관할 세무서장이 필요하다고 인정하는 경우에는 그 대금납부기한을 30일의 범위에서 연장할 수 있다.
매수대금의 차액납부 (2024.7.1.시행) NEW	① 공매재산에 대하여 저당권, 전세권 또는 가등기담보권이나 대항력 있는 임차권 등을 가진 매수신청인은 매각결정기일 전까지 관할 세무서장에게 자신에게 배분될 금액을 제외한 금액을 매수대금으로 납부(이하 "차액납부")하겠다는 신청을 할 수 있다. ② 위 ①에 따른 신청을 받은 관할 세무서장은 그 신청인을 매수인으로 정하여 매각결정을 할 때 차액납부 허용 여부를 함께 결정하여 통지하여야 한다. ③ 관할 세무서장은 위 ②에 따라 차액납부 여부를 결정할 때 차액납부를 신청한 자가 다음의 어느 하나에 해당하는 경우에는 차액납부를 허용하지 아니할 수 있다. ㉠ 배분요구의 종기까지 배분요구를 하지 아니하여 배분받을 자격이 없는 경우 ㉡ 배분받으려는 채권이 압류 또는 가압류되어 지급이 금지된 경우 ㉢ 배분순위에 비추어 실제로 배분받을 금액이 없는 경우 ㉣ 그 밖에 위 ㉠부터 ㉢까지에 준하는 사유가 있는 경우 ④ 관할 세무서장은 차액납부를 허용하기로 결정한 경우에는 대금납부기한을 정하지 아니하며, 아래의 ⑤에 따른 배분기일에 매수인에게 차액납부를 하게 하여야 한다.

	⑤ 관할 세무서장은 차액납부를 허용하기로 결정한 경우에는 원칙적인 배분기일에도 불구하고 그 결정일부터 30일 이내의 범위에서 배분기일을 정하여 배분하여야 한다. 다만, 30일 이내에 배분계산서를 작성하기 곤란한 경우에는 배분기일을 30일 이내의 범위에서 연기할 수 있다. ⑥ 관할 세무서장으로부터 차액납부를 허용하는 결정을 받은 매수인은 그가 배분받아야 할 금액에 대하여 이의가 제기된 경우 이의가 제기된 금액을 위 ⑤에 따른 배분기일에 납부하여야 한다.
매수대금 납부촉구	① 관할 세무서장은 매수인이 매수대금을 지정된 대금납부기한까지 납부하지 아니한 경우 다시 대금납부기한을 지정하여 납부를 촉구하여야 한다. ② 관할 세무서장은 위 ①에 따라 매수대금의 납부를 촉구하는 경우 대금납부기한을 납부 촉구일부터 10일 이내로 정한다.
매각결정 취소	관할 세무서장은 다음의 어느 하나에 해당하는 경우 압류재산의 매각결정을 취소하고 그 사실을 매수인에게 통지하여야 한다. ① 매각결정을 한 후 매수인이 매수대금을 납부하기 전에 매수인의 동의를 받아, 체납자가 압류와 관련된 체납액을 납부하고 매각결정의 취소를 신청하는 경우 ② 매수인이 배분기일에 차액납부를 하지 아니하거나 이의가 제기된 금액을 납부하지 아니한 경우 (2024.7.1.부터 시행) NEW ② 매수인이 매수대금을 지정된 기한까지 납부하지 아니한 경우
재공매	① 관할 세무서장은 다음의 어느 하나에 해당하는 경우 재공매를 한다. ㉠ 재산을 공매하여도 매수신청인이 없거나 매수신청가격이 공매예정가격 미만인 경우 ㉡ 매수대금을 지정된 기한까지 납부하지 아니한 사유로 매각결정을 취소한 경우 ② 관할 세무서장은 재공매를 할 때마다 최초의 공매예정가격의 10%에 해당하는 금액을 차례로 줄여 공매하며, 최초의 공매예정가격의 50%에 해당하는 금액까지 차례로 줄여 공매하여도 매각되지 아니할 때에는 새로 공매예정가격을 정하여 재공매를 할 수 있다. 다만, 매각예정가격 이상으로 입찰한 자가 없어 즉시 재입찰을 실시한 경우에는 최초의 공매예정가격을 줄이지 아니한다. ③ 재공매의 경우 관할 세무서장은 공매공고 기간을 5일까지 단축할 수 있다.
공매의 취소 및 정지	① 관할 세무서장은 다음의 어느 하나에 해당하는 경우 공매를 취소하여야 한다. ㉠ 해당 재산의 압류를 해제한 경우 ㉡ 세무서장이 직권으로 또는 한국자산관리공사의 요구에 따라 해당 재산에 대한 공매대행 의뢰를 해제하여 공매를 진행하기 곤란한 경우 ② 관할 세무서장은 다음의 어느 하나에 해당하는 경우 공매를 정지하여야 한다. ㉠ 압류 또는 매각을 유예한 경우 ㉡ 강제징수에 대한 집행정지의 결정이 있는 경우 ㉢ 그 밖에 공매를 정지하여야 할 필요가 있는 경우로서 대통령령으로 정하는 경우 ③ 매각결정기일 전에 공매를 취소한 경우 공매취소 사실을 공고하여야 한다. ④ 관할 세무서장은 위 ②에 따라 공매를 정지한 후 그 사유가 소멸되어 공매를 계속할 필요가 있다고 인정하는 경우 즉시 공매를 속행하여야 한다.

4 매수대금의 납부와 권리의 이전

구 분	내 용
공매보증과 매수대금납부	① 매수인이 공매보증으로 금전을 제공한 경우 그 금전은 매수대금으로서 납부된 것으로 본다. ② 관할 세무서장은 매수인이 공매보증으로 국공채등을 제공한 경우 그 국공채등을 현금화하여야 한다. 이 경우 그 현금화에 사용된 비용을 뺀 금액은 공매보증 금액을 한도로 매수대금으로서 납부된 것으로 본다.
매수대금 납부의 효과	① 매수인은 매수대금을 완납한 때에 공매재산을 취득한다. ② 관할 세무서장이 매수대금을 수령한 때에는 체납자로부터 매수대금만큼의 체납액을 징수한 것으로 본다.

제4절 압류·매각의 유예

구분	내용
개요	관할 세무서장은 체납자가 일정한 요건에 해당하는 경우 체납자의 신청 또는 직권으로 그 체납액에 대하여 강제징수에 따른 재산의 압류 또는 압류재산의 매각을 유예할 수 있다.
요건	다음 중 어느 하나에 해당하는 경우 ① 체납자가 국세청장이 성실납세자로 인정하는 기준에 해당하는 경우 ② 재산의 압류나 압류재산의 매각을 유예함으로써 체납자가 사업을 정상적으로 운영할 수 있게 되어 체납액의 징수가 가능하게 될 것이라고 관할세무서장이 인정하는 경우
유예기간 및 분할징수	① 압류·매각의 유예기간은 그 유예한 날의 다음날로부터 1년 이내*로 하며, 세무서장은 그 기간 내 유예된 체납세액을 분할하여 징수할 수 있음 ② 위기지역 중소기업 특례규정이 적용되는 경우는 2년 이내로 유예할 수 있음
담보제공 요구	① 원칙 : 담보제공을 요구할 수 있음 ② 예외 : 성실납세자가 체납세액 납부계획서를 제출하고 국세체납정리위원회가 체납세액 납부계획의 타당성을 인정하는 경우 → 담보제공을 요구하지 아니함
압류의 해제	세무서장은 압류·매각의 유예를 하는 경우에 필요하다고 인정하면 이미 압류한 재산의 압류를 해제할 수 있음(임의적 해제요건)
효력	① 압류 또는 매각의 유예 ② 소멸시효 정지 ③ 납세증명서 발급가능 ④ 체납 자료제공 대상제외
기타	압류·매각의 유예취소와 체납액의 일시징수에 관하여는 납부고지의 유예 규정을 준용

■■■ 이진욱 세무사의 **Tax Note**

PART 4

부가가치세법

CHAPTER 01	부가가치세법 총론
CHAPTER 02	과세거래
CHAPTER 03	영세율과 면세
CHAPTER 04	과세표준과 매출세액의 계산
CHAPTER 05	매입세액의 계산
CHAPTER 06	공통사용재화에 대한 과세문제
CHAPTER 07	부가가치세의 납세절차
CHAPTER 08	간이과세제도

CHAPTER 01 부가가치세법 총론

부가가치세법 총론

1 현행 우리나라 부가가치세제의 특징

구 분	내 용
간접세	납세의무자(공급하는 사업자)와 담세자(최종소비자)가 다를 것으로 예정된 조세
일반소비세	면세로 열거된 것을 제외한 모든 재화나 용역의 공급에 대하여 과세하는 일반소비세
소비형 부가가치세	사업자가 부담한 매입세액은 중간재에 대한 매입세액 뿐만 아니라 자본재에 대한 매입세액도 매입한 과세기간에 전액 공제대상에 포함되므로 다른 유형(GNP형, 소득형)에 비해 사업자들의 투자를 유도하는 효과가 있음
전단계 세액공제법	사업자의 매출액에 세율을 곱하여 매출세액을 계산한 다음, 매입액에 세율을 곱하여 계산된 매입세액(전단계세액)을 매출세액에서 차감하는 방법으로 부가가치세를 계산하는 '전단계 세액공제법'을 채택하여 세금계산서의 기능을 강화함으로 인한 거래증빙의 객관성을 확보
소비지국 과세원칙	수출품에 대하여는 영세율을 적용하여 부가가치세를 과세하지 아니하나 수입품에 대하여는 세관장이 해당 수입자가 사업자인지의 여부를 불문하고 부가가치세가 과세됨

2 부가가치세의 기본사항

구 분		내 용
납세의무자		① 사업자 : 영리목적에 불문하고 사업상 독립적으로 재화 또는 용역을 공급하는 자 ② 재화를 수입하는 자 : 사업자여부에 불문하고 납세의무자에 해당 ③ 위탁매매시 납세의무자 　㉠ 위탁자를 알 수 있는 경우 : 위탁자 또는 본인이 직접 재화를 공급하거나 공급받은 것으로 본다. 　㉡ 위탁자를 알 수 없는 경우 : 수탁자에게 재화를 공급하거나 수탁자로부터 재화를 공급받은 것으로 본다.
사업자등록	신 청	① 원칙 : 사업장마다 사업개시일부터 20일 이내에 신청 ② 예외 　㉠ 신규사업자는 사업개시일 전이라도 등록 가능 　㉡ 둘 이상의 사업장이 있는 사업자(사업장이 하나이나 추가로 사업장을 개설하려는 사업자 포함)는 사업자단위로 등록 가능 ③ 법인세법 또는 소득세법에 따라 사업자 등록을 한 면세사업자가 과세사업을 하려는 경우 사업자등록정정신고를 하면 사업자등록신청을 한 것으로 봄
	발 급	① 발급기한 : 신청일부터 2일* 이내 발급 + 5일* 이내에서 연장가능 　*토요일, 일요일, 공휴일, 대체공휴일 및 근로자의 날 제외 ② 직권등록 : 사업자 또는 국외사업자 개정안 가 사업개시일부터 20일 이내에 사업자등록 또는 간편사업자등록 개정안 을 하지 아니하는 경우에는 납세지 관할세무서장이 조사하여 등록할 수 있음 ③ 등록거부 : 사업개시 전 등록신청을 한 자가 사업을 사실상 개시하지 않은 것으로 인정되는 때에는 등록을 거부할 수 있음

사업자등록	등록정정	① 상호변경, 사이버몰 명칭변경 및 인터넷 도메인 이름을 변경 – 신고일 당일 ② 이외의 정정사유 – 신고일부터 2일 이내

	기타의
	사후관리
		① 휴·폐업신고 : 휴업·폐업 or 등록사항 변경 → 지체 없이 세무서장에게 신고
		② 말소 : 세무서장은 사업자등록을 한 사업자가 다음의 어느 하나에 해당하면 <u>지체 없이</u> 사업자등록을 말소하여야 함
		  ㉠ 폐업한 경우
		  ㉡ 사업자가 사업자등록을 한 후 정당한 사유 없이 6개월 이상 사업을 시작하지 아니하는 경우
		  ㉢ 사업자가 부도발생, 고액체납 등으로 도산하여 소재 불명인 경우
		  ㉣ 사업자가 인가·허가의 취소 또는 그 밖의 사유로 사업을 수행할 수 없어 사실상 폐업상태에 있는 경우
		  ㉤ 사업자가 정당한 사유 없이 계속하여 둘 이상의 과세기간에 걸쳐 부가가치세를 신고하지 아니하고 사실상 폐업상태에 있는 경우
		  ㉥ 그 밖에 사업자가 위의 규정과 유사한 사유로 사실상 사업을 시작하지 아니하는 경우
		③ 신고의제 : 개별소비세 또는 교통·에너지·환경세의 납세의무가 있는 사업자가 개업·휴업·폐업·변경·사업자단위과세사업자 신고 또는 양수·상속·합병 신고를 한 때에는 부가가치세법에 따른 등록·변경등록의 신청 및 휴업·폐업·변경 신고를 한 것으로 의제함

	사업자 미등록시 제 재	① 사업자등록신청전 매입세액의 불공제(단, 공급시기가 속하는 과세기간이 지난 후 20일 이내에 등록신청한 경우 등록신청일부터 공급시기가 속하는 과세기간 기산일까지 역산한 기간 이내의 매입세액은 공제허용) ② 미등록·타인명의등록 가산세 부과
과세기간		① 일반과세자 : 1월 1일 ~ 6월 30일(제1기), 7월 1일 ~ 12월 31일(제2기) ② 간이과세자 : 1월 1일 ~ 12월 31일 ③ 신규사업자의 최초과세기간 : <u>사업개시일</u> ~ 해당 과세기간의 종료일 ＊단, 사업개시전에 사업자등록을 신청한 경우 : <u>신청한 날</u> ~ 해당 과세기간의 종료일 ④ 폐업자의 최종과세기간 : 과세기간개시일 ~ 폐업일(합병의 경우는 합병등기일)

사업장		① 광업 : 광업사무소의 소재지
		② 제조업 : 최종제품을 완성하는 장소
		  ＊단, 제품의 포장 또는 용기충전만 하는 장소 및 석유제품의 보관만을 위한 저유소는 제외
		③ 건설업·운수업·부동산매매업 : 법인 – 등기부상소재지, 개인 – 업무총괄장소
		④ 부동산임대업 : 그 부동산의 등기부상소재지
		  ＊단, 부동산 상의 권리만을 대여하는 경우에는 업무총괄장소
		⑤ 무인자동판매기에 의한 사업 : 업무총괄장소
		  ＊단, 다른 장소를 사업자의 신청에 의하여 추가로 사업장등록을 할 수 없음
		⑥ 비거주자·외국법인 : 국내사업장소재지
		⑦ 재화를 수입하는 자 : 관세법에 따라 수입을 신고하는 세관의 소재지
		⑧ 사업장을 설치하지 않은 경우 : 사업자의 주소 또는 거소
		⑨ 직매장 → 사업장 ○, 하치장 및 임시사업장 → 사업장 ×

주사업장 총괄납부	① 적용효과 : 주된 사업장에서 납부(환급)만 총괄(기타의 의무는 각사업장별로 이행) ② 주된 사업장 : 법인 → 본점 or 지점, 개인 → 주사무소(분사무소 ×) ③ 적용절차 : 신청기한 내 신청 ○ → 승인 × 　㉠ 계속사업자 : 그 납부하려는 과세기간 개시 20일 전[*1] 　㉡ 신규사업자 : 주된 사업장의 사업자등록증을 받은 날부터 20일 이내[*2] 　㉢ 사업장 추가개설 : 추가사업장의 사업개시일로부터 20일 이내(추가사업장의 사업개시일이 속하는 과세기간 이내로 한정함)[*2] 　　[*1] 계속사업자의 경우는 신청일이 속한 과세기간의 다음 과세기간부터 총괄납부 적용 　　[*2] 신규사업자와 사업장 추가개설의 경우는 해당 신청일이 속한 과세기간부터 총괄납부 적용 ④ 적용 후 포기제한 없음
사업자 단위과세	① 적용효과 : 모든 사업장을 하나의 사업장으로 등록하여 모든 의무이행을 총괄 ② 총괄사업장 : 법인 → 본점(지점 ×), 개인 → 주사무소(분사무소 ×) ③ 적용절차 : 등록 ○ → 승인 × 　㉠ 신규사업자 : 사업자등록시 사업자단위과세사업자로 등록 　㉡ 계속사업자 　　ⓐ 기존사업장 변경 : 사업자단위과세를 적용하려는 과세기간 개시 20일 전까지 본점(주사무소) 관할 세무서장에게 변경등록신청 　　ⓑ 사업장 추가개설 : 추가 사업장의 사업개시일부터 20일 이내(추가사업장의 사업개시일이 속하는 과세기간 이내로 한정)에 변경등록을 신청하여야 함 ④ 적용 후 포기제한 없음

> **참고 1　신탁재산관련 사업자등록**
>
> ① 신탁재산과 관련된 부가가치세에 대하여 수탁자가 납세의무자가 되는 경우 수탁자(공동수탁자가 있는 경우 대표수탁자)는 해당 신탁재산을 사업장으로 보아 신탁재산별로 각각 사업자등록을 신청하여야 한다.
> ② 수탁자가 납세의무자인 경우에 해당하여 사업자등록을 신청하는 경우로서 다음의 요건을 모두 갖춘 경우에는 둘 이상의 신탁재산을 하나의 사업장으로 보아 신탁사업에 관한 업무를 총괄하는 장소를 관할하는 세무서장에게 사업자등록을 신청할 수 있다.
> 　㉠ 수탁자가 하나 또는 둘 이상의 위탁자와 둘 이상의 신탁계약을 체결하였을 것
> 　㉡ 신탁계약이 다음의 어느 하나에 해당할 것
> 　　ⓐ 수탁자가 위탁자로부터 「자본시장과 금융투자업에 관한 법률」 부동산 또는 부동산에 관한 권리등의 재산을 위탁자의 채무이행을 담보하기 위해 수탁으로 운용하는 내용으로 체결되는 신탁계약
> 　　ⓑ 신탁업자가 또는 신탁관리업자가 무체재산권(지식재산권 포함), 저작권 및 기술과 그 사용에 관한 권리 등을 수탁하여 운용하는 신탁계약 [개정안]

✩ 참고 2 신탁재산관련 부가가치세 납세의무

구 분	내 용
원칙적 납세의무자 (수탁자)	① 원칙적 납세의무자 : 수탁자가 신탁재산별로 각각 별도의 납세의무자로서 부가가치세를 납부할 의무가 있음 ② 공동수탁자의 연대납세의무 : 신탁재산에 둘 이상의 수탁자(공동수탁자)가 있는 경우 공동수탁자는 부가가치세를 연대하여 납부할 의무가 있음 ③ 신탁수익자의 제2차 납세의무 : 수탁자가 납부하여야 하는 부가가치세 등을 신탁재산으로 충당하여도 부족한 경우에는 그 신탁의 수익자는 지급받은 수익과 귀속된 재산의 가액을 합한 금액을 한도로 하여 그 부족한 금액에 대하여 납부할 의무(제2차 납세의무)를 부담
예외적 납세의무자 (위탁자)	① 예외적 납세의무자 : 다음의 어느 하나에 해당하는 경우에는 「신탁법」에 따른 위탁자가 부가가치세를 납부할 의무가 있음 　㉠ 신탁재산과 관련된 재화 또는 용역을 위탁자 명의로 공급하는 경우 　㉡ 위탁자가 신탁재산을 실질적으로 지배·통제하는 경우로서 다음 중 어느 하나에 해당하는 경우 　　ⓐ 수탁자가 위탁자로부터 부동산 또는 부동산 관련권리 등을 수탁받아 부동산개발사업을 목적으로 하는 신탁계약을 체결한 경우로서 그 신탁계약에 의한 부동산개발사업비의 조달의무를 수탁자가 부담하지 아니하는 경우 　　ⓑ 수탁자가 재개발사업·재건축사업 등의 사업대행인 경우 　　ⓒ 수탁자가 위탁자의 지시로 위탁자와 특수관계에 있는 자에게 신탁재산과 관련된 재화 또는 용역을 공급하는 경우 　　ⓓ 「자본시장과 금융투자업에 관한 법률」에 따른 투자신탁의 경우 　㉢ 위탁자의 지위이전을 신탁재산의 공급으로 보는 경우에는 기존 위탁자가 부가가치세를 납부할 의무가 있음 ② 신탁재산관련 수탁자의 물적납세의무 : 위 ①에 따라 부가가치세를 납부하여야 하는 위탁자가 부가가치세 등을 체납한 경우로서 그 위탁자의 다른 재산에 대하여 강제징수를 하여도 징수할 금액에 미치지 못할 때에는 해당 신탁재산의 수탁자는 그 신탁재산으로써 위탁자의 부가가치세등을 납부할 의무(물적납세의무)가 있음

CHAPTER 02 과세거래

1 부가가치세의 과세대상

구 분		내 용
과세대상		① 재화의 공급 : 사업자가 공급하는 것에 한함 ② 용역의 공급 : 사업자가 공급하는 것에 한함 ③ 재화의 수입 : 수입자가 사업자인지의 여부에 불문하고 과세함 ④ ~~용역의 수입~~ : 실체를 파악할 수 없으므로 과세대상에서 제외
재화의 공급	재 화	① 재산적가치가 있는 물건(유체물 + 무체물) 및 권리(광업권, 특허권, 상표권 등) ② 화폐대용증권(어음·수표 등)과 유가증권은 재화 × ③ 유가증권 중 화물대용증권(창고증권, 선하증권)은 재화 ○ ④ 단, 임치물과의 반환이 수반되지 않는 창고증권은 재화 ×
	공급 ○	① **매매계약** ② **가공계약** : 주요자재의 전부·일부를 부담하는 경우의 위탁가공 → 재화의 공급 ★주요자재를 전혀 부담하지 않는 단순가공 : 용역의 공급 ★건설업·음식점업 : 주요자재의 전부를 부담하는 경우에도 용역의 공급 ③ **교환계약** ★사업자간 상품·제품·원재료 등의 소비대차시 해당 재화 차용 또는 반환 → 재화의 공급 ○ (=교환) ★한국석유공사가 비축용 석유를 국외사업자와 무위험차익거래방식으로 소비대차 하는 것 → 재화의 공급× ④ **기타 현물출자·경매·수용 등** 계약상 또는 법률상 원인에 의하여 재화를 인도 또는 양도하는 것. 단, 다음 중 어느 하나에 해당하는 것은 재화의 공급으로 보지 않는다. ㉠ 「국세징수법」에 따른 공매(수의계약 포함) 및 「민사집행법」에 따른 강제경매 등으로 재화를 인도하거나 양도하는 것 ㉡ 「도시 및 주거환경정비법」 등 일정한 법률에 따른 수용절차에서 수용대상 재화의 소유자가 수용된 재화에 대한 대가를 받는 경우 ㉢ 「도시 및 주거환경정비법」에 따른 사업시행자의 매도청구에 따라 재화를 인도하거나 양도하는 것 ⑤ 국내로부터 보세구역에 있는 창고에 임치된 임치물을 국내로 다시 반입하는 것 ⑥ 신탁재산에 대한 위탁자의 지위이전 : 「신탁법」에 따라 위탁자의 지위가 이전되는 경우에는 기존 위탁자가 새로운 위탁자에게 신탁재산을 공급한 것으로 본다. 다만, 신탁재산에 대한 실질적인 소유권의 변동이 있다고 보기 어려운 경우로서 다음 중 어느 하나에 해당하는 경우에는 신탁재산의 공급으로 보지 아니한다. ㉠ 집합투자기구의 집합투자업자가 그 위탁자의 지위를 다른 집합투자업자에게 이전하는 경우 ㉡ 위탁자 지위를 이전하였음에도 불구하고 신탁재산에 대한 실질적인 소유권의 변동이 없는 경우
	공급 ×	① 담보의 제공 ② 손해배상금 : 사업자가 지체상금·변상금 등 각종 원인에 의해 받는 손해배상금 ③ **사업의 양도** : 사업장별로 사업에 대한 모든 권리와 의무를 포괄적으로 승계시키는 것. ★다만, 사업양수인이 대리납부한 경우는 → 재화의 공급 ○ ④ 조세의 물납 : 사업용 자산을 상속세 및 증여세법 및 지방세법에 따라 물납하는 것

		⑤ 사업자가 위탁가공을 위하여 원자재를 국외의 수탁가공 사업자에게 대가 없이 반출하는 것. ＊다만, 원료를 대가 없이 국외의 수탁가공 사업자에게 반출하여 가공한 재화를 양도하는 경우에 그 원료의 반출로서 영세율이 적용되는 것 → 재화의 공급 ○ ⑥ 신탁재산의 소유권 이전으로서 다음의 어느 하나에 해당하는 것 　㉠ 위탁자로부터 수탁자에게 신탁재산을 이전하는 경우 　㉡ 신탁의 종료로 인하여 수탁자로부터 위탁자에게 신탁재산을 이전하는 경우 　㉢ 수탁자가 변경되어 새로운 수탁자에게 신탁재산을 이전하는 경우
	용역	계약상 또는 법률상의 모든 원인에 의하여 역무를 제공하거나 재화·시설물 또는 권리를 사용하게 하는 것으로서 다음에 해당하는 것 ① 역무의 제공 : 개인서비스업에 해당하는 인적용역의 제공행위 ② 물적용역의 제공 : 부동산임대업 등 재화·시설물을 사용하게 하는 행위 ③ 각종 권리의 대여 : 특허권, 상표권 등을 대여하는 행위
용역의 공급	해당여부 판 단	① 주요자재를 전혀 부담하지 않는 단순위탁가공업 : 용역의 공급 ○ 　＊주요자재의 전부 또는 일부 부담 : 재화의 공급 ② 건설업 및 음식점업 : 주요자재 전부를 부담하는 경우에도 용역의 공급 ○ ③ 부동산 또는 일정한 권리의 양도는 재화의 공급에 해당하나, 부동산 또는 일정한 권리를 임대 또는 대여한 경우에는 이를 용역의 공급으로 본다. 　＊부동산 임대용역의 제공 중 다음에 해당하는 사업은 과세대상에서 제외함 　　㉠ 전·답·과수원·목장용지·임야 또는 염전 임대업 　　㉡ 「공익사업을 위한 토지 등의 취득 및 보상에 관한 법률」에 따른 공익사업과 관련하여 지역권·지상권(지하 또는 공중에 설정된 권리 포함)을 설정하거나 대여하는 사업 ④ 골프장·테니스장의 입회금 　㉠ 반환의무가 없는 경우 : 용역의 제공으로 과세 　㉡ 반환의무가 있는 경우 : 보증금(부채)에 해당하므로 과세대상 ✕ ⑤ 용역의 무상공급 　㉠ 원칙 : 과세대상 아님(∵ 실체파악 ✕) 　㉡ 예외 : 사업자가 특수관계인에게 사업용부동산의 임대용역을 무상으로 공급하는 경우는 과세대상에 해당함. 다만, 다음 중 어느 하나에 해당하는 경우에는 이를 과세대상으로 보지 아니함 　　ⓐ 「산업교육진흥 및 산학연협력촉진에 관한 법률」에 따라 설립된 산학협력단과 대학 간 사업용 부동산의 임대용역 　　ⓑ 「공공주택특별법」에 따른 공공주택사업자(국가, 지자체 및 한국토지주택공사 등)와 해당 공공주택사업자 등이 총지분의 전부를 출자하여 설립한 부동산투자회사간 사업용 부동산의 임대용역 ⑥ 용역의 자가공급 　㉠ 원칙 : 과세대상 아님(∵ 실체파악 ✕) 　㉡ 예외 : 사업자가 자신의 용역을 자기사업을 위하여 대가를 받지 아니하고 공급함으로써 다른 사업자와의 과세형평이 침해되는 경우로서 대통령령으로 정한 일정한 공급＊은 자기에게 용역을 공급하는 것으로 의제함(용역의 공급의제) 　　＊현재 대통령령으로 정해진 바 없음 ⑦ 체선료와 조출료 　㉠ 선주가 화주에게 지급하는 조출료 : 과세대상 ✕ 　㉡ 선주가 하역회사에게 지급하는 조출료 : 과세대상 ○ 　㉢ 화주가 선주에게 지급하는 체선료 : 과세대상 ○ 　㉣ 하역회사가 선주에게 지급하는 체선료 : 과세대상 ✕

재화의 간주공급	면세전용	① 세금계산서 발급의무 없음 ② 자기생산·취득재화 : 사업자가 자기의 과세사업과 관련하여 생산하거나 취득한 재화로서 다음의 어느 하나에 해당하는 재화를 말하며, 판매목적타사업장 반출을 제외한 5가지 공급의제의 대상 재화는 '자기생산·취득재화'에 한정하여 적용된다. ㉠ 매입세액이 공제된 재화 ㉡ 공급으로 보지 않는 사업양도로 취득한 재화로서 사업양도자가 매입세액을 공제받은 재화 ㉢ 내국신용장(구매확인서)에 의하여 재화를 공급하는 경우의 수출에 해당하여 영세율을 적용받는 재화
	비영업용 소형승용차	
	사업상증여	③ 사업상 증여로 보지 않는 거래 ㉠ 당초 매입세액이 공제되지 않은 재화 ㉡ 증여하는 재화의 대가가 주된 거래인 재화의 공급에 대한 대가에 포함되는 경우 ㉢ 사업을 위하여 대가를 받지 아니하고 다른 사업자에게 인도하거나 양도하는 견본품 ㉣ 재난 및 안전관리 기본법의 적용을 받아 특별재난지역에 공급하는 물품 ㉤ 자기 적립 마일리지 등(당초 재화 또는 용역을 공급하고 마일리지 등을 적립해 준 사업자에게만 사용할 수 있는 마일리지 등)으로만 전부를 결제 받고 공급하는 재화
	개인적공급	④ 개인적공급으로 보지 않는 거래 ㉠ 당초 매입세액이 공제되지 않은 재화 ㉡ 사업자가 실비변상적이거나 복리후생적인 목적으로 그 사용인에게 대가를 받지 아니하거나 시가보다 낮은 대가를 받고 제공하는 것으로서 다음 중 어느 하나에 해당하는 것 ⓐ 사업을 위해 착용하는 작업복·작업모·작업화 ⓑ 직장연예 및 직장문화와 관련된 재화 ⓒ 다음의 어느 하나에 해당하는 재화를 제공하는 경우. 이 경우 각 항목(㉮, ㉯)별로 각각 사용인 1명당 연간 10만원을 초과하는 경우 해당 초과액에 대해서는 재화의 공급으로 본다. ㉮ 경조사와 관련된 재화(비정기적 지급사유) ㉯ 설날, 추석, 창립기념일 및 생일 등과 관련된 재화(정기적 지급사유)
	폐업시 잔존재화	
	판매목적 타사업장 반출	① 총괄납부 또는 사업자단위과세의 적용을 받는 사업자의 경우는 공급의제 × * 단, 총괄납부사업자가 판매목적타사업장 반출시 세금계산서를 발급한 경우에는 재화의 공급으로 봄 ② 판매목적 외의 진열·원재료사용목적 등으로 반출하는 경우는 공급의제 × ③ 세금계산서를 발급하여야 함 ④ 매입세액이 공제되지 않은 재화에 대하여도 적용됨
재화의 수입		(1) 수입의 유형 ① 외국으로부터 우리나라에 들어온 물품(외국선박이 공해에서 채포한 수산물 포함) ② 수출신고가 수리된 물품으로서 선적이 완료된 물품 (2) 보세구역을 통한 거래의 과세여부

구 분	과세여부
① 외국 → 보세구역	재화의 수입이 아님(과세거래 ×)
② 보세구역 → 보세구역	재화·용역의 국내공급(과세거래 ○)
③ 보세구역 외의 국내장소 → 보세구역	
④ 보세구역 → 보세구역 외의 국내장소	관세과세분 : 재화의 수입(과세거래 ○)
	이 외의 것 : 재화·용역의 국내공급(과세거래 ○)

부수재화 · 용역	주된 거래에 부수	주된 거래에 따라 부수거래의 과세여부를 판단함(주된 공급과 하나의 공급으로 판단)
	주된 사업에 부수 (주된사업에서의 공급과 별도의 공급으로 판단)	① 우연히 또는 일시적으로 공급되는 재화·용역

주된 사업	공급하는 재화·용역	과세·면세 여부
과세사업 (제조업)	과세대상(건물)	과세
	면세대상(토지)	면세
면세사업 (은행)	과세대상(건물)	면세
	면세대상(토지)	면세

② 필수적부산물 : 부산물은 주산물에 따라 그 과세여부를 판단함

2 공급시기

(1) 재화의 공급시기(주요사항)

구 분	공 급 시 기
① 현금판매·외상판매·할부판매	재화가 인도되거나 이용가능하게 되는 때
② 상품권의 판매	그 재화가 실제로 인도되는 때(상품권 판매시점 ×)
③ 조건부판매·기한부판매	조건이 성취되거나 기한이 경과되어 판매가 확정되는 때
④ 장기할부·완성도기준조건부·중간지급 조건부판매 및 계속적공급	대가의 각 부분을 받기로 한 때
⑤ 재화의 공급으로 보는 가공의 경우	가공된 재화를 인도하는 때
⑥ 재화의 공급의제의 경우	재화가 사용·소비되는 때(단, 사업상증여는 증여하는 때, 판매목적타사업장반출은 반출하는 때, 폐업시 잔존재화는 폐업일)
⑦ 무인판매기에 의한 재화의 공급	무인판매기에서 현금을 꺼내는 때
⑧ 수출의 경우 ㉠ 직수출 및 중계무역방식의 수출 ㉡ 원양어업 및 위탁판매수출 ㉢ 위탁가공무역방식수출, 외국인도수출 및 국외 수탁가공재화 양도시 원료의 무환반출	- 수출재화의 선(기)적일 - 수출재화의 공급이 확정되는 때 - 외국에서 해당 재화가 인도되는 때
⑨ 사업자가 보세구역 내에서 보세구역 이외의 국내에 재화를 공급하는 경우	해당 재화가 수입재화에 해당하는 때에는 수입신고수리일

(2) 용역의 공급시기

구 분	공 급 시 기
① 통상적인 용역의 공급	역무의 제공이 완료되는 때
② 역무의 제공이 완료되는 때 또는 대가를 받기로 한 때를 공급시기로 볼 수 없는 경우	역무의 제공이 완료되고 그 공급가액이 확정되는 때
③ 장기할부·완성도기준조건부·중간지급조건부 및 계속적공급	대가의 각 부분을 받기로 한 때
④ 부동산임대용역을 공급하는 경우에 전세금 또는 임대보증금 등에 대한 간주임대료	예정신고기간 또는 과세기간의 종료일
⑤ 2과세기간 이상에 걸쳐 부동산임대용역을 공급하고 그 대가를 선불 또는 후불로 받는 경우에 월수에 따라 안분계산한 임대료	
⑥ 사업자가 「사회기반시설에 대한 민간투자법」에 따른 기부채납의 방식을 준용하여 설치한 시설에 대하여 둘 이상의 과세기간에 걸쳐 계속적으로 시설을 이용하게 하고 그 대가를 받는 경우	
⑦ 법소정 용역*을 2이상의 과세기간에 걸쳐 계속적으로 제공하고 그 대가를 선불로 받는 경우	
⑧ 위 이 외의 경우	역무의 제공이 완료되고 그 공급가액이 확정되는 때

* 법소정 용역이란 다음 중 어느 하나에 해당하는 용역을 말한다.
㉠ 헬스클럽장 등 스포츠센터를 운영하는 사업자가 연회비를 미리 받고 회원들에게 시설을 이용하게 하는 것
㉡ 사업자가 다른 사업자와 상표권 사용계약을 할 때 사용대가 전액을 일시불로 받고 상표권을 사용하게 하는 것
㉢ 「노인복지법」에 따른 노인복지시설(유료인 경우에만 해당)을 설치·운영하는 사업자가 그 시설을 분양받은 자로부터 입주 후 수영장·헬스클럽장 등을 이용하는 대가를 입주 전에 미리 받고 시설 내 수영장·헬스클럽장 등을 이용하게 하는 것

(3) 공급시기의 특례

구 분	공 급 시 기

세금계산서 선발급 특례	세금계산서는 원칙적인 공급시기에 발급하여야 하나, 사업자가 공급시기가 되기 전에 세금계산서를 미리 발급한 경우로서 다음 중 어느 하나에 해당하는 때에는 세금계산서 발급시기를 공급시기로 봄
	① 공급시기 전에 대가를 받고 세금계산서를 선발급하는 경우
	② 공급시기 전에 세금계산서를 선발급하고 해당 발급일로부터 7일 이내에 대가를 지급받는 경우
	③ 위 ②에도 불구하고 다음의 어느 하나에 해당하는 경우에는 공급시기가 되기 전에 세금계산서를 발급하고 그 세금계산서 발급일부터 7일이 지난 후 대가를 받더라도 해당 세금계산서를 발급한 때를 재화 또는 용역의 공급시기로 본다.
	   ㉠ 거래 당사자 간의 계약서·약정서 등에 대금 청구시기(세금계산서 발급일을 말한다)와 지급시기를 따로 적고, 대금 청구시기와 지급시기 사이의 기간이 30일 이내인 경우
	   ㉡ 재화 또는 용역의 공급시기가 세금계산서 발급일이 속하는 과세기간 내(공급받는 자가 조기환급을 받은 경우에는 세금계산서 발급일부터 30일 이내)에 도래하는 경우
	   ★다음 중 어느 하나에 해당하는 경우로서 공급시기가 되기 전에 세금계산서 또는 영수증을 발급하는 경우에는 그 발급한 때를 각각 그 재화 또는 용역의 공급시기로 본다(대가수령요건 불필요).
	    ① 장기할부판매로 재화를 공급하거나 장기할부조건부로 용역을 공급하는 경우
	    ② 전력이나 그 밖에 공급단위를 구획할 수 없는 재화를 계속적으로 공급하는 경우의 공급시기
	    ③ 그 공급단위를 구획할 수 없는 용역을 계속적으로 공급하는 경우의 공급시기
	    ④ 외국항행용역의 공급으로서 선하증권에 따라 거래사실이 확인되는 경우의 공급시기(용역의 공급시기가 선하증권 발행일로부터 90일 이내인 경우로 한정) 개정안

폐업시 특례	장기할부판매 등의 공급에 대하여 폐업 전에 공급한 재화의 공급시기가 폐업일 이후에 도래하는 경우에는 폐업일을 공급시기로 봄
위탁매매	① 원칙 : 수탁자(대리인)의 공급을 기준으로 하여 공급시기를 판단 ② 예외 : 위탁자(본인)를 알 수 없는 때에는 위탁자와 수탁자 사이에도 공급이 이루어진 것으로 보아 각각 공급시기를 판단
리스거래	사업자(리스이용자)가 시설대여업자(리스회사)로부터 시설 등을 임차하고 그 시설 등을 공급자(리스자산제조·판매회사) 또는 세관장으로부터 직접 인도받은 경우에는 그 사업자가 공급자로부터 재화를 직접 공급받거나 외국으로부터 재화를 직접 수입한 것으로 보아 공급시기 판단

3 공급장소

구 분	공급장소
(1) 재화의 공급장소	① 재화의 이동이 필요한 경우 : 재화의 이동이 시작되는 장소 ② 재화의 이동이 필요하지 않은 경우 : 재화의 공급시기에 재화가 있는 장소 ③ 대리납부규정이 적용되는 권리의 경우 : 공급받는 자의 사업장 또는 주소지
(2) 용역의 공급장소	① 역무가 제공되거나 재화·시설물 또는 권리가 사용되는 장소 ② 국내·외에 걸쳐 용역이 제공되는 국제운송인 경우 : 사업자가 비거주자 또는 외국법인인 때에는 여객이 탑승하거나 화물이 적재되는 장소 ③ 국외사업자가 국내에 공급하는 전자적용역의 경우 용역을 공급받는 자의 사업장 소재지, 주소지 또는 거소지

★다음 용역은 해당 부동산·광고매체의 사용장소가 국외이므로 부가가치세가 과세되지 아니함
  ① 국외에 있는 부동산의 임대용역
  ② 국내사업자가 외국의 광고매체에 광고를 게재하게 하고 의뢰인으로부터 지급받는 광고료

CHAPTER 03 영세율과 면세

1 영세율제도

구 분	내 용
개 요	① 일정한 재화 또는 용역의 공급에 대하여 0%의 세율을 적용하는 제도 ② 소비지국과세원칙에 따라 생산지국(수출국)에서의 부가가치세를 제거하기 위함 ③ 완전면세제도 ④ 영세율 적용사업자도 부가가치세법상 납세의무자에 해당함(∴ 제반의무의 이행 ○)
적용대상자	① 과세사업자에 대하여만 적용(∴ 간이과세자 ○, 면세사업자 ×) ② 거주자 또는 내국법인에 대하여 적용하는 것이 원칙이나 비거주자 또는 외국법인에 대해서는 상호주의에 의함

적용대상거래
(주요항목)
	① 직수출 : 수출업자가 자기의 명의와 계산으로 내국물품을 외국으로 반출하는 것
	② 기타의 수출 : <u>국내사업장에서 계약과 대가수령 등의 거래가 이루어지는 것</u>으로서 다음에 해당하는 것
	  ㉠ 중계무역방식의 수출, ㉡ 위탁판매수출, ㉢ 외국인도수출
	  ㉣ 위탁가공무역 방식의 수출
	  ㉤ 원료를 대가 없이 국외의 수탁가공 사업자에게 반출하여 가공한 재화를 양도하는 경우에 그 원료의 반출[T/I(0%) 발급의무 ○]
	  ㉥ 「관세법」상 수입의 신고가 수리되기 전의 물품으로서 보세구역에 보관하는 물품의 외국으로의 반출
	③ 대행위탁수출(수출대행수수료는 영세율 ×)
	④ 내국신용장(구매확인서)에 의한 공급(금지금 제외)
	  ㉠ 공급된 후에 수출업자가 그 재화를 수출용도에 사용하였는지의 여부에 불문
	  ㉡ 개설기한 : 공급한 과세기간의 종료 후 25일 이내
	  ㉢ 국내거래에 해당하므로 **T/I(0%) 발급의무 ○**
	⑤ 수탁가공무역(다음 요건 모두 충족시)
	  ㉠ 국외의 비거주자·외국법인과 직접계약에 의하여 공급할 것
	  ㉡ 대금을 외국환은행에서 원화로 받을 것
	  ㉢ 비거주자 또는 외국법인이 지정한 국내의 다른 사업자에게 인도할 것
	  ㉣ 국내의 다른 사업자가 비거주자·외국법인에게 해당 재화를 그대로 반출하거나 제조·가공한 후 반출할 것
	⑥ 한국국제협력단·대한적십자사 등에 공급하는 재화[T/I(0%) 발급의무 ○]
	⑦ 국외제공용역(용역제공사업장이 국내인 경우에 한함)
	⑧ 선박 또는 항공기의 외국항행용역
	⑨ 수출재화임가공용역 : 수출업자와 직접도급계약에 의한 수출재화임가공용역
	  [T/I(0%) 발급의무 ○]
	⑩ 외국을 항행하는 선박·항공기·원양어선에 공급하는 재화 또는 용역
	  (외항선박 등의 사업자가 국내사업자인 경우에는 **T/I(0%) 발급의무 ○**)
	⑪ 기타의 외화획득 재화 또는 용역

2 면세

구 분	내 용
개 요	① 조세부담의 역진성 완화를 위한 제도 ② 기초생활필수품 및 국민문화·후생관련 재화·용역에 주로 적용 ③ 부분면세제도 ④ 부가가치세법상 사업자 아님(∴ 제반의무의 이행 ×) ⑤ 단, 대리납부의무 및 매입처별세금계산서합계표 제출의무는 이행하여야 함

적용대상거래
(주요항목)
	① **식용** 미가공 농·축·수·임산물 및 소금(국내산·외국산 불문)
	② 국내산 **비식용** 미가공 농·축·수·임산물(외국산은 과세)
	③ 수돗물(생수는 과세), 연탄과 무연탄
	④ 여성용 생리처리위생용품 및 영유아용 기저귀·분유
	⑤ 여객운송용역[지하철, 시내버스, 시외고속버스(우등고속버스는 제외), 일반선박]
	    * 항공기, 고속버스, 택시, 특종선박, 고속철도 및 삭도, 유람선 등 관광·유흥목적의 운송수단에 의한 여객운송용역은 과세
	⑥ 주택과 그 부수토지의 임대용역
	⑦ 교육용역(주무관청에 허가·인가를 받거나 등록·신고된 경우에 한함)
	    * 단, 무도학원과 자동차운전학원에 대하여는 과세함
	⑧ 도서(도서대여 및 실내도서열람용역 포함)·신문(인터넷 신문 포함)·잡지·관보 및 통신
	    * 광고수입은 제외
	⑨ 의료보건용역 및 혈액, 장의용역(애완동물 진료 및 치료용역 포함 NEW)
	    * 단, 미용목적 성형수술 등에 대한 의료용역은 과세
	⑩ 의약품조제용역
	    * 단, 일반의약품의 판매는 과세
	⑪ 부가가치구성요소(금융·보험용역, 일정한 인적용역, 토지의 공급)
	⑫ 국가·지방자치단체·지방자치단체조합이 공급하는 재화·용역
	    * 단, 우체국택배, 우편주문판매 대행용역, 고속철도(KTX), 부동산임대업, 골프장 및 스키장 등은 제외
	⑬ 국가·지방자치단체·지방자치단체조합 등에 무상으로 공급하는 재화·용역
	    * 유상공급의 경우는 과세대상이며, 해당 재화·용역에 대한 매입세액은 공제가능함
	⑭ 국민주택규모 이하의 공급 및 건설용역
	⑮ 공동주택 내 어린이집의 임대용역
	[참고] 부동산관련 VAT과세여부

구 분		원 칙	예 외
건물	공급	과세	국민주택(전용면적 85㎡이하)의 공급은 면세
	임대	과세	주택의 임대는 면세
토지	공급	면세	–
	임대	과세[*1]	주택부수토지의 임대는 면세[*2]

[*1] 부동산 임대용역의 제공 중 다음에 해당하는 사업은 과세대상에서 제외함
   ㉠ 전·답·과수원·목장용지·임야 또는 염전 임대업
   ㉡ 「공익사업을 위한 토지 등의 취득 및 보상에 관한 법률」에 따른 공익사업과 관련하여 지역권·지상권(지하 또는 공중에 설정된 권리 포함)을 설정하거나 대여하는 사업

[*2] 「주택법」에 따라 토지소유자가 토지임대부 분양주택(국민주택규모로 한정)을 공급받은 자에게 토지임대부 분양주택의 토지를 임대하는 경우 주택과 이에 부수되는 토지의 임대로 본다(2024.7.1.부터 시행) 개정안.

면세포기	포기대상	① 영세율이 적용되는 재화 또는 용역 ② 학술 및 기술의 발전을 위하여 학술 및 기술의 연구와 발표를 주된 목적으로 하는 단체가 학술연구 또는 기술연구와 관련하여 실비 또는 무상으로 공급하는 재화 또는 용역
	포기절차	① 언제든지 면세포기가능(포기신고기한 ×) ② 면세포기와 함께 지체없이 VAT법상 사업자등록을 하여야 함 (사업자등록시점부터 면세포기 효력발생) ③ 관할관청의 승인을 필요로 하지 않음 ④ 면세포기신고를 한 날로부터 3년간 부가가치세의 면제를 받지 못함
	포기범위	면세되는 2 이상의 사업 또는 종목을 영위하는 사업자는 면세포기대상이 되는 재화 또는 용역의 공급만을 구분하여 포기할 수 있음

CHAPTER 04

이진욱 세무사의 Tax Note

과세표준과 매출세액의 계산

1 일반적인 경우의 과세표준

<table>
<tr><th>구 분</th><th>내 용</th></tr>
<tr><td>공급가액</td><td>① 금전으로 대가를 받은 경우 : 그 대가
② 금전 이외의 대가를 받은 경우 : 자기가 공급한 재화 또는 용역의 시가
③ 부당행위계산부인 : 특수관계인에 대한 재화 또는 용역(수탁자가 위탁자의 특수관계인에게 공급하는 신탁재산과 관련된 재화 또는 용역을 포함)의 공급이 다음의 어느 하나에 해당하는 경우로서 조세의 부담을 부당하게 감소시킬 것으로 인정되는 경우 : 공급한 재화 또는 용역의 시가
㉠ 재화의 저가공급 및 무상공급
㉡ 용역의 저가공급
㉢ 특수관계인 + 사업용부동산의 임대용역 + 무상공급
④ 공급대가를 외화로 받은 경우
㉠ 공급시기 도래 전에 원화로 환가한 경우 : 그 환가한 금액
㉡ 공급시기 이후에 외국통화·기타 외국환의 상태로 보유하거나 지급받는 경우
: 공급시기의 기준환율 또는 재정환율에 의하여 계산한 금액</td></tr>
<tr><td>거래유형별 과세표준</td><td>① 외상판매와 할부판매의 경우 : 공급한 재화의 총가액
② 장기할부·완성도기준지급·중간지급조건부 및 계속적공급
: 계약에 따라 받기로 한 대가의 각 부분
③ 기부채납의 경우 : 해당 기부채납의 근거가 되는 법률에 따라 기부채납된 가액. 다만, 기부채납된 가액에 부가가치세가 포함된 경우 그 부가가치세는 제외함
④ 마일리지 등 결제의 경우
<table>
<tr><th>구 분</th><th>과세표준</th></tr>
<tr><td>원 칙</td><td>과세표준 = ⓐ + ⓑ
ⓐ 마일리지 외의 수단으로 결제 받은 금액
ⓑ 자기적립마일리지 외의 마일리지로 결제 받은 부분에 대해 공급받는 자 외의 자로부터 보전받은 금액</td></tr>
<tr><td>예 외</td><td>자기적립마일리지 외의 마일리지로 결제받은 경우로서 다음 중 어느 하나 경우 : 공급한 재화 또는 용역의 시가
ⓐ 마일리지 결제금액을 보전받지 아니하고 자기가 생산·취득한 재화를 공급한 경우
ⓑ 마일리지 결제금액을 특수관계인으로부터 부당하게 낮은 금액으로 보전받거나 아무런 금액을 받지 아니하여 조세의 부담을 부당하게 감소시킬 것으로 인정되는 경우</td></tr>
</table></td></tr>
<tr><td>과세표준에 포함 ○</td><td>① 할부판매 및 장기할부판매의 이자상당액
② 대가의 일부로 받는 운송보험료·산재보험료·운송비·포장비·하역비 등
③ 개별소비세, 교통·에너지·환경세 및 주세가 과세되는 재화 또는 용역에 대해서는 해당 개별소비세, 교통·에너지·환경세, 주세, 교육세 및 농어촌특별세 상당액</td></tr>
</table>

과세표준에 포함 ×	① 매출에누리·매출환입·매출할인 ② 공급받는 자에게 도달하기 전에 파손·훼손 또는 멸실된 재화의 가액 ③ 재화 또는 용역의 공급과 직접 관련되지 아니하는 국고보조금과 공공보조금 ④ 계약 등에 의하여 확정된 대가의 지급지연으로 인하여 지급받는 연체이자 ⑤ 반환조건부 용기대금과 포장비용 ⑥ 대가와 구분기재한 종업원의 봉사료 　*사업자가 자기수입금액에 봉사료를 포함하여 계상한 경우에는 과세표준에 포함 ○
과세표준에서 공제 ×	① 판매장려금, ② 대손금, ③ 하자보증금 *판매장려금을 금전으로 지급하는 경우에는 이를 과세표준에서 공제하지 않으며, 만약 판매장려금을 재화로 지급하는 경우에는 이를 사업상증여로 보아 해당 재화의 시가를 과세표준에 포함
재화의 수입 과세표준	① 관세과세가격 + 관세·개별소비세·주세·교통·에너지·환경세 + 교육세 + 농어촌특별세 ② 사업자가 보세구역 내에서 보세구역 외의 국내에 재화를 공급하는 경우에 재화가 수입재화에 해당하는 때에는 다음의 금액을 과세표준으로 함 　　과세표준 = 그 재화의 공급가액 − 재화의 수입에 대한 과세표준

2 재화의 공급의제에 대한 과세표준

구 분	과세표준
(1) 일반적인 경우	(1) 비상각자산 : 해당 재화의 시가 (2) 감가상각자산 　① 건물·구축물 : 취득가액 × {1 − 체감률(5%) × 경과된 과세기간의 수} 　② 기타 : 취득가액 × {1 − 체감률(25%) × 경과된 과세기간의 수}
(2) 감가상각자산의 일부면세전용	① 건물·구축물 : 취득가액 × {1 − 5% × 경과된 과세기간의 수} × 면세공급가액비율 ② 기타 : 취득가액 × {1 − 25% × 경과된 과세기간의 수} × 면세공급가액비율 　*면세공급가액의 비율이 5% 미만인 경우에는 과세표준이 없는 것으로 본다.
(3) 판매목적 타사업장반출시	① 원칙 : 해당 재화의 취득가액 ② 취득가액에 일정액을 가산하여 공급하는 경우 : 그 공급가액

3 부동산관련 과세표준계산의 특례

(1) 부동산 일괄공급시 토지·건물 등의 안분

사업자가 토지와 그 토지에 정착된 건물 또는 구축물 등을 함께 공급하는 경우에는 건물 또는 구축물 등의 실지거래가액을 공급가액으로 한다. 다만, 다음의 어느 하나에 해당하는 경우에는 아래 표에 따라 안분계산한 금액을 공급가액으로 한다.
① 실지거래가액 중 토지의 가액과 건물 또는 구축물 등의 가액의 구분이 불분명한 경우
② 사업자가 실지거래가액으로 구분한 토지와 건물 또는 구축물 등의 가액이 아래 표에 따라 안분계산한 금액과 30% 이상 차이가 있는 경우. 다만, 다음 중 어느 하나의 사유에 해당하는 경우는 제외한다.
　㉠ 다른 법령에서 정한 토지 또는 건물등의 양도가액에 따라 실지거래가액을 구분한 경우
　㉡ 건물등이 있는 토지를 취득하여 그 건물등을 철거하고 토지만 사용하는 경우

구 분		과세표준
① 감정평가액이 있는 경우*		감정평가액비율로 안분계산함
② 감정평가액이 없는 경우	기준시가가 모두 있는 경우	기준시가 비율로 안분계산함
	일부 또는 전부의 기준시가가 없는 경우	㉠ **1차 안분계산** : 장부가액(장부가액이 없는 경우에는 취득가액)비율로 안분계산함 ㉡ **2차 안분계산** : 기준시가가 있는 자산은 1차 안분계산한 금액을 다시 기준시가에 의하여 안분계산함
위의 방법을 적용할 수 없는 경우		국세청장이 정하는 바에 따라 안분계산함

(2) 부동산임대용역

구 분	내 용
임대료	① 원칙 : 해당 과세기간에 수입할 임대료(약정액) ② 예외 : 2과세기간 이상에 걸쳐 공급하고 그 대가를 선불 혹은 후불로 받는 경우 $$임대료 = 선불\ 또는\ 후불로\ 받은\ 총금액 \times \frac{해당\ 과세기간\ 중\ 임대월수}{총임대계약기간월수}$$
간주임대료	$$간주임대료 = 해당\ 과세기간의\ 임대보증금 \times 대상일수 \times 정기예금이자율 \times \frac{1}{365}$$ ★ 계약에 의해 전세금 또는 임대보증금을 월세에 충당한 때에는 그 금액을 제외한 가액을 전세금 또는 임대보증금으로 함
관리비 수입	① 부동산 임대와 관련하여 받는 관리비 : 과세표준에 포함 ② 임차인 부담의 보험료·수도료 및 공공요금 등을 별도로 구분징수하여 납입을 대행하는 경우 : 과세표준에 포함하지 아니함

(3) 겸용주택 임대용역의 과세표준계산

구 분	내 용
제1단계	총임대료(임대료 + 간주임대료 + 관리비 등)의 계산
제2단계	총임대료를 토지분과 건물분으로 안분계산 ① 토지분 임대료 = 총임대료 $\times \dfrac{토지가액}{토지가액 + 건물가액}$ ② 건물분 임대료 = 총임대료 $\times \dfrac{건물가액}{토지가액 + 건물가액}$ ★ 토지가액과 건물가액은 예정신고기간 또는 과세기간 종료일 현재의 기준시가에 의함
제3단계	토지분 임대료와 건물분 임대료 중 과세분을 안분계산 ① 토지분 임대료 과세표준 = 토지분 임대료 $\times \dfrac{과세되는\ 토지임대면적}{총토지\ 임대면적}$ ② 건물분 임대료 과세표준 = 건물분 임대료 $\times \dfrac{과세되는\ 건물임대면적}{총건물\ 임대면적}$
과세표준	토지분 임대료 과세표준 + 건물분 임대료 과세표준

4 대손세액 공제

구 분	내 용
대손요건	① 대손사유 : 다음 중 어느 하나에 해당하는 사유 　㉠ 「소득세법 시행령」 및 「법인세법 시행령」에 따라 대손금으로 인정되는 경우 　㉡ 「채무자 회생 및 파산에 관한 법률」에 따른 법원의 회생계획인가의 결정에 따라 채무를 출자전환하는 경우. 이 경우 출자로 전환하는 시점의 출자전환된 매출채권 장부가액과 출자전환으로 취득한 주식 또는 출자지분의 시가와의 차액을 대손되어 회수할 수 없는 금액으로 본다. ② 대손확정기한 : 공급일부터 <u>10년이 지난 날이 속하는 과세기간</u>에 대한 <u>확정신고기한</u>까지 위의 사유로 인하여 확정되는 대손세액(결정 또는 경정으로 증가된 과세표준과 세액에 대하여 부가가치세액을 납부한 경우 해당 대손세액 포함)에 한함
공제시기	대손사유가 발생한 과세기간의 확정신고시에만 공제(예정신고시 ×)
공제절차	대손세액공제를 적용받고자 하는 사업자는 부가가치세 확정신고시 확정신고서에 대손세액공제신고서와 함께 대손금액이 발생한 사실을 증명하는 서류를 제출하여야 한다(부가가치세 확정신고 이후에 증빙서류를 제출한 경우에도 공제를 적용받을 수 있음).
대손세액	대손세액 공제액 = 대손금액(VAT 포함) × $\dfrac{10}{110}$
처리방법	<table><tr><th>구분</th><th>공급하는 사업자</th><th>공급받는 사업자</th></tr><tr><td>① 대손확정시</td><td>매출세액에서 차감</td><td>매입세액에서 차감*</td></tr><tr><td>② 대손금회수시</td><td>매출세액에 가산</td><td>매입세액에 가산</td></tr></table>* 공급받은 사업자가 대손세액을 매입세액에서 차감하지 아니한 경우 공급받은 사업자의 관할세무서장이 경정하여야 하며, 이 경우 신고불성실가산세와 납부지연가산세를 적용하지 않음

5 세금계산서

(1) 세금계산서의 종류

구 분	발급의무자
종이세금계산서	① 적용대상 : 직전연도 공급가액(면세공급가액 포함) 합계액이 **8천만원 미만***인 개인사업자 ② 작성 및 발급 : 공급하는 사업자가 세금계산서 2매를 작성하여 공급자용 1매를 보관하고 공급받는 자용 1매는 거래상대방에게 발급 ③ 필요적기재사항 : <u>공급자의 등록번호·성명·명칭, 공급받는 자의 등록번호, 공급가액과 부가가치세액, 작성연월일</u>
전자세금계산서	① 적용대상 : 법인 및 직전연도 공급가액(면세공급가액 포함) 합계액이 **8천만원 이상***인 개인사업자 ② 발급 및 전송 : 전자세금계산서 발급일의 다음 날까지 발급명세전송 ③ 개인사업자의 의무적용기간 : 사업장별 재화 및 용역의 공급가액의 합계액이 8천만원 이상*인 해의 다음 해 제2기 과세기간부터 의무발급 ④ 적용통지 　㉠ 전자세금계산서를 발급하여야 하는 의무가 발생하기 1개월 전까지 통지 　㉡ 전자세금계산서를 발급하여야 하는 의무가 발생하기 1개월 전까지 해당 개인사업자가 통지를 받지 못한 경우에는 통지서를 수령한 날이 속하는 달의 다음 다음달 1일부터 해당 개인사업자는 전자세금계산서를 발급하여야 함. ＊ 2022.1.1.~12.31.까지의 공급가액은 1억원을 기준으로 2023.7.1. 이후의 전자세금계산서 발급의무 여부를 판단하며, 2023.1.1.~12.31.까지의 공급가액은 8천만원을 기준으로 2024.7.1. 이후의 전자세금계산서 발급의무 여부를 판단한다.

구분	내용
수입세금계산서	재화의 수입에 대하여 세관장이 발급하는 세금계산서 ★ 수입되는 재화에 대하여 부가가치세의 납부가 유예되는 때에는 수입세금계산서에 납부유예 표시를 하여 발급한다.
매입자발행 세금계산서	① 공급자가 세금계산서 발급시기에 세금계산서를 발급하지 아니한 경우(사업자의 부도·폐업 등으로 사업자가 수정세금계산서 등을 발급하지 아니한 경우를 포함) 공급받은 자가 발행하는 세금계산서를 말함(거래건당 공급대가가 5만원 이상인 경우에 한함) ② 거래사실확인신청 : 공급시기가 속하는 과세기간의 종료일부터 1년 개정안 이내에 거래사실확인신청서에 거래사실을 객관적으로 입증할 수 있는 서류를 첨부하여 신청인의 관할세무서장에게 거래사실확인 신청 ③ 보정요구 : 거래사실확인 신청을 받은 관할세무서장은 신청서에 공급자의 인적사항이 부정확하거나 신청서 기재방식에 흠이 있는 경우에는 신청일부터 7일 이내에 일정한 기간을 정하여 보정요구 ④ 관련서류송부 : 신청인 관할세무서장은 적법한 신청에 대하여는 거래사실확인신청서가 제출된 날(보정을 요구한 때에는 보정이 된 날)부터 7일 이내에 신청서와 제출된 증빙서류를 공급자 관할세무서장에게 송부 ⑤ 거래사실확인통지 : 공급자 관할세무서장은 신청일의 다음달 말일까지 거래사실여부를 확인하여 공급자와 신청인 관할세무서장에게 통지 ⑥ 확인결과통지 : 신청인 관할세무서장은 공급자 관할세무서장으로부터 거래사실확인통지를 받은 후 즉시 신청인에게 그 확인결과를 통지 ⑦ 세금계산서 발행 : 신청인 관할세무서장으로부터 거래사실확인통지를 받은 신청인은 공급자 관할세무서장이 확인한 거래일자를 작성일자로 하여 매입자발행세금계산서를 발행하여 공급자에게 교부하고, 해당 예정신고 또는 확정신고시 매입세액 공제 ○
영수증	① 발급대상자 : 최종소비자 대상업종을 영위하는 사업자 및 간이과세자 ② 영수증발급대상자도 공급받는 사업자가 사업자등록증을 제시하고 세금계산서 발급을 요구하는 때에는 세금계산서 발급의무 ○(단, 목욕·이발·미용업과 여객운송업 및 입장권발행업종 제외)

☆ 시행령개정안 **매입자발행세금계산서 거래사실확인신청 기한**

종 전	2024년 시행령 개정(안)
○ 재화 또는 용역의 공급시기가 속하는 과세기간의 종료일부터 **6개월** 이내 거래사실확인신청	○ 재화 또는 용역의 공급시기가 속하는 과세기간의 종료일부터 **1년** 이내 거래사실확인신청

(2) 세금계산서의 발급시기

구 분	내 용
원 칙	재화·용역의 공급시기를 세금계산서의 발급시기로 함
선발급 세금계산서	세금계산서 선발급 특례규정에 따라 세금계산서를 발급하는 때에는 해당 선발급 시점을 공급시기로 함
후발급 세금계산서	세금계산서는 재화 또는 용역의 공급시기에 발급하는 것이 원칙이지만 다음의 경우에는 다음달 10일(토요일·공휴일인 경우 그 다음날)까지 세금계산서를 발급하는 것을 인정함 ① 거래처별로 달의 1일부터 말일까지의 NEW 공급가액을 합계하여 해당 월의 말일자를 작성연월일로 하여 발급하는 경우

	② 거래처별로 달의 1일부터 말일까지의 기간 NEW 이내에서 사업자가 임의로 정한 기간의 공급가액을 합계하여 그 기간의 종료일자를 작성연월일로 하여 발급하는 경우 ③ 관계증빙서류 등에 의하여 거래사실이 확인되는 경우로서 해당 거래일자를 작성연월일로 하여 발급하는 경우

(3) 수정세금계산서(전자 수정세금계산서 포함)

수정사유	수정세금계산서 발급절차
① 처음 공급한 재화가 환입된 경우	재화가 환입된 날을 작성일자로 적고 비고란에 처음 세금계산서 작성일자를 덧붙여 적은 후 붉은색 글씨로 쓰거나 음(陰)의 표시를 하여 발급
② 계약의 해제로 재화 또는 용역이 공급되지 아니한 경우	계약이 해제된 때에 그 작성일자는 계약해제일을 적고 비고란에 처음 세금계산서 작성일자를 덧붙여 적은 후 붉은색 글씨로 쓰거나 음(陰)의 표시를 하여 발급
③ 계약의 해지 등에 따라 공급가액에 추가 또는 차감되는 금액이 발생한 경우	증감사유가 발생한 날을 작성일자로 적고 추가되는 금액은 검은색 글씨로 쓰고, 차감되는 금액은 붉은색 글씨로 쓰거나 음(陰)의 표시를 하여 발급
④ 재화 또는 용역을 공급한 후 공급시기가 속하는 과세기간 종료 후 25일 이내에 내국신용장이 개설되었거나 구매확인서가 발급된 경우	내국신용장 등이 개설된 때에 그 작성일자는 처음 세금계산서 작성일자를 적고 비고란에 내국신용장 개설일 등을 덧붙여 적어 영세율 적용분은 검은색 글씨로 세금계산서를 작성하여 발급하고, 추가하여 처음에 발급한 세금계산서의 내용대로 세금계산서를 붉은색 글씨로 또는 음(陰)의 표시를 하여 작성하고 발급
⑤ 필요적 기재사항 등이 착오로 잘못 적힌 경우(과세표준 또는 세액을 경정할 것을 미리 알고 있는 경우는 제외)	처음에 발급한 세금계산서의 내용대로 세금계산서를 붉은색 글씨로 쓰거나 음(陰)의 표시를 하여 발급하고, 수정하여 발급하는 세금계산서는 검은색 글씨로 작성하여 발급
⑥ 필요적 기재사항 등이 착오 외의 사유로 잘못 적힌 경우(과세표준 또는 세액을 경정할 것을 미리 알고 있는 경우는 제외)	재화나 용역의 공급일이 속하는 과세기간에 대한 확정신고기한 다음 날부터 1년 이내에 세금계산서를 작성하되, 처음에 발급한 세금계산서의 내용대로 세금계산서를 붉은색 글씨로 쓰거나 음(陰)의 표시를 하여 발급하고, 수정하여 발급하는 세금계산서는 검은색 글씨로 작성하여 발급
⑦ 착오로 전자세금계산서를 이중으로 발급	처음에 발급한 세금계산서의 내용대로 음(陰)의 표시를 하여 발급
⑧ 면세 등 발급대상이 아닌 거래 등에 대하여 발급한 경우	처음에 발급한 세금계산서의 내용대로 붉은색 글씨로 쓰거나 음(陰)의 표시를 하여 발급
⑨ 세율을 잘못 적용하여 발급한 경우(과세표준 또는 세액을 경정할 것을 미리 알고 있는 경우는 제외)	처음에 발급한 세금계산서의 내용대로 세금계산서를 붉은색 글씨로 쓰거나 음(陰)의 표시를 하여 발급하고, 수정하여 발급하는 세금계산서는 검은색 글씨로 작성하여 발급
⑩ 일반과세자에서 간이과세자로 과세유형이 전환된 후 과세유형전환 전에 공급한 재화 또는 용역에 위 ①~⑨의 사유가 발생한 경우	처음에 발급한 세금계산서 작성일자를 수정세금계산서의 작성일자로 적고, 비고란에 사유발생일을 덧붙여 적은 후 추가되는 금액은 검은색 글씨로 쓰고 차감되는 금액은 붉은색 글씨로 쓰거나 음(陰)의 표시를 하여 수정세금계산서를 발급
⑪ 간이과세자에서 일반과세자로 과세유형이 전환된 후 과세유형전환 전에 공급한 재화 또는 용역에 위 ①~⑨의 사유가 발생한 경우	처음에 발급한 세금계산서 작성일을 수정세금계산서의 작성일로 적고, 비고란에 사유 발생일을 덧붙여 적은 후 추가되는 금액은 검은색 글씨로 쓰고 차감되는 금액은 붉은색 글씨로 쓰거나 음(陰)의 표시를 하여 수정세금계산서를 발급

(4) 발급의무면제

구 분	내 용
최종소비자 대상업종	① 택시운송·노점·행상·무인판매기를 이용하여 재화를 공급하는 사업 ② 목욕·이발·미용업을 영위하는 자가 공급하는 재화 또는 용역 ③ 소매업 등 최종소비자 대상업종을 영위하는 자가 공급하는 재화 또는 용역. 다만, 공급받는 자가 세금계산서의 발급을 요구하지 않는 경우에 한함 ④ 간편사업자등록을 한 국외사업자가 국내에 전자적 용역을 공급하는 경우
간주공급(공급의제)	재화의 공급의제에 해당하는 재화. 다만, 판매목적으로 다른 사업장에 반출하는 경우에는 세금계산서를 발급하여야 함
간주임대료	부동산임대보증금에 대한 간주임대료

영세율적용 재화·용역	① 영세율이 적용되는 재화·용역. 단, 다음의 경우에는 국내사업자간 거래에서 영세율이 적용되는 경우이므로 세금계산서(영세율 세금계산서)를 발급하여야 함
	   ㉠ 내국신용장(구매확인서)에 의한 공급
	   ㉡ 한국국제협력단·한국국제보건의료재단 및 대한적십자사에 대한 공급
	   ㉢ 수출재화임가공용역
	   ㉣ 외국항행선박(국내사업자) 등에 제공하는 재화·용역
	   ㉤ 원료를 대가 없이 국외의 수탁가공 사업자에게 반출하여 가공한 재화를 양도하는 경우 그 원료의 반출
	② 그 밖에 국내사업장이 없는 비거주자 또는 외국법인에 공급하는 재화 또는 용역. 다만, 다음 중 어느 하나의 경우에는 세금계산서를 발급하여야 함
	   ㉠ 그 비거주자 또는 외국법인이 해당 외국의 개인사업자 또는 법인사업자임을 증명하는 서류를 제시하고 세금계산서 발급을 요구하는 경우
	   ㉡ 외국법인연락사무소에 재화 또는 용역을 공급하는 경우

이중공제금지	사업자가 신용카드매출전표·직불카드영수증·기명식선불카드·현금영수증 등을 발급한 경우에는 세금계산서를 발급할 수 없음

(5) 세금계산서 발급특례

구 분	내 용
원 칙	사업자가 재화 또는 용역을 공급하는 때에 공급을 받는 자에게 발급
위탁판매	① 수탁자(대리인)가 재화를 인도하는 경우 : 수탁자(대리인)가 위탁자(본인) 명의로 세금계산서 발급하고 수탁자(대리인)의 등록번호를 세금계산서에 부기 ② 위탁자(본인)가 재화를 직접 인도하는 경우 : 위탁자(본인)가 세금계산서를 발급할 수 있으며, 이 경우 수탁자(대리인)의 등록번호를 세금계산서에 부기하여야 함 ③ 위탁자(본인)를 알 수 없는 경우 : 위탁자(본인)는 수탁자(대리인)에게, 수탁자(대리인)는 거래상대방에게 공급한 것으로 보아 세금계산서를 각각 발급
위탁매입	① 위탁매입의 경우에는 공급자가 위탁자(본인)를 공급받는 자로 하여 세금계산서를 발급하고 수탁자(대리인)의 등록번호를 세금계산서에 부기하여야 함 ② 위탁자(본인)를 알 수 없는 경우 : 위탁자(본인)는 수탁자(대리인)에게, 수탁자(대리인)는 거래상대방에게 공급받은 것으로 보아 세금계산서를 각각 발급
수용으로 인한 공급	수용으로 인하여 재화가 공급되는 경우에는 위탁판매의 규정을 준용하여 해당 사업시행자가 세금계산서를 발급할 수 있다.

구분	내용
리스거래	사업자(리스이용자)가 시설대여업자(리스회사)로부터 시설 등을 임차하고 해당 시설 등을 공급자(리스자산판매회사) 또는 세관장으로부터 직접 인도받는 경우에는 공급자 또는 세관장이 해당 사업자(리스이용자)에게 직접 세금계산서를 발급할 수 있음
법인이 합병하는 경우	① 법인간의 흡수합병에 있어서 합병등기일 전 실제 합병한 경우 실제 합병일부터 합병등기일까지 피합병법인의 사업장에서 거래된 재화 또는 용역의 공급 및 매입분에 대하여는 <u>피합병법인의 명의로</u> 세금계산서를 발급하거나 발급받고 부가가치세를 신고·납부한다(부가 집행기준 3-0-2 ④). ② 법인이 합병하는 경우 실제합병일부터 합병등기일까지 합병으로 인해 소멸하는 법인의 재화 또는 용역의 공급분에 대해서는 <u>합병 이후 존속하는 법인 또는 합병으로 인하여 신설되는 법인 명의로</u> 세금계산서를 발급할 수 있다.

(6) 세금계산서합계표 제출

구 분	내 용
과세사업자의 제출의무	① 원칙 : 세금계산서 발급 → 세금계산서 합계표를 예정·확정신고시 제출 ② 예외 : 전자세금계산서 발급명세를 공급시기가 속하는 과세기간(예정신고기간) 마지막 날의 다음 달 11일까지 국세청장에 전송한 경우는 제출의무 × ③ 예정신고 미제출분 → 확정신고시 제출가능
과세사업자 외의 자의 제출의무	① 세관장의 매출처별세금계산서합계표 제출의무 ② 면세사업자 등의 매입처별세금계산서합계표 제출의무

CHAPTER 05 매입세액의 계산

1 일반적인 경우의 매입세액공제액

(1) 공제대상매입세액

구 분	내 용
공제요건	① 사업관련매입세액 　★사업무관매입세액 → 매입세액불공제 + 손금(필요경비)불산입 "의무불이행" ② 과세사업에 사용되었거나 사용될 재화 또는 용역일 것 　★면세사업관련 매입세액 → 매입세액불공제 + 손금(필요경비)산입 "정책적목적" ③ 세금계산서에 의하여 입증된 매입세액일 것 　★세금계산서 미수취 → 매입세액불공제 + 손금(필요경비)불산입 "의무불이행" 　★예외 : 신용카드매출전표 수령 + 수령명세서 제출 → 매입세액공제 ○
공제시기	재화 또는 용역을 공급받은 날이 속하는 예정신고기간 또는 과세기간에 전액공제 ★해당 재화·용역을 사용한 시점에 공제하는 것이 아니므로 기말현재 미사용분도 공제가능

(2) 공제받지 못할 매입세액

구 분	내 용
조세정책적 목적	① 면세사업관련 매입세액 ② 기업업무추진비관련 매입세액 ③ 비영업용소형승용차의 구입과 임차 및 유지에 관한 매입세액 ④ 토지관련 매입세액
의무불이행·업무무관	① 사업자등록 신청전 매입세액★ ② 세금계산서 미수령·부실기재분 매입세액 [참고1] ③ 매입처별 세금계산서합계표 미제출·부실기재분 매입세액 [참고2] ④ 사업과 직접 관련없는 매입세액

★공급시기가 속하는 과세기간이 지난 후 20일 이내에 등록신청한 경우 등록신청일부터 공급시기가 속하는 과세기간 기산일까지 역산한 기간 이내의 매입세액은 공제허용

> ☆ 참고 **간주임대료에 대한 부가가치세**
>
> ① 부동산임대에 따른 간주임대료에 대한 부가가치세를 임대인·임차인 중 어느 편이 부담하는지에 관계없이 세금계산서를 발급하거나 발급받을 수 없다(부기통 33-71-1).
> ② 따라서 간주임대료에 대한 부가가치세는 임대인·임차인 중 어느 편이 부담하는지에 관계없이 매입세액 공제대상이 될 수 없다(정책적 매입세액불공제).
> ③ 따라서, 간주임대료에 대한 부가가치세는 임대인·임차인 중 어느 편이 부담하는지에 관계없이 해당 부가가치세를 부담한 자의 손금 또는 필요경비로 전액 인정된다.

참고 | 매입세금계산서 미수령·부실기재분에 대한 매입세액공제의 적용

원칙	세금계산서 등을 발급받지 아니한 경우 또는 발급받은 세금계산서에 필요적 기재사항의 전부 또는 일부가 적히지 아니하였거나 사실과 다르게 적힌 경우의 매입세액*은 이를 공제하지 아니함 ★ 공급가액이 사실과 다르게 적힌 경우에는 실제 공급가액과 사실과 다르게 적힌 금액의 차액에 해당하는 세액을 말함
예외	다음 중 어느 하나에 해당하는 경우에는 매입세액공제가 가능함 ① 발급받은 세금계산서의 필요적 기재사항 중 일부가 착오로 사실과 다르게 적혔으나 그 세금계산서에 적힌 나머지 필요적 기재사항 또는 임의적 기재사항으로 보아 거래사실이 확인되는 경우 ② 재화 또는 용역의 공급시기 이후에 발급받은 세금계산서로서 해당 공급시기가 속하는 과세기간에 대한 확정신고기한까지 발급받은 경우(매입세액공제 ○, 가산세 ○) 　★공급시기가 속하는 과세기간에 대한 확정신고 기한이 지난 후에 발급받은 경우 　　→ 매입세액공제 ×, 가산세 × ③ 사업자등록을 신청한 사업자가 사업자등록증 발급일까지의 거래에 대하여 해당 사업자 또는 대표자의 주민등록번호를 적어 발급받은 경우 ④ 전자세금계산서로서 발급명세가 전송되지 아니하였으나 발급한 사실이 확인되는 경우 ⑤ 전자세금계산서 외의 세금계산서로서 재화 또는 용역의 공급시기가 속하는 과세기간에 대한 확정신고기한까지 발급받았고, 그 거래사실도 확인되는 경우 ⑥ 실제로 재화 또는 용역을 공급하거나 공급받은 사업장이 아닌 사업장을 적은 세금계산서를 발급받았더라도 그 사업장이 주사업장총괄납부 또는 사업자단위과세 사업자에 해당하는 사업장인 경우로서 그 재화 또는 용역을 실제로 공급한 사업자가 해당 과세기간에 대한 납부세액을 신고하고 납부한 경우 ⑦ 공급시기가 속하는 과세기간에 대한 확정신고기한 이후 세금계산서를 발급받았더라도 그 세금계산서의 발급일이 공급시기가 속하는 과세기간에 대한 확정신고기한 다음날부터 1년 이내이고 다음의 어느 하나에 해당하는 경우(매입세액공제 ○, 가산세 ○) 　㉠ 발급받은 세금계산서와 함께 과세표준수정신고서 및 경정청구서를 제출하는 경우 　㉡ 거래사실이 확인되어 납세지 관할 세무서장등이 결정 또는 경정하는 경우 ⑧ 재화 또는 용역의 공급시기 이전에 세금계산서를 발급받았더라도 그 세금계산서의 발급일로부터 공급시기가 6개월 이내에 도래하고 거래사실이 확인되어 납세지 관할 세무서장등이 결정 또는 경정하는 경우(매입세액공제 ○, 가산세 ○) ⑨ 다음 중 어느 하나에 해당하는 경우로서 그 거래사실이 확인되고 거래 당사자가 납세지 관할 세무서장에게 해당 납부세액을 신고하고 납부한 경우 　㉠ 거래의 실질이 위탁매매 또는 대리인에 의한 매매에 해당함에도 불구하고 거래 당사자 간 계약에 따라 위탁매매 또는 대리인에 의한 매매가 아닌 거래로 하여 세금계산서를 발급받은 경우 　㉡ 거래의 실질이 위탁매매 또는 대리인에 의한 매매에 해당하지 않음에도 불구하고 거래 당사자 간 계약에 따라 위탁매매 또는 대리인에 의한 매매로 하여 세금계산서를 발급받은 경우 　㉢ 거래의 실질이 용역의 공급에 대한 주선·중개에 해당함에도 불구하고 거래 당사자 간 계약에 따라 용역의 공급에 대한 주선·중개가 아닌 거래로 하여 세금계산서를 발급받은 경우 　㉣ 거래의 실질이 용역의 공급에 대한 주선·중개에 해당하지 않음에도 불구하고 거래 당사자 간 계약에 따라 용역의 공급에 대한 주선·중개로 하여 세금계산서를 발급받은 경우 　㉤ 다른 사업자로부터 사업(용역을 공급하는 사업으로 한정)을 위탁받아 수행하는 사업자가 위탁받은 사업의 수행에 필요한 비용을 사업을 위탁한 사업자로부터 지급받아 지출한 경우로서 해당 비용을 공급가액에 포함해야 함에도 불구하고 거래 당사자 간 계약에 따라 이를 공급가액에서 제외하여 세금계산서를 발급받은 경우 　㉥ 다른 사업자로부터 사업을 위탁받아 수행하는 사업자가 위탁받은 사업의 수행에 필요한 비용을 사업을 위탁한 사업자로부터 지급받아 지출한 경우로서 해당 비용을 공급가액에서 제외해야 함에도 불구하고 거래 당사자 간 계약에 따라 이를 공급가액에 포함하여 세금계산서를 발급받은 경우

	ⓐ 매출에누리에 해당하는 금액을 공급가액에서 제외해야 함에도 불구하고 거래 당사자 간 계약에 따라 이를 공급가액에 포함하여 세금계산서를 발급받은 경우(공급하는 자가 해당 금액을 공급가액에서 제외하는 수정세금계산서를 발행하지 아니한 경우에 한함) ⑩ 부가가치세를 납부해야 하는 수탁자가 위탁자를 재화 또는 용역을 공급받는 자로 하여 발급된 세금계산서의 부가가치세액을 매출세액에서 공제받으려는 경우로서 그 거래사실이 확인되고 재화 또는 용역을 공급한 자가 납세지 관할 세무서장에게 해당 납부세액을 신고하고 납부한 경우 ⑪ 부가가치세를 납부해야 하는 위탁자가 수탁자를 재화 또는 용역을 공급받는 자로 하여 발급된 세금계산서의 부가가치세액을 매출세액에서 공제받으려는 경우로서 그 거래사실이 확인되고 재화 또는 용역을 공급한 자가 납세지 관할 세무서장에게 해당 납부세액을 신고하고 납부한 경우

> ★ 참고 **매입처별 세금계산서합계표 미제출·부실기재분에 대한 매입세액공제의 적용**

원 칙	매입처별 세금계산서합계표를 제출하지 아니한 경우의 매입세액 또는 제출한 매입처별 세금계산서합계표의 기재사항 중 거래처별 등록번호 또는 공급가액의 전부 또는 일부가 적히지 아니하였거나 사실과 다르게 적힌 경우 그 기재사항이 적히지 아니한 부분 또는 사실과 다르게 적힌 부분의 매입세액은 이를 공제하지 아니함
예 외	다음에 해당하는 경우에는 매입세액공제가 가능함 ① 발급받은 세금계산서에 대한 매입처별 세금계산서합계표의 거래처별 등록번호 또는 공급가액이 착오로 사실과 다르게 적힌 경우로서 발급받은 세금계산서에 의하여 거래사실이 확인되는 경우 ② 발급받은 세금계산서에 대한 매입처별 세금계산서합계표 또는 신용카드매출전표등의 수령명세서를 과세표준수정신고서와 함께 제출하는 경우(매입세액공제 ○, 가산세 ×) ③ 발급받은 세금계산서에 대한 매입처별 세금계산서합계표 또는 신용카드매출전표등 수령명세서를 경정청구서와 함께 제출하여 경정기관이 경정하는 경우(매입세액공제 ○, 가산세 ×) ④ 발급받은 세금계산서에 대한 매입처별 세금계산서합계표 또는 신용카드매출전표등 수령명세서를 「기한후과세표준신고서와 함께 제출하여 관할 세무서장이 결정하는 경우(매입세액공제 ○, 가산세 ×) ⑤ 경정을 하는 경우 사업자가 발급받은 세금계산서 또는 신용카드매출전표등을 경정기관의 확인을 거쳐 해당 경정기관에 제출하는 경우(매입세액공제 ○, 가산세 ○)

2 의제매입세액

구 분	내 용
제도의 취지	환수효과와 누적효과를 완화 또는 제거
요 건	① 과세사업자로서 면세농산물 등을 원재료로 사용할 것 　★면세농산물 등을 면세사업의 원재료로 사용한 경우 → 의제매입세액공제 × 　★단, 면세를 포기함에 따라 면세물품을 수출하면서 영세율이 적용되는 경우에는 면세농산물 등의 매입에 대한 의제매입세액공제를 적용하지 아니함 ② 의제매입세액공제신고서와 함께 다음서류를 면세농산물 등의 매입증빙으로 제출할 것 　㉠ 매입처별계산서합계표 　㉡ 신용카드매출전표 등 수령명세서 　㉢ 매입자발행계산서합계표 　　★단, 제조업을 영위하는 사업자가 농·어민으로부터 면세농산물 등을 직접 공급받는 경우에는 의제매입세액공제신고서만을 제출
의제매입 세액의 계산	의제매입세액 = 면세농산물 등의 매입가액$^{\star 1}$ × 의제매입세액공제율$^{\star 2}$ $\star^1$ 면세농산물 등의 매입가액은 운임 등의 부대비용을 제외한 매입원가로 하며, 수입농산물 등의 경우에는 관세의 과세가격으로 한다. $\star^2$ 의제매입세액공제율은 다음과 같다. `(표 참조)`
의제매입세액 공제한도	① 법인사업자 : (면세농산물 관련 과세표준 × 30%★) × 공제율 　★ 2025년 12월 31일 NEW 까지는 50%를 적용함 ② 개인사업자 `(표 참조)`

의제매입세액의 계산 - 공제율표

구 분			공제율
(1) 음식점업	① 과세유흥장소의 경영자		$\frac{2}{102}$
	② 위 ①외의 음식점을 경영하는 개인사업자		$\frac{8}{108}$★
	③ 위 ① 및 ② 외의 사업자		$\frac{6}{106}$
(2) 제조업	① 과자점업, 도정업, 제분업 및 떡류제조업 중 떡방앗간을 경영하는 개인사업자		$\frac{6}{106}$
	② 위 ①외의 제조업을 경영하는 사업자 중 중소기업 및 개인사업자		$\frac{4}{104}$
	③ 위 ① 및 ②외의 사업자		$\frac{2}{102}$
(3) 위 (1) 및 (2) 외의 사업			$\frac{2}{102}$

★ 과세표준 2억원 이하인 경우에는 2026년 12월 31일 NEW 까지 $\frac{9}{109}$

개인사업자 공제한도

면세농산물 관련공급의 과세표준	공제한도
2억원 이하	(과세표준 × 65%) × 공제율
2억원 초과	(과세표준 × 55%) × 공제율

★단, 음식점업을 경영하는 개인사업자에 대하여는 2025년 12월 31일 NEW 까지 다음의 한도를 적용

면세농산물 관련공급의 과세표준	공제한도
1억원 이하	(과세표준 × 75%) × 공제율
1억원 초과 2억원 이하	(과세표준 × 70%) × 공제율
2억원 초과	(과세표준 × 60%) × 공제율

공제시기	면세농산물 등을 매입한 날이 속하는 예정신고기간 또는 과세기간에 전액 공제
	*면세농산물 등을 과세사업에 사용한 과세기간 ×, 확정신고시에만 적용 ×
재계산	의제매입세액공제를 받은 후 다음의 사유가 발생한 경우에는 그 공제한 의제매입세액을 납부세액에 가산하거나 환급세액에서 공제하여야 함 ① 면세농산물 등을 그대로 양도 또는 인도하는 경우 ② 면세농산물 등을 면세사업 또는 기타의 목적을 위하여 사용하거나 소비하는 경우

*면세를 포기함에 따라 면세물품을 수출하면서 영세율이 적용되는 경우는 면세농산물 등의 매입에 대한 의제매입세액공제를 적용하지 아니한다.

> ☆ 참고　**제조업 영위사업자의 의제매입세액 정산특례**
>
> (1) **의제매입세액공제의 적용**
> 　제2기 과세기간에 대한 납부세액을 확정신고하는 경우 다음의 요건을 모두 충족하는 제조업 영위사업자에 대하여는 1역년에 공급받은 면세농산물 등의 가액에 공제율을 곱한 금액에서 제1기 과세기간에 의제매입세액으로 공제받은 금액을 차감한 금액으로 할 수 있다(취지 - 농수산물 매입시기가 집중되는 제조업에 대한 지원).
> 　① 1역년에 공급받은 면세농산물 등의 가액 대비 제1기 과세기간에 공급받은 면세농산물 등의 가액의 비중이 75% 이상이거나 25% 미만일 것
> 　② 해당 과세기간이 속하는 1역년 동안 계속하여 제조업을 영위하였을 것
>
> (2) **의제매입세액공제액**
>
> > *제2기 의제매입세액 = Min[①, ②] - 제1기 의제매입세액공제액
> > 　① 1역년의 면세농산물 등의 매입가액 × 공제율
> > 　② 한도 : (1역년의 면세농산물 등 관련 과세표준 합계액 × 30%*) × 공제율
>
> *개인사업자에 대해서는 과세표준 합계액이 4억원 이하인 경우에는 50%, 과세표준 합계액이 4억원 초과인 경우에는 40%(2025년 12월 31일 NEW 까지는 과세표준 합계액이 4억원 이하인 경우에는 65%, 과세표준 합계액이 4억원 초과인 경우에는 55%), 2025년 12월 31일 NEW 까지 법인사업자에 대해서는 50%]을 곱하여 계산한 금액에 공제율을 곱한 금액으로 한다.

3 과세전용매입세액

구 분	내 용
의 의	당초 면세사업에 사용되어 매입세액이 공제되지 아니한 감가상각자산을 과세사업에 사용하는 경우 당초 공제받지 못한 매입세액을 공제하는 제도(면세전용공급의제의 대응규정)
적용요건	① 해당 감가상각자산 매입시 매입세액이 공제되지 아니하였을 것 ② 취득일이 속하는 과세기간 후에 과세사업에 전용할 것 ③ 과세사업으로 전환한 확정신고시 신고되었을 것(예정신고시 적용 ×)
적용배제	과세공급가액 비율이 5% 미만인 경우에는 적용하지 아니함

CHAPTER 06 공통사용재화에 대한 과세문제

1 공통매입세액

구 분	내 용
안분계산대상	과세사업과 면세사업에 공통 사용되는 재화의 매입시 거래징수된 매입세액
안분시점	공통사용재화를 매입한 과세기간의 예정신고 및 확정신고시 * 예정신고시에는 예정신고기간의 공급가액으로 안분계산하고 확정신고시 정산함
안분계산방법	① 실지귀속을 구분할 수 있는 경우 : 실지귀속에 따라 구분 ② 실지귀속을 구분할 수 없는 경우 면세사업관련매입세액 (매입세액불공제액) = 공통매입세액 × $\dfrac{\text{해당 과세기간의 면세공급가액}^*}{\text{해당 과세기간의 총공급가액}}$ * 면세사업 등에 대한 공급가액과 사업자가 해당 면세사업 등과 관련하여 받았으나 부가가치세 과세표준에 포함되지 않는 국고보조금과 공공보조금 및 이와 유사한 금액의 합계액을 말한다.
안분계산 적용배제	① 면세공급가액 비율이 5% 미만이고, 공통매입세액이 5백만원 미만인 경우 ② 해당 과세기간 중의 공통매입세액이 5만원 미만인 경우의 매입세액 ③ 해당 과세기간에 신규로 사업을 개시한 사업자가 해당 과세기간에 공급한 공통사용재화에 대한 매입세액
예외적인 안분계산방법	(1) 해당 과세기간에 매입한 재화를 동일 과세기간에 공급한 경우 : 공통사용재화 공급시의 과세표준 안분기준이 직전기준이므로 동일한 과세기간의 공통매입세액의 안분도 직전기준을 적용함 (2) 공급가액이 없는 경우 : 다음의 순서에 따라 안분적용 ① 총매입가액에 대한 면세사업관련 매입가액의 비율 ② 총예정공급가액에 대한 면세사업관련 예정공급가액의 비율 ③ 총예정사용면적에 대한 면세사업관련 예정사용면적의 비율 * 단, 공통사용재화가 건물인 경우는 ③의 방법을 ①, ②의 방법에 우선하여 적용한다.

2 공통사용재화 공급시의 과세표준

구 분	내 용
안분계산대상	과세사업과 면세사업(비과세사업 포함)에 공통사용되는 재화의 공급가액(양도가액)
안분시점	공통사용재화를 공급한 시점
안분계산방법	공급가액 × 직전 과세기간의 과세공급가액비율[*] * 휴업 등으로 인하여 직전과세기간이 없는 경우에는 공급일이 속하는 과세기간으로부터 가장 가까운 과세기간의 비율에 의함
안분계산 적용배제	① 면세공급가액 비율이 5% 미만이고, 재화의 공급가액이 5천만원 미만인 경우 ② 재화의 공급가액이 50만원 미만인 경우 ③ 신규로 사업을 개시하여 직전과세기간이 없는 경우

3 납부·환급세액의 재계산

구 분	내 용
적용요건	① 감가상각자산일 것 ② 공통매입세액을 공제받은 경우일 것 ③ 면세비율이 5% 이상 **증감**된 경우일 것
재계산시점	확정신고시에만 재계산 적용(예정신고 ×)
재계산배제	① 재화의 공급의제에 해당하는 경우 ② 공통사용재화의 공급에 해당하는 경우

CHAPTER 07 부가가치세의 납세절차

1 경감·공제세액

구 분	내 용
전자신고세액공제	① 전자신고시 과세기간 별로 1만원을 납부세액에서 공제하거나 환급세액에 가산함 ② 확정신고시에만 적용(예정신고시 ×)

신용카드
매출전표
발급세액공제
	① 적용대상자
	  ㉠ 영수증발급대상자*
	    ★ 최종소비자 대상업종영위 사업자로서 직전 4,800만원 이상 간이과세자 포함
	    ★ 법인사업자 + 직전연도 공급가액 합계액이 10억원 초과 개인사업자 제외
	  ㉡ 간이과세자*
	    ★ 직전 4,800만원 미만 간이과세자 및 간이과세적용 신규사업자
	② 공제액
	    Min[발행금액(결제금액) × 1%*¹, 연간 500만원*²]
	  *¹ 2026년 12월 31일 NEW 까지는 1.3%의 공제율을 적용함
	  *² 2026년 12월 31일 NEW 까지는 연간 1,000만원의 한도를 적용함
	③ 납부할 세액을 초과하는 금액은 없는 것으로 봄(환급×)
	④ 공제시기 : 예정신고 또는 확정신고시

전자세금계산서 발급
전송에 대한 세액공제
	① 적용대상자 : 직전 연도의 사업장별 재화 및 용역의 공급가액(부가가치세 면세공급가액을 포함한다)의 합계액이 3억원 미만인 개인사업자 + 신규사업자 [개정안]
	② 적용요건 : 전자세금계산서를 2024년 12월 31일까지 발급[전자세금계산서 발급명세를 전송기한(전자세금계산서 발급일의 다음 날)까지 국세청장에게 전송한 경우로 한정]하는 경우
	③ 세액공제액 = Min[㉠, ㉡]
	  ㉠ 전자세금계산서 발급 건 수 × 200원
	  ㉡ 연간 100만원 한도
	④ 세액공제액이 그 금액을 차감하기 전의 납부할 세액을 초과하면 그 초과하는 부분은 없는 것으로 본다.
	⑤ 세액공제를 적용받으려는 개인사업자는 예정신고 또는 확정신고시 전자세금계산서 발급세액공제신고서를 납세지 관할 세무서장에게 제출하여야 한다.

2 부가가치세법상 가산세

(1) 사업자등록불성실 가산세

구 분	적용대상	가산세
미등록가산세	사업개시일로부터 20일 이내에 사업자등록신청을 하지 않은 경우	공급가액[*1] × 1%
타인명의등록 가산세	타인명의[*3]로 사업자등록을 하거나 그 타인명의 사업자등록을 이용하여 사업을 영위하는 것이 확인된 경우	공급가액[*2] × 1%

[*1] 사업개시일부터 등록을 신청한 날의 직전일까지의 공급가액을 말함
[*2] 타인명의의 사업개시일부터 실제 사업을 영위하는 것으로 확인되는 날의 직전일까지의 공급가액을 말함
[*3] 타인명의등록 가산세를 적용함에 있어 다음 중 어느 하나에 해당하는 자는 '타인'으로 보지 아니한다.
  ① 사업자의 배우자
  ② 「상속세 및 증여세법」에 따른 상속으로 인하여 피상속인이 경영하던 사업이 승계되는 경우 그 피상속인(상속개시일부터 상속세 과세표준 신고기한까지의 기간 동안 상속인이 피상속인 명의의 사업자등록을 활용하여 사업을 하는 경우로 한정)

(2) 세금계산서 불성실가산세(전자세금계산서 포함)

구 분	적용대상	가산세
가공발급 및 가공수취	① 재화 또는 용역을 공급하지 아니하고 세금계산서 또는 신용카드매출전표 등(이하 "세금계산서등")을 발급한 경우 ② 재화 또는 용역을 공급받지 아니하고 세금계산서등을 발급받은 경우	공급가액 × 3%
비사업자의 가공발급 및 가공수취	사업자가 아닌 자가 재화 또는 용역을 공급하지 아니하고 세금계산서를 발급하거나 재화 또는 용역을 공급받지 아니하고 세금계산서를 발급받으면 사업자의 가공발급 및 가공수취로 보아 가산세 적용(이 경우 납부세액은 '0'으로 본다)	
타인명의발급 및 타인명의수취	① 재화 또는 용역을 공급하고 실제로 재화 또는 용역을 공급하는 자가 아닌 자 또는 실제로 재화 또는 용역을 공급받는 자가 아닌 자의 명의로 세금계산서등을 발급한 경우 ② 재화 또는 용역을 공급받고 실제로 재화 또는 용역을 공급하는 자가 아닌 자의 명의로 세금계산서등을 발급받은 경우	공급가액 × 2%
과대발급 및 과대수취	① 재화 또는 용역을 공급하고 세금계산서등의 공급가액을 과다하게 기재한 경우 ② 재화 또는 용역을 공급받고 위 ①이 적용되는 세금계산서등을 발급받은 경우	
미발급	세금계산서의 발급시기가 지난 후 해당 재화 또는 용역의 공급시기가 속하는 과세기간에 대한 확정신고 기한까지 세금계산서를 발급하지 아니한 경우	
지연발급	세금계산서의 발급시기가 지난 후 해당 재화 또는 용역의 공급시기가 속하는 과세기간에 대한 확정신고 기한까지 세금계산서를 발급하는 경우	공급가액 × 1%
전자T/I 발급의무자의 종이발급	전자세금계산서를 발급하여야 할 의무가 있는 자가 전자세금계산서를 발급하지 아니하고 세금계산서의 발급시기에 전자세금계산서 외의 세금계산서를 발급한 경우	
타사업장명의 발급	둘 이상의 사업장을 가진 사업자가 재화 또는 용역을 공급한 사업장 명의로 세금계산서를 발급하지 아니하고 세금계산서의 발급시기에 자신의 다른 사업장 명의로 세금계산서를 발급한 경우	
부실기재	세금계산서의 필요적 기재사항의 전부 또는 일부가 착오 또는 과실로 적혀 있지 아니하거나 사실과 다른 경우. 단, 세금계산서의 그 밖의 필요적 기재사항 또는 임의적 기재사항으로 보아 거래사실이 확인되는 경우는 부실기재로 보지 아니함	

(3) 매출처별세금계산서 합계표 불성실가산세

구 분	적용대상	가산세
미제출	매출처별 세금계산서합계표를 제출하지 아니한 경우	공급가액 × 0.5%
부실기재	매출처별 세금계산서합계표의 기재사항 중 거래처별 등록번호 또는 공급가액의 전부 또는 일부가 적혀 있지 아니하거나 사실과 다르게 적혀 있는 경우	공급가액 × 0.5%
지연제출	예정신고를 할 때 제출하지 못하여 해당 예정신고기간이 속하는 과세기간에 확정신고를 할 때 매출처별 세금계산서합계표를 제출하는 경우(확정신고분을 기한을 넘겨 제출하거나 수정신고 및 경정청구와 함께 제출하는 것은 '지연제출'이 아니라 '미제출'로 보아 0.5%의 가산율을 적용함)	공급가액 × 0.3%

* 다만, 제출한 매출처별 세금계산서합계표의 기재사항이 착오로 적힌 경우로서 사업자가 발급한 세금계산서에 따라 거래사실이 확인되는 부분의 공급가액에 대하여는 가산세를 적용하지 아니한다.

(4) 전자세금계산서 발급명세 전송 불성실가산세

구 분	적용대상	가산세
발급명세 미전송	전송기한(발급일의 다음날)이 지난 후 재화 또는 용역의 공급시기가 속하는 과세기간에 대한 확정신고기한까지 국세청장에게 전자세금계산서 발급명세를 전송하지 아니한 경우	공급가액 × 0.5%
발급명세 지연전송	전송기한(발급일의 다음날)이 지난 후 재화 또는 용역의 공급시기가 속하는 과세기간에 대한 확정신고기한까지 국세청장에게 전자세금계산서 발급명세를 전송하는 경우	공급가액 × 0.3%

(5) 공급받은 사업자에 대한 불성실가산세

구 분	적용대상	가산세
지연수취	① 공급시기 이후에 발급받은 세금계산서로서 해당 공급시기가 속하는 과세기간에 대한 확정신고기한까지 발급받은 경우 ② 공급시기가 속하는 과세기간에 대한 확정신고기한 이후 세금계산서를 발급받았더라도 그 세금계산서의 발급일이 공급시기가 속하는 과세기간에 대한 확정신고기한 다음날부터 1년 이내이고 다음의 어느 하나에 해당하는 경우 ㉠ 발급받은 세금계산서와 함께 과세표준수정신고서 및 경정청구서를 제출하는 경우 ㉡ 거래사실이 확인되어 납세지 관할 세무서장등이 결정 또는 경정하는 경우	공급가액 × 0.5%
선발급 위반	공급시기 이전에 세금계산서를 발급받았더라도 그 세금계산서의 발급일로부터 공급시기가 6개월 이내에 도래하고 거래사실이 확인되어 납세지 관할 세무서장등이 결정 또는 경정하는 경우	
과다기재	① 사업자가 제출한 매입처별 세금계산서합계표의 기재사항 중 공급가액을 사실과 다르게 과다하게 적어 신고한 경우 ② 매입세액을 공제받기 위하여 제출한 신용카드매출전표등 수령명세서에 공급가액을 과다하게 적은 경우	
경정시 제출	① 사업자가 세금계산서를 제출하지 아니하거나 부실기재한 경우로서 경정기관의 확인을 거쳐 해당 경정기관에 제출하여 매입세액을 공제받는 경우 ② 사업자가 신용카드매출전표 등을 발급받아 수령명세서를 제출하지 아니하고 경정시 경정기관의 확인을 거쳐 해당 경정기관에 제출하여 매입세액을 공제받는 경우	

* 다만, 매입처별 세금계산서합계표 및 신용카드매출전표 등 수령명세서의 기재사항이 착오로 적힌 경우로서 사업자가 수령한 세금계산서 또는 수입세금계산서 및 신용카드매출전표 등에 따라 거래사실이 확인되는 부분의 공급가액에 대하여는 가산세를 적용하지 아니한다.

(6) 현금매출명세서 등 불성실가산세

구 분	적용대상	가산세
현금매출 명세서 제출불성실	법소정 사업자*가 현금매출명세서를 제출하지 아니하거나 제출한 현금매출이 사실과 다르게 적혀 있는 경우 * 예식장업, 부동산중개업, 보건업과 전문직사업서비스업 등을 영위하는 사업자	미제출 또는 과소제출 수입금액 × 1%
부동산임대 공급가액 명세서 제출불성실	부동산임대업자가 부동산임대공급가액명세서를 제출하지 않거나 제출한 수입금액이 사실과 다른 경우	

3 대리납부제도

(1) 비거주자 등으로부터 용역 등을 공급받는 자의 대리납부

구 분	내 용
대리납부의무자	다음의 어느 하나에 해당하는 자(국외사업자)로부터 국내에서 용역 또는 권리를 공급받는 자(공급받은 그 용역 등을 과세사업에 제공하는 경우는 제외하되, 매입세액불공제 대상인 용역 등을 공급받는 경우는 포함)는 그 대가를 지급하는 때에 그 대가를 받은 자로부터 부가가치세를 징수하여야 한다. ① 국내사업장이 없는 비거주자 또는 외국법인 ② 국내사업장이 있는 비거주자 또는 외국법인(비거주자 또는 외국법인의 국내사업장과 관련 없이 용역 등을 공급하는 경우 또는 해당 용역 등의 공급에 따른 소득이 국내사업장에 귀속되지 않는 경우에만 해당함)
대리납부세액	해당 용역 또는 권리의 공급가액 × 10%
대리납부 절차	① 징수 : 해당 대가를 지급하는 때에 그 대가를 받은 자로부터 부가가치세를 징수하여야 한다. ② 신고서제출 및 납부 : 부가가치세를 징수한 자는 해당 대가를 지급한 날이 속하는 예정신고기한 또는 확정신고기한까지 부가가치세 대리납부신고서를 제출하고 해당 부가가치세를 납부하여야 한다. *부가가치세 대리납부신고서는 과세표준신고서가 아니므로 수정신고의 대상이 될 수 없다. ③ 외화환산 : 대가를 외화로 지급하는 경우에는 지급일 현재의 환율에 의하여 환산한 금액을 기준으로 한다.
불이행가산세	Min [①+②, ③] ① 미납·과소납부분 세액 × 3% ② 미납·과소납부분 세액 × 기간 × $\frac{22}{100,000}$ ③ 미납·과소납부분 세액 × 50%* * '위 ①의 금액'과 '② 중 법정납부기한의 다음 날부터 납세고지일까지의 기간에 해당하는 금액'을 합한 금액은 미납·과소납부분 세액의 10%를 한도로 함
공급장소의 특례	국외사업자(대리납부대상 용역 등을 공급하는 비거주자 또는 외국법인)로부터 권리를 공급받는 경우에는 공급받는 자의 국내에 있는 사업장의 소재지 또는 주소지를 해당 권리가 공급되는 장소로 본다(과세권이 미치는 국내거래로 취급하기 위함).
위탁매매시 특례	국외사업자(대리납부대상 용역 등을 공급하는 비거주자 또는 외국법인)가 사업자등록의 대상인 다음 중 어느 하나에 해당하는 자(이하 "위탁매매인등")를 통하여 국내에서 용역 등을 공급하는 경우에는 해당 위탁매매인등이 해당 용역 등을 공급한 것으로 본다. ① 위탁매매인 ② 준위탁매매인 ③ 대리인 ④ 중개인(구매자로부터 거래대금을 수취하여 판매자에게 지급하는 경우에 한정)

(2) 사업양수인의 대리납부

구 분	내 용
대리납부	부가가치세법상 재화의 공급으로 보지 아니하는 사업의 양도(이에 해당하는지 여부가 분명하지 아니한 경우를 포함)에 따라 그 사업을 양수받는 자는 그 대가를 지급하는 때에 그 대가를 받은 자로부터 부가가치세를 징수하여 그 대가를 지급하는 날이 속하는 달의 다음 달 25일까지 부가가치세 대리납부신고서와 함께 사업장 관할 세무서장에게 납부할 수 있다.
매입세액공제	이와 같이 사업양수인이 대리납부를 한 경우에는 해당 사업의 양도를 부가가치세가 과세되는 재화의 공급으로 보며, 대리납부한 세액은 사업양수인의 공제대상 매입세액으로 본다.
대리납부시 사업양도인의 과세문제	사업양수인이 부가가치세를 대리납부한 경우 사업양도인은 사업양수인에게 세금계산서를 발급하고 해당 공급가액을 부가가치세 과세표준에 포함하여 신고하여야 하며, 이로 인하여 발생한 매출세액은 납부할 세액 계산시 기납부세액으로 차감한다.

4 전자적 용역을 공급하는 국외사업자의 용역 공급과 사업자등록 등에 관한 특례

구 분	내 용
적용대상	① 국외사업자[*1]가 정보통신망을 통하여 이동통신단말장치 또는 컴퓨터 등으로 공급하는 용역으로서 다음의 어느 하나에 해당하는 용역(이하 "전자적 용역")을 국내에 제공하는 경우[*2]에는 사업의 개시일부터 20일 이내에 정보통신망을 이용한 간편사업자등록을 하여야 한다. ② 국외사업자[*1]가 다음의 어느 하나에 해당하는 제3자를 통하여 국내에 전자적용역을 공급하는 경우[*2]에는 그 제3자가 해당 전자적용역을 공급한 것으로 보며, 그 제3자는 사업의 개시일부터 20일 이내에 간편사업자등록을 하여야 한다. [*1] 국내사업장이 없거나, 국내사업장이 있는 비거주자 또는 외국법인으로서 해당 용역 등이 국내사업장에 귀속되지 않거나 관련되지 않는 경우에 한함 [*2] 세금계산서 발급의무 없음 [*2] 단, 소득세법 또는 「법인세법」에 따라 사업자등록을 한 자(등록사업자)의 과세사업 또는 면세사업에 대하여 용역을 공급하는 경우는 제외함(국외사업자가 국내사업자의 사업과 관련하여 전자적 용역을 공급하는 경우에는 해당 전자적 용역 공급에 대한 과세 적용대상에서 제외하고자 함)
공급시기	국내로 공급되는 전자적 용역의 공급시기는 다음 중 빠른 때로 함 ① 구매자가 공급하는 자로부터 전자적 용역을 제공 받은 때 ② 구매자가 전자적 용역을 구매하기 위하여 대금의 결제를 완료한 때
간편 사업자등록	① 신청대상 : 국내에 전자적 용역을 공급하는 외국법인 또는 비거주자 등 ② 신청기한 : 해당 사업의 개시일부터 20일 이내 ③ 신청방법 : 정보통신망을 이용하여 인터넷 등으로 국세정보통신망에 접속하여 필요한 사항을 입력하는 방식으로 간편사업자등록 신청 ④ 승인통지 : 신청을 받은 국세청장은 간편사업자등록을 하고 간편사업자등록번호를 부여한 후 이를 사업자에게 통지하여야 함
신고·납부	① 신고 : 간편사업자등록자는 정보통신망을 이용하여 인터넷 등으로 국세정보통신망에 접속하여 신고내용을 입력하는 방식으로 부가가치세 예정신고 및 확정신고를 하여야 한다. ② 납부 : 외국환은행의 계좌에 납입하는 방식으로 납부 ③ 외화의 환산 : 간편사업자등록자가 국내에 공급한 전자적 용역의 대가를 외국통화로 받은 경우에는 예정신고기간 또는 과세기간 종료일의 기준환율을 적용하여 환가한 금액을 과세표준으로 할 수 있다.

구분	내 용
기타규정	① 간편사업자등록을 한 자는 해당 전자적 용역의 공급과 관련하여 공제되는 매입세액 외에는 매출세액 또는 납부세액에서 공제하지 아니한다. ② 간편사업자등록을 한 자는 전자적 용역의 공급에 대한 거래명세(등록사업자의 과세사업 또는 면세사업에 대하여 용역을 공급하는 경우의 거래명세를 포함)를 그 거래사실이 속하는 과세기간에 대한 확정신고 기한이 지난 후 5년간 보관하여야 한다. ③ 국세청장은 부가가치세 신고의 적정성을 확인하기 위하여 간편사업자등록을 한 자에게 전자적 용역 거래명세서를 제출할 것을 요구할 수 있다. ④ 간편사업자등록을 한 자는 위 ③에 따른 요구를 받은 날부터 60일 이내에 전자적 용역 거래명세서를 국세청장에게 제출하여야 한다. ⑤ 국세청장은 간편사업자등록을 한 자가 국내에서 폐업한 경우(소재불명, 사이버몰 폐쇄 등 사실상 폐업한 경우 포함) 간편사업자등록을 말소할 수 있다. ⑥ 납세지 : 간편사업자등록을 한 사업자의 납세지는 사업자의 신고·납부의 효율과 편의를 고려하여 국세청장이 지정한다.

5 신탁 관련 제2차 납세의무 등에 대한 납부 특례

구 분	내 용
신탁관련 수익자의 제2차 납세의무 특례	① 수탁자가 납부하여야 하는 다음의 어느 하나에 해당하는 부가가치세 또는 강제징수비(부가가치세 등)를 신탁재산으로 충당하여도 부족한 경우에는 그 신탁의 수익자(「신탁법」에 따라 신탁이 종료되어 신탁재산이 귀속되는 자 포함)는 지급받은 수익과 귀속된 재산의 가액을 합한 금액을 한도로 하여 그 부족한 금액에 대하여 납부할 의무(제2차 납세의무)를 진다. ㉠ **신탁 설정일 이후**에 「국세기본법」에 따른 법정기일이 도래하는 부가가치세로서 해당 신탁재산과 관련하여 발생한 것 ㉡ 위 ㉠의 금액에 대한 강제징수 과정에서 발생한 강제징수비 ② 위 ①에 따라 부가가치세를 납부하여야 하는 수탁자의 관할 세무서장은 제2차 납세의무자로(수익자)부터 수탁자의 부가가치세등을 징수하려면 다음의 사항을 적은 납부고지서를 제2차 납세의무자에게 발급하여야 한다. 이 경우 수탁자의 관할 세무서장은 제2차 납세의무자의 관할 세무서장과 수탁자에게 그 사실을 통지하여야 한다. ㉠ 징수하려는 부가가치세등의 과세기간, 세액 및 그 산출근거 ㉡ 납부하여야 할 기한 및 납부장소 ㉢ 제2차 납세의무자로부터 징수할 금액 및 그 산출 근거 ㉣ 그 밖에 부가가치세등의 징수를 위하여 필요한 사항
신탁관련 수탁자의 물적납세의무 특례	① 신탁재산관련 부가가치세에 대한 원칙적인 납세의무자(수탁자) 규정에도 불구하고, 다음의 어느 하나에 해당하는 경우에는 「신탁법」에 따른 위탁자가 부가가치세를 납부할 의무가 있다. ㉠ 신탁재산과 관련된 재화 또는 용역을 위탁자 명의로 공급하는 경우 ㉡ 위탁자가 신탁재산을 실질적으로 지배·통제하는 경우로서 대통령령으로 정하는 경우 ㉢ 그 밖에 신탁의 유형, 신탁설정의 내용, 수탁자의 임무 및 신탁사무 범위 등을 고려하여 대통령령으로 정하는 경우 ② 위 ①에 따라 부가가치세를 납부하여야 하는 위탁자가 다음의 어느 하나에 해당하는 부가가치세등을 체납한 경우로서 그 위탁자의 다른 재산에 대하여 강제징수를 하여도 징수할 금액에 미치지 못할 때에는 해당 신탁재산의 수탁자는 그 신탁재산으로써 위탁자의 부가가치세등을 납부할 의무(이하 "물적납세의무"라 한다)가 있다. ㉠ **신탁 설정일 이후**에 「국세기본법」에 따른 법정기일이 도래하는 부가가치세로서 해당 신탁재산과 관련하여 발생한 것 ㉡ 위 ㉠의 금액에 대한 강제징수 과정에서 발생한 강제징수비

③ 부가가치세를 납부하여야 하는 위탁자의 관할 세무서장은 수탁자로부터 위탁자의 부가가치세등을 징수하려면 다음의 사항을 적은 납부고지서를 수탁자에게 발급하여야 한다. 이 경우 수탁자의 관할 세무서장과 위탁자에게 그 사실을 통지하여야 한다.
  ㉠ 부가가치세등의 과세기간, 세액 및 그 산출 근거
  ㉡ 납부하여야 할 기한 및 납부장소
  ㉢ 그 밖에 부가가치세등의 징수를 위하여 필요한 사항
④ 위 ③에 따른 고지가 있은 후 납세의무자인 위탁자가 신탁의 이익을 받을 권리를 포기 또는 이전하거나 신탁재산을 양도하는 등의 경우에도 위 ③에 따라 고지된 부분에 대한 납세의무에는 영향을 미치지 아니한다.
⑤ 신탁재산의 수탁자가 변경되는 경우에 새로운 수탁자는 위 ③에 따라 이전의 수탁자에게 고지된 납세의무를 승계한다.
⑥ 위 ③에 따른 납세의무자인 위탁자의 관할 세무서장은 최초의 수탁자에 대한 신탁 설정일을 기준으로 그 신탁재산에 대한 현재 수탁자에게 위탁자의 부가가치세등을 징수할 수 있다.
⑦ 신탁재산에 대하여 「국세징수법」에 따라 강제징수를 하는 경우 「국세기본법」상 국세우선권 규정(강제징수비 우선)에도 불구하고 수탁자는 「신탁법」에 따른 신탁재산의 보존 및 개량을 위하여 지출한 필요비 또는 유익비의 우선변제를 받을 권리가 있다.
⑧ 위탁자의 납세의무에 대하여 물적납세의무를 부담하는 수탁자가 납부하여야 하는 부가가치세가 체납된 경우에는 「국세징수법」에도 불구하고 해당 신탁재산에 대해서만 강제징수를 할 수 있다(수탁자의 신탁재산 외의 재산에 대해서는 강제징수 할 수 없음).

6 예정신고와 납부

구 분	내 용
원 칙 (예정신고납부)	각 과세기간 중 다음 표에 따른 예정신고기간이 끝난 후 25일 이내에 예정신고기간에 대한 과세표준과 세액을 신고하고 이를 납부하여야 함 | 구 분	예정신고기간	신고기한 | |---|---|---| | (1) 제1기 | 1. 1. ~ 3. 31. | 4. 25. | | (2) 제2기 | 7. 1. ~ 9. 30. | 10. 25. |

예 외
(예정고지납부)
	① 적용대상
	  ㉠ 개인사업자
	  ㉡ 직전 과세기간 공급가액의 합계액이 1억5천만원 미만인 법인사업자
	② 예정고지납부 : 관할세무서장이 각 예정신고기간마다 직전 과세기간에 대한 납부세액의 50%로 결정한 금액을 예정신고기간이 끝난 후 25일까지 징수
	③ 예정신고납부 선택 : 다음 중 어느 하나에 해당하는 경우에는 예정신고·납부를 선택할 수 있다. 이 경우 예정고지에 따른 결정은 없었던 것으로 본다.
	  ㉠ 휴업 또는 사업부진으로 인하여 각 예정신고기간의 공급가액 또는 납부세액이 직전과세기간의 공급가액 또는 납부세액의 1/3에 미달하는 자
	  ㉡ 각 예정신고기간분에 대해 조기환급을 받고자 하는 자
	④ 예정고지시 납부고지서 발부기간
	
	| 구 분 | 발부기간 |
	|---|---|
	| 제1기분 예정신고기간분 | 4월 1일부터 4월 10일까지 |
	| 제2기분 예정신고기간분 | 10월 1일부터 10월 10일까지 |

예정신고 적용배제대상	① 대손세액공제, ② 일반환급, ③ 납부·환급세액 재계산, ④ 전자신고세액공제, ⑤ 가산세, ⑥ 과세전용매입세액의 공제

구분	내용
예정신고 미환급세액	부가가치세의 환급세액으로서 조기환급에 해당하지 않는 경우(일반환급)에는 이를 환급하지 않고 확정신고시 납부세액에서 '예정신고미환급세액'으로 차감한다.
예정고지 납부세액	예정고지에 의해 납부한 세액은 확정신고시 이를 차감하여 신고·납부한다.
적용배제	① 징수하여야 할 금액이 50만원 미만인 경우 ② 간이과세자에서 해당 과세기간 개시일 현재 일반과세자로 변경된 경우 ③ 「국세징수법」상 납부기한 연장사유에 해당하여 관할 세무서장이 징수하여야 할 금액을 사업자가 납부할 수 없다고 인정되는 경우

7 확정신고와 납부

구분	내용
개요	① 사업자는 과세기간의 말일부터 25일 이내에 각 과세기간에 대한 과세표준과 납부세액(환급세액)을 신고·납부하여야 함 ② 폐업자의 경우에는 폐업일이 속한 달의 다음 달 25일 이내를 기한으로 함 ③ 예정신고 및 조기환급신고에 있어서 이미 신고한 내용은 확정신고대상에서 제외함
확정신고시에만 적용되는 것	① 대손세액공제, ② 납부·환급세액의 재계산, ③ 가산세, ④ 일반환급, ⑤ 전자신고세액공제, ⑥ 과세전용매입세액의 공제

8 환급

구분	내용
일반환급	① 확정신고 기간 경과 후 30일 이내에 사업자에게 환급 ② 예정신고기간에 대한 일반환급세액은 환급하지 않고 확정신고시 납부세액에서 공제함

조기환급	① 적용대상
	   ㉠ 영세율을 적용받는 과세표준이 있는 경우
	   ㉡ 사업설비(법인세법상 또는 소득세법상 감가상각자산을 말한다)를 신설·취득·확장 또는 증축하는 경우
	   ㉢ 사업자가 대통령령으로 정하는 재무구조개선계획을 이행 중인 경우
	② 환급기한 : 조기환급신고기한 경과 후 15일 이내 환급

경정시 환급	결정·경정에 의하여 추가로 발생한 환급세액은 지체 없이 사업자에게 환급하여야 함

9 납부유예

구분	내용
개요	세관장은 매출액에서 수출액이 차지하는 비율 등 대통령령으로 정하는 요건을 충족하는 중소·중견사업자가 물품을 제조·가공하기 위한 원재료 등 일정한 재화의 수입에 대하여 부가가치세의 납부유예를 미리 신청하는 경우에는 해당 재화를 수입할 때 부가가치세의 납부를 유예할 수 있다(부가법 제50조의 2).
취지	수출 중소·중견기업의 자금 부담 완화를 위하여 일정 요건을 갖춘 중소·중견사업자에 대해서는 재화를 수입할 때 세관장에게 납부하던 부가가치세의 납부를 유예하고, 이후 세무서장에게 납부세액 등을 신고할 때 납부가 유예된 부가가치세를 납부할 수 있도록 함

적용대상자	다음에 해당하는 요건을 모두 충족한 자 ① 직전 사업연도에 중소·중견기업(제조업을 주된 사업으로 영위)에 해당하는 법인일 것 ② 직전 사업연도에 영세율을 적용받은 재화의 공급가액의 합계액(수출액)이 다음 중 어느 하나에 해당할 것 　㉠ 중소기업 : 직전 사업연도 수출액 비율이 30% 이상이거나 수출액이 50억원 이상일 것 　㉡ 중견기업 : 직전 사업연도에 공급한 재화 또는 용역의 공급가액의 합계액 중 수출액비율이 30% 이상일 것 ③ 납부유예대상여부 확인 요청일 현재 3년 이상 계속하여 사업을 하였을 것 ④ 납부유예대상여부 확인 요청일 현재 2년 이상 국세(관세 포함)를 체납한 사실이 없을 것(다만, 납부기한 경과후 15일 이내에 체납된 국세를 모두 납부한 경우는 제외) ⑤ 납부유예대상여부 확인 요청일 현재 2년 개정안 이상 조세범처벌법 또는 관세법 위반으로 처벌받은 사실이 없을 것 ⑥ 최근 2년간 재화수입에 대한 부가가치세 납부유예가 취소된 사실이 없을 것
적용대상 재화수입	원재료 등으로서 해당 중소·중견사업자가 자기의 과세사업에 사용하기 위한 재화(다만, 매출세액에서 공제되지 아니하는 매입세액과 관련된 재화는 제외)
적용절차	① 납부유예확인 요청 : 다음의 신고기한의 만료일 중 늦은 날부터 3개월 이내에 관할 세무서장에게 납부유예 요건의 충족 여부 확인요청 　㉠ 직전 사업연도에 대한 「법인세법」에 따른 신고기한 　㉡ 직전 사업연도에 대한 부가가치세 확정신고기한의 만료일 ② 납부유예확인서 발급 : 관할 세무서장은 해당 중소·중견사업자가 납부유예 적용 대상에 해당하는지 여부를 확인한 후 요청일부터 1개월 이내에 확인서를 해당 중소·중견사업자에게 발급 ③ 납부유예적용신청서 제출 : 부가가치세의 납부를 유예받으려는 중소·중견사업자는 위 ② 따라 발급받은 확인서를 첨부하여 납부유예 적용 신청서를 관할 세관장에게 제출 ④ 납부유예승인여부 결정통지 : 납부유예 신청을 받은 관할 세관장은 신청일부터 1개월 이내에 납부유예의 승인 여부를 결정하여 해당 중소·중견사업자에게 통지
납부유예 기간	납부유예를 승인할 때에는 그 승인기간은 1년으로 한다.
납부유예액 정산·납부	중소·중견사업자가 재화를 수입할 때 납부가 유예된 세액(납부유예세액)은 예정신고, 확정신고 또는 환급신고를 할 때 해당 재화에 대한 매입세액에서 차감하는 방법으로 정산하거나 납부하여야 한다. 이 경우 납세지 관할 세무서장에게 납부한 세액은 세관장에게 납부한 것으로 본다.
납부유예의 취소사유	① 해당 중소·중견사업자가 국세를 체납한 경우 ② 조세범처벌법 또는 관세법 위반으로 국세청장, 지방국세청장, 관할 세무서장 또는 관세청장, 관할 세관장으로부터 고발된 경우 ③ 납부유예의 요건을 충족하지 아니한 중소·중견사업자에게 납부유예를 승인한 사실을 세관장이 알게 된 경우

☆ 시행령개정안 **납부유예요건 완화**

종 전	2024년 시행령 개정(안)
○ 납부유예대상여부 확인 요청일 현재 **3년 이상** 조세범처벌법 또는 관세법 위반으로 처벌받은 사실이 없을 것	○ 납부유예대상여부 확인 요청일 현재 **2년 이상** 조세범처벌법 또는 관세법 위반으로 처벌받은 사실이 없을 것

CHAPTER 08 간이과세제도

1 간이과세자의 범위

구 분	내 용
적용대상자	직전 연도의 공급대가의 합계액이 8천만원에 미달하는 개인사업자로서 간이과세 적용배제대상에 해당하지 아니하는 사업자
적용배제대상	① 간이과세가 적용되지 아니하는 다른 사업장을 보유하고 있는 사업자 ② 광업, 제조업*, 도매업 및 상품중개업 　*제조업 영위사업자의 경우에도 과자점업, 도정업, 제분업 및 떡류 제조업 중 떡방앗간, 양복점업, 양장점업, 양화점업 그 밖에 자기가 공급하는 재화의 50% 이상을 최종소비자에게 공급하는 사업으로서 국세청장이 정하는 사업에 대하여는 간이과세규정이 적용될 수 있다. ③ 부동산매매업 ④ 과세유흥장소*를 경영하는 사업자로서 해당 업종의 직전연도의 공급대가의 합계액이 4천800만원 이상인 사업자 　*특별시, 광역시, 특별자치시 및 시지역 외의 지역에 소재하는 과세유흥장소는 제외 ⑤ 부동산임대업*을 경영하는 사업자로서 해당 업종의 직전연도의 공급대가의 합계액이 4천800만원 이상인 사업자 　*특별시, 광역시, 특별자치시 및 시지역 외의 지역에 소재하거나, 국세청장이 정하는 규모 미만의 부동산임대사업장은 제외 　[참고] 과세유흥장소와 부동산임대업의 간이과세 배제기준 	지역	직전 공급대가 || 　|---|---|---| 		4,800미만	4,800이상 | 	특별시, 광역시 등 시지역 소재	간이과세 ×	간이과세 × | 	시 지역 외의 지역(읍, 면) 소재	간이과세 ○	간이과세 × | ⑥ 전문직 사업서비스업* 　*변호사업, 변리사업, 법무사업, 공인회계사업, 세무사업, 감정평가사업, 손해사정인업, 건축사업, 도선사업, 공인노무사업, 의사업, 약사업, 수의사업 등 ⑦ 전기·가스·증기 및 수도 사업* ⑧ 건설업(단, 주로 최종소비자에게 직접 재화·용역을 공급하는 사업은 제외)* ⑨ 전문, 과학 및 기술서비스업과 사업시설 관리, 사업지원 및 임대 서비스업(단, 주로 최종소비자에게 직접 용역을 공급하는 사업은 제외)* ⑩ 사업양도에 따라 일반과세자로부터 양수한 사업 　*다만, 간이과세 배제사유에 해당하지 아니하는 경우로서 사업을 양수한 이후 공급대가의 합계액이 8,000만원에 미달하는 경우는 제외 ⑪ 「소득세법」에 따른 간편장부대상자에 해당하지 않은 개인사업자(전전년도 기준 복식부기의무자)가 경영하는 사업 ⑫ 둘 이상의 사업장이 있는 사업자가 경영하는 사업으로서 그 둘 이상의 사업장의 공급대가의 합계액이 8천만원 이상*인 사업자 　*다만, 부동산임대업 또는 과세유흥장소에 해당하는 사업장을 둘 이상 경영하고 있는 사업자의 경우 그 둘 이상의 사업장의 직전 연도의 공급대가의 합계액이 4천800만원 이상인 사업자로 함 ⑬ 사업장의 소재 지역과 사업의 종류·규모 등을 고려하여 국세청장이 정하는 기준에 해당하는 것
신규사업자의 간이과세적용	신규사업자가 사업자등록과 함께 간이과세적용신고서를 제출한 경우로서 위의 간이과세배제대상에 해당하지 않는다면 최초 과세기간에 대하여 간이과세를 적용받을 수 있다.

2 간이과세포기

구 분	내 용
절 차	간이과세를 포기하고자 하는 자는 그 포기하고자 하는 달의 전달 마지막 날(신규사업자는 사업자등록을 신청할 때)까지 관할세무서장에게 간이과세포기신고서 제출(승인 ×)
적용 대상자	① 간이과세자 ② 간이과세자에 관한 규정을 적용받게 되는 일반과세자 ③ 신규사업자
효 력	(1) 과세기간의 변동 : 다음의 기간을 각각 1과세기간으로 한다. 　① 포기신고일이 속하는 과세기간의 개시일 ~ 그 신고일이 속하는 달의 말일 　② 포기신고일이 속하는 달의 다음 달 1일 ~ 그 과세기간의 종료일 (2) 간이과세포기 후 재적용의 제한 　① 간이과세포기 후 3년간 간이과세의 적용을 받지 못함 　② 간이과세 포기신고를 한 개인사업자 중 직전연도 공급대가의 합계액이 4천8백만원 이상 8천만원 미만인 개인사업자는 재적용 제한기간(3년) 이전이라도 간이과세자에 관한 규정을 적용받을 수 있음(2024.7.1. 이후 시행) NEW 　③ 위 ① 또는 ②(2024.7.1. 이후 시행) NEW 에 따라 다시 간이과세자에 관한 규정을 적용받으려는 개인사업자는 적용받으려는 과세기간 개시 10일 전까지 간이과세적용신고서를 제출하여야 함

3 간이과세자의 과세표준과 세액계산

(1) 과세표준과 및 납부세액

구 분	내 용
과세표준	공급대가(공급가액+VAT)의 합계액
납부세액	공급대가(공급가액+VAT) × 업종별부가가치율* × 세율(10%) * 현행 대통령령에 따라 업종별로 15%에서 40% 범위 내의 부가가치율이 적용되고 있음 * 둘 이상의 업종을 겸영하는 간이과세자의 경우에는 각각의 업종별로 계산한 금액의 합계액을 납부세액으로 함

(2) 공제세액

구 분	내 용
매입세금계산서 수취세액공제	간이과세자가 다른 사업자로부터 세금계산서 등을 발급받아 매입처별 세금계산서합계표 또는 신용카드매출전표등 수령명세서를 납세지 관할 세무서장에게 제출하는 경우 ① 2021.6.30. 이전에 공급받은 분 　세액공제액 = 매입세금계산서에 적힌 매입세액 × 업종별 부가가치율 ② 2021.7.1. 이후에 공급받은 분 　세액공제액 = 세금계산서 등을 발급받은 재화용역의 공급대가 × 0.5%

구분	내용
신용카드 매출전표 등 발행공제	간이과세자가 부가가치세가 과세되는 재화·용역을 공급하고 세금계산서 발급시기에 신용카드매출전표 등을 발급하거나 전자화폐로 대금을 결제받는 경우 Min[발행금액(결제금액) × 1%[★1], 연간 500만원[★2]] [★1] 2026년 12월 31일 NEW 까지는 1.3%의 공제율을 적용함 [★2] 2026년 12월 31일 NEW 까지는 연간 1,000만원의 한도를 적용함

전자세금계산서
발급 전송에 대한
세액공제
	① 적용대상자 : 세금계산서 발급의무가 있는 간이과세자
	② 적용요건 : 전자세금계산서를 2024년 12월 31일까지 발급[전자세금계산서 발급명세를 전송기한(전자세금계산서 발급일의 다음 날)까지 국세청장에게 전송한 경우로 한정하는 경우]
	③ 세액공제액 = Min[㉠, ㉡]
	
	  ㉠ 전자세금계산서 발급 건 수 × 200원
	  ㉡ 연간 100만원 한도
	
	④ 세액공제액이 그 금액을 차감하기 전의 납부할 세액을 초과하면 그 초과하는 부분은 없는 것으로 본다.
	⑤ 적용시기(부칙) : 2023년 7월 1일 이후 공급하는 재화 또는 용역에 대한 전자세금계산서를 발급하는 경우부터 적용한다.

전자신고 세액공제	간이과세자가 전자신고방식으로 신고한 경우 → 과세기간 당 1만원 세액공제
세액공제 한도	위의 세액공제액의 합계액이 각 과세기간의 납부세액을 초과하는 경우에는 그 초과하는 부분은 없는 것으로 본다.

(3) 가산세

구분	내용
① 신고불성실가산세 ② 납부지연가산세	일반과세자와 동일함
③ 사업자등록불성실 가산세	공급대가 합계액 × 0.5% * 단, 납부의무가 면제되는 간이과세자가 사업자등록신청기한 내에 사업자등록을 하지 아니한 경우는 Max[공급대가×0.5%, 5만원]을 미등록가산세로 한다.
세금계산서 불성실가산세	[매출세금계산서 관련] ① 가공발급 : 공급가액의 3% ② 타인명의발급 : 공급가액의 2% ③ 과다기재 : 공급가액의 2% ④ 미발급 : 공급가액의 2% ⑤ 전자세금계산서 발급의무자의 종이세금계산서 발급 : 공급가액의 1% ⑥ 타사업장명의발급 : 공급가액의 1% ⑦ 부실기재 : 공급가액의 1% [매입세금계산서 관련] ⑤ 세금계산서 미수취 : 공급대가의 0.5% ⑥ '결정 또는 경정시 납부세액특례' 규정이 적용되는 경우로서 '경정기관의 확인을 거쳐 매입세액으로 공제받는 경우 : 공급가액의 0.5%
전자세금계산서 발급명세 불성실가산세	① 미전송 : 공급가액의 0.5% ② 지연전송 : 공급가액의 0.3%

매출처별 세금계산서합계표 불성실가산세	① 미제출 : 공급가액의 0.5% ② 부실기재 : 공급가액의 0.5% ③ 지연제출 : 공급가액의 0.3%

4 신고와 납부

구 분	내 용

예 정
부과납부
	(1) 원칙(고지납부)
	직전 과세기간에 대한 납부세액의 2분의 1에 해당하는 금액(직전 과세기간에 간이과세로 유형변경된 경우는 납부세액 전액으로 하며, 1천원 미만 절사)을 1월 1일부터 6월 30일(예정부과기간)까지의 납부세액으로 결정·고지하여 예정부과기간이 끝난 후 25일 이내(예정부과기한)까지 징수.
	(2) 예외(신고납부)
	① 예정부과기간에 대한 원칙적 과세방법(고지납부)에도 불구하고 다음 중 어느 하나의 경우에는 예정부과기간의 과세표준과 납부세액을 예정부과기한까지 신고한다.
	   ㉠ 선택규정 : 휴업 또는 사업부진 등으로 인하여 예정부과기간의 공급대가의 합계액 또는 납부세액이 직전 과세기간의 1/3에 미달하는 간이과세자는 예정부과기간의 과세표준과 납부세액을 예정부과기한까지 신고할 수 있다.
	   ㉡ 강제규정 : 예정부과기간에 세금계산서를 발급한 간이과세자(공급대가 4천800만원 이상)는 예정부과기간의 과세표준과 납부세액을 예정부과기한까지 사업장 관할 세무서장에게 신고하여야 한다.
	② 예정부과납부에 따른 결정이 있는 경우로서 간이과세자가 예정부과납부세액의 신고를 한 경우에는 그 결정이 없었던 것으로 본다.
	③ 예정부과납부세액을 신고하는 간이과세자는 그 예정부과기간의 납부세액을 사업장 관할 세무서장에게 납부하여야 한다.
	④ 예정부과납부세액을 신고하는 간이과세자는 매출·매입처별 세금계산서합계표를 신고와 함께 제출하여야 한다.
	(3) 적용배제
	다음의 어느 하나에 해당하는 경우에는 예정부과기간에 대한 부가가치세를 징수하지 아니한다.
	① 징수하여야 할 금액이 50만원 미만인 경우
	② 간이과세자에서 일반과세자로 변경되는 해의 과세기간(1.1.~6.30.)이 적용되는 간이과세자의 경우
	③ 「국세징수법」상 납부기한 연장사유에 해당하여 관할 세무서장이 징수하여야 할 금액을 간이과세자가 납부할 수 없다고 인정되는 경우

정규신고 및 납부	① 과세기간이 끝난 후 25일(폐업하는 경우에는 폐업일이 속한 달의 다음 달 25일) 이내에 신고 및 납부 ② 예정부과납부한 세액이 있는 경우에는 이를 공제하고 납부
납부의무의 면 제	① 간이과세자의 해당 과세기간에 대한 공급대가가 <u>4,800만원 미만</u>인 경우에는 그 과세기간에 대한 납부세액의 납부의무를 면제한다. ② 다만, 일반과세자가 간이과세자로 변경되는 경우 납부세액에 가산하여 납부하여야 할 재고납부세액은 이를 납부할 의무가 있다.(공급대가 <u>4,800만원 미만인 경우에도 납부의무면제 ×</u>)

5 과세유형의 변경

(1) 과세유형의 변경시기

구 분	변경시기
(1) 계속사업자의 경우	해의 1월 1일부터 12월 31일까지 NEW 의 공급대가의 합계액이 8,000만원에 미달되거나 그 이상이 되는 해의 다음 해의 7월 1일부터 그 다음해의 6월 30일까지의 기간에 대하여 변경된 과세유형 적용
(2) 신규사업자의 경우	신규로 사업을 개시한 과세기간의 공급대가 합계액을 12개월로 환산한 금액을 기준으로 최초로 사업을 개시한 해의 다음해 7월 1일부터 그 다음해의 6월 30일까지의 기간에 대하여 변경된 과세유형 적용
(3) 결정·경정한 경우	결정 또는 경정한 공급대가가 8,000만원 이상인 개인사업자는 그 결정 또는 경정한 날이 속하는 과세기간까지 간이과세자로 본다.
(4) 간이과세자가 배제사업을 신규로 겸영하는 경우	① 해당 간이과세 배제사업의 개시일이 속하는 과세기간의 다음 과세기간부터 간이과세자에 관한 규정을 적용하지 아니한다. ② 다만, 일반과세자로 전환된 사업자로서 당해연도 공급대가의 합계액이 8,000만원 미만인 사업자가 간이과세 배제사업을 폐지하는 경우에는 해당 사업의 폐지일이 속하는 해의 다음 해 7월 1일부터 간이과세자에 관한 규정을 적용한다.
(5) 다른 간이과세사업장의 간이과세를 포기한 경우	간이과세자가 간이과세의 포기신고를 하는 경우에는 일반과세자에 관한 규정을 적용받으려는 달이 속하는 과세기간의 다음 과세기간부터 해당 사업장 외의 사업장에 간이과세자에 관한 규정을 적용하지 아니한다.
(6) 기준사업장 폐업시	간이과세가 적용되지 아니하는 다른 사업장(기준사업장)이 폐업되는 경우에는 (간이과세에 해당하였지만) 일반과세로 전환된 사업장에 대하여 기준사업장의 폐업일이 속하는 연도의 다음 연도 7월 1일부터 간이과세자에 관한 규정을 적용한다.

(2) 과세유형 변경통지

구 분	내 용
절 차	간이과세자에 관한 규정이 적용되거나 적용되지 아니하게 되는 과세기간 개시 20일 전까지 그 사실을 통지 → 사업자등록증을 정정하여 과세기간 개시 당일까지 발급하여야 함
통지효력	① 간이과세자 → 일반과세자 : 과세유형 변경통지를 받은 날이 속하는 과세기간까지는 간이과세를 적용(변경통지가 없으면 변경×). ② 일반과세자 → 간이과세자 : 과세유형 변경통지에 관계없이 그 시기에 간이과세자에 관한 규정을 적용(변경통지가 없는 경우에도 변경○). 단, 부동산임대업 영위사업자는 변경통지를 받은 날이 속하는 과세기간까지는 일반과세자에 관한 규정 적용(변경통지가 없으면 변경×).

6 과세유형변경시 세액계산의 특례

(1) 재고품 등의 신고 및 승인

구 분	재고매입세액
신 고	과세유형이 변경된 경우에는 변경일이 속하는 과세기간의 직전과세기간에 대한 확정신고와 함께 재고품과 감가상각자산을 관할세무서장에게 신고하여야 한다.
승 인	신고를 받은 관할세무서장은 재고금액을 조사·승인하고 신고기한 경과 후 1월(재고납부세액은 간이과세자로 변경된 날부터 90일) 이내에 통지하여야 하며, 기한 내에 통지하지 아니하는 때에는 신고한 재고금액을 승인한 것으로 본다.
공제 및 납부방법	① 재고매입세액 : 그 승인을 얻은 날이 속하는 예정신고기간 또는 과세기간의 매출세액에서 공제하고 매출세액을 초과하는 부분은 환급 가능 ② 재고납부세액 : 간이과세자로 변경된 날이 속하는 과세기간에 대한 확정신고시 납부할 세액에 가산하여 납부. 이 경우 간이과세자가 납부의무면제를 적용받더라도 재고납부세액은 납부하여야 함

(2) 재고매입세액(간이과세자 → 일반과세자)

구 분	재고매입세액
재 고 품	취득가액 × $\frac{10}{110}$ × (1 - 공제율)
건설 중인 자산	공제대상 매입세액 × (1 - 공제율)
매입한 감가상각자산	취득가액 × $\frac{10}{110}$ × (1 - 체감률 × 경과된 과세기간의 수) × (1 - 공제율)
자가건설한 감가상각자산	공제대상 매입세액 × (1 - 체감률 × 경과된 과세기간의 수) × (1 - 공제율)

① 공제율
  ㉠ 2021.6.30. 이전에 공급받은 경우 : 해당 업종의 부가가치율
  ㉡ 2021.7.1. 이후에 공급받은 경우 : 0.5% × $\frac{110}{10}$ (=5.5%)

② 재고매입세액 계산시 취득가액은 장부 또는 세금계산서에 의하여 확인되는 해당 재고품등의 취득가액(부가가치세 포함 → 공급대가)으로 한다.

③ 체감률 : 건물·구축물 → 10%, 기타의 감가상각자산 → 50%

④ 경과된 과세기간 수 : 과세기간 개시일 후에 감가상각자산을 취득한 경우에는 그 과세기간의 개시일에 해당 자산을 취득한 것으로 보고 경과된 과세기간 수를 계산한다.

⑤ 일반과세자가 간이과세자로 변경된 후 다시 일반과세자로 변경되는 경우에는 간이과세자로 변경된 때에 재고납부세액을 납부하지 않은 재고품 등에 대해서는 재고품 등의 신고와 재고매입세액공제에 관한 규정을 적용하지 아니한다.

(3) 재고납부세액(일반과세자 → 간이과세자)

구 분	재고납부세액
재 고 품	취득가액 × $\frac{10}{100}$ × (1 − 공제율)
건설중인 자산	공제대상 매입세액 × (1 − 공제율)
매입한 감가상각자산	취득가액 × $\frac{10}{100}$ × (1 − 체감률 × 경과된 과세기간의 수) × (1 − 공제율)
자가건설한 감가상각자산	공제대상 매입세액 × (1 − 체감률 × 경과된 과세기간의 수) × (1 − 공제율)

① 공제율
  ㉠ 2021.6.30. 이전에 일반 → 간이로 변경된 경우 : 해당 업종의 부가가치율
  ㉡ 2021.7.1. 이후에 일반 → 간이로 변경된 경우 : 0.5% × $\frac{110}{10}$ (=5.5%)
② 재고납부세액 계산시 취득가액은 장부 또는 세금계산서에 의하여 확인되는 해당 재고품등의 취득가액(부가가치세 제외 → 공급가액)으로 한다. 다만, 장부 또는 세금계산서가 없거나 장부에 기록이 누락된 경우 해당 재고품등의 가액은 시가에 따른다.
③ 체감률 : 건물·구축물 → 5%, 기타의 감가상각자산 → 25%
④ 매입세액을 공제받은 것에 한하여 적용하며, 사업양도에 의하여 사업양수자가 양수한 재산으로서 사업양도자가 매입세액을 공제받은 것을 포함함

참고 일반과세자 vs 간이과세자

구 분	일반과세자	간이과세자
(1) 과세기간	① 과세기간 　㉠ 제1기 : 1월 1일 ~ 6월 30일 　㉡ 제2기 : 7월 1일 ~ 12월 31일 ② 예정신고기간 　㉠ 제1기 : 1월 1일 ~ 3월 31일 　㉡ 제2기 : 7월 1일 ~ 9월 30일	① 과세기간 : 1월 1일 ~ 12월 31일 ② 예정부과기간 : 1월 1일 ~ 6월 30일
(2) 세액계산구조	매출세액 - 매입세액	공급대가 × 업종별부가가치율 × 10%
(3) 적용대상자	간이과세자 외의 모든 과세사업자	직전연도 공급대가 8천만원 미만인 개인사업자
(4) 적용배제	적용배제대상 없음	광업·제조업·도매업 등 업종배제 및 복식부기의무자, 일반과세자인 다른 사업장 보유사업자 등 규모기준 배제규정 있음
(5) 포기제도	일반과세는 포기할 수 없음	간이과세를 포기하고 일반과세 선택가능
(6) 세금계산서	① 원칙 : 발급의무 있음 ② 예외 : 영수증발급 가능	① 직전 4,800만원 미만 : 발급불가 ② 직전 4,800만원 이상 　㉠ 원칙 : 발급의무 있음 　㉡ 예외 : 영수증발급 가능
(7) 매입세액공제	납부세액 계산단계에서 전액 공제	차감납부세액 계산단계에서 매입세금계산서 수취세액공제(공급대가×0.5%) 적용
(8) 의제매입세액공제	업종제한 없음(한도 ○)	적용 ×
(9) 신용카드매출전표 등 발행세액공제	① 발급금액의 1.3% ② 연 1,000만원 한도	① 발급금액의 1.3% ② 연 1,000만원 한도
(10) 납부의무면제	없음	해당 과세기간 공급대가가 4천8백만원 미만인 경우 납부의무면제
(11) 대손세액공제	적용 ○	적용 ×
(12) 가산세	① 세금계산서 관련 가산세 ○ ② 미등록가산세 및 타인명의등록가산세 → 공급가액의 1%	① 세금계산서 관련 가산세 ×* ② 미등록가산세 및 타인명의등록가산세 → 공급대가의 0.5%

* 세금계산서 발급의무가 있는 간이과세자에 대하여는 세금계산서 관련가산세가 적용됨

■ ■ ■ 이진욱 세무사의 **Tax Note**

PART 5

법인세법

CHAPTER 01	법인세법 총론
CHAPTER 02	법인세의 계산구조
CHAPTER 03	익금
CHAPTER 04	손금Ⅰ
CHAPTER 05	손금Ⅱ(감가상각비)
CHAPTER 06	손금Ⅲ(충당금과 준비금)
CHAPTER 07	손익의 귀속시기 및 자산·부채의 평가
CHAPTER 08	부당행위계산의 부인
CHAPTER 09	과세표준과 세액의 계산
CHAPTER 10	법인세의 납세절차
CHAPTER 11	합병 및 분할 등에 관한 특례
CHAPTER 12	법인세법의 기타사항

CHAPTER 01 법인세법 총론

1 법인세 납세의무자 및 과세대상

구 분	내 용		
법인세 납세의무자 (법인)	구 분	내 용	납세의무의 범위
	내국법인	국내에 본점(주사무소) or 사업의 실질적 관리장소 ○	국내·외 원천소득
	외국법인	국내에 본점(주사무소) or 사업의 실질적 관리장소 × & 법정기준(법인성)* 충족 ○	국내 원천소득
	영리법인	영리를 목적으로 하는 법인(구성원에 수익분배 ○)	모든 소득
	비영리법인	공익 등을 목적으로 하는 법인(구성원에 수익분배 ×)	수익사업소득
	★ 외국법인의 법정기준 : 외국법인은 다음 중 어느 하나의 기준에 해당하여야 하며, 이러한 기준에 해당하지 않는 경우에는 이를 기타 외국단체(비거주자)로 분류하여 소득세를 과세함 ① 설립지국의 법률에 따라 법인격이 부여된 단체 ② 구성원이 유한책임사원으로만 구성된 단체 ③ 그 밖에 동종 또는 가장 유사한 국내의 단체가 상법 등 국내의 법률에 따른 법인에 해당되는 단체		
법인세 과세대상 (소득)	① 각사업연도소득 : 익금총액 – 손금총액 ② 청산소득 : 잔여재산가액 – 자기자본총액 ③ 토지 등 양도소득 : 주택(별장포함), 주택을 취득할 수 있는 권리 및 비사업용토지 등의 양도차익 ④ 미환류소득* : 기업소득 중 투자 등으로 환류하지 아니한 소득 　★ 투자·상생협력 촉진을 위한 과세특례를 적용하여 계산한 법인세		
법인 종류별 납세의무범위	구 분		각 사업연도 소득	청산소득	토지 등 양도소득	미환류소득

법인 종류별 납세의무범위	구 분		각 사업연도 소득	청산소득	토지 등 양도소득	미환류소득
	내국법인	영리법인	국내·외 모든 소득	○	○	○
		비영리법인	국내·외 수익사업소득	×	○	×
	외국법인	영리법인	국내원천 모든 소득	×	○	×
		비영리법인	국내원천 수익사업소득	×	○	×
	★ 국가·지방자치단체 : 비과세 법인(어떠한 소득에 대하여도 법인세 납세의무 ×) ★ 외국정부·외국지방자치단체 : 비영리 외국법인 ★ 국세기본법에 의해 법인으로 보는 법인 아닌 단체 : 비영리법인					

⭐ 참고 신탁소득에 대한 과세규정

구 분	납세의무자
원칙	신탁재산에 귀속되는 소득은 그 신탁의 이익을 받을 수익자를 납세의무자로 본다.
수탁자 과세	다음 중 어느 하나에 해당하는 신탁으로서 아래의 '위탁자 과세'의 요건에 해당하지 않는 신탁의 경우 개정안 에는 신탁재산에 귀속되는 소득에 대하여 그 신탁의 수탁자[내국법인 또는 거주자에 한정함]가 법인세를 납부할 의무가 있다. 이 경우 신탁재산별로 각각을 하나의 내국법인으로 본다. ① 「신탁법」에 따른 목적신탁(수익자가 없는 특정의 목적을 위한 신탁) ② 「신탁법」에 따른 수익증권발행신탁(신탁행위로 수익권을 표시하는 수익증권을 발행하는 뜻을 정함이 있는 신탁) ③ 「신탁법」에 따른 유한책임신탁(신탁행위로 수탁자가 신탁재산에 속하는 채무에 대하여 신탁재산만으로 책임지는 신탁) ④ 그 밖에 위 ⊙부터 ⓒ까지의 규정에 따른 신탁과 유사한 신탁으로서 대통령령으로 정하는 신탁
위탁자 과세	다음 중 어느 하나에 해당하는 경우에는 그 신탁의 위탁자를 납세의무자로 본다. ① 위탁자가 신탁을 해지할 수 있는 권리, 수익자를 지정하거나 변경할 수 있는 권리, 신탁 종료 후 잔여재산을 귀속 받을 권리를 보유하는 등 신탁재산을 실질적으로 지배·통제할 것 ② 신탁재산 원본을 받을 권리에 대한 수익자는 위탁자로, 수익을 받을 권리에 대한 수익자는 위탁자의 지배주주등의 배우자 또는 직계존비속 등 특수관계인으로 설정했을 것

2 사업연도

구 분	내 용
본래의 사업연도	① 법령·정관상 규정 ○ : 법령·정관상 규정에 따르되, 그 기간은 1년을 초과할 수 없음 ② 법령·정관상 규정 × 　⊙ 사업연도 신고 ○ : 신고한 내용에 따르되, 그 기간은 1년을 초과할 수 없음 　ⓒ 사업연도 신고 × : 1월 1일부터 12월 31일까지
최초 사업연도 개시일	① 내국법인 : 설립등기일 ② 외국법인 　⊙ 국내사업장이 있는 경우 : 국내사업장을 가지게 된 날 　ⓒ 국내사업장이 없는 경우* : 부동산소득 또는 양도소득이 최초로 발생한 날 ③ 비영리법인 　⊙ 법령에 따라 설립된 단체로서 해당 법령에 설립일이 정하여진 경우에는 그 설립일 　ⓒ 설립에 관하여 주무관청의 허가 또는 인가를 요하는 단체와 법령에 따라 주무관청에 등록한 단체의 경우에는 그 허가일·인가일 또는 등록일 　ⓒ 공익을 목적으로 출연된 기본재산이 있는 재단으로서 등기되지 아니한 단체에 있어서는 그 기본재산의 출연을 받은 날 　ⓔ 「국세기본법」의 규정에 따라 납세지 관할세무서장의 승인을 얻은 단체의 경우에는 그 승인일
사업연도의 변경	① 변경신고기한 : 직전 사업연도 종료일부터 3개월 이내 ② 사업연도가 변경된 경우에는 종전 사업연도 개시일부터 변경된 사업연도 개시일 전날까지의 기간을 1 사업연도로 함 ③ 다만, 종전 사업연도 개시일부터 변경된 사업연도 개시일 전날까지의 기간이 1개월 미만인 경우에는 변경된(변경전 ×) 사업연도에 그 기간을 포함함 ④ 신설법인의 경우에는 최초사업연도가 지나기 전에는 사업연도를 변경할 수 없음

구분	내용
사업연도 의제	① 의제시점 : 해산등기일, 합병·분할등기일, 잔여재산가액 확정일, 사업계속등기일, 외국법인이 국내사업장을 가지지 않게 된 날 등 ② 적용배제 : 조직변경의 경우는 사업연도 의제사유에 해당하지 않음

3 납세지

구분	내용	
원칙	① 내국법인 　㉠ 그 법인의 등기부에 따른 본점이나 주사무소의 소재지 　㉡ 국내에 본점 또는 주사무소가 없는 경우 : 사업의 실질적 관리 장소의 소재지 ② 외국법인 　㉠ 국내사업장이 있는 경우 : 국내사업장의 소재지. 단, 2 이상의 국내사업장이 있는 경우에는 주된 사업장의 소재지 　㉡ 국내사업장이 없는 경우 : 부동산소득 또는 양도소득이 있는 외국법인의 경우에는 각각 그 자산의 소재지 ③ 법인으로 보는 단체 　㉠ 원칙 : 해당 단체의 사업장 소재지 　㉡ 주된 소득이 부동산임대소득인 단체의 경우 : 그 부동산의 소재지 　㉢ 2 이상의 사업장 또는 부동산을 가지고 있는 단체의 경우 : 주된 사업장 또는 주된 부동산의 소재지 　㉣ 사업장이 없는 단체의 경우 : 당해 단체의 정관 등에 기재된 주사무소의 소재지	
원천징수 법인세	**원천징수의무자**	**납세지**
	거주자	① 원칙 : 그 거주자의 주된 사업장 소재지 ② 주된 사업장 외의 사업장에서 원천징수를 하는 경우 : 그 사업장의 소재지 ③ 사업장이 없는 경우 : 그 거주자의 주소지 또는 거소지
	비거주자	① 원칙 : 그 비거주자의 주된 국내사업장 소재지 ② 주된 국내사업장 외의 국내사업장에서 원천징수를 하는 경우 　: 그 국내사업장의 소재지 ③ 국내사업장이 없는 경우 : 그 비거주자의 거류지 또는 체류지
	내국법인	그 법인의 본점·주사무소 또는 사업의 실질적 관리장소의 소재지
	외국법인	그 법인의 주된 국내사업장의 소재지
	★ 법인의 지점·영업소 기타 사업장이 독립채산제에 의하여 독자적으로 회계사무를 처리하는 경우에는 그 사업장의 소재지(그 사업장의 소재지가 국외에 있는 경우를 제외)로 한다. 다만, 법인이 지점·영업소 기타 사업장에서 지급하는 소득에 대한 원천징수세액을 본점 등에서 전자계산조직 등에 의하여 일괄 계산하는 경우로서 본점등의 관할세무서장에게 신고하거나 「부가가치세법」에 따라 사업자단위로 관할세무서장에게 등록한 경우에는 해당 법인의 본점 등을 해당 소득에 대한 법인세 원천징수세액의 납세지로 할 수 있다.	
납세지 지정	① 납세지가 그 법인의 납세지로 적당하지 않다고 인정되는 경우 ② 해당 사업연도 종료일부터 <u>45일 이내</u>에 지정 통지	
납세지 변경	법인은 납세지가 변경된 경우에는 그 <u>변경된 날부터 15일 이내</u>에 <u>변경 후의 납세지</u> 관할 세무서장에게 변경신고(부가가치세법에 따른 사업자등록 정정신고를 한 경우에는 납세지변경신고를 한 것으로 봄)	

CHAPTER 02 법인세의 계산구조

1 세무조정

구 분	내 용				
세무조정 종류·효과	구 분	결산서 vs 법인세법	세무조정내용	세무조정효과	
	익입	수익 < 익금	당기순이익에 가산	각사소득↑	
	익불	수익 > 익금	당기순이익에서 차감	각사소득↓	
	손입	비용 < 손금	당기순이익에서 차감	각사소득↓	
	손불	비용 > 손금	당기순이익에 가산	각사소득↑	
신고조정사항	① 결산조정·신고조정 모두 적용가능한 대부분의 익금·손금항목 ② 귀속시기 : 법률에 정해진 사업연도(선택불가) ③ 결산서 미반영시 : 세무조정 강제 ④ 결산서 미반영 + 세무조정 × → 수정신고 or 경정청구 ○ ⑤ 대상 : 결산조정사항을 제외한 대부분의 익금·손금항목				
결산조정사항	① 결산조정만 인정되는 손금항목 ② 귀속시기 : 결산상 비용으로 계상한 사업연도(선택가능) ③ 결산서 미반영시 : 신고조정 × & 경정청구 × ④ 대상 : 외부와의 거래 없이 그 비용계상여부가 전적으로 법인의사에 달려있는 손금항목 　㉠ 감가상각비의 손금산입[예외 : 국제회계기준 도입법인의 신고조정특례, 업무용승용차(5년, 정액법)의 강제신고조정, 법인세 감면법인에 대한 감가상각의제] 　㉡ 대손금의 손금산입(단, 소멸시효 완성 등 일정한 대손금은 신고조정사항에 해당함) 　㉢ 대손충당금 및 구상채권상각충당금의 손금산입 　㉣ 퇴직급여충당금의 손금산입[단, 퇴직연금충당금(퇴직보험료)의 손금산입은 신고조정사항에 해당함] 　㉤ 일시상각충당금(또는 압축기장충당금)의 손금산입(단, 신고조정도 허용됨) 　㉥ 법인세법에 따른 준비금의 손금산입(고유목적사업준비금과 비상위험준비금 및 해약환급준비금은 잉여금처분에 의한 신고조정도 허용됨) 　㉦ 조세특례제한법에 따른 연구·인력개발준비금 등의 손금산입(잉여금처분에 의한 신고조정도 허용됨) 　㉧ 소액미술품(거래단위별로 1천만원 이하인 것)의 취득가액에 대한 손금산입 　㉨ 소액취득자산·단기사용자산·소액수선비에 대한 즉시상각 　㉩ 시설개체·기술낙후로 인한 생산설비의 폐기손실 및 임차사업장의 원상회복을 위한 시설물 철거로 인한 폐기손실 　㉪ 파손·부패된 재고자산의 감액손실 　㉫ 주식발행법인의 부도 등으로 인한 해당 주식의 감액손실 　㉬ 천재지변 등으로 인하여 파손 또는 멸실된 유형자산의 감액손실				
임의조정사항	① 원칙 : 결산조정사항 ② 예외 : 신고조정허용 ③ 사례 : 과세이연을 위해 결산에 반영하여야 하나, 기업회계기준에서 인정되지 않아 결산반영을 못하는 손금(일시상각충당금, 준비금 등)				

세무조정관련 세무상서식	① 소득금액조정합계표 : 세무조정사항의 과목·금액·처분을 기재하여 소득금액조정의 내역을 증빙하는 서식(기부금 세무조정 제외) ② 자본금과 적립금 조정명세서(을) : 유보(△유보)로 처분된 사항을 관리하는 서식 ③ 자본금과 적립금 조정명세서(갑) : 법인세법상 순자산(자본)을 표시하는 서식

2 소득처분

구 분	내 용
개 념	세무조정사항에 대하여 그 소득의 귀속을 확인하는 절차
유보(△유보)	① 세무조정금액이 사내에 남아 결산서상 자산·부채와 세법상 자산·부채의 차이를 유발하는 경우에 행하는 처분 ② 가산조정 → 유보, 차감조정 → △유보 ③ 유보의 추인 : 당기에 발생한 유보(△유보)처분이 차기 이후 반대의 세무조정에 의해 △유보(유보) 처분으로 그 차이가 상쇄되는 과정 ④ 사후관리 : '자본금과 적립금 조정명세서(을)' 표에서 관리
사외유출	1) 귀속자가 분명한 경우 | 귀속자	소득처분	귀속자에 대한 과세	원천징수	자격중복
---	---	---	---	---
주 주	배 당	배당소득으로 보아 소득세 과세	○	↑
임직원	상 여	근로소득으로 보아 소득세 과세	○	
법인 또는 개인사업자	기타사외유출	추가적인 과세 없음	×	

이 외의 자	기타소득	기타소득으로 보아 소득세 과세	○	-	
					
					2) 귀속자가 불분명한 경우 또는 추계의 경우
					  ① 귀속자불분명 : 대표자에 대한 상여로 처분
					  ② 추계결정 : 대표자에 대한 상여로 처분(천재지변 → 기타사외유출)
					3) 무조건 기타사외유출로 처분하는 경우
					  ① 조세특례제한법에 따른 임대보증금 등의 간주임대료
					  ② 기업업무추진비의 손금불산입액(단, 증빙누락은 대표자 상여처분)
					  ③ 특례기부금·우리사주조합기부금·일반기부금의 한도초과액
					  ④ 채권자불분명사채이자(비실명채권·증권이자) 원천징수상당액
					  ⑤ 업무무관자산 등에 대한 지급이자의 손금불산입액
					  ⑥ 귀속자불분명 또는 추계 결정·경정으로 인한 대표자 상여처분에 대한 소득세 등을 법인이 대납하고 이를 손비로 계상하거나, 그 대표자와의 특수관계가 소멸될 때까지 회수하지 않음에 따라 손금불산입한 금액
					  ⑦ 부당행위계산부인 규정에 따른 불공정자본거래로 인하여 익금에 산입한 금액으로서 귀속자에게 증여세가 과세되는 금액
					  ⑧ 외국법인의 국내사업장의 각 사업연도의 소득에 대한 법인세의 과세표준을 신고하거나 결정 또는 경정함에 있어서 익금에 산입한 금액이 그 외국법인 등에 귀속되는 소득과 「국제조세조정에 관한 법률」에 따른 과세조정으로 익금에 산입한 금액이 국외특수관계인으로부터 반환되지 아니한 소득

	⑨ 업무용승용차의 임차료 중 감가상각비상당액 한도초과액 손금불산입액 및 업무용승용차의 처분손실 한도초과액 손금불산입액 4) 부당한 사외유출액의 회수에 대한 수정신고시 소득처분 특례 내국법인이 수정신고기한 내에 매출누락, 가공경비 등 부당하게 사외유출된 금액을 회수하고 세무조정으로 익금에 산입하여 신고하는 경우의 소득처분은 <u>사내유보</u>로 한다. 다만, 경정이 있을 것을 미리 알고 수정신고하는 경우에는 그러하지 아니한다. 5) 대표자의 판정 : 귀속자 불분명 또는 추계결정 등의 경우 상여처분의 귀속자가 되는 '대표자'는 다음과 같이 판단한다. ① 원칙 : 법인의 대표자는 별도의 특례규정에 해당하는 경우가 아니라면 원칙적으로 법인등기부상의 대표자로 한다. ② 예외 : 다음의 경우에는 법인등기부상 대표자에 해당여부에 불문하고 각각의 자를 대표자로 본다. 　㉠ 사실상의 지배임원 : 소액주주가 아닌 주주 등인 임원 및 그와 특수관계에 있는 자가 소유하는 주식을 합하여 해당 법인의 발행주식총수의 <u>30% 이상</u>을 소유하고 있는 경우로서 그 임원이 법인의 경영을 사실상 지배하고 있을 때 해당 임원 　㉡ 대표자가 2인 이상인 경우 : 법인이 2인 이상의 공동대표자를 두고 있는 경우에도 사실상 대표자에게 소득처분 하는 것이 원칙이나, 그 귀속이 불분명한 경우로서 공동대표자 각각이 모두 사실상의 대표자 역할을 수행한 때에는 귀속이 불분명한 소득처분금액을 사실상의 대표자 각인에게 골고루 나누어 상여처분 한다. 　㉢ 사업연도 중 대표자가 변경된 경우 : 사업연도 중에 대표자가 변경된 경우에는 사실상의 대표자 각인에게 귀속된 것이 분명한 금액은 이를 대표자 각인에게 구분하여 처분하고, 귀속이 분명하지 아니한 경우에는 재직기간의 일수에 따라 구분 계산하여 이를 대표자 각인에게 상여로 처분한다.
기타	① 세무조정금액이 결산상 자본과 세법상 자본의 구성내역차이 유발 ② 유보(△유보) × & 사외유출 × ③ 별도의 사후관리 필요없음 ④ 처분사례 : 자기주식처분손익, 국세·지방세환급가산금, 수입배당금 익금불산입, 기부금이월손금산입, 자산수증이익 이월결손금 보전시 익금불산입 등

CHAPTER 03 익금

1 익금항목(예시적규정)

구 분	내 용
사업수입금액	기업회계상 매출액(매출에누리, 매출환입 및 매출할인을 차감한 금액)
자산의 양도금액	재고자산 이외의 자산의 양도금액(자기주식 포함) ★ 자산의 양도금액 총액 → 익금, 양도자산의 장부가액 총액 → 손금

자기주식의 양도금액	① 기업회계 : 자기주식처분이익(손실) → 자본잉여금(자본조정)
	② 법인세법
	   ⊙ 자기주식★1의 양도금액★2 → 익금
	   ⓒ 양도당시 자기주식의 장부가액 → 손금
	③ T/A : 익入 자기주식처분이익 (기타) or 손入 자기주식처분손실 (기타)
	  ★1 합병법인이 합병에 따라 피합병법인이 보유하던 합병법인의 주식을 취득하게 된 경우 포함
	  ★2 임직원과 약정된 주식매수선택권의 행사에 따라 주식을 양도하는 경우에는 주식매수선택권을 행사하는 당시의 시가

자산평가차익	① 원칙 : 익금불산입항목 ② 예외 : 보험업법 등 법률에 의한 평가증, 외화환산이익 등 → 익금항목
자산수증이익 (채무면제이익)	① 원칙 : 익금항목 ② 예외 : 이월결손금의 보전에 충당된 금액 → 익금불산입(기타)
손금산입액 중 환입액	① 지출당시 손금산입액(ex 재산세) → 환급(환입)시 익금항목 ② 지출당시 손금불산입액(ex 법인세비용) → 환급(환입)시 익금불산입항목
책임준비금 감소액	① 「보험업법」에 따른 보험회사의 책임준비금 감소액으로서 보험감독회계기준에 따라 수익으로 계상된 금액(단, 할인율의 변동으로 인한 책임준비금 공정가치 평가금액은 제외함) ② 「주택도시기금법」에 따른 주택도시보증공사가 적립한 책임준비금의 감소액(할인율의 변동에 따른 책임준비금 평가액의 감소분은 제외)으로서 보험감독회계기준에 따라 수익으로 계상된 금액 [개정안]
기타 익금항목 (예시적열거)	국고보조금 및 공사부담금, 자산의 임대료, 이자수익, 배당금수익 및 보험차익, 특수관계자인 개인으로부터의 유가증권 저가매입액, 간접외국납부세액, 임대보증금 등에 대한 간주임대료, 의제배당소득 등

2 익금불산입항목(열거규정)

구 분	내 용

(1) 자본거래	① 주식발행액면초과액. 단, 채무의 출자전환으로 주식을 발행하는 경우에는 그 주식의 시가를 초과하여 발행된 금액(채무면제이익)은 익금에 해당함
	② 주식의 포괄적 교환차익 및 포괄적 이전차익
	③ 합병차익 및 분할차익
	④ 감자차익
	⑤ 자산수증이익·채무면제이익 중 이월결손금보전에 충당한 금액
	⑥ 출자전환시 채무면제이익 중 결손금보전에 충당할 금액
	⑦ 자본준비금 감액배당
	  ㉠ 상법에 따른 자본준비금을 감액하여 받는 배당(내국법인이 보유한 주식의 장부가액을 한도로 함)은 이를 익금으로 보지 아니한다.
	  ㉡ 다만, 다음의 어느 하나에 해당하는 자본준비금을 감액하여 받는 배당금액은 제외한다(상법상 자본준비금의 감액배당임에도 익금에 해당함).
	    ⓐ 피투자회사의 자본준비금 중 자본전입시 주주의 의제배당으로 과세되는 자본준비금
	    ⓑ 적격합병(또는 적격분할)에 따른 합병차익(또는 분할차익) 중 피합병법인의 「자산재평가법」에 따른 재평가적립금(재평가세 1%가 과세된 토지분 제외)에 상당하는 금액 NEW

(2) 이중과세방지	⑧ 이월익금 ⑨ 손금불산입액의 환입액 ⑩ 수입배당금 중 일정금액

(3) 기타의 익금불산입	⑪ 자산의 평가차익(법률에 의한 평가증 등 일정한 경우는 제외)
	⑫ 부가가치세 매출세액
	⑬ 국세·지방세 과오납금의 환급금에 대한 이자
	⑭ 연결법인간 법인세 수령액
	  ㉠ 연결모법인이 연결자법인으로부터 해당 연결자법인 부담분에 해당하는 각 연결사업연도의 법인세액을 지급받았거나 지급받을 금액
	  ㉡ 위 ㉠의 금액이 (−)인 경우 연결자법인이 연결모법인으로부터 지급받았거나 지급받을 금액

🌟 사례연구 자본준비금을 감액하여 받는 배당

㈜A는 ㈜B의 주식(액면가액 5억원)을 2023년 2월에 10억원에 취득하였고, 이에 대하여 2024년 3월에 ㈜B가 자본잉여금(주식발행액면초과액)을 감액하여 현금배당한 금액을 결산상 수입배당금(수익)으로 계상하였다. 단, ㈜B는 이익잉여금이 없다고 가정한다.

[사례1] ㈜B의 자본잉여금(주식발행액면초과액) 감액으로 받은 현금배당액이 **3억원**인 경우

Book	(차) 현　　금　3억원　　/　(대) 배당금수익(수익) 3억원
Tax	(차) 현　　금　3억원　　/　(대) 투 자 주 식* 3억원
T/A	〈익금불산입〉 투자주식 3억원 (△유보)

★ 피투자회사가 자본준비금을 감액하여 지급한 배당은 주주의 출자금이 반환된 것으로 보아 세법상 해당 주식의 장부가액을 감액한다.

[사례2] ㈜B의 자본잉여금(주식발행액면초과액) 감액으로 받은 현금배당액이 **12억원**인 경우

Book	(차) 현　　금　12억원　　/　(대) 배당금수익(수익) 12억원
Tax	(차) 현　　금　12억원　　/　(대) 투 자 주 식　10억원 　　　　　　　　　　　　　　　　배당금수익(익금)* 2억원
T/A	〈익금불산입〉 투자주식 10억원 (△유보)

★ 자본준비금의 감액으로 인한 배당인 경우에도 보유주식의 장부가액을 초과하는 금액은 투자금을 초과한 익금에 해당하는 금액이므로 결산산 계상한 배당금수익은 보유주식의 장부가액을 한도로 익금불산입하여야 함

3 임대보증금 등에 대한 간주임대료

구 분		내 용
일반법인		간주임대료를 계산하지 않음
추계 결정시	적용대상	장부 기타 증빙의 미비 등으로 추계결정·경정하는 모든 법인에 대하여 적용
	계산방법	임대보증금적수* × $\frac{1}{365(366)}$ × 정기예금이자율 ★ 주택에 대한 임대보증금에 대해서도 간주임대료 계산 ★ 적수의 계산은 임대개시일부터 계산한다.(임대계약일 ×, 보증금수령일 ×)
	소득처분	추계에 의해 결정되는 과세표준의 한 부분을 구성 → 대표자 **상여**로 처분하되, 천재 등 불가항력사유는 **기타사외유출**
차입금 과다법인	적용대상	부동산임대업을 주업[*1]으로 하는 차입금이 과다한[*2] 영리내국법인 ★1 부동산임대업 주업 : 자산총액 중 임대사업에 사용된 자산가액이 50% 이상 ★2 차입금이 과다한 법인' : 차입금이 자기자본의 2배를 초과
	계산방법	(임대보증금적수[*1] − 건설비적수[*2]) × $\frac{1}{365(366)}$ × 정기예금이자율 − 금융수익[*3] ★1 주택에 대한 임대보증금에 대해서는 간주임대료 계산 × ★2 건설비 : 토지를 제외, 자본적지출액은 포함, 재평가차액·감가상각누계액은 고려 × ★3 금융수익 : 이자·배당·신주인수권처분이익·유가증권처분이익의 발생주의 금액 [유가증권처분손익 → 상계한 순액기준, (−) → '0']
	소득처분	〈익금산입〉 간주임대료 ××× (기타사외유출)

4 의제배당

구 분	내 용
잉여금 자본전입 (유형Ⅰ)	(1) 자본전입재원분석 〈자본전입 재원별 의제배당 해당여부〉

기업회계	자본전입재원			균등 배정분	자기주식 추가배정분
자본 잉여금	① 주식발행액면초과액		일반적인 경우	×	○
			출자전환시 채무면제이익	○	○
	② 이익잉여금으로 상환된 상환주식의 주식발행액면초 과액 해당액 〔개정안〕			○	○
	③ 주식의 포괄적 교환·이전차익			×	○
	④ 합병차익·분할차익			×	○
	⑤ 감자차익	일반적인 자본감소		×	○
		자기주식소각이익	원칙	×	○
			예외	○	○
	⑥ 자기주식처분이익			○	○
	⑦ 재평가적립금	일반적인 경우		×	○
		재평가세 1% 적용 토지분		○	○
이익 잉여금	⑧ 법정적립금			○	○
	⑨ 임의적립금			○	○
	⑩ 미처분이익잉여금			○	○

[참고] 자기주식소각이익의 자본전입시 의제배당 여부판단

구 분	소각일 ~ 2년 이내 자본전입	소각일 ~ 2년 후 자본전입
소각당시 시가 ≤ 취득가액	의제배당 ○	의제배당 ×
소각당시 시가 > 취득가액	의제배당 ○	의제배당 ○

(2) 의제배당소득 = 의제배당 해당 무상주 × ㉠ 무상증자 → 액면가액
　　　　　　　　　　　　　　　　　　　　㉡ 주식배당 → 발행가액

(3) 세무조정 : 〈익금산입〉 투자주식 ××× (유보)

자본감소 (유형Ⅱ)	① 의제배당원인 : 피투자회사의 자본감소(유상감자), 법인해산, 합병·분할로 출자반환 ② 의제배당액 : 자본감소 등에 대한 대가 − 소멸주식의 취득가액 ③ 단기소각주식의 특례 : 의제배당으로 과세되지 않은 무상주를 취득한 후 2년 이내에 피투자회사의 자본감소가 있는 경우에는 자본감소로 인한 의제배당금액을 계산함에 있어서 과세되지 않은 무상주를 먼저 소각한 것으로 보며, 그 주식의 취득가액은 '0'으로 함
의제배당 귀속시기	① 잉여금 자본전입 : 자본전입결의일 ② 자본감소(감자) : 자본감소 결의일 ③ 퇴사·탈퇴 : 퇴사일·탈퇴일 ④ 해산 : 잔여재산가액확정일(해산등기일 ×) ⑤ 합병·분할 : 합병·분할등기일

5 배당소득에 대한 이중과세조정

(1) 내국법인으로부터 받은 수입배당금액의 익금불산입

구 분	내 용
요 건	내국법인(고유목적사업준비금을 손금에 산입하는 비영리내국법인 제외)이 다른 내국법인(피출자법인)으로부터 수입배당금을 받은 경우
익금불산입액	익금불산입액[*1] = 수입배당금액[*2] × 익금불산입률[*3] − 지급이자 차감액[*4] [*1] 피출자법인별로 계산하며, 해당 금액이 '0'보다 작은 경우에는 '0'으로 본다. [*2] 일반배당분 아니라 의제배당액을 포함한다. [*3] 익금불산입률 | 피출자법인에 대한 출자비율	익금불산입률 | |---|---| | 50% 이상 | 100% | | 20% 이상 ~ 50% 미만 | 80% | | 20% 미만 | 30% | [*4] I/S상 이자비용 − 손不 지급이자 − 현재가치할인차금 상각액 − 연지급수입이자 등

적용배제	① 배당기준일 전 3개월 이내에 취득한 주식에서 발생한 배당
	② 소득공제·비과세·면제·감면·동업기업과세특례가 적용되는 법인으로부터 받은 배당
	③ 「자산재평가법」을 위반하여 「자산재평가법」에 따른 재평가적립금(재평가세 1%가 과세된 토지분 제외)을 감액하여 지급받은 수입배당금액 NEW
	④ 적격합병(또는 적격분할)에 따른 합병차익(또는 분할차익) 중 피합병법인의 「자산재평가법」에 따른 재평가적립금(재평가세 1%가 과세된 토지분 제외)에 상당하는 금액에 해당하는 자본준비금을 감액하여 지급받은 수입배당금액 NEW
	⑤ 피출자법인의 소득에 법인세가 과세되지 아니한 수입배당금액으로서 다음 중 어느 하나에 해당하는 금액 NEW
	   ㉠ 자본의 감소로 인하여 주주등인 내국법인이 취득한 재산가액이 당초 주식등의 취득가액을 초과하는 금액 개정안
	   ㉡ 법인이 자기주식 또는 자기출자지분을 보유한 상태에서 자본전입을 함에 따라 그 법인 외의 주주등인 내국법인의 지분 비율이 증가한 경우 증가한 지분 비율에 상당하는 주식등의 가액 개정안

세무조정	〈익금불산입〉 수입배당금 ××× (기타)

(2) 외국자회사 수입배당금액의 익금불산입

구 분	내 용
적용대상	내국법인(외국납부세액공제가 적용되는 간접투자회사등은 제외)이 해당 법인이 출자한 외국자회사로부터 받은 수입배당금액
외국자회사 요건	다음의 요건을 모두 충족한 외국자회사 ① 지분율요건 : 내국법인이 의결권 있는 출자총액의 10%(해외자원개발사업을 하는 외국법인의 경우 5%) 이상을 출자하고 있을 것 ② 보유기간요건 : 위 ①의 지분을 배당기준일 현재 6개월 이상 계속하여 보유하고 있을 것
익금불산입률	수입배당금액의 95%
적용배제	① 「국제조세조정에 관한 법률」에 따라 특정외국법인의 유보소득에 대하여 내국법인이 배당받은 것으로 보는 금액 및 해당 유보소득이 실제 배당된 경우의 수입배당금액 ② 「국제조세조정에 관한 법률」상 특정외국법인의 유보소득 배당간주 규정의 요건을 모두 충족하는 특정외국법인으로부터 받은 수입배당금액으로서 실제 부담세액이 실제발생소득의 15% 이하인 특정외국법인으로부터 받은 수입배당금액 ③ 혼성금융상품(자본 및 부채의 성격을 동시에 가지고 있는 금융상품으로서 일정요건을 갖춘 금융상품)의 거래에 따라 내국법인이 지급받는 수입배당금액 ④ 추계결정·경정시 적용배제 NEW ㉠ 원칙 : 추계결정·경정시에는 수입배당금 익금불산입규정 적용 × ㉡ 예외 : 천재지변 등으로 장부나 그 밖의 증명서류가 멸실되어 추계하는 경우에는 추계 시에도 적용 ○
기타사항	① 외국자회사 배당금에 대해 익금불산입이 적용되지 않는 경우는 현행과 동일하게 외국납부세액공제가 적용됨 ② 내국법인이 해당 법인이 출자한 외국법인(외국자회사는 제외)으로부터 자본준비금을 감액하여 받는 배당으로서 익금에 산입되지 아니하는 배당에 준하는 성격의 수입배당금액을 받는 경우 그 금액의 95%에 해당하는 금액은 각 사업연도의 소득금액을 계산할 때 익금에 산입하지 아니한다.

CHAPTER 04 손금 I

1 일반적인 손금항목(예시규정)

구 분	내 용
매입부대비용	기업회계상 **매출원가**에 해당하는 금액으로서 판매한 상품 또는 제품에 대한 원료의 매입가액(매입에누리, 매입환출 및 매입할인금액 제외)과 그 부대비용
판매부대비용	판매한 상품 또는 제품의 보관료, 포장비, 운반비, 판매장려금 및 판매수당(사전약정없이 지급하는 경우 포함) 등 판매와 관련된 부대비용
양도자산의 장부가액	자산의 양도금액 → 익금, 양도자산의 장부가액 → 손금 (총액법)
자산평가차손 중 일정한 경우	자산의 평가차손은 미실현손실로서 원칙적으로 손금불산입항목이나 법에서 정한 일정한 경우에는 손금으로 인정한다. ex 파손·부패된 재고자산의 감액손실 등
회 비	영업자가 조직한 단체로서 법인이거나 주무관청에 등록된 조합 또는 협회에 지급한 회비(단, 조합 또는 협회가 법령 또는 정관이 정하는 바에 따른 정상적인 회비징수 방식에 의하여 경상경비 충당 등을 목적으로 조합원 또는 회원에게 부과하는 회비에 한정함)
회수할 수 없는 부가가치세 매출세액 미수금	회수불능사유로 회수하지 못한 채권금액에 부가가치세가 포함되어 있는 경우에는 해당 부가가치세 매출세액 미수금(대손세액공제를 받은 경우는 제외)도 대손금의 일부로서 손금에 산입한다.
우리사주조합 출연금 등	우리사주조합에 출연하는 자사주의 장부가액 또는 금품
유족지원금	임원 또는 직원(지배주주 등인 자는 제외)의 사망 이후 유족에게 학자금 등으로 일시적으로 지급하는 금액으로서 기획재정부령으로 정하는 요건을 충족한 것
소액미술품	장식·환경미화 등의 목적으로 상시비치하는, 거래단위별 취득가액이 1천만원 이하인 미술품의 취득가액을 결산에 손비로 계상한 경우(결산조정사항)
잉여식품기부액	음·식료품 및 생활용품의 제조업·도소매업을 영위하는 내국법인이 잉여식품 등을 법률에서 지정하는 자에게 무상으로 기증하는 경우 그 기증한 잉여식품 등의 장부가액(기부금에 포함하지 않음 → 한도적용없이 전액 손금인정)
성과보상기금 기여금	중소기업 및 중견기업이 「중소기업 인력지원 특별법」에 따라 부담하는 성과보상기금 기여금 등
사내근로복지기금 출연금	해당 내국법인 또는 협력중소기업이 설립한 사내근로복지기금 및 공동복지근로기금에 출연하는 금품
주식매수 선택권 등 보전액	주식매수선택권 또는 우리사주매수선택권(해당 법인의 발행주식총수의 10%의 범위에서 부여하거나 지급한 경우만 해당)을 부여받거나 지급받은 자에 대한 다음의 금액 ① 약정된 주식매수시기에 약정된 주식의 매수가액과 시가의 차액을 금전 또는 해당 법인의 주식으로 지급하는 경우 해당 금액 ② 약정된 주식매수시기에 주식매수선택권 또는 우리사주매수선택권행사에 따라 주식을 시가보다 낮게 발행하는 경우 그 주식의 실제 매수가액과 시가의 차액 ③ 주식기준보상으로 금전을 지급하는 경우 해당 금액

임직원 양육지원비 개정안	임원 또는 직원의 출산 또는 양육 지원을 위해 임직원에게 공통적으로 적용되는 지급기준에 따라 지급하는 금액
책임준비금 증가액	① 「보험업법」에 따른 보험회사의 책임준비금 증가액으로서 보험감독회계기준에 따라 비용으로 계상된 금액(단, 할인율의 변동으로 인한 책임준비금 공정가치 평가금액은 제외함) ② 「주택도시기금법」에 따른 주택도시보증공사가 적립한 책임준비금의 증가액(할인율의 변동에 따른 책임준비금 평가액의 증가분은 제외)으로서 보험감독회계기준에 따라 비용으로 계상된 금액 개정안
기타 손금항목	인건비, 고정자산 수선비, 감가상각비, 자산의 임차료, 차입금이자, 대손금 등 법인의 순자산을 감소시킨 거래로서 손금불산입항목에 해당되지 않는 것

2 손금불산입 항목(열거규정)

구 분	내 용
자본거래	잉여금의 처분액, 주식할인발행차금 및 기타 출자지분의 환급액 등
자산평가차손	① 원칙 : 손금불산입 ② 예외 : 파손·부패된 재고자산의 감액손실 등 일정한 결산조정사항은 손금 ○
특정 여비와 교육훈련비	법인이 임원 또는 직원이 아닌 지배주주 등에게 지급한 여비 또는 교육훈련비
공동경비 중 기준초과지출액	다음의 법정기준을 초과하여 지출한 공동경비 → 손금불산입(기타사외유출) ① 출자공동사업자의 공동사업비용 : 출자비율 ② 비출자공동사업자의 공동사업비용 ㉠ 특수관계인 경우 : 직전 사업연도 또는 해당 사업연도의 매출액 비율과 총자산액 비율 중 법인이 선택하는 비율에 해당하는 금액 ㉡ 특수관계인 외의 자인 경우 : 약정에 따른 분담비율(해당 비율이 없는 경우에는 위 ㉠의 비율)
징벌적목적의 손해배상금	① 징벌적 손해배상금 : 내국법인이 지급한 손해배상금 중 실제 발생한 손해액의 일정배수를 한도로 손해배상 책임을 정하는 법률의 규정에 따라 지급한 손해배상액 중 실제 발생한 손해액을 초과하는 금액은 이를 손금에 산입하지 아니한다. ② 손해액의 추정 : 위 ①을 적용할 때 실제 발생한 손해액이 분명하지 아니한 경우 손금불산입 대상 손해배상금은 다음 계산식에 따라 계산한 금액으로 한다 개정안. [시행령개정안] <table><tr><td>종 전</td><td>2024년 시행령 개정(안)</td></tr><tr><td>○ 내국법인이 지급한 손해배상금에 2/3을 곱한 금액</td><td>○ 손금불산입대상 손해배상금 = A × $\frac{B-1}{B}$ A : 위 ①의 규정에 따라 지급한 손해배상금 B : 위 ①의 규정에 따른 실제 발생한 손해액 대비 손해배상액의 배수 상한</td></tr></table>
업무무관비용	① 업무무관자산의 유지비·관리비 ② 출자임원(소액주주임원 제외)에게 제공한 사택의 유지관리비 ③ 업무무관자산의 취득을 위한 차입비용 ④ 뇌물 ⑤ 대손불능채권(특수관계인에 대한 업무무관가지급금 및 채무보증구상채권)의 처분손실 ⑥ 노동조합 및 노동관계조정법을 위반하여 지급하는 급여(노조전임자 급여) ★ 단, 업무무관자산의 취득부대비용(취득세)은 취득원가에 산입한다(즉, 손금불산입항목에 해당하지 않는 것이며, 지출시 자산으로 계상하고 추후 손금처리).

기타의 손금불산입 항목	일정한 세금과 공과금, 감가상각부인액, 특례·일반기부금 한도초과액 및 비지정기부금, 기업업무추진비 한도초과액 등 손금불산입항목으로 열거된 것

3 업무용 승용차 관련비용의 손금불산입 등 특례

(1) 기본사항

구 분	내 용
업무용 승용차	① 적용대상 : 개별소비세 과세대상 승용자동차(= VAT 비영업용승용차) ② 적용배제 : 다음 중 어느 하나에 해당하는 것은 제외(= VAT 영업용승용차) 　㉠ 운수업, 자동차판매업, 자동차임대업, 운전학원업, 경비업(출동차량에 한함)등의 사업에서 사업상 수익 창출을 위해 직접적으로 사용하는 승용차 　㉡ 「여신전문금융업법」에 따른 시설대여업에서 사업상 수익을 얻기 위하여 직접 사용하는 승용자동차 　㉢ 장례식장 및 장의관련 서비스업을 영위하는 법인이 소유하거나 임차한 운구용 승용차 　㉣ 연구개발을 목적으로 사용하는 승용자동차로서 자동차관리법에 따른 국토교통부장관의 임시운행허가를 받은 자율주행자동차
업무용 승용차 관련비용	감가상각비, 임차료, 유류비, 수선비, 보험료, 자동차세, 통행료, 금융리스부채에 대한 이자비용 등 업무용승용차를 취득·유지함으로써 발생하는 비용

(2) 세무조정절차 및 관련규정

[1단계] 업무용승용차 감가상각시부인

구 분	내 용
상각범위액	내용연수 5년, 정액법
조정방법	신고조정강제(상각부인액 : 손금불산입(유보), 시인부족액 : 손금산입(△유보))

[2단계] 업무용승용차 관련비용 집계

구 분	내 용
법인보유차량	업무용승용차 관련비용 = ① + ② ① 감가상각비 : [1단계] 감가상각시부인 이후의 세무상 감가상각비 손금산입액 ② 기타 관련비용 : 감가상각비 외의 유류비, 수선비, 자동차세, 통행료 등
임차·렌탈차량	업무용승용차 관련비용 = ① + ② ① 임차료 중 감가상각비 상당액 　㉠ 시설대여업자로부터 임차한 승용차(리스차량) : 임차료에서 해당 임차료에 포함되어 있는 보험료, 자동차세 및 수선유지비를 차감한 금액. 다만, 수선유지비를 별도로 구분하기 어려운 경우에는 임차료의 7%를 수선유지비로 할 수 있다. 　㉡ 위 ㉠에 따른 시설대여업자 외의 자동차대여사업자로부터 임차한 승용차(장기렌탈차량 : 임차료의 70%에 해당하는 금액 ② 기타 관련비용 : 임차료 중 위 ①을 제외한 금액

[3단계] 업무전용승용차 해당여부 판단

구 분	내 용
업무전용 판단기준	① 다음 중 어느 하나에 해당하는 경우 : 전액 손금불산입(귀속자 사외유출) 　㉠ 업무전용자동차보험에 가입하지 아니한 경우 　㉡ 국토교통부장관이 정하는 바에 따라 법인업무용 자동차번호판을 부착하여야 하는 업무용 승용차가 해당 자동차번호판을 부착하지 않은 경우 개정안 ② 위 ①에 해당하지 않는 경우 : **[4단계] 업무사용금액의 산정**절차 적용
업무전용 자동차보험	해당 사업연도 전체 기간(임차한 승용차의 경우 해당 사업연도 중에 임차한 기간) 동안 다음의 어느 하나에 해당하는 사람이 운전하는 경우만 보상하는 자동차보험 ① 해당 법인의 임원 또는 직원 ② 계약에 따라 해당 법인의 업무를 위하여 운전하는 사람 ③ 해당 법인의 업무를 위하여 필요하다고 인정되는 경우로서 해당 법인의 운전자 채용을 위한 면접에 응시한 지원자
법인업무용 자동차번호판 개정안	① 부착대상 법인업무용자동차 　㉠ 중앙행정기관 및 그 소속기관에서 관리·운행하는 공용 승용자동차로서 취득가액 8,000만원 이상의 차량 　㉡ 자동차등록원부에 기재된 자동차 소유자가 법인인 취득가액 8,000만원 이상의 비사업용 승용자동차(계약자가 법인인 리스, 렌탈차량 포함) ② 법인업무용 자동차번호판의 부착의무는 2024.1.1. 이후 등록하거나 대여한 자동차부터 적용하되, 시행이전의 법인업무용 자동차등록번호판 부착대상 자동차는 법인업무용 자동차등록번호판으로 교체할 수 있다.

[4단계] 업무사용금액 산정

구 분	내 용
업무사용금액	① 업무사용금액 　　　업무사용금액 = 업무용승용차 관련비용 × 업무사용비율 ② 업무사용비율 　㉠ 운행기록 등을 작성·비치한 경우 : 운행기록 등에 따라 확인되는 총 주행거리 중 업무용 사용거리가 차지하는 비율 　㉡ 운행기록 등을 작성·비치하지 않은 경우 | 구 분	업무사용비율
관련비용이 1,500만원* 이하인 경우	100%
관련비용이 1,500만원*을 초과하는 경우	$\dfrac{1,500만원*}{업무용승용차관련비용}$ | *부동산임대업을 주된 사업으로 하는 일정한 법인의 경우는 500만원.
사적사용금액	업무용승용차 관련비용 중 업무사용금액으로 인정되지 않는 금액 → 전액 손금불산입(귀속자에 대한 사외유출)

[5단계] 업무사용금액 중 감가상각비 한도초과액 계산

구 분	내 용
법인보유차량	① 감가상각비 중 800만원*을 초과하는 금액 : 손금불산입(유보) ② 이월손금산입 : 차기 이후 감가상각비가 800만원*에 미달하는 경우 : 손금산입(△유보)
임차·렌탈차량	① 감가상각비 상당액 중 800만원*을 초과하는 금액 : 손금불산입(기타사외유출) ② 차기 이후 감가상각비 상당액이 800만원*에 미달하는 경우 : 손금산입(기타) ③ 임차기간의 만료 또는 해지로 임차가 종료된 경우 : 해당 이월잔액을 해당 사업연도의 다음 사업연도부터 사업연도별로 800만원*을 균등하게 손금에 산입하고, 이월금액의 누적잔액이 800만원* 미만인 사업연도에는 해당 잔액을 모두 손금에 산입함

* 부동산임대업을 주된 사업으로 하는 일정한 법인의 경우는 400만원.

[6단계] 업무용승용차의 처분손실에 대한 처리

구 분	내 용
① 업무용승용차별 800만원 이하의 처분손실	손금인정
② 처분손실 중 800만원을 초과하는 금액	손금불산입(기타사외유출)
③ 위 ②의 손금불산입액	① 다음 사업연도부터 800만원*을 균등하게 손금산입(기타) ② 이월금액의 누적잔액이 800만원* 미만인 사업연도에는 해당 잔액을 모두 손금에 산입함

* 부동산임대업을 주된 사업으로 하는 일정한 법인의 경우는 400만원.

4 세금과 공과금 및 벌과금 등

구 분	내 용
조세	1. 원칙 : 손금항목 2. 예외 : 손금불산입항목에 해당하는 조세 (1) 법인세(가산세 포함)*・농어촌특별세・법인지방소득세・이연법인세 　*단, 외국납부세액공제를 적용하지 않는 경우의 외국법인세액은 제외(손금○)하되, 외국납부세액공제 또는 익금불산입이 적용되는 수입배당금액에 대하여 외국에 납부한 세액은 포함(손금×)함 (2) 부가가치세 매입세액 　① 공제되는 매입세액 : 손금불산입 항목(공제 또는 환급받을 금액이므로) 　② 불공제매입세액 　　| 구 분 | 손금인정여부 | 　　|---|---| 　　| [정책적목적의 불공제] 　　① 비영업용승용자동차 관련 매입세액 　　② 기업업무추진비관련 매입세액 　　③ 면세사업관련 매입세액 　　④ 토지관련 매입세액 　　⑤ 임차인이 부담한 간주임대료에 대한 매입세액 | 손금항목 　　(자산취득분은 추후손금) | 　　| [의무불이행 등 불공제] 　　① 업무무관 매입세액 　　② 세금계산서 미수취 등 매입세액 　　③ 매입처별세금계산서합계표 미제출 등 매입세액 　　④ 사업자등록 신청전 매입세액 | 손금불산입항목 　　(자산취득분 자산계상불가) | (3) 개별소비세, 주세 및 교통・에너지・환경세(간접세) (4) 법인설립 및 증자관련 등록면허세[신주발행비 → 손금불산입(기타)] (5) 연결법인간 법인세 지급액 　① 연결자법인이 연결모법인에 해당 연결자법인 부담분에 해당하는 각 연결사업연도의 법인세액을 지급하였거나 지급할 금액 　② 위 ①의 금액이 (-)인 경우 연결모법인이 연결자법인에 지급하였거나 지급할 금액
공과금	(1) 원칙 : 손금항목(교통유발부담금, 폐기물처리부담금 등 대부분의 공과금) (2) 예외①(손금불산입항목) 　㉠ 법령에 따라 의무적으로 납부하는 것이 아닌 공과금(임의출연금 등) 　㉡ 법령에 따른 의무의 불이행 또는 금지・제한 등의 위반에 대한 제재(制裁)로서 부과되는 공과금 　　(폐수배출부담금, 장애인고용부담금 개정안★) (3) 예외② : 자산취득원가로 계상되는 공과금(추후손금) 　㉠ 하수종말처리장설치부담금(공장용지 취득가액 포함) 　㉡ 개발부담금(개발지역토지 취득가액 포함)
벌과금	① 손금불산입 항목 : 벌과금(벌금・과료・과태료), 강제징수비 등 ② 손금항목 : 사계약상 의무불이행 지체상금, 연체이자, 연체금, 연체료, 연체가산금 등

5 인건비

구 분	내 용

급 여	① 원칙 : 손금항목
	② 예외 : 손금불산입
	   ㉠ 특수관계 임직원 및 비상근임원보수 초과지급액
	   ㉡ 노무출자사원에게 지급하는 보수

상 여	**원 칙** : 손금항목 **예 외** : 다음 중 어느 하나에 해당하는 것은 손금불산입 ① 임원상여금한도초과액* : ⓑ 비용처리 → 손금불산입(상여) * 임원상여의 한도규정이 없는 경우에는 그 한도는 ₩0으로 보아 지급액 전액을 손금불산입하고 상여로 소득처분한다. ② 잉여금처분에 의한 상여 : ⓑ 비용처리 → 손금불산입(기타)

퇴직금	① 원칙 : 손금항목
	② 예외 : <u>비현실적퇴직에 대한 퇴직금 지급액</u> 및 <u>임원퇴직금한도초과액</u> → 손금불산입
	  * 비현실적퇴직시 퇴직급지급액 : 현실적 퇴직시까지의 업무무관가지급금(대여금)으로 봄
	  * 임원퇴직금한도초과액 : 임원의 근로소득에 해당하므로 상여로 소득처분
	  * 임원퇴직금한도
	
	          | 구 분 | 임원퇴직금 한도 |
	          |---|---|
	          | 정관 규정 ○ | 그 정관에 규정된 한도액 |
	          | 정관 규정 × | 퇴직전 1년간 총급여액 × 10% × 근속연수(월할계산, 1월미만 절사) |

복리 후생비	직장체육비, 직장문화비, 우리사주조합 운영비, 건강보험료 및 고용보험료 사용자부담금 등 * 단, 법인이 건강보험료 및 고용보험료 법정부담분을 초과하여 근로자 부담분까지 부담한 경우에도 해당 법인의 손금으로 인정함. 다만, 이 경우에는 해당 근로자에게 근로소득세가 과세됨

> ☆ 참고 **손금의 입증책임**

구 분	내 용		
원 칙	법정 지출증명서류(신용카드매출전표, 직불카드영수증, 기명식선불카드영수증, 현금영수증, 세금계산서, 계산서 등)에 의한 증빙이 있는 경우에만 손금으로 인정됨 * If, 증빙누락경비를 결산상 비용계상한 경우 → 손금불산입(상여)		
예 외 (영수증수취분)	법정 지출증명서류를 수취하지 않았으나 객관적인 지급사실이 확인되는 경우		
	구 분	기준금액*1 이하	기준금액*1 초과
	기업업무추진비	기업업무추진비로 인정	손금불산입
	기타 업무관련지출	손금인정	손금인정*2
	*1 기준금액 : 기업업무추진비 → 건당 3만원(경조사비는 20만원), 기타 업무관련지출 → 3만원 *2 증빙불비가산세로서 법정증빙미수취금액의 2% 부과		

6 기업업무추진비

구 분	내 용
성 격	특정인에 대한 사업관련 무상지출액 (If, 사업무관 → 기부금, 불특정다수 → 광고선전비)

[1단계]
기업업무추진비
해당액
	복리시설비
	① 직원이 조직한 단체가 법인 ○ : 기업업무추진비 ○
	② 직원이 조직한 단체가 법인 × : 기업업무추진비 ×(법인 경리의 일부로 본다)
	
	채권포기액
	① 업무관련 + 정당한사유(대손사유)로 포기한 채권액 : 대손금
	② 업무관련하여 정당한 사유 없이 포기한 채권액 : 기업업무추진비
	③ 업무관련없이 포기한 특수관계 없는 자에 대한 채권액 : 기부금
	
	기업업무추진비 관련 부가가치세
	① 사업상증여에 따른 부가가치세 매출세액
	② 기업업무추진비 지출시 거래징수당한 부가가치세 매입세액
	
	타인부담 접대비
	주주·출자자·임직원이 부담하여야 할 기업업무추진비를 법인이 지출하고 이를 비용(기업업무추진비)으로 계상한 경우 → 손금불산입 (사외유출)
	
	견본품 등
	① 불특정다수에 증정 : 광고선전비(전액 손금인정)
	② 특정거래처에 증정
	  ㉠ 원칙 : 기업업무추진비 ○
	  ㉡ 물품당 3만원 이하 : 기업업무추진비 ×
	  ㉢ 물품당 3만원 초과 : 1인당 연간 5만원 이하의 금액 → 기업업무추진비 ×
	
	판매장려금
	① 기업회계기준 : 매출에누리(매출액에서 차감)
	② 법인세법 : 사전약정여부에 불문하고 전액 손금인정

[2단계] 법정증빙요건

종 류	구 분	세무조정
① 증빙누락	직부인	손금불산입(대표자 상여)
② 영수증수취분[*1](건당 3만원[*2] 초과)	직부인	손금불산입(기타사외유출)
③ 영수증수취분[*1](건당 3만원[*2] 이하)	기업업무 추진비 한도시부인	한도초과분 : 손금불산입(기타사외유출)
④ 법정지출증명서류 수취분	기업업무 추진비 한도시부인	한도미달액 : T/A ×

[*1] '영수증수취분'이란 법정지출증명서류는 수취하지 않았으나, 객관적지출사실은 확인되는 경우의 지출을 말함
[*1] 개인명의 신용카드사용분과 위장가맹점에 대한 신용카드사용분 → '영수증수취분' 의제
[*1] 증빙수취불능 기업업무추진비 → 법정증빙수취여부 불문 기업업무추진비로 인정
  ① 법인이 직접 생산한 제품 등에 의한 기업업무추진비(현물기업업무추진비)
  ② 정당한 사유 없이 업무와 관련하여 약정에 의해 포기한 채권
  ③ 해외 특수지역에서 지출한 것으로서 지출사실이 객관적으로 명백한 경우
  ④ 농어민으로부터 직접 재화를 공급받는 경우의 지출로서 그 대가를 금융회사 등을 통하여 지급한 경우
[*2] 경조사비의 경우는 20만원을 기준으로 함

[3단계] 한도시부인	(1) 일반적인 기업업무추진비 한도액 = [① + ②] ① 기초금액 : ₩12,000,000(중소기업 ₩36,000,000) × $\frac{해당사업연도의\ 월수}{12}$ ② 수입금액기준 : (일반수입금액 × 적용률)*² + (특정수입금액*¹ × 적용률*² × 10%) *¹ 특정수입금액이란 특수관계인에 대한 매출액을 말한다. *² 수입금액의 적용률 | 수입금액 | 수입금액 적용률* | |---|---| | 100억원 이하 | 3/1,000(0.3%) | | 100억원 초과 500억원 이하 | 3천만원 + (수입금액 − 100억원) × 2/1,000(0.2%) | | 500억원 초과 | 1억1천만원 + (수입금액 − 500억원) × 3/10,000(0.03%) | *일반수입금액과 특정수입금액이 함께 있는 경우 일반수입금액부터 적용률을 적용한다.
[4단계] 세무조정	① 한도초과액 : 손금불산입(기타사외유출) ② 한도미달액 : 세무조정 없음
기타사항	① 기업업무추진비의 평가(현물기업업무추진비) : Max [시가, 장부가액] ② 기업업무추진비의 귀속시기 : 접대행위가 이루어진 날을 기준으로 판단(발생주의)

7 기부금

구 분	내 용
성 격	특정인에 대한 사업무관무상지출액(If, 사업관련 → 기업업무추진비, 불특정다수 → 광고선전비)
의제기부금	특수관계 없는 자에게 정당한 사유 없이 자산을 정상가액(시가의 ±30% 범위 내의 금액)보다 낮은 가액으로 양도하거나 정상가액보다 높은 가액으로 매입함으로써 실질적으로 증여한 것으로 인정되는 금액
현물기부금의 평 가	① 특례기부금 및 일반기부금(특수관계인 제외) : 장부가액 ② 특수관계인에 대한 일반기부금 및 비지정기부금 : Max[시가, 장부가액]
귀속시기	① 기부금은 그 지출한 날이 속하는 사업연도에 귀속(**현금주의**). ② 법인이 기부금을 미지급금으로 계상한 경우에는 실제로 이를 지출할 때까지 기부금 × ③ 법인이 기부금을 가지급금 등으로 이연계상한 경우에는 이를 그 지출한 사업연도의 기부금 ○ ④ 어음기부 → 그 어음이 실제로 결제된 날, 수표를 발행한 경우 → 해당 수표를 교부한 날 ⑤ 인·허가를 받기 이전의 설립중인 단체 등에 지출한 기부금은 지출한 날이 속하는 사업연도가 아니라 설립중인 단체가 인·허가를 받은 날이 속하는 사업연도의 기부금으로 본다.

기부금 구분
(주요사항)
	특례기부금
	① 국가나 지방자치단체에 무상으로 기증하는 금품의 가액
	② 국방헌금과 국군장병 위문금품의 가액
	③ 천재지변으로 생기는 이재민을 위한 구호금품의 가액
	④ 사립학교, 교육재단, 기능대학, 평생교육시설, 국제학교, 산학협력단, 서울대학교, 인천대학교, 한국장학재단 등 교육기관(병원은 제외)에 시설비·교육비·장학금 또는 연구비로 지출하는 기부금
	⑤ 국립대학병원, 국립암센터 등 특정기관 또는 정부가 운영하는 의료기관에 시설비·교육비 또는 연구비로 지출하는 기부금
	
	일반기부금
	① 다음의 비영리법인에 대하여 해당 공익법인등의 고유목적사업비로 지출하는 기부금
	  ㉠ 사회복지법인 ㉡ 어린이집 ㉢ 유치원
	  ㉣ 「초·중등교육법」 및 「고등교육법」에 따른 학교
	  ㉤ 기능대학 ㉥ 평생교육시설 ㉦ 의료법인 ㉧ 종교단체 등
	② 「유아교육법」에 따른 유치원의 장·「초·중등교육법」 및 「고등교육법」에 의한 학교의

		장, 기능대학의 장, 평생교육시설의 장이 추천하는 개인에게 <u>교육비·연구비</u> 또는 장<u>학금</u>으로 지출하는 기부금 ③ 사회복지·문화·예술·교육·종교·자선·학술 등 공익목적으로 지출하는 기부금 ④ 아동·노인·장애인복지시설(유료시설 제외) 등에 지출하는 기부금 ⑤ 기타 사회복지·문화·예술·교육·종교·자선·학술 등 공익성을 고려하여 정하는 단체에 대한 기부금
	비지정기부금	위에서 열거된 기부금(특례기부금 및 일반기부금) 이외의 기부금
기부금 손금산입 방법		내국법인이 각 사업연도에 지출하거나 이월된 기부금 중 특례기부금과 일반기부금은 손금산입 한도액 내에서 해당 사업연도의 소득금액을 계산할 때 순차적으로 손금에 산입하고, 손금산입 한도액을 초과하는 금액과 그 외의 기부금은 손금에 산입하지 아니한다.
기부금의 손금한도		<table><tr><th>구 분</th><th>손금한도</th></tr><tr><td>특례기부금</td><td>(기준소득금액 − 이월결손금) × 50%</td></tr><tr><td>일반기부금</td><td>(기준소득금액 − 이월결손금 − 특례기부금손금산입액) × 10%* * 사회적기업육성법에 따른 사회적기업은 20%를 적용함</td></tr><tr><td>비지정기부금</td><td>한도 ₩0 (전액 손금불산입)</td></tr></table> ① 기준소득금액 : 기준소득금액이란 합병 또는 분할로 인한 양도손익을 제외하고 특례기부금과 일반기부금을 손금에 산입하기 전의 해당 사업연도의 소득금액을 말한다. 　　기준소득금액 = 차가감소득금액* − 합병·분할로 인한 양도손익 + 특례·일반기부금 지출액 　　　* 차가감소득금액 : I/S상 당기순이익 + 익입·손불 − 손입·익불 ② 이월결손금 : 각 사업연도 개시일 전 15년 이내에 개시한 사업연도에서 발생한 세무상 결손금으로서 그 후의 각 사업연도의 과세표준을 계산할 때 공제되지 않은 금액을 말하며, 다음의 금액을 한도로 한다. 　⊙ 일반법인* : 기준소득금액 × 80% 　　　* 이월결손금 공제적용시 각사업연도소득금액의 80%를 한도로 하는 법인을 말함 　ⓒ 중소기업 및 일정한 회생계획을 이행중인 법인 등* : 기준소득금액 × 100% 　　　* 이월결손금 공제적용시 각사업연도소득금액 전체를 한도로 하는 법인을 말함
기부금 손금산입 한도초과액의 처리방법		① 특례기부금과 일반기부금 중 손금산입한도액을 초과하는 금액은 이를 **손금불산입**하고 **기타사외유출**로 처분 ② 위 ①에 따라 손금불산입된 한도초과액은 이후 10년간 이월하여 그 이월된 사업연도의 소득금액을 계산할 때 손금산입한도액의 범위에서 **손금산입**하고 **기타**로 처분 ③ 위 ②에 따라 손금에 산입하는 경우에는 직전 사업연도까지 이월된 금액을 해당 사업연도에 지출한 기부금보다 먼저 손금에 산입한다(이 경우 이월된 금액은 먼저 발생한 이월금액부터 손금산입함).
세무조정		① 비지정기부금 결산계상액 : 손금불산입(배당, 상여 등 귀속자에 따른 사외유출처분) ② 특례·우리사주·일반기부금 한도초과 : 손금불산입(기타사외유출) ③ 특례·일반기부금 한도초과이월액 : 손금산입(기타)

8 지급이자(①→②→③→④의 순서로 지급이자 손금불산입)

구 분	내 용
① 채권자불분명 사채이자	(1) 채권자불분명의 범위 　① 채권자의 주소 또는 성명을 확인할 수 없는 차입금 　② 채권자의 능력·자산상태로 보아 금전대여 사실을 인정할 수 없는 차입금 　③ 채권자와의 금전거래사실 및 거래내용이 불분명한 차입금 (2) 소득처분 　① 이자지급액 : 대표자 상여 　② 원천징수세액 : 기타사외유출
② 비실명 채권·증권이자	
③ 건설자금이자	(1) 적용대상자산 : 사업용 유형자산 및 무형자산(투자부동산 및 재고자산은 제외) (2) 대상차입금 : 특정차입금(강제적용), 일반차입금(선택적용) (3) 주의사항 　① 특정차입금에 대한 지급이자 등은 건설 등이 준공된 날까지 이를 자본적 지출로 하여 그 원본에 가산한다(준공일 이후의 이자 → 당기손금). 　② 특정차입금의 일부를 운영자금에 전용한 경우에는 그 부분에 상당하는 지급이자는 이를 손금(건설자금이자 제외)으로 한다. 　③ 특정차입금의 일시예금이자는 원본에 가산하는 자본적 지출금액에서 차감한다. 　④ 특정차입금의 연체이자를 원본에 가산한 경우 그 가산한 금액은 자본적 지출로 하고, 그 원본에 가산한 금액에 대한 지급이자는 손금으로 한다.
④ 업무무관자산 관련이자	(1) 손금불산입액 $$손금불산입액 = 지급이자^* \times \frac{업무무관자산 \ 적수 + 가지급금 \ 적수}{차입금 \ 적수}$$ ＊ I/S상 이자비용 − 선순위 손不 지급이자 − 현재가치할인차금상각액 − 연지급수입이자 (2) 소득처분 : 무조건 기타사외유출 (3) 업무무관가지급금관련 주의사항 　① 특수관계자에 대한 업무무관가지급금 적용배제대상 　　㉠ 미지급소득(지급한 것으로 의제되는 배당금과 상여금 등)에 대한 소득세의 법인 대납액 　　㉡ 정부의 허가를 받아 국외에 자본을 투자한 내국법인이 해당 국외투자법인에 종사하거나 종사할 자의 여비·급료·기타비용을 대신하여 부담한 금액 　　㉢ 법인이 우리사주조합 또는 그 조합원에게 해당 법인의 주식취득자금을 대여한 금액 　　㉣ 국민연금법에 의하여 근로자가 지급받은 것으로 보는 퇴직금 전환금 　　㉤ 익금산입액의 귀속자가 불분명하여 대표자상여로 처분한 금액에 대한 소득세를 법인이 대납한 금액 　　㉥ 직원에 대한 월정급여액의 범위 안에서의 일시적인 급료의 가불금 　　㉦ 직원에 대한 경조사비의 대여금 　　㉧ 직원(직원의 자녀 포함)에 대한 학자금의 대여금 　　㉨ 중소기업에 근무하는 직원(임원은 제외)에 대한 주택구입·전세자금 대여액 　② 적정이자수령여부에 불문하고 손금불산입규정 적용함 　③ 동일인에 대한 가지급금과 가수금이 함께 있는 경우 　　㉠ 원칙 → 가지급금과 가수금을 <u>상계한 순액</u>으로 적용대상 가지급금 판단 　　㉡ 예외 → 이자율 및 상환기간 등에 대한 별도약정 있는 경우는 <u>상계 ×</u>

＊ 국제조세조정에 관한 법률에 따라 배당으로 간주된 지급이자 손금불산입액은 위의 지급이자 등에 우선하여 부인한다.

CHAPTER 05 손금 Ⅱ (감가상각비)

1 감가상각비

구 분	내 용
특 징	① 임의상각제도 : 상각범위액 내에서 결산에 비용계상한 경우에 인정(결산조정사항) ② 상각범위액 결정요소의 법정화 : 결정요소의 임의적 선택 제한
감가상각 대상자산	(1) 원칙 : 기업회계상 유·무형자산을 그 대상으로 함 (2) 특수문제 | 구 분 | 내 용 | |---|---| | 영업권 | 합병·분할로 인하여 합병·분할신설법인이 계상한 영업권 제외 | | 개발비 | 개발비란 상업적인 생산 또는 사용 전에 재료·장치·제품·공정·시스템 또는 용역을 창출하거나 현저히 개선하기 위한 계획 또는 설계를 위하여 연구결과 또는 관련지식을 적용하는데 발생하는 비용으로서 기업회계기준에 따른 개발비 요건을 충족한 것을 말한다. | | 사용수익기부 자산가액 | 금전 외의 자산을 공익단체에 기부한 후 그 자산을 사용하거나 그 자산으로부터 수익을 얻는 경우 해당 자산의 장부가액 * 단, 비지정기부금단체에게 자산을 기부한 경우에는 이를 사용수익기부자산으로 대체하지 않고 이를 전액 비지정기부금으로 보아 손금불산입하여야 한다. | | 장기할부조건 매입자산 | 해당 자산의 가액 전액을 자산으로 계상하고 사업에 사용하는 경우에는 감가상각자산에 포함(대금청산 및 소유권이전여부 불문) | | 리스자산 | ① 금융리스자산 : 리스이용자의 감가상각자산에 포함 ② 운용리스자산 : 리스회사의 감가상각자산에 포함 | | 감가상각 제외대상자산 | ① 사용 중 철거하여 사업에 사용하지 않는 자산(단, 일시적 조업중단에 의한 유휴설비 제외) ② 취득 후 사용하지 않고 보관중인 자산 ③ 건설중인 자산 ④ 시간의 경과에 따라 그 가치가 감소하지 않는 자산 ⑤ 업무와 무관한 자산 |

감가상각
시부인계산
	(1) 회사계상액 > 상각범위액(상각부인액)
	   : 손금불산입(유보) → 차기 이후 시인부족액 발생시 손금산입(△유보)
	(2) 회사계상액 < 상각범위액(시인부족액)
	   ① 전기 이전 상각부인액이 없는 경우 : 세무조정 없음(소멸)
	   ② 전기 이전 상각부인액이 있는 경우 : 손금산입(△유보)
	      * 감가상각비 시부인계산은 개별자산단위로 행하는 것이므로 한 자산의 상각부인액과 다른 자산의 시인부족액은 이를 상계할 수 없음
	      * 법인이 감가상각비를 손비로 계상하지 않은 경우에도 상각범위액(= 시인부족액)을 한도로 하여 그 상각부인액을 손금에 산입한다.
	      * 법인이 감가상각자산의 감가상각비를 손비로 계상하거나 손금에 산입하는 경우에는 해당 감가상각자산의 장부가액을 직접 감액하는 방법 또는 장부가액을 감액하지 아니하고 감가상각누계액으로 계상하는 방법 중 선택하여야 한다.

회사계상액	결산감가상각비 + 전기오류수정손실 + 손상차손 + 즉시상각의제액
	① 손상차손 : 감가상각자산이 진부화, 물리적 손상 등에 따라 시장가치가 급격히 하락하여 법인이 기업회계기준에 따라 손상차손을 계상한 경우에는 해당금액을 감가상각비로서 손비로 계상한 것으로 보아 회사계상액에 포함하여 시부인계산을 하여야 함
	② 즉시상각의제 : 감가상각자산의 취득가액과 자본적지출을 결산상 손비로 처리한 경우 그 금액을 자산으로 계상한 후 즉시 감가상각한 것으로 보아 회사계상액에 포함하여 시부인계산을 하여야 함 (단, 즉시상각특례에 해당하는 경우는 제외).
	③ 즉시상각특례(결산조정사항)
	   ⊙ 소액자산의 취득가액 : 거래단위별 100만원 이하인 감가상각자산
	   ⊙ 단기사용자산 : 어구, 영화필름, 공구(금형 제외), 가구, 간판, 전화기 및 개인용 컴퓨터 등 사용연수가 단기인 것
	   © 소액수선비 : 개별자산별 600만원 미만 or 미상각잔액의 5% 미만 or 3년 미만 주기적수선
	   ② 생산설비 및 시설물 폐기손실 : 다음 중 어느 하나에 해당하는 경우에는 당해 자산의 장부가액에서 1천원을 공제한 금액을 폐기일이 속하는 사업연도의 손금에 산입할 수 있음
	      ⓐ 시설의 개체 또는 기술의 낙후로 인하여 생산설비의 일부를 폐기한 경우
	      ⓑ 사업의 폐지 또는 사업장의 이전으로 임대차계약에 따라 임차한 사업장의 원상회복을 위하여 시설물을 철거하는 경우

상각범위액
계산방법
	(1) 일반적인 경우
	   ① 정액법 : 세무상 취득가액 × 상각률($\frac{1}{n}$)
	   ② 정률법 : 세무상 미상각잔액 × 상각률
	   ③ 생산량비례법 : 세무상취득가액 × $\frac{해당\ 사업연도\ 중\ 그\ 광구에서\ 채굴한\ 양}{그\ 자산이\ 속하는\ 광구의\ 총채굴\ 예정량}$
	(2) 특수한 경우
	   ① 신규취득자산 및 사업연도 일시적 1년 미만 : 일반적인 상각범위액 월할계산
	   ② 자본적지출 : 기중에 발생한 경우에도 기초에 지출한 것으로 가정함
	   ③ 기중양도
	      ⊙ 기초에 양도한 것으로 가정
	      ⊙ 기중 양도시까지의 감가상각비에 대하여 시부인 계산 ×
	      © T/A →〈손금산입〉전기이월상각부인액 ××× (△유보)

상각범위액 결정요소	취득가액	① 원칙 : 세무상 취득가액 ② 보유기간 중 변동 : 법률에 의한 평가증, 자본적지출액 → 취득원가 포함
	잔존가액	① 원칙 : ₩0 ② 정률법 적용시 : 취득가액 × 5% ③ 상각완료자산 비망가액 : Min[취득가액 × 5%, ₩1,000]
	내용연수	① 기준내용연수 : 자산별·업종별로 구분하여 법정화(무신고시 적용) ② 신고내용연수 : 내용연수(기준±25%) 내에서 선택 → 신고 → 승인 × ③ 수정내용연수 : 기준내용연수 50% 경과한 중고자산 → '기준내용연수 × 50% ~ 기준내용연수' 범위 내 신고 → 승인 × ④ 환산내용연수 : 본래의 사업연도가 1년 미만인 경우 12개월로 환산적용 ⑤ 변경내용연수 : 일정요건충족시 기준±50% 범위내 신고 → 승인 ○

상각범위액 결정요소	상각방법	① 정액법, 정률법, 생산량비례법만 인정(이중체감법 × or 연수합계법 ×) ② 건축물·기타 무형자산 : 선택가능방법, 무신고시방법 모두 정액법 ③ 생산량비례법 : 광업 관련자산 및 폐기물매립시설에만 적용 ④ 일반유형자산 : 선택가능 → 정액·정률법, 무신고시 → 정률법 ⑤ 무형자산 : 정률법 적용하는 경우 ×
상각방법 신고	최초신고	① 자산별 선택가능한 상각방법을 선택하여 영업개시일(또는 신규취득일)이 속하는 사업연도의 법인세 과세표준신고기한까지 신고(승인 ×) ② 신고하지 않은 경우 : 무신고시상각방법 적용

	변경신고	(1) 변경사유
		  ① 상각방법이 서로 다른 법인이 합병(분할합병)한 경우
		  ② 상각방법이 서로 다른 사업자의 사업을 인수 또는 승계한 경우
		  ③ 외국투자자가 내국법인 주식을 20% 이상 인수·보유하게 된 경우
		  ④ 해외시장의 경기변동 또는 경제적 여건의 변동으로 인하여 종전의 상각방법을 변경할 필요가 있는 경우
		  ⑤ 국제회계기준의 도입으로 인한 회계정책의 변경에 따라 결산상각방법이 변경된 경우 (변경한 결산상각방법과 같은 방법으로 변경하는 경우만 해당)
		(2) 변경절차
		  ① 신청 : 변경할 상각방법을 적용하고자 하는 사업연도의 종료일까지 변경신청
		  ② 승인 : 관할세무서장은 접수일이 속하는 사업연도 종료일부터 1개월 이내에 승인여부 결정·통지

내용연수 신고	최초신고	① 내용연수범위(기준내용연수±25%) 내에서 법인이 선택하여 영업개시일(or 자산취득일)이 속하는 사업연도의 법인세 신고기한까지 신고(승인 ×) ② 신고하지 않은 경우 : 기준내용연수 적용

	변경신고 (특례)	(1) 변경사유(특례적용사유)
		  ① 사업장 특성으로 자산의 부식·마모 및 훼손의 정도가 현저한 경우
		  ② 영업개시 후 3년이 경과한 법인으로서 해당 사업연도의 생산설비의 가동률이 직전 3개 사업연도의 평균가동률보다 현저히 증가한 경우
		  ③ 새로운 생산기술 및 신제품의 개발·보급 등으로 기존 생산설비의 가속상각이 필요한 경우
		  ④ 경제적 여건변동으로 조업중단 or 생산설비 가동률이 감소한 경우
		  ⑤ 국제회계기준 최초적용 사업연도에 결산내용연수를 변경한 경우
		  ⑥ 법인세법상 감가상각자산에 대한 기준내용연수가 변경된 경우
		(2) 적용효과 : 기준내용연수의 ±50%(⑤와 ⑥은 25%)를 가감한 연수의 범위 내에서 내용연수를 변경(적용)할 수 있음
		(3) 변경절차
		  ① 신청 : 변경내용연수를 적용하고자 하는 사업연도 종료일(영업개시일 or 새로운 자산의 취득일로부터 3개월 이내)까지 변경(승인)신청
		  ② 승인 : 관할세무서장은 신청서의 접수일이 속하는 사업연도 종료일부터 1개월 이내에 관할 지방국세청장으로부터 통보받은 승인 여부에 관한 사항을 통지
		(4) 재변경제한 : 변경 사업연도 종료일부터 3년간 변경 ×

감가상각자산 평가증	법인이 법률에 따라 감가상각자산의 장부가액을 평가증한 경우 해당 감가상각자산의 상각부인액은 평가증의 한도까지 익금에 산입된 것으로 보아 이를 손금에 산입하고, 평가증의 한도를 초과하는 금액은 이를 그 후의 사업연도에 이월할 상각부인액으로 한다. ① 세무조정 : 〈손금산입〉 Min[전기이월상각부인액, 장부상 평가차익] (△유보) ② 적용순서 : 감가상각과 평가증을 병행한 경우 → ① 감가상각을 한 후 ② 평가증을 한 것으로 보아 상각범위액을 계산
감가상각의제	① 법인세 감면·면제법인의 경우 : 각 사업연도의 소득에 대하여 법인세가 면제되거나 감면되는 사업을 경영하는 법인으로서 법인세를 면제받거나 감면받은 경우에는 개별 자산에 대한 감가상각비가 상각범위액이 되도록 감가상각비를 손금에 산입하여야 한다. ② 추계결정·경정의 경우 : 다소득금액을 계산함에 있어서 필요한 장부 또는 증빙서류가 없거나 그 중요한 부분이 미비 또는 허위인 경우 등의 사유로 추계결정 또는 경정을 하는 경우에는 감가상각자산에 대한 감가상각비를 손금에 산입한 것으로 본다.
업무용 승용차의 감가상각비	업무용승용차의 감가상각비는 법인세법상 원칙적인 상각방법 또는 내용연수 규정에 불구하고 정액법의 방법으로 내용연수 5년을 적용한 금액을 손금에 산입하여야 한다(강제신고조정).
국제회계기준 적용법인특례	국제회계기준의 적용으로 내용연수의 연장 및 상각방법의 정액법 변경 등에 의해 결산감가상각비가 축소된 법인은 신고조정에 의한 감가상각비 손금산입을 예외적으로 인정

CHAPTER 06 손금Ⅲ(충당금과 준비금)

1 퇴직급여충당금 및 퇴직연금충당금

구 분	내 용
퇴직급여 충당금	◆ 기말 퇴직급여충당금 설정시(결산조정사항)

구 분	내 용
① 한도초과액 발생시	〈손금불산입〉 퇴직급여충당금 ××× (유 보)
② 한도미달액 발생시	세무조정 없음(결산조정사항)

구 분	내 용
퇴직연금 충당금 (퇴직보험료의 손금산입)	◆ 퇴직연금충당금 관련 세무조정(신고조정사항)

구 분	내 용
① 한도초과액 발생시	〈손금불산입〉 퇴직연금충당금 ××× (유 보)
② 한도미달액 발생시	〈손금산입〉 퇴직연금충당금 ××× (△유보)

2 대손금·대손충당금

구 분		내 용

대손금	대손요건	(1) 신고조정사항
		① 상법에 따른 소멸시효가 완성된 외상매출금 및 미수금
		② 어음법에 따른 소멸시효가 완성된 어음
		③ 수표법에 따른 소멸시효가 완성된 수표
		④ 민법에 따른 소멸시효가 완성된 대여금 및 선급금
		⑤ 「채무자 회생 및 파산에 관한 법률」에 따른 회생계획인가의 결정 또는 법원의 면책결정에 따라 회수불능으로 확정된 채권
		⑥ 「서민의 금융생활 지원에 관한 법률」에 따른 채무조정을 받아 신용회복지원협약에 따라 면책으로 확정된 채권
		⑦ 「민사집행법」에 따라 채무자의 재산에 대한 경매가 취소된 압류채권
		(2) 결산조정사항
		① 일정한 감독기관 장(금융감독원장, 중소기업청장)의 승인을 얻은 일정한 채권
		② 부도발생일부터 6개월 이상 지난 수표 또는 어음상의 채권 및 외상매출금
		   * 외상매출금의 경우는 중소기업의 경우에만 대손사유로 인정한다.
		   * 해당 법인이 채무자의 재산에 대하여 저당권을 설정하고 있는 경우는 제외한다.
		   * 손금에 계상할 수 있는 금액은 해당 채권의 금액에서 1천원을 뺀 금액으로 한다.
		③ 중소기업의 외상매출금 및 미수금으로서 회수기일이 2년 이상 지난 외상매출금 등(특수관계인과의 거래로 인하여 발생한 외상매출금 등은 제외)
		④ 채무자의 파산, 강제집행, 형의 집행, 사업의 폐지, 사망, 실종 또는 행방불명으로 회수할 수 없는 채권

대손금	대손요건	⑤ 회수기일이 6개월 이상 지난 채권 중 채권가액이 30만원 이하인 채권 ⑥ 재판상 화해 등 확정판결과 같은 효력을 가지는 것으로서 「민사소송법」에 따른 화해 또는 화해권고결정 및 「민사조정법」에 따른 결정 또는 조정에 따라 회수불능으로 확정된 채권 ⑦ 물품의 수출 또는 외국에서의 용역제공으로 발생한 채권으로서 무역에 관한 법령에 따라 기획재정부령으로 정하는 사유에 해당하여 「무역보험법」에 따른 한국무역보험공사로부터 회수불능으로 확인된 채권
	대손금의 손금귀속시기	① 신고조정사항 : 해당 사유가 발생한 날 ② 결산조정사항 : 해당 사유가 발생하여 결산서상 손비로 계상한 날
	대손불능채권	① 채무보증구상채권 ② 특수관계자에게 해당 법인의 업무와 관련없이 지급한 가지급금* * 이 경우 특수관계인에 대한 판단은 대여시점을 기준으로 한다.
	대손금회수액	① 손금산입한 대손금의 회수액 : 익금항목 ② 손금불산입(유보)된 대손금을 회수한 경우 : 익금불산입항목
대손충당금	설정한도	당기말 대손충당금 설정대상 채권잔액*¹ × 설정률*² *¹ B/S상 기말채권잔액 ± 채권관련 유보잔액 − 설정대상제외채권 *² Max[1%, 대손실적률*] * 대손실적률 = $\dfrac{\text{해당 사업연도에 발생한 세법상 대손금}}{\text{직전사업연도종료일 현재의 세법상 채권잔액}}$
	설정대상 제외채권	① 특수관계자에 대한 업무무관가지급금 ② 채무보증구상채권 ③ 부당행위계산부인규정을 적용받는 시가초과액에 상당하는 채권
	한도시부인	① 한도초과설정 : 손금불산입 (유보) ② 한도미달설정 : T/A ×
	기타사항	① 대손충당금을 손금으로 계상한 내국법인은 대손금이 발생한 경우 그 대손금을 대손충당금과 먼저 상계하여야 하고, 대손금과 상계하고 남은 대손충당금의 금액은 다음 사업연도의 소득금액을 계산할 때 익금에 산입한다. ② 대손충당금을 손금에 산입한 내국법인이 합병 또는 분할한 경우 그 법인의 합병등기일 또는 분할등기일 현재의 해당 대손충당금 중 합병법인등에 인계한 금액은 그 합병법인등이 합병등기일이나 분할등기일에 가지고 있는 대손충당금으로 본다.

3 일시상각충당금(압축기장충당금)

구 분	내 용
(1) 취 지	공사부담금·국고보조금·보험차익이 익금에 산입되어 발생한 세부담을 세법상 부채(일시상각충당금 또는 압축기장충당금)의 설정을 통해 과세이연하는 제도
(2) 적용대상	① 국고보조금을 지급받아 사업용 자산(사업용 유형자산과 무형자산 및 석유류)의 취득 등에 사용한 경우 또는 사업용 자산을 취득하고 이에 대한 국고보조금 등을 사후에 지급받은 경우 ② 공사부담금을 받아 관련 사업에 필요한 사업용 자산 취득에 사용하는 경우 ③ 사업용 유형자산의 멸실 등으로 인하여 보험금을 지급받아 멸실된 보험대상자산에 대체하여 동일한 종류의 자산을 취득한 경우(재고자산 ×, 다른 종류의 보험대상자산 ×)
(3) 손금산입시기	지급받은 사업연도(관련 자산을 취득한 사업연도 ×)
(4) 손금산입방법	① 원칙 : 결산조정 ② 예외 : 신고조정 허용(∵ 기업회계기준에서 인정하지 않음)
(5) 익금산입방법 (환입방법)	① 감가상각시 : 손금산입한 일시상각충당금을 감가상각비율에 따라 익금산입 ★상계(환입)할 금액 = 손금산입 감가상각비 × $\dfrac{일시상각충당금}{자산의\ 취득가액}$ ② 해당 자산의 처분시 : 미상계잔액을 전액 익금산입 ③ 일시환입 : 소정기간(국고보조금·공사부담금은 1년, 보험차익은 2년) 내 자산취득에 사용하지 않은 경우 또는 사용전 폐업 또는 해산한 경우. 다만, 합병·분할시 승계된 경우는 제외

4 준비금

1. 고유목적사업준비금

구 분	내 용
손금산입방법	① 원칙 : 결산조정사항 ② 예외 : 외부감사대상 비영리내국법인인 경우 잉여금처분에 의한 신고조정 허용
손금산입 범위액	(이자·배당소득금액★ + 그 밖의 수익사업소득금액 − 이월결손금 − 특례기부금 손금산입액) × 50% ★비영업대금의 이익은 그 밖의 수익사업소득금액에 포함되는 것으로 함
준비금의 상 계	고유목적사업준비금을 손금에 산입한 비영리내국법인이 고유목적사업 등에 지출한 금액이 있는 경우
준비금의 환 입 (익금산입)	① 해산한 경우(단, 다른 비영리내국법인에 포괄양도 후 해산하는 경우는 제외) ② 고유목적사업을 전부 폐지한 경우 ③ 법인으로 보는 단체가 「국세기본법」에 따라 승인취소 or 거주자로 변경된 경우 ④ 고유목적사업준비금 손금산입한 사업연도의 종료일 이후 5년 이내 고유목적사업등에 사용하지 아니한 경우 ⑤ 고유목적사업준비금을 고유목적사업등이 아닌 용도에 사용한 경우
준비금의 조기환입	손금에 산입한 고유목적사업준비금의 잔액이 있는 경우 손금산입한 사업연도 종료일 이후 5년 이내에 그 잔액 중 일부를 감소시켜 익금에 산입할 수 있다.
이자상당액 납 부	환입사유 중 ④, ⑤ 및 조기환입에 따라 고유목적사업준비금의 잔액을 익금에 산입하는 경우 : 손금산입에 따라 감소된 법인세액에 대하여 22/100,000에 해당하는 이자상당액을 해당 사업연도의 법인세액에 더하여 납부하여야 한다.

2. 책임준비금

구 분	내 용
손금산입방법	결산조정사항(신고조정 허용 ×)
이자상당액 납부	책임준비금을 손금에 산입한 날이 속하는 사업연도의 종료일 이후 3년이 되는 날이 속하는 사업연도에 책임준비금을 익금에 산입하는 경우에는 손금산입에 따라 감소된 법인세액에 대하여 22/100,000에 해당하는 이자상당액을 해당 사업연도의 법인세액에 더하여 납부하여야 한다.

3. 비상위험준비금

구 분	내 용
손금산입방법	① 원칙 : 결산조정사항 ② 예외 : 한국채택국제회계기준을 적용하는 내국법인의 경우에는 잉여금처분에 의한 신고조정 허용
손금산입 범위액	① 보험종목별적립기준금액(해당 사업연도의 보험종목별 적립대상보험료의 합계액에 금융위원회가 정하는 보험종목별 적립기준율을 곱하여 계산한 금액)의 범위에서 손금산입 ② 손금에 산입하는 비상위험준비금의 누적액은 해당 사업연도의 보험종목별 적립대상보험료의 합계액의 50%(자동차보험의 경우에는 40%, 보증보험의 경우에는 150%)를 한도로 한다. ③ 국제회계기준 적용법인이 신고조정에 의해 적립하는 경우에는 보험종목별적립기준금액을 합한 금액의 90%범위에서 이를 손금에 계상한 것으로 본다.

4. 해약환급준비금

구 분	내 용
개 요	「보험업법」에 따른 보험회사가 해약환급금준비금(보험회사가 보험계약의 해약 등에 대비하여 적립하는 금액)을 세무조정계산서에 계상하고 그 금액 상당액을 해당 사업연도의 이익처분을 할 때 해약환급금준비금으로 적립한 경우에는 그 금액을 결산을 확정할 때 손비로 계상한 것으로 보아 해당 사업연도의 소득금액을 계산할 때 손금에 산입한다.
손금산입방법	① 원칙 : 결산조정사항 ② 예외 : 한국채택국제회계기준을 적용하는 내국법인의 경우에는 잉여금처분에 의한 신고조정 허용

> ⭐ **참고** 법인세법상 준비금의 손금산입방법

구 분	손금산입방법
책임준비금	① 원칙 : 결산조정 ② 예외 : 없음(신고조정 불가) (∵ K-GAAP도 K-IFRS도 모두 인정하는 회계처리이므로)
비상위험 준비금	① 원칙 : 결산조정 ② 예외 : K-IFRS 적용법인은 잉여금처분에 의한 신고조정 가능 (∵ K-GAAP은 인정하지만 K-IFRS는 인정하지 않는 회계처리이므로)
해약환급금 준비금	① 원칙 : 결산조정 ② 예외 : K-IFRS 적용법인은 잉여금처분에 의한 신고조정 가능 (∵ K-GAAP은 인정하지만 K-IFRS는 인정하지 않는 회계처리이므로)
고유목적사업 준비금	① 원칙 : 결산조정 ② 예외 : 외부감사대상 비영리법인은 잉여금처분에 의한 신고조정 가능 (∵ K-GAAP도 K-IFRS도 모두 인정하지 않는 회계처리이므로)

CHAPTER 07 손익의 귀속시기 및 자산·부채의 평가

1 손익의 귀속시기

구 분	내 용

일반원칙	① 상품 등의 판매(현금·외상·할부) : 그 상품 등을 인도한 날*
	② 시용판매 : 상대방이 구입의사를 표시한 날
	③ 위탁판매 : 수탁자가 그 위탁자산을 매매한 날
	④ 부동산 등의 양도 : 대금청산일, 소유권이전등기일, 인도일, 사용수익일 중 빠른 날
	*상품 등을 인도한 날의 판정을 함에 있어 다음의 경우에는 제시된 각각의 날을 인도한 날로 한다.
	  ① 납품계약 또는 수탁가공계약에 의하여 물품을 납품하거나 가공하는 경우에는 당해 물품을 계약상 인도하여야 할 장소에 보관한 날. 다만, 계약에 따라 검사를 거쳐 인수 및 인도가 확정되는 물품의 경우에는 당해 검사가 완료된 날
	  ② 물품을 수출하는 경우에는 수출물품을 계약상 인도하여야 할 장소에 보관한 날

장기할부판매	※ 장기할부판매 : 대금 2회 이상 분할 + 인도일 다음날 ~ 잔금지급기일 → 1년 이상 ① 원칙 : 인도기준(명목가치) ② 특례1 : 인도기준(현재가치) → 결산조정 O, 신고조정 × ③ 특례2 : 회수기일도래기준 → 결산조정 O, 신고조정 ×(중소기업은 신고조정 O) ※ 회수기일도래기준 적용시 특수문제 ① 인도일 이전에 회수하였거나 회수할 금액은 인도일에 회수한 것으로 본다. ② 장기할부기간 중에 폐업시 : 그 폐업일 현재 귀속시기 미도래분 → 폐업일에 인식

용역매출	(1) 원칙 : 진행기준
	(2) 특례 : 다음 중 어느 하나에 해당하는 경우에는 인도기준(완성기준)의 적용을 허용함
	  ① 중소기업이 수행하는 계약기간 1년 미만의 건설 등 → 신고조정 O, 결산조정 O
	  ② 기업회계기준에 따라 그 목적물의 인도일이 속하는 사업연도의 수익·비용으로 계상한 경우(예약매출 등) → 결산조정 O, 신고조정 ×
	[참고] 법인이 기록·보관한 장부가 없거나 장부의 내용이 충분하지 않아 작업진행률을 계산할 수 없다고 인정되는 경우에는 인도기준을 적용함

이자수익	**일반법인** ① 원칙 : 소득세법상 이자소득의 수입시기 ② 특례 : 기간경과분 미수이자 계상시 인정 O ③ 특례배제 : 원천징수대상은 특례적용배제 *일반법인의 이자수익은 대부분 원천징수대상이므로 국외이자를 제외한 대부분의 이자수익에 대하여 T/A O) **금융보험업 영위법인** ① 원칙 : 실제로 받은 날 ② 특례 : 기간경과분 미수이자 계상시 인정 O ③ 특례배제 : 원천징수대상은 특례적용배제 *금융보험업 영위법인의 이자수익은 대부분 원천징수대상이 아니므로 대부분의 이자수익에 대하여 T/A ×)
이자비용	① 원칙 : 소득세법상 이자소득의 수입시기 ② 특례 : 기간경과분 미지급이자 계상시 인정 O (특례배제사유 × → 대부분 T/A ×)

임대손익	임대료 지급기간 1년 초과	발생주의
	임대료 지급기간 1년 이하	① 원칙 : 계약상 지급일(계약이 없는 경우는 실제지급일) ② 특례 : 기간경과분 계상시 인정
사채할인발행		① 사채발행자 입장 : 사채할인발행차금을 상각기간에 걸쳐 이자비용으로 인식(= G) ② 사채매입자 입장 : 만기 액면가액 상환시 일시에 이자수익을 익금으로 인식(≠ G)
기타손익	배당소득	소득세법상 배당소득의 귀속시기
	매출할인	상대방과의 약정에 의한 지급기일(그 지급기일이 정하여 있지 아니한 경우에는 지급한 날)이 속하는 사업연도의 매출액에서 차감
	금융보험업 영위법인의 수입보험료 등	① 원칙 : 실제로 수입된 날(현금주의). 단, 선수입보험료등은 제외 ② 특례 : 기간경과분 미수보험료 계상시 익금 인정(T/A×) ★ 단, 「보험업법」에 따른 보험회사 수입 또는 지출은 제외
	보험회사 등의 보험계약관련 익금 및 손금	「보험업법」에 따른 보험회사 또는 주택도시보증공사 개정안 가 보험계약과 관련하여 수입하거나 지급하는 이자 및 할인액, 보험료등, 보험금 및 보험과 관련된 사업비로서 책임준비금(공사책임준비금 개정안) 산출에 반영되는 항목은 보험감독회계기준에 따라 수익 또는 손비로 계상한 사업연도의 익금 또는 손금으로 한다.
	투자회사의 발생주의 적용수익	① 원칙 : 실제로 수입된 날(현금주의)이 속하는 사업연도로 함 ② 특례 : 기간경과분 미수수익 계상시 익금 인정(T/A×)
	증권매매 수수료	「자본시장과 금융투자업에 관한 법률」에 따른 투자매매업자 또는 투자중개업자가 정형화된 거래방식으로 증권을 매매하는 경우 그 수수료의 귀속사업연도는 매매계약이 체결된 날이 속하는 사업연도로 한다.
	유가증권의 매매	「자본시장과 금융투자업에 관한 법률」에 따른 증권시장에서 증권시장업무규정에 따라 보통거래방식으로 한 유가증권의 매매 : 매매계약을 체결한 날
	신탁재산 소득금액	신탁업자가 운용하는 신탁재산(투자신탁재산은 제외)에 귀속되는 소득금액의 귀속사업연도는 원천징수일이 속하는 사업연도로 한다.
	차액정산형 파생상품 거래손익	계약의 목적물을 인도하지 아니하고 목적물의 가액변동에 따른 차액을 금전으로 정산하는 파생상품의 거래로 인한 손익은 그 거래에서 정하는 대금결제일이 속하는 사업연도의 익금과 손금으로 한다.
	유동화자산 및 채권·어음의 양도손익	「자산유동화에 관한 법률」에 따른 방법(유동화자산의 양도)에 의하여 보유자산을 양도하는 경우 및 매출채권 또는 받을어음을 배서양도하는 경우에는 기업회계기준에 의한 손익인식방법★에 따라 관련 손익의 귀속사업연도를 정한다. ★ 매각거래로 보되, 매도인이 자산보유에 다른 위험과 보상을 그대로 보유하는 경우에는 차입거래로 인정함
	리스료	① 리스이용자가 리스로 인하여 수입하거나 지급하는 리스료(리스개설직접원가 제외)의 익금과 손금의 귀속사업연도는 기업회계기준으로 정하는 바에 따른다. ② 다만, 한국채택국제회계기준을 적용하는 법인의 금융리스 외의 리스자산(운용리스자산)에 대한 리스료의 경우에는 리스기간에 걸쳐 정액기준으로 손금에 산입한다.
	금전등록기 설치법인	① 원칙 : 법인세법상 손익귀속시기 ② 특례 : 실제 수입된 사업연도(현금주의)를 귀속시기로 할 수 있음

2 자산의 취득가액 결정

구 분	내 용	

일반적인 경우	① 일반원칙 : 매입가액 + 취득부대비용
	② 내국법인이 외국자회사를 인수하여 취득한 주식 : 다음의 요건을 모두 충족하는 수입배당금을 차감한 금액
	    ㉠ 내국법인이 최초로 외국자회사의 의결권 있는 발행주식총수 또는 출자총액의 10% 이상을 보유하게 된 날의 직전일 기준 이익잉여금을 재원으로 한 수입배당금액일 것
	    ㉡ 외국자회사 수입배당금액의 익금불산입 규정에 따라 익금에 산입되지 아니한 수입배당금액일 것
	③ 기업구조조정 관련 취득자산 : 하단 [참고]
	④ 단기금융자산 : 매입가액(부대비용을 가산하지 않은 금액)
	⑤ 정부로부터 무상으로 할당받은 온실가스배출권 : 영(0)원	

고가매입	거래상대방이 특수관계자 ○	① 취득가액 : 시가 ② 시가초과지급액 : 사외유출(부당행위계산 부인)
	거래상대방이 특수관계자 ×	① 취득가액 : 정상가액(시가 ±30% 범위 내의 금액) ② 정상가액 초과지급액 : 의제기부금
저가매입	① 일반적인 저가매입 : 실제매입가액 ② 특수관계자 + 개인 + 유가증권 + 저가매입 : 시가	
자산취득시 국·공채매입	국·공채의 매입가액과 현재가치의 차액을 해당 유형자산의 취득가액으로 계상한 금액은 이를 유형자산의 취득가액으로 인정 ○	
장기연불조건 매입자산	① 원칙 : 채무의 명목가액을 취득가액으로 함(현재가치할인차금도 취득가액에 포함) ② 특례 : 결산상 현재가치할인차금을 계상한 경우 채무의 현재가치를 취득가액으로 함(현재가치할인차금은 취득가액에서 제외)	
연지급 수입이자	① 원칙 : 취득가액에 포함 ② 특례 : 결산상 비용으로 계상한 경우 이를 손금으로 인정(취득가액 ×)	
건설자금이자	① 유형자산·무형자산 관련 건설자금이자 : 취득가액에 포함 ② 재고자산·투자자산 관련 건설자금이자 : 당기 손금산입	
의제매입세액	해당 원재료의 매입가액에서 차감	

* 현재가치할인차금상각액과 연지급수입이자에 대한 적용배제 규정
  ① 원천징수 및 지급명세서 제출의무 ② 지급이자의 손금불산입 ③ 수입배당금 익금불산입액 계산시 지급이자 차감액

[참고] 기업구조조정 관련 취득자산의 세법상 취득가액

구 분	취득가액
합병 또는 인적분할에 따라 취득한 자산	① 적격합병·적격분할의 경우 : 해당 자산의 장부가액 ② 그 밖의 경우(비적격합병·비적격분할) : 해당 자산의 시가
합병 또는 인적분할에 따라 취득한 주식	종전의 장부가액 + 합병·분할로 인한 의제배당금액 + 불공정자본거래로 분여받은 이익 – 합병·분할교부금
물적분할 또는 현물출자에 따라 취득한 자산(적격·비적격 불문)	해당 자산의 시가
물적분할로 취득한 주식(적격·비적격 불문)	분할법인이 물적분할한 순자산의 시가
현물출자로 취득한 주식(적격·비적격 불문)	① 현물출자로 인하여 피출자법인을 새로 설립하면서 그 대가로 주식만 취득하는 경우 : 현물출자한 순자산의 시가 ② 그 밖의 경우(기존법인에 현물출자하는 경우) : 해당 주식의 시가

채무의 출자전환으로 취득한 주식	① 일반법인의 출자전환으로 취득한 주식 : 취득당시 주식의 시가
	② 구조조정 대상 특정법인*의 출자전환으로 취득한 주식
	    ㉠ 일반채권의 출자전환 : 출자전환된 채권의 장부가액
	    ㉡ 대손불능채권의 출자전환 : 취득당시 주식의 시가

3 자산·부채의 평가

구 분		내 용
법인세법상 자산·부채의 평가기준	원칙	자산·부채의 장부가액을 증액 또는 감액(감가상각은 제외)한 경우에는 그 평가일이 속하는 사업연도와 그 후의 각 사업연도의 소득금액을 계산할 때 그 자산·부채의 장부가액은 평가 전의 가액으로 한다(장부상 평가손익 불인정)
	특례	다음의 어느 하나에 해당하는 경우는 그러하지 아니하다(평가손익 인정특례) ① 「보험업법」이나 그 밖의 법률에 따른 유형·무형자산 등의 평가(장부가액을 증액한 경우만 해당) ② 재고자산(제품 및 상품, 반제품 및 재공품, 원재료, 저장품 등) ③ 유가증권(주식, 채권, 집합투자재산 등) ④ 기업회계기준에 따른 화폐성 외화자산과 부채 ⑤ 금융회사 등이 보유하는 통화 관련 파생상품 중 통화선도, 통화스왑 및 환변동보험 ⑥ 금융회사 등 외의 법인이 화폐성외화자산·부채의 환위험을 회피하기 위하여 보유하는 통화선도, 통화스왑 및 환변동보험 ⑦ 가상자산* *2025년 1월 1일 이후부터 적용한다.
재고자산	평가방법의 선택 및 적용	① 원가법 : 개별법·선입선출법·후입선출법·총평균법·이동평균법·소매재고법 중 선택하여 <u>신고 후 적용</u> ② 저가법 : 원가법으로 평가한 가액과 시가 중 낮은 가액을 평가액으로 할 것을 <u>신고 후 적용</u> ★ 재고자산의 종류별 영업장별로 각각 다른 방법 적용가능 ★ 저가법을 신고하는 경우에는 시가와 비교되는 원가법을 함께 신고하여야 함 ★ 파손·부패 등으로 인한 재고자산 평가손실 : 결산조정사항(저가법신고 ×) ★ 증권회사 등이 보유하는 유가증권(재고자산) : 유가증권평가방법 적용
	최초신고	① 원칙 : 최초사업연도의 과세표준신고기한까지 신고(승인 ×) ② 최초신고의 지연 : 신고일이 속하는 사업연도까지는 무신고로 봄
	변경신고	변경대상 사업연도의 종료일 이전 3월이 되는 날까지 변경신고(승인 ×) ★ 재고자산 평가방법을 신고하지 아니하여 무신고시 평가방법을 적용받는 법인이 그 평가방법을 변경하고자 하는 경우에는 변경할 평가방법을 적용하고자 하는 사업연도의 종료일 이전 3월이 되는 날까지 변경신고를 하여야 함
	무신고	① 일반 재고자산 : 선입선출법, ② 판매목적용 부동산 : 개별법
	임의변경	Max [선입선출법*에 의한 평가액, 신고한 평가방법에 의한 평가액] ★ 판매목적용부동산은 개별법에 의한 평가액 ★ 단, 기장 또는 계산상의 착오가 있는 경우에는 임의변경으로 보지 아니함
유가증권	평가방법의 선택 및 적용	① 원가법 : 개별법·총평균법·이동평균법 중 선택하여 신고 후 적용(단, 개별법은 채무증권(채권)에 한하여 적용가능함) ② 시가법 : 투자회사가 보유한 유가증권(집합투자재산)은 시가로 평가 ③ 저가법 : 다음 중 어느 하나에 해당하는 경우에는 해당 감액의 사유가 발생한 사업연도에 해당 평가손실을 결산상 비용으로 계상한 경우에 한하여 ₩1,000원을 공제한 금액의 범위 내에서 해당 평가손실을 손금으로 인정함(결산조정사항) ㉠ 주식발행법인(모든 법인)이 파산한 경우 해당 주식 ㉡ 주식발행법인(특수관계 있는 비상장법인 제외)에 부도, 회생계획인가결정 또는 부실징후기업판정이 발생한 경우

유가증권	평가방법의 선택 및 적용	④ 위 ① ~ ③ 외의 기업회계기준에 의한 당기손익인식금융자산평가손익, 매도가능금융자산평가손익, 지분법손익, 지분법자본변동 및 만기보유금융자산의 할인·할증액 상각 등은 인정되지 아니함(결산 반영시 세무조정 발생)
	평가방법의 신고	재고자산의 평가방법에 대한 규정을 준용함(단, 무신고시 → 총평균법)
외화 자산·부채	외국환은행 (금융회사)	(1) 화폐성 외화자산·부채 : 사업연도 종료일 현재의 매매기준율 등으로 평가(강제사항) (2) 통화선도·통화스왑·환변동보험 : 다음 중 선택하여 신고한 방법에 따라 평가(선택사항) ① 계약체결일의 매매기준율 등으로 평가하는 방법 ② 사업연도 종료일 현재의 매매기준율 등으로 평가하는 방법
	일반법인	화폐성 외화자산·부채 및 환위험 회피목적으로 보유하는 통화선도·통화스왑·환변동보험에 대하여는 다음 중 선택하여 신고한 방법에 따라 평가(선택사항) ① 취득일·발생일 또는 계약체결일 현재의 매매기준율 등으로 평가하는 방법 ② 사업연도 종료일 현재의 매매기준율 등으로 평가하는 방법
	기타사항	(1) 위 ②의 마감환율 평가방법을 적용하려는 법인은 적용대상 사업연도의 과세표준 신고와 함께 "화폐성외화자산등평가방법신고서"를 제출하여야 한다. (2) 최초로 위 ②의 마감환율 평가방법을 신고하여 적용하기 이전 사업연도에는 ①의 방법을 적용하여야 한다. (3) 법인은 선택한 외화평가방법을 그 후의 사업연도에도 계속 적용하여야 한다. 다만, 일반법인은 신고한 평가방법을 적용한 사업연도부터 5개 사업연도가 지난 후에는 다른 방법으로 신고할 수 있다. (4) 통화선도·통화스왑·환변동보험 이외의 기타 파생상품에 대한 평가손익은 법인세법상 익금 또는 손금으로 보지 아니한다.
유형자산 감액손실		천재지변 등의 사유로 인한 유형자산 감액손실을 감액의 사유가 발생한 사업연도(파손·멸실이 확정된 사업연도를 포함)에 결산에 손비로 계상한 경우에는 이를 손금으로 인정함(결산조정사항)
자산의 평가증		① 원칙(임의평가증) : 법인세법상 자산의 취득가액에 포함되지 않음(익금불산입 항목) ② 예외(법률에 의한 평가증) : 법인세법상 자산의 취득가액에 포함됨(익금항목)
가상자산		「가상자산 이용자 보호 등에 관한 법률」에 따른 가상자산은 선입선출법에 따라 평가하여야 한다.* * 2025년 1월 1일 이후부터 적용한다.

☆ 참고 외화자산·부채·파생상품의 외화평가손익 인식기준

구 분		외국환은행	일반법인
외화자산·부채	화폐성	평가(강제)	평가(선택)
	비화폐성	평가 ×	평가 ×
파생상품	환율관련 파생상품*	평가(선택)	① 원칙 : 평가 × ② 환위험회피목적 보유 : 평가(선택)
	이외 파생상품	평가 ×	평가 ×

* 통화선도, 통화스왑 및 환변동보험

CHAPTER 08 부당행위계산의 부인

구 분	내 용
(1) 적용요건	① 특수관계자와의 거래 ② 법인의 조세부담이 부당하게 감소되었다고 인정되는 경우 ③ 현저한 이익의 분여(특정거래에 한하여 적용) [주의] 사법상의 위법여부 및 조세범처벌법의 적용여부와 무관
(2) 특수관계자	① 행위당시를 기준으로 판단 ② 쌍방관계를 기준으로 판단 ③ 소액주주(발행주식총수의 1% 미만)는 제외
(3) 부당행위의 유형	① 적용대상 : 특수관계자와의 거래로서 법인이 손실을 본 경우 (If, 법인에 이익발생 → 거래상대방 특수관계자에게 부당행위계산부인 적용) ② 현저한 이익의 요건 : 자산의 고가매입·저가양도 및 금전·자산 등의 부당임대차의 경우는 시가와 거래가액의 차액이 3억원 이상이거나 시가의 5% 이상인 경우에 한하여 부당행위계산 부인규정 적용. 단 이 규정은 주권상장법인이 발행한 주식을 거래한 경우에는 적용하지 아니함
(4) 판단기준	① 일반원칙 : 시가 → 감정가액* → 상속세 및 증여세법상 보충적평가방법 　*감정평가업자가 감정한 가액이 있는 경우 그 가액(감정한 가액이 2 이상인 경우에는 그 감정한 가액의 평균액). 다만, 주식 등 및 가상자산(2023년 1월 1일 이후 적용)은 제외한다. ② 금전대차거래의 시가 　㉠ 원칙 : 가중평균차입이자율 　㉡ 예외 : 가중평균차입이자율 적용 × or 당좌대출이자율 선택 → 당좌대출이자율 ③ 자산 또는 용역수수거래의 시가를 산정할 수 없는 경우 　㉠ 자산임대차의 경우 : (자산의 시가 × 50% − 전세금 등) × 정기예금이자율 　㉡ 용역제공의 경우 : 원가 × (1 + 유사용역의 원가이익률)
가지급금 인정이자	의 의	① 가지급금 : 특수관계자에 대한 업무무관 대여금 ② 인정이자 : 특수관계자 외의 자에게 대여한 경우를 가정하여 산정한 일반 대여금의 통상이자 ③ 세무상처리 : 가지급금에 대한 인정이자 − 실제 수령이자 　→〈익금산입〉 가지급금인정이자 ××× (배당, 상여 등)
	인정이자 계산방법	가지급금 등의 적수 × 인정이자율 × $\frac{1}{365}$ (윤년은 $\frac{1}{366}$)
	인정이자율	① 원칙 : 가중평균차입이자율 ② 예외 : 가중평균차입이자율 적용 × or 당좌대출이자율 선택 → 당좌대출이자율

가지급금
인정이자
	가지급금의
	범위
		① 특수관계자에 대한 업무무관가지급금 적용배제대상 9가지는 제외(= 지급이자 손不
		규정)
		② 적정이자를 수령한 경우에는 적용하지 아니함(≠ 지급이자 손不 규정)
		③ 동일인에 대한 가지급금과 가수금이 함께 있는 경우
		    ㉠ 원칙 : 상계한 순액적용
		    ㉡ 예외 : 별도약정 ○ → 상계 ×(= 지급이자 손不 규정)

	미수이자 계상액	업무무관가지급금에 대한 인정이자를 결산상 미수이자로 계상한 경우 ① 이자율·상환기간에 대한 약정 × → 이를 인정하지 않으므로 해당 인정이자 총액을 익금산입하여 사외유출로 처분함 ② 이자율·상환기간에 대한 약정 ○ → 인정이자와 약정에 의한 미수이자의 차액만을 익금산입하여 사외유출 처분함
	미회수 금액의 처리	가지급금 및 그 미수이자로서 다음 중 어느 하나에 해당하는 날까지 회수하지 아니한 경 우 → 익금산입하여 귀속자에 따른 사외유출로 소득처분 ① 특수관계가 소멸되는 날까지 회수되지 아니한 가지급금 등 ② 특수관계가 소멸되지 아니한 경우로서 이자발생일이 속하는 사업연도의 종료일부터 1년이 되는 날까지 회수되지 않은 가지급금의 이자
불공정자본거래	유 형	불공정합병, 불공정감자, 불공정증자
	과세문제	<table><tr><th>구 분</th><th>손실을 입은 주주</th><th>이익을 얻은 주주</th></tr><tr><td>법인주주</td><td>익금산입(기타사외유출)</td><td>익금산입(유보)</td></tr><tr><td>개인주주</td><td>소득세법상 별도규정 ×</td><td>증여세 과세</td></tr></table>

CHAPTER 09 과세표준과 세액의 계산

구 분	내 용
이월결손금 공제	① 공제대상 : 각 사업연도 개시일 전 15년 이내에 개시한 사업연도에서 발생된 것 ② 공제한도 　㉠ 일반법인 : 각 사업연도 소득의 80% 　㉡ 중소기업 및 경영정상화계획을 이행중인 일정한 법인 : 각 사업연도 소득(100%) ③ 공제방법 : 먼저 발생한 사업연도의 결손금부터 순차적공제(선입선출 강제공제) ④ 공제배제 : 추계결정·경정시 공제배제(천재지변 등 불가항력사유 예외)
결손금 소급공제	① 공제요건 : 중소기업 + 기한내 신고·공제신청 + 직전연도 법인세액 있을 것 ② 공제방법 : 소급공제 신청금액 및 신청여부 선택가능(강제공제 ×) ③ 공제한도 : 직전연도 산출세액 – 직전연도 공제·감면세액 　★ 결손금 소급공제액 추징사유 　　① 법인세 환급 후 결손금 발생 사업연도에 대한 경정에 따라 결손금이 감소한 경우 　　② 결손금 발생 사업연도의 직전 사업연도에 대한 경정에 따라 환급세액이 감소된 경우 　　③ 중소기업에 해당하지 아니하는 법인이 법인세를 환급받은 경우
비과세소득	① 종류 : 공익신탁재산에서 생기는 소득(법인세법) ② 공제한도 : 각사업연도소득금액 – 이월결손금 (이 → 비 → 소 순차적공제) ③ 이월여부 : 이월 ×
소득공제	① 종류 : 유동화전문회사, 투자회사 등에 대한 배당소득공제(법인세법) ② 공제한도 : 각사업연도소득금액 – 이월결손금 – 비과세소득(이 → 비 → 소 순차적공제) ③ 원칙 : 이월 × ④ 예외 : 초과배당금액*이 있는 경우에는 5년간 이월가능 　* 배당가능이익의 90% 이상을 배당한 경우 해당 배당금액이 해당 사업연도의 소득금액을 초과한 금액
산출세액	① 세율(4단계 초과누진세율) | 과세표준	세 율
(1) 2억원 이하	과세표준의 **9%**
(2) 2억원 초과 200억원 이하	1천800만원+2억원을 초과하는 금액의 **19%**
(3) 200억원 초과 3천억원 이하	37억8천만원+200억원을 초과하는 금액의 **21%**
(4) 3천억원 초과	625억8천만원+3천억원을 초과하는 금액의 **24%** | ② 사업연도가 1년 미만인 경우의 산출세액 계산 $$(\text{과세표준} \times \frac{12}{\text{사업연도 월수}} \times \text{세율}) \times \frac{\text{사업연도 월수}}{12}$$
세액감면	① 조세특례제한법상 규정(법인세법상 감면 ×) ② 이월감면 ×

세액공제	외국납부 세액공제	① 취지 : 국제적 이중과세완화
		② 적용 : 외국법인세액을 해당 사업연도의 산출세액에서 공제
		③ 공제액 : 직접 + 간접 + 의제
		④ 한도액 : 법인세산출세액 × $\dfrac{\text{과세표준에 포함된 국외원천소득}}{\text{과세표준}}$
		⑤ 국외사업장이 2 이상인 경우 : 국별한도 적용(일괄한도 ×)
		⑥ 간접외국납부세액 적용요건 : 지분율 10% 이상 + 배당기준일 현재 6월 이상 보유
		⑦ 외국납부세액공제 적용배제
		   ㉠ 추계결정시 적용배제(단, 천재지변 등 불가항력 사유 제외)
		   ㉡ 외국자회사 수입배당금액에 대한 익금불산입의 적용대상이 되는 수입배당금액에 대해서는 위의 외국납부세액공제의 규정을 적용하지 아니한다.
		⑧ 한도초과액의 처리방법
		   ㉠ 이월공제 : 해당 사업연도의 다음 사업연도 개시일부터 10년 이내에 끝나는 각 사업연도(이월공제기간)로 이월하여 그 이월된 사업연도의 공제한도금액 내에서 공제받을 수 있음
		   ㉡ 이월공제기간 경과후 손금산입 : 이월공제기간 내에 공제받지 못한 경우 그 공제받지 못한 외국법인세액은 이월공제기간의 종료일 다음 날이 속하는 사업연도의 소득금액을 계산할 때 손금에 산입할 수 있음.
		⑨ 세액공제의 신청
		   ㉠ 원칙 : 법인세 과세표준신고와 함께 외국납부세액공제세액계산서 제출
		   ㉡ 예외 : 외국정부의 국외원천소득에 대한 법인세의 결정통지 지연 등의 사유로 과세표준신고와 함께 제출할 수 없는 경우에는 외국정부의 국외원천소득에 대한 결정통지를 받은 날부터 3개월 이내에 제출할 수 있음

	재해손실 세액공제	① 적용요건 : 재해 등으로 사업용자산 20% 이상 상실 ② 공제액 : 공제대상법인세 × 재해상실비율 ③ 한도 : 상실된 자산가액 ④ 공제대상법인세 : 전기이전분 법인세 + 당기분 법인세 ⑤ 토지제외, 타인소유 변상책임자산 포함, 보험금수령액 고려 ×
	분식회계 세액공제	① 적용대상 : 내국법인이 사실과 다른 회계처리(분식회계)를 하여 과세표준 및 세액을 과다하게 계상함으로써 「국세기본법」에 따라 경정을 청구하여 경정을 받은 경우에는 과다 납부한 세액을 환급하지 아니하고 그 경정일이 속하는 사업연도부터 각 사업연도의 법인세액에서 과다 납부한 세액을 공제함 ② 공제한도 : 각 사업연도별로 공제하는 금액은 과다 납부한 세액의 20%를 한도로 하고, 공제 후 남아 있는 과다 납부한 세액은 이후 사업연도에 이월하여 공제함(5년 이월기한 폐지)

> ☆ 참고 **세액공제와 세액감면이 동시에 적용되는 경우의 적용순서**
>
> ① 세액감면
> ② 이월공제가 인정되지 않는 세액공제(재해손실세액공제)
> ③ 이월공제가 인정되는 세액공제(이 경우 해당 사업연도 중에 발생한 세액공제액과 이월된 미공제액이 함께 있을 때에는 이월된 미공제액을 먼저 공제함)
> ④ 사실과 다른 회계처리에 기인한 경정에 따른 세액공제

이진욱 세무사의 Tax Note

CHAPTER 10 법인세의 납세절차

1 가산세

종 류	가산세액
(1) 성실신고확인서 제출 불성실가산세*	Max[법인세 산출세액 × 5%, 수입금액 × 2/10,000]
(2) 주주 등의 명세서 제출 불성실가산세*	해당 주주등의 보유한 주식 등의 액면가액 또는 출자가액 × 5%
(3) 주식 등 변동상황명세서 제출불성실가산세*	그 주식 등의 액면가액 또는 출자가액 × 1%
(4) 장부의 기록·보관 불성실가산세*	Max [산출세액 × 20%, 수입금액 × 7/10,000] ★ 비영리내국법인에 대하여는 적용하지 아니함 ★ 산출세액 중 토지 등 양도소득에 대한 법인세액, 및 「조세특례제한법」에 따른 투자·상생협력 촉진을 위한 과세특례를 적용하여 계산한 법인세액은 제외하고 계산 ★ 신고불성실가산세와 장부의 기록·보관불성실가산세가 동시에 적용될 때에는 그 중 큰 금액에 해당하는 가산세만을 적용하고 가산세액이 같으면, 신고불성실가산세만을 적용
(5) 기부금영수증 발급·작성·보관 불성실가산세*	① 기부금영수증 발급불성실 : 해당 금액 × 5% ② 기부자별 발급명세 작성·보관 불성실 : 해당 금액 × 0.2%
(6) 증명서류 수취 불성실가산세*	그 받지 아니한 금액 또는 사실과 다르게 받은 금액 × 2%
(7) 신용카드 및 현금영수증 발급 불성실가산세*	① 신용카드매출전표 불성실가산세 　: 거부금액 또는 사실과 다르게 발급한 금액 × 5%* 　★건별로 계산한 금액이 5천원 미만이면 5천원으로 한다. ② 현금영수증 가맹점 가입 불성실가산세 　: 가입하지 아니한 사업연도의 수입금액 × 1% ③ 현금영수증 발급관련 불성실가산세 　: 거부금액 또는 사실과 다르게 발급한 금액 × 5%* 　★건별로 계산한 금액이 5천원 미만이면 5천원으로 한다. ④ 건당 10만원 이상 현금거래에 대한 현금영수증 미발급가산세 　: 미발급 금액 × 20%* 　★착오나 누락으로 인하여 거래대금을 받은 날부터 10일 이내에 관할 세무서에 자진 신고하거나 현금영수증을 자진 발급한 경우는 10%
(8) 지급명세서 제출 불성실가산세*	① 명세서 미제출 　㉠ 지급명세서 : 미제출분 지급금액 × 1%* 　　★제출기한 ~ 3개월 이내에 제출하는 경우에는 지급금액의 0.5% 　㉡ 근로소득간이지급명세서 : 미제출 지급금액 × 0.25%* 　　★제출기한 ~ 1개월 이내에 제출하는 경우에는 지급금액의 0.125% ② 불분명 및 허위제출분 　㉠ 지급명세서 : 불분명 또는 허위 지급금액 × 1% 　㉡ 근로소득간이지급명세서 : 불분명·허위 지급금액 × 0.25%

(9) 계산서 등 제출불성실가산세*	〈계산서 불성실가산세〉 ① 미발급*, 가공발급, 타인명의발급 : 공급가액 × 2% 　*계산서의 발급시기가 지난 후 해당 재화 또는 용역의 공급시기가 속하는 사업연도 말의 다음 달 25일까지 계산서를 발급하지 아니한 경우 ② 지연발급*, 부실기재, 전자계산서발급불이행 : 공급가액 × 1% 　*계산서의 발급시기가 지난 후 해당 재화 또는 용역의 공급시기가 속하는 사업연도 말의 다음 달 25일까지 계산서를 발급한 경우 〈세금계산서 및 계산서합계표 불성실가산세〉 ① 매입처별 세금계산서 합계표 미제출·부실기재 : 공급가액 × 0.5% ② 매출·매입처별 계산서합계표 미제출·부실기재 : 공급가액 × 0.5% 〈전자계산서 발급명세전송 불성실가산세〉 ① 지연전송* : 공급가액 × 0.3% 　*발급명세 전송기한이 기한이 지난 후 재화 또는 용역의 공급시기가 속하는 사업연도 말의 다음 달 25일까지 국세청장에게 전자계산서 발급명세를 전송하는 경우 ② 미전송* : 공급가액 × 0.5% 　*발급명세 전송기한이 기한이 지난 후 재화 또는 용역의 공급시기가 속하는 사업연도 말의 다음 달 25일 국세청장에게 전자계산서 발급명세를 전송하지 아니한 경우
(10) 특정외국법인의 유보소득 계산명세서 제출불성실가산세*	해당 특정외국법인의 배당 가능한 유보소득금액 × 0.5%
(11) 업무용승용차 관련비용 명세서 제출 불성실 가산세*	① 미제출 : 손금에 산입한 금액 × 1% ② 허위제출 : 손금에 산입한 금액 중 해당 명세서에 허위 금액 × 1%

* 해당 가산세는 산출세액이 없는 경우에도 적용한다.

2 기납부세액

1. 중간예납

구 분	내 용
중간예납 의무자	각 사업연도의 기간이 6개월을 초과하는 법인으로서 다음에 해당하지 않는 경우 ㉠ 「고등교육법」 및 「초·중등교육법」에 따른 사립학교학교법인, 국립대학법인 서울대학교, 인천대학교 및 산학협력단 ㉡ 직전 사업연도의 중소기업으로서 직전실적기준에 따라 계산한 중간예납세액의 금액이 50만원 미만인 내국법인 ㉢ 신설법인의 최초사업연도(합병 또는 분할로 인하여 신설된 법인은 제외) ㉣ 청산법인 ㉤ 국내사업장이 없는 외국법인 * 징수면제 : 납세지 관할 세무서장은 중간예납기간 중 휴업 등의 사유로 수입금액이 없는 법인에 대하여 그 사실이 확인된 경우에는 해당 중간예납기간에 대한 법인세를 징수하지 아니한다.
중간예납 기간	해당 사업연도 개시일부터 6개월간
중간예납 세액의 계산방법	(1) 원칙 : 중간예납세액은 다음의 어느 하나의 방법을 선택하여 계산한다. ① 직전실적기준 : 직전 사업연도의 산출세액*을 기준으로 6개월분의 세액을 환산하여 계산하는 방법 　* '직전 사업연도의 산출세액'에는 가산세를 포함하며, 토지 등 양도소득에 대한 법인세 및 「조세특례제한법」상 투자·상생협력 촉진을 위한 과세특례를 적용하여 계산한 법인세는 제외 ② 당기실적기준 : 해당 중간예납기간의 법인세액을 기준으로 가결산하여 계산하는 방법 (2) 예외 : 다음의 구분에 따라 중간예납세액 계산 ① 중간예납기한까지 중간예납세액을 납부하지 아니한 경우 : 직전실적기준 ② 다음 중 어느 하나에 해당하는 경우 : 당기실적기준 　㉠ 직전 사업연도의 법인세로서 확정된 산출세액(가산세는 제외)이 없는 경우 　㉡ 해당 중간예납기간 만료일까지 직전 사업연도의 법인세액이 확정되지 아니한 경우 　㉢ 분할신설법인 or 분할합병 상대방법인의 분할 후 최초의 사업연도인 경우
납부기한	중간예납기간이 지난 날로부터 2개월 이내
징수기한	관할세무서장은 중간예납세액의 전부 또는 일부를 납부하지 않으면 그 미납세액을 납부기한이 지난 날부터 2개월 이내에 징수하여야 한다.
가산세	납부지연가산세 ○, 신고불성실가산세 ×
기타규정	중간예납세액 1,000만원 초과시 분납가능, 국세기본법상 수정신고 및 경정청구 불가

2. 원천징수

구 분	내 용
대상소득 및 세율	① 이자소득금액 : 14%(비영업대금의 이익은 25%) ② 집합투자기구로부터의 투자신탁이익 : 14%
원천징수 제외대상	① 법인세가 부과되지 아니하거나 면제되는 소득 ② 신고한 과세표준에 이미 산입된 미지급소득 ③ 투자신탁재산에 귀속되는 소득
원천징수 세액의 납부	① 원칙 : 징수일이 속하는 달의 다음 달 10일까지 납부 ② 예외 : 직전연도 상시고용인원이 20명 이하인 원천징수의무자(금융보험업 영위 법인 제외)는 반기징수 가능
소액부징수	원천징수세액이 ₩1,000미만인 경우에는 해당 법인세를 징수하지 않는다.

3. 수시부과

구 분	내 용
사 유	① 신고를 하지 않고 본점 등을 이전한 경우 ② 사업부진 기타 사유로 인하여 휴업 또는 폐업상태에 있는 경우 ③ 기타 조세를 포탈할 우려가 있다고 인정되는 상당한 이유가 있는 때 ④ 외국군 등으로부터 사업수입금액을 외국환은행으로부터 수령하는 때
수시부과 기간	사업연도개시일 ~ 수시부과사유가 발생한 날
기타사항	① 수시부과의 경우에도 각 사업연도의 소득에 대한 과세표준신고는 하여야 한다. ② 수시부과세액 계산시 가산세는 적용하지 아니한다.

3 법인세의 신고·납부·결정 및 경정

구 분	내 용
법인세 신 고	(1) 신고기한 : 각사업연도의 종료일이 속하는 달의 말일부터 3개월 이내. 단, 내국법인이 성실신고확인서를 제출하는 경우에는 4개월 이내 (2) 필수적첨부서류 : B/S, I/S, 이·잉처분계산서, 세무조정계산서 → 하나라도 미첨부시 무신고로 보아 무신고가산세 부과 (3) 외부감사대상법인의 신고기한 연장 ① 연장사유 : 외부감사대상법인이 외부감사 미종결을 사유로 기한연장 신청시 ② 신청기한 : 신고기한의 종료일 3일전까지 신청 ③ 연장기한 : 1개월의 범위에서 신고기한을 연장할 수 있음 ④ 이자상당액 가산 : 법인세액 × 연장일수 × 정기예금이자율
법인세 납 부	(1) 납부기한 : 법인세 신고기한까지 (2) 분납 : 납부세액이 1천만원을 초과하는 경우 1개월(중소 2개월) 이내에 분납

결정·경정	(1) 결정사유 : 무신고
	(2) 경정사유 : 허위, 누락, 오류, 탈루 등으로 인한 사실과 다른 신고
	(3) 원칙적 결정·경정방법 : 실지조사결정·경정
	(4) 예외적 결정·경정방법 : 추계조사결정·경정
	① 기준경비율법
	    ★추계소득금액 = 수입금액 − 주요경비★ − 수입금액 × 기준경비율 + 준비금·충당금 환입액
	    ★주요경비 : 매입비용, 임차료, 인건비
	② 기준경비율법을 적용할 수 없는 경우 : 기장이 가장 정확하다고 인정되는 동일 업종의 다른 법인의 소득금액을 참작하여 그 과세표준을 결정 또는 경정하는 방법(동업자권형)
	③ 동일 업종의 다른 법인이 없는 경우 : 과세표준신고 후에 장부 기타 증빙서류가 멸실된 때에는 신고서 및 그 첨부서류에 의하고 과세표준신고 전에 장부 기타 증빙서류가 멸실된 때에는 직전 사업연도의 소득률에 의하여 과세표준을 결정 또는 경정한다.
	④ 소기업폐업시 : Min[㉠, ㉡, ㉢]
	  ㉠ 수입금액에서 수입금액에 단순경비율을 곱한 금액을 뺀 금액
	  ㉡ 수입금액에 직전 사업연도의 소득률을 곱하여 계산한 금액
	  ㉢ 기준경비율법에 따라 계산한 금액

참고 법인의 성실신고확인서 제출

구 분	내 용
적용대상자	(1) 다음의 요건을 모두 갖춘 내국법인(단, 투자회사, 유동화전문회사 등은 제외함) ① 해당 사업연도 종료일 현재 내국법인의 지배주주 등이 보유한 주식 등의 합계가 해당 내국법인의 발행주식총수 또는 출자총액의 50%를 초과할 것 ② 해당 사업연도에 부동산 임대업을 주된 사업으로 하거나 부동산관련 수입금액, 이자소득 및 배당소득 금액의 합계가 기업회계기준에 따라 계산한 매출액의 50% 이상일 것 ③ 해당 사업연도의 상시근로자 수가 5인 미만일 것 (2) 「소득세법」에 따른 성실신고확인대상사업자가 사업용자산을 현물출자 또는 사업의 양도·양수하는 등의 방법에 따라 내국법인으로 전환한 경우 그 내국법인(사업연도 종료일 현재 법인으로 전환한 후 3년 이내의 내국법인으로 한정함) (3) 위 (2)에 따라 전환한 내국법인이 그 전환에 따라 경영하던 사업을 인수한 다른 내국법인(전환일부터 3년 이내인 경우로서 그 다른 내국법인의 사업연도 종료일 현재 인수한 사업을 계속 경영하고 있는 경우로 한정)
적용배제	「주식회사의 외부감사에 관한 법률」에 따라 감사인에 의한 감사를 받은 내국법인은 이를 제출하지 아니할 수 있다.
성실신고 확인서	성실신고확인서란 세무사 및 세무사법에 따라 등록한 공인회계사가 법인세법에 따라 비치·기록된 장부와 증명서류에 의하여 계산한 과세표준금액의 적정성을 확인하고 작성한 확인서를 말한다.
제출시 혜 택	① 신고·납부기한 연장 : 각 사업연도의 종료일이 속하는 달의 말일부터 4개월 이내를 신고·납부기한으로 함 ② 성실신고확인비용에 대한 세액공제 : Min[성실신고확인비용 × 60%, 150만원] ㉠ 성실신고확인비용에 대한 세액공제를 적용받은 법인이 소득금액을 과소신고한 경우로서 그 과소신고한 소득금액이 경정된 사업소득금액등의 10% 이상인 경우에는 세액공제받은 금액을 전액 추징 ㉡ 위 ㉠에 따라 소득금액이 경정된 법인은 경정일이 속하는 과세연도의 다음 과세연도부터 3개 과세연도 동안 성실신고 확인비용에 대한 세액공제 적용배제
미제출시 제재	① 가산세 : 다음에 해당하는 금액을 가산세로 부과 $$\text{Max[법인세 산출세액} \times 5\%, \text{ 수입금액} \times 2/10{,}000]$$ ② 수시선정사유 : 수시선정사유에 해당하여 세무조사 대상자 선정

CHAPTER 11 합병 및 분할 등에 관한 특례

1 합병

(1) 비적격합병시 과세문제

구 분	과세문제
피합병법인	피합병법인이 합병으로 해산하는 경우에는 그 법인의 자산을 합병법인에 양도한 것으로 본다. 이 경우 다음과 같이 계산한 양도손익은 피합병법인이 합병등기일이 속하는 사업연도의 소득금액을 계산할 때 익금 또는 손금에 산입한다(청산소득 ×). 합병으로 인한 양도손익 = 양도가액* − 순자산장부가액 ＊양도가액 = 합병교부주식(합병포합주식 포함) + 합병교부금 + 법인세 대납액 ① 합병교부주식 : 합병으로 인하여 피합병법인의 주주등이 지급받는 합병법인 또는 합병법인의 모회사의 주식 등의 가액 ② 포합주식 : 합병법인이 합병등기일 전 취득한 피합병법인의 주식으로서 이러한 합병포합주식이 있는 경우에는 그 합병포합주식 등에 대하여 합병교부주식 등을 교부하지 아니하더라도 그 지분비율에 따라 합병교부주식을 교부한 것으로 보아 합병교부주식 등의 가액을 계산한다. ③ 법인세 대납액 : 합병법인이 납부하는 피합병법인의 법인세 및 그 법인세에 부과되는 국세와 법인지방소득세의 합계액

합병법인	합병법인이 합병으로 피합병법인의 자산을 승계한 경우에는 그 자산을 피합병법인으로부터 합병등기일 현재의 시가로 양도받은 것으로 본다.
	
	승계한 순자산시가 − 지급한 양도가액 = 합병매수차손·익
	
	① 승계한 순자산시가 > 지급한 양도가액 = 합병매수차익
	② 승계한 순자산시가 < 지급한 양도가액 = 합병매수차손
	
	① 합병매수차익 : 합병등기일부터 5년간 균등하게 나누어 익금에 산입한다.
	② 합병매수차손
	   ㉠ 합병법인이 피합병법인의 상호·거래관계, 그 밖의 영업상의 비밀 등에 대하여 사업상 가치가 있다고 보아 대가를 지급한 경우 → 합병등기일부터 5년간 균등하게 나누어 손금에 산입한다.
	   ㉡ 그 이외의 부분(부당행위계산부인) → 손금불산입(기타사외유출)

피합병법인 주주	합병으로 인한 합병대가에서 소멸주식(피합병법인의 주식)의 장부가액을 차감한 금액을 의제배당소득으로 보아 소득세(또는 법인세)를 과세한다. 합병으로 인한 의제배당소득 = 합병대가* − 소멸주식의 장부가액 ＊합병교부주식가액(시가) 및 합병교부금 등의 합계액

(2) 적격합병 요건

구 분	내 용
(1) 사업목적 합병	합병등기일 현재 **1년 이상 사업을 계속**하던 내국법인 간의 합병일 것 ★ 다만, 다른 법인과 합병하는 것을 유일한 목적으로 하는 법인(기업인수목적회사)의 경우는 해당 요건을 갖춘 것으로 본다.

(2) 지분의 연속성	① 피합병법인의 주주가 합병으로 인하여 받은 합병대가의 총합계액 중 합병법인의 주식의 가액이 80% 이상이거나 합병법인의 모회사의 주식가액이 80% 이상일 것
	② 특정지배주주에게 다음의 가액 이상의 주식을 각각 배정할 것
	
	합병교주주식 총합계액 × 특정지배주주의 피합병법인 지분율
	
	③ 피합병법인의 특정지배주주가 합병등기일이 속하는 사업연도의 종료일까지 그 주식을 보유할 것
	★특정지배주주란 피합병법인의 지배주주 중 다음 중 어느 하나에 해당하는 자를 제외한 주주를 말한다.
	  ㉠ 4촌 이상의 혈족 및 인척
	  ㉡ 합병등기일 현재 피합병법인에 대한 지분비율이 1% 미만이면서 지분가액(시가)이 10억원 미만인 자
	  ㉢ 기업인수목적회사와 합병하는 피합병법인의 지배주주등인 자
	★피합병법인인 기업인수목적회사의 지배주주등인 자

(3) 사업의 계속성	합병법인이 합병등기일이 속하는 사업연도의 종료일까지 피합병법인으로부터 <u>승계받은 사업을 계속할 것</u> ★ 단, 합병법인이 합병등기일이 속하는 사업연도의 종료일 이전에 피합병법인으로부터 승계한 사업용자산가액의 50% 이상을 처분하거나 사업에 사용하지 않는 경우에는 사업의 계속성요건을 갖추지 않는 것으로 한다 (50% 초과보유 및 사용). ★ 다만, 다른 법인과 합병하는 것을 유일한 목적으로 하는 법인(기업인수목적회사)의 경우는 해당 요건을 갖춘 것으로 본다.
(4) 고용의 계속성	합병등기일 1개월 전 당시 피합병법인에 종사하는 근로자(근로기준법에 따라 근로계약을 체결한 내국인 근로자) 중 합병법인이 승계한 근로자의 비율이 80% 이상이고, 합병등기일이 속하는 사업연도의 종료일까지 그 비율을 유지할 것

(3) 적격합병시 과세특례(과세이연)

구 분	과세 특례
피합병법인	양도손익 계산시의 양도가액을 피합병법인의 합병등기일 현재의 순자산 장부가액으로 보아 양도손익이 없는 것으로 할 수 있다. 합병으로 인한 양도손익 = 양도가액(순자산장부가액) − 순자산장부가액 = ₩0

합병법인	① 피합병법인의 자산을 <u>장부가액</u>으로 양도받은 것으로 한다.
	② 이 경우 양도받은 자산 및 부채의 가액을 합병등기일 현재의 <u>시가</u>로 계상하되,
	③ 시가에서 피합병법인의 장부가액을 뺀 금액을 <u>자산조정계정으로 계상</u>하여야 한다.
	  ㉠ 자산의 시가 > 피합병법인 장부가액 : (+)자산조정계정 → 손금산입(△유보)
	  ㉡ 자산의 시가 < 피합병법인 장부가액 : (−)자산조정계정 → 익금산입(유보)

피합병법인 주주	합병교부주식가액을 종전주식의 장부가액으로 평가하여 의제배당소득을 계산한다. 의제배당소득 = 합병대가(종전주식의 장부가액*) − 소멸주식의 장부가액 = ₩0 ★ 단, 합병대가 중 일부를 합병교부금으로 받은 경우 : Min[시가, 종전주식의 장부가액] ★ 피합병법인의 주주의 경우에는 '지분의 연속성요건 중 ③ 주식보유요건'과 '사업의 계속성요건'을 갖추지 않은 경우에도 적격합병에 대한 특례를 적용한다.

(4) 과세특례에 대한 사후관리

구 분	내 용
자산조정 계정 사후관리	① 감가상각자산에 설정된 자산조정계정 : 감가상각 또는 처분시 익금 또는 손금에 산입 ② 비상각자산에 설정된 자산조정계정 : 처분시 익금 또는 손금에 산입
구분경리	합병법인은 자산·부채 및 손익을 피합병법인으로부터 승계받은 사업에 속하는 것과 그 밖의 사업에 속하는 것을 구분경리하여야 한다(단, 중소기업 간 또는 동일업종을 영위하는 법인 간에 합병하는 경우는 제외).

이월결손금의 승 계	(1) 이월결손금의 승계
	  ① 비적격합병시 : 피합병법인의 이월결손금 승계 ×
	  ② 적격합병시 : 피합병법인의 이월결손금 승계 ○
	(2) 이월결손금의 공제제한
	  ① 피합병법인의 이월결손금 : 합병법인이 승계한 피합병법인의 결손금은 피합병법인으로부터 승계받은 사업에서 발생한 소득금액의 범위에서 **공제하며**, 합병법인이 자산수증이익 또는 채무면제이익으로 보전한 경우에도 익금불산입을 적용받지 못한다.
	  ② 합병법인의 이월결손금 : 합병법인의 합병등기일 현재의 결손금(피합병법인으로부터 승계한 결손금은 제외)은 피합병법인으로부터 승계받은 사업에서 발생한 소득금액의 범위에서는 **공제하지 아니한다**.
	(3) 이월결손금 공제한도
	합병법인의 합병등기일 현재 결손금과 합병법인이 승계한 피합병법인의 결손금에 대한 공제는 다음의 구분에 따른 소득금액의 80%(중소기업과 일정한 회생계획을 이행 중인 법인의 경우는 100%)을 한도로 한다.
	  ① 합병법인의 합병등기일 현재 결손금의 경우 : 합병법인의 소득금액에서 피합병법인으로부터 승계받은 사업에서 발생한 소득금액을 차감한 금액
	  ② 합병법인이 승계한 피합병법인의 결손금의 경우 : 피합병법인으로부터 승계받은 사업에서 발생한 소득금액

기부금 한도초과액의 승 계	(1) 기부금한도초과액의 승계
	  ① 비적격합병시 : 피합병법인의 기부금한도초과액 승계 ×
	  ② 적격합병시 : 피합병법인의 기부금한도초과액 승계 ○
	(2) 기부금한도초과액의 이월손금산입 제한
	  ① 피합병법인의 기부금한도초과액 : 피합병법인의 합병등기일 현재 기부금한도초과액으로서 합병법인이 승계한 금액은 합병법인의 각 사업연도의 소득금액을 계산할 때 피합병법인으로부터 승계받은 사업에서 발생한 소득금액을 기준으로 기부금 각각의 손금산입한도액의 범위에서 손금에 산입한다.
	  ② 합병법인의 기부금한도초과액 : 합병법인의 합병등기일 현재 이월된 기부금한도초과액으로서 그 후의 각 사업연도의 소득금액을 계산할 때 손금에 산입하지 아니한 금액(피합병법인으로부터 승계한 기부금한도초과액은 제외)은 합병법인의 각 사업연도의 소득금액을 계산할 때 합병 전 합병법인의 사업에서 발생한 소득금액을 기준으로 기부금 각각의 손금산입 한도액의 범위에서 손금에 산입한다.

세무조정 사항 (유보)승계	① 비적격합병시 : 합병법인이 피합병법인의 퇴직급여충당금 또는 대손충당금을 승계한 경우에는 그와 관련된 세무조정사항을 승계하고 그 밖의 세무조정사항은 승계할 수 없음 ② 적격합병시 : 모든 세무조정사항(유보잔액) 승계 ○
세액공제 및 감면의 승계	피합병법인의 잔존감면기간 및 세액공제 이월액에 대하여 ① 비적격합병시 : 승계 × ② 적격합병시 : 승계 ○

제11장 합병 및 분할 등에 관한 특례

구분	내용
과세이연의 중단	(1) 과세이연 중단사유 적격합병 이후 합병등기일이 속하는 사업연도의 다음 사업연도 개시일부터 2년 이내(③의 경우는 3년 이내)에 다음의 어느 하나에 해당하는 사유가 발생한 경우 ① 합병법인이 피합병법인으로부터 승계받은 사업을 폐지하는 경우 ② 피합병법인의 일정한 지배주주 등이 합병교부주식을 (50% 이상) 처분하는 경우 ③ 각 사업연도 종료일 현재 합병법인에 종사하는 근로자 수가 합병등기일 1개월 전 당시 피합병법인과 합병법인에 각각 종사하는 근로자 수의 합의 80% 미만으로 하락하는 경우 (2) 과세이연중단의 효력 ① 자산조정계정의 미상계잔액 → 전액 익금산입 ② 승계받은 이월결손금 중 공제한 금액 → 전액 익금산입 ③ 승계받은 기부금한도초과액 중 손금산입액 → 전액 익금산입 ④ 승계받아 공제한 세액감면·공제액 → 납부세액에 가산하여 납부
자산처분 손실의 손금산입 제한	적격합병시 합병법인은 합병법인과 피합병법인이 합병전 보유하던 자산의 처분손실(합병등기일 현재 해당 자산의 시가가 장부가액보다 낮은 경우로서 그 차액을 한도로 하며, 합병등기일 이후 5년 이내에 끝나는 사업연도에 발생한 것만 해당함)을 각각 합병전 해당 법인의 사업에서 발생한 소득금액의 범위에서 해당 사업연도의 소득금액을 계산할 때 손금에 산입한다. 이 경우 손금에 산입하지 아니한 처분손실은 자산 처분시 각각 합병 전 해당 법인의 사업에서 발생한 결손금으로 본다(취지 : 내재손실의 승계를 통한 조세회피 방지).

2 분할

(1) 적격분할 요건

구분	내용
사업목적분할	분할등기일 현재 **5년(분할합병의 경우는 1년)** 이상 사업을 계속하던 내국법인이 다음의 요건을 모두 갖추어 분할하는 경우일 것 ① 분리하여 사업이 가능한 독립된 사업부문을 분할하는 것일 것 ② 분할하는 사업부문의 자산 및 부채가 포괄적으로 승계될 것 ③ 분할법인의 출자에 의하여 분할하는 것일 것
지분의 연속성	분할법인의 주주가 분할신설법인으로부터 받은 분할대가의 **전액**이 주식일 것(분할합병의 경우에는 분할대가의 80% 이상이 분할신설법인등의 주식인 경우 또는 분할대가의 80% 이상이 분할합병의 상대방 법인의 발행주식총수 또는 출자총액을 소유하고 있는 내국법인의 주식인 경우를 말함). 다만, ① 그 주식이 분할법인의 주주가 소유하던 주식의 비율에 따라 배정되고, ② 분할법인의 일정한 지배주주 등이 분할등기일이 속하는 사업연도의 종료일까지 분할신설법인으로부터 받은 주식의 50% 이상을 처분하지 않을 것(50% 초과보유)
사업의 계속성	분할신설법인이 분할등기일이 속하는 사업연도의 종료일까지 분할법인으로부터 승계받은 사업을 계속할 것
고용의 계속성	분할등기일 1개월 전 당시 분할하는 사업부문에 종사하는 근로자(근로기준법에 따라 근로계약을 체결한 내국인 근로자) 중 분할신설법인 등이 승계한 근로자의 비율이 80% 이상이고, 분할등기일이 속하는 사업연도의 종료일까지 그 비율을 유지할 것

(2) 인적분할시 과세문제 - 합병과 동일

(3) 물적분할시 과세특례(과세이연)

구 분	과세문제
분할법인	① 비적격분할 : 분할대가(시가)와 양도한 순자산의 장부가액과의 차액을 양도손익으로 보아 법인세 과세 ② 적격분할 : 양도차익 상당액을 분할교부주식에 대한 <u>압축기장충당금</u> 설정을 통하여 손금산입한 후 다음에 해당하는 사유가 발생하는 사업연도에 처분비율을 고려한 금액을 환입(익금산입) - 과세이연특례 ㉠ 분할법인이 분할신설법인으로부터 받은 주식 등을 처분하는 경우 ㉡ 분할신설법인이 분할법인으로부터 승계받은 법 소정의 승계자산(감가상각자산, 토지 및 주식 등)을 처분하는 경우
분할신설법인	현물출자를 받고 설립된 경우와 동일하므로 분할매수차손익에 대한 과세문제가 발생하지 않음
과세이연의 중단	양도차익 상당액을 압축기장충당금으로 손금에 산입한 분할법인은 분할등기일이 속하는 사업연도의 다음 사업연도 개시일부터 2년 이내(③의 경우는 3년이내)에 다음의 어느 하나에 해당하는 사유가 발생하는 경우에는 해당 손금에 산입한 압축기장충당금 중 익금에 산입하고 남은 금액을 그 사유가 발생한 날이 속하는 사업연도의 소득금액을 계산할 때 익금에 산입한다. ① 분할신설법인이 분할법인으로부터 승계받은 사업을 폐지하는 경우 ② 분할법인이 분할신설법인의 발행주식총수 또는 출자총액의 100분의 50 미만으로 주식등을 보유하게 되는 경우 ③ 각 사업연도 종료일 현재 분할신설법인에 종사하는 근로자 수가 분할등기일 1개월 전 당시 분할하는 사업부문에 종사하는 근로자 수의 80% 미만으로 하락하는 경우

> ☆ 참고   **사업양수 시 이월결손금 공제 제한**
>
> 내국법인이 다른 내국법인의 사업을 양수하는 경우로서 다음 중 어느 하나에 해당하는 경우에는 사업양수일 현재 이월결손금은 사업을 양수한 내국법인의 각 사업연도의 과세표준을 계산할 때 양수한 사업부문에서 발생한 소득금액(중소기업간 사업양수 등에 해당되어 회계를 구분하여 기록하지 아니한 경우에는 그 소득금액을 자산가액 비율로 안분계산한 금액)의 범위에서는 공제하지 아니한다.
> ① 사업양수일 현재 양도법인의 자산총액의 100분의 70 이상이면서 자산총액에서 부채총액을 뺀 금액의 100분의 90 이상인 자산의 양수
> ② 사업 양도·양수 계약일 현재 특수관계인인 법인 간에 이뤄진 사업의 양수

CHAPTER 12 법인세법의 기타사항

1 기타의 법인세

구 분	내 용
청산소득	(1) 납세의무자 : 해산(조직변경 ×)하는 **영리내국법인**(비영리·외국법인 ×) (2) 청산소득금액 = 잔여재산가액 − 해산등기일 현재 자기자본총액 　① 잔여재산가액 = 자산총액 − 부채총액 　② 자기자본총액 = 납입자본금 + (세무상잉여금 − 이월결손금) + 법인세환급액 　　㉠ 세무상잉여금 : 재무상태표상 이익잉여금에 자본금과적립금조정명세서(을)의 유보(△유보)금액을 가감한 금액으로 하며, 해산등기일 전 2년 이내에 자본전입한 잉여금이 있는 경우는 이를 포함한다. 　　㉡ 이월결손금 : 발생연도의 제한 없이 해당 법인의 모든 이월결손금을 말하는 것이며, 상계하는 이월결손금의 금액은 세무상잉여금의 금액을 초과하지 못한다. 　　㉢ 법인세환급액 : 내국법인의 해산에 의한 청산소득의 금액을 계산할 때 그 청산기간에 국세기본법에 따라 환급되는 법인세액이 있는 경우 이에 상당하는 금액은 그 법인의 해산등기일 현재의 자기자본의 총액에 가산한다. (3) 신고납부 	구 분	내 용 | 　|---|---| 　| 확정신고납부 | ① 해산시 : 잔여재산가액확정일이 속하는 달의 말일 ~ 3개월 이내 　　② 사업계속등기시 : 계속등기일이 속하는 달의 말일 ~ 3개월 이내 | 　| 중간신고납부 | ① 잔여재산가액 확정전 일부 분배시 　　　: 분배일이 속하는 달의 말일부터 1개월 이내 　　② 해산등기일부터 1년이 되는 날까지 잔여재산가액 확정 × 　　　: 1년이 되는 날이 속하는 달의 말일부터 1개월 이내 | (4) 청산기간 중에 생기는 각 사업연도의 소득금액이 있는 경우에는 청산소득에 포함하지 않고 각 사업연도 소득금액에 포함한다. (5) 청산소득에 대한 법인세를 징수할 때에는 「국세기본법」에 따른 납부지연가산세(납부고지서에 따른 납부기한의 다음 날부터 부과되는 분에 한정함)를 적용하지 아니한다.
토지 등 양도소득	(1) 의의 : 법인의 부동산투기억제를 위한 정책적목적의 과세 (2) 납세의무자 : 비과세법인(국가, 지자체)을 제외한 모든 법인 (3) 과세대상 및 세율 　| 과세대상 자산 | 적용세율 | 　|---|---| 　| ① 비사업용토지 | 양도소득 × 10%(미등기양도 40%) | 　| ② 주택(부수토지 포함하되, 농어촌주택은 제외) 별장(농어촌주택은 제외) | 양도소득 × 20%(미등기양도 40%) | 　| ③ 별장(주거용 건축물로서 상시 주거용으로 사용하지 아니하고 휴양·피서·위락 등의 용도로 사용하는 건축물) | 양도소득 × 20%(미등기양도 40%) | 　| ④ 조합원입주권 및 분양권의 양도 | 양도소득 × 20% |

비영리법인	(1) 과세소득의 범위 　① 각사업연도 소득 : 수익사업소득에 대하여만 납세의무가 있음 　② 청산소득 : 납세의무 없음 　③ 토지 등 양도소득 : 납세의무 있음 　④ 미환류소득 : 납세의무 없음 (2) 수익사업소득 : 일반사업소득, 금융소득, 유가증권처분이익, 유·무형자산처분이익* 　* 단, 유·무형자산의 처분이익 중 처분일 현재 3년 이상 계속 고유목적사업에 직접 사용한 유·무형자산의 처분수입은 수익사업의 소득으로 보지 아니한다. (3) 비영리법인에 대한 과세특례 　① 고유목적사업준비금의 손금산입 : 과세이연혜택 　② 이자소득 선택적 분리과세(단, 과세표준 신고 × → 기한후신고 ×) 　③ 자산양도소득에 대한 과세특례(사업소득 × → 법, 소 중 유리한 세액 선택) 　④ 수익사업영위 × → 기장의무 ×(기장의무 있는 경우도 무기장가산세 ×) 　⑤ 필수적첨부서류 미첨부시에도 무신고로 보지 않음 (4) 구분경리 : 수익사업과 비수익사업의 자산·부채·손익은 구분하여 경리해야 함 　① 공통자산·부채 : 수익사업에 속하는 것으로 본다. 　② 공통익금 : 수입금액(매출액)의 비율에 따라 안분계산 　③ 공통손금 : 동일 업종 → 수입금액비율, 다른 업종 → 개별손금의 비율로 안분
외국법인	(1) 외국법인 판단기준 외국에 본점이나 주사무소를 둔 단체(국내에 사업의 실질적 관리장소가 존재하지 않는 경우에만 해당)로서 다음 중 어느 하나에 해당하는 단체 　① 설립지국의 법률에 따라 법인격이 부여된 단체 　② 구성원이 유한책임사원으로만 구성된 단체 　③ 그 밖에 동종 또는 가장 유사한 국내의 단체가 상법 등 국내의 법률에 따른 법인에 해당되는 단체 (2) 과세소득의 범위 　① 각 사업연도소득 : **국내원천소득**에 대해서만 납세의무가 있음(제한납세의무자) 　② 청산소득 : 납세의무 없음 　③ 토지 등 양도소득 : 국내 소재 부동산 등의 양도에 대해서만 납세의무가 있음 　④ 미환류소득 : 납세의무 없음 (3) 국내원천소득의 범위(열거주의) 　① 국내원천 이자소득, ② 국내원천 배당소득, ③ 국내원천 부동산소득, ④ 국내원천 선박등임대소득, ⑤ 국내원천 사업소득, ⑥ 국내원천 인적용역소득, ⑦ 국내원천 부동산등양도소득, ⑧ 국내원천 사용료소득, ⑨ 국내원천 유가증권양도소득, ⑩ 국내원천 기타소득 (4) 과세방법 | 구 분	내 용
국내사업장 ○	① 원칙 : 종합과세 ② 예외 : 국내사업장 관련 × or 국내사업장에 귀속 × → 분리과세*
국내사업장 ×	① 원칙 : 분리과세* ② 예외 : 국내원천부동산소득이 있는 경우 → 종합과세 | * 단, 양도소득은 예납적 원천징수 후 별도로 신고·납부하여야 함 (5) 국내사업장 : 외국법인이 국내에서 사업의 전부 또는 일부를 수행하는 고정장소(주요수익창출성 + 고정성) (6) 외국법인의 국채등 이자·양도소득에 대한 과세특례(비과세특례) 등 외국법인의 국내원천 <u>이자소득 중 국채 등에서 발생하는 소득</u> 및 국내원천 <u>유가증권양도소득 중 국채 등의 양도로 발생하는 소득</u>에 대하여는 이에 대한 법인세를 과세하지 아니한다.

2 법인과세 신탁재산의 각 사업연도의 소득에 대한 법인세 과세특례

(1) 통 칙

구 분	내 용
적용관계	내국법인으로 보는 신탁재산(이하 "법인과세 신탁재산") 및 이에 귀속되는 소득에 대하여 법인세를 납부하는 신탁의 수탁자(이하 "법인과세 수탁자")에 대해서는 본 특례 규정을 다른 법인세법의 규정에 우선하여 적용한다.
신탁재산에 대한 법인세 과세방식 적용	① 법인과세 수탁자는 법인과세 신탁재산에 귀속되는 소득에 대하여 그 밖의 소득과 구분하여 법인세를 납부하여야 한다. ② 재산의 처분 등에 따라 법인과세 수탁자가 법인과세 신탁재산의 재산으로 그 법인과세 신탁재산에 부과되거나 그 법인과세 신탁재산이 납부할 법인세 및 강제징수비를 충당하여도 부족한 경우에는 그 신탁의 수익자는 분배받은 재산가액 및 이익을 한도로 그 부족한 금액에 대하여 제2차 납세의무를 진다. ③ 법인과세 신탁재산이 그 이익을 수익자에게 분배하는 경우에는 배당으로 본다.
법인과세 신탁재산의 설립 및 해산 등	① 법인과세 신탁재산은 「신탁법」에 따라 그 신탁이 설정된 날에 설립된 것으로 보며, 최초사업연도의 개시일은 신탁설정일로 한다. ② 법인과세 신탁재산은 「신탁법」에 따라 그 신탁이 종료된 날에 해산된 것으로 본다.

(2) 과세표준과 그 계산

구 분	내 용
소득공제	① 법인과세 신탁재산이 수익자에게 배당한 경우에는 그 금액을 해당 배당을 결의한 잉여금 처분의 대상이 되는 사업연도의 소득금액에서 공제한다. ② 위 ①에 따라 공제하는 배당금액이 해당 배당을 결의한 잉여금 처분의 대상이 되는 사업연도의 소득금액을 초과하는 경우 그 초과금액은 이를 없는 것으로 본다.
신탁재산의 소득금액계산	수탁자의 변경에 따라 법인과세 신탁재산의 수탁자가 그 법인과세 신탁재산에 대한 자산과 부채를 변경되는 수탁자에게 이전하는 경우 그 자산과 부채의 이전가액을 수탁자 변경일 현재의 장부가액으로 보아 이전에 따른 손익은 없는 것으로 한다.

(3) 신고·납부 및 징수

구 분	내 용
적용배제사항	법인과세 신탁재산에 대하여는 성실신고확인서 제출규정과 중간예납에 관한 규정을 적용하지 아니한다.
법인과세 신탁재산의 원천징수	원천징수에 관한 원칙적인 규정에도 불구하고 법인과세 신탁재산이 다음 중 어느 하나에 해당하는 소득을 지급받고, 법인과세 신탁재산의 수탁자가 금융회사(은행, 집합투자기구, 투자회사 등)에 해당하는 경우에는 원천징수하지 아니한다. ㉠ 「소득세법」에 따른 이자소득의 금액(금융보험업법인의 수입금액 포함). ㉡ 「소득세법」에 따른 집합투자기구로부터의 이익 중 투자신탁의 이익의 금액

3 연결납세제도

(1) 연결납세제도의 개요

구 분	내 용
의 의	2 이상의 법인이 경제적으로 결합되어 있는 경우 해당 법인들을 하나의 과세단위로 보아 소득을 통산하여 법인세를 과세하는 제도

용어의 정의	① 연결법인 : 연결납세방식을 적용받는 각 내국법인
	② 연결집단 : 연결법인(연결모법인 + 연결자법인) 전체
	③ 연결모법인 : 연결집단 중 다른 연결법인을 연결지배하는 연결법인
	④ 연결자법인 : 연결모법인의 연결지배를 받는 연결법인
	⑤ 연결지배 : "연결지배"란 내국법인이 다른 내국법인의 발행주식총수 또는 출자총액의 90% 이상 NEW을 보유하고 있는 경우를 말하며, 이 경우 그 보유비율은 다음에서 정하는 바에 따라 계산한다.
	  ㉠ 의결권 없는 주식 또는 출자지분을 포함할 것
	  ㉡ 자기주식은 제외할 것
	  ㉢ 우리사주조합을 통하여 근로자가 취득한 주식 및 주식매수선택권의 행사에 따라 발행되거나 양도된 주식으로서 발행주식총수의 5% 이내의 주식은 해당 법인이 보유한 것으로 볼 것
	  ㉣ 연결가능모법인이 연결가능자법인을 통해 또 다른 내국법인의 주식 또는 출자지분을 보유하는 경우에는 간접보유비율을 포함할 것
	⑥ 연결사업연도 : 연결집단의 소득을 계산하는 1회계기간

적용대상	① 다른 내국법인을 연결지배하는 내국법인("연결가능모법인")과 그 다른 내국법인("연결가능자법인")은 연결가능모법인의 납세지 관할지방국세청장의 승인을 받아 연결납세방식을 적용할 수 있다. ② 이 경우 연결가능자법인이 둘 이상일 때에는 해당 법인 모두가 연결납세방식을 적용하여야 한다. ③ 연결납세방식이 적용되는 경우 연결가능자법인이 둘 이상일 때에는 해당 법인 모두가 연결납세방식을 적용하여야 한다. ④ 연결납세방식은 내국법인에 한하여 적용되므로 외국법인의 경우는 연결지배관계 여부에 불문하고 적용되지 아니한다.
적용제외	① 비영리내국법인* ② 다른 내국법인(비영리내국법인은 제외)으로부터 연결지배를 받는 법인* ③ 해산으로 청산 중인 법인 ④ 소득공제를 적용받는 유동화전문회사, 투자회사 등에 해당하는 법인 및 프로젝트금융투자회사에 해당하는 법인 ⑤ 「조세특례제한법」에 따른 동업기업과세특례를 적용하는 동업기업 ⑥ 「조세특례제한법」에 따른 해운기업에 대한 법인세 과세표준계산특례를 적용하는 법인 ＊위 ①과 ②에 대하여는 연결가능모법인의 적용만 제외(연결가능자법인은 가능의 적용은 가능)되며, ③,④,⑤,⑥에 대하여는 연결가능모법인 및 연결가능자법인 적용대상에서 모두 제외된다.)

연결사업연도	(1) 원칙 : 연결납세방식을 적용받는 각 연결법인의 사업연도는 연결사업연도와 일치해야 하며 연결사업연도의 기간은 1년을 초과할 수 없음
	(2) 예외 : 다음의 요건을 갖춘 내국법인의 경우에는 연결사업연도를 해당 내국법인의 사업연도로 보아 연결납세방식을 적용할 수 있음
	  ① 사업연도가 법령 등에 규정되어 있어 변경이 불가능할 것
	  ② 기업회계기준 등에 의해 연결사업연도 말에 분기 또는 반기별 재무제표를 작성하여 회계감사인의 확인을 받을 것

(2) 연결납세제도의 적용절차

구 분	내 용
최초적용신청 및 승인	① 신청 : 최초의 연결사업연도 개시일로부터 10일 이내에 연결모법인의 납세지 관할세무서장을 경유하여 관할지방국세청장에게 제출 ② 승인 : 신청을 받은 관할지방국세청장은 최초의 연결사업연도 개시일부터 2개월 이내까지 승인여부를 서면으로 통지하여야 하며, 통지하지 아니한 경우에는 승인한 것으로 의제함
연결납세방식 포기	① 포기신고 : 연결납세방식을 적용하지 아니하려는 사업연도 개시일 전 3개월이 되는 날까지 관할지방국세청장에게 포기신고 ② 포기제한 : 연결납세방식을 최초로 적용받은 연결사업연도와 그 다음 연결사업연도의 개시일부터 4년 이내에 끝나는 연결사업연도까지는 연결납세방식의 적용을 포기할 수 없음 ③ 포기 후 재적용의 제한 : 포기한 최초 사업연도와 그 다음 사업연도의 개시일부터 4년 이내에 끝나는 사업연도까지는 연결납세방식 적용 ×
연결납세방식 승인취소	(1) 승인취소사유 　① 연결법인의 사업연도가 연결사업연도와 일치하지 아니하는 경우 　② 연결모법인이 연결 지배하지 아니하는 내국법인에 대하여 연결납세방식 적용하는 경우 　③ 연결모법인의 연결가능자법인에 대하여 연결납세방식을 적용하지 아니하는 경우 　④ 추계결정 및 경정의 사유로 장부에 의하여 연결법인의 소득금액을 계산할 수 없는 경우 　⑤ 연결법인에 수시부과사유가 있는 경우 　⑥ 연결모법인이 다른 내국법인(비영리내국법인은 제외)의 연결 지배를 받는 경우 (2) 승인취소의 효력 : 연결납세방식의 적용 승인이 취소된 날이 속하는 사업연도와 그 다음 사업연도의 개시일부터 4년 이내에 끝나는 사업연도까지는 연결납세방식의 적용 당시와 동일한 법인을 연결모법인으로 하여 연결납세방식을 적용받을 수 없음 (3) 승인취소시 결손금 처리 　연결납세방식을 적용받은 연결사업연도와 그 다음 연결사업연도의 개시일부터 4년 이내에 끝나는 연결사업연도 중에 연결납세방식의 적용 승인이 취소된 경우 다음의 구분에 따라 소득금액이나 결손금을 연결납세방식의 적용 승인이 취소된 사업연도의 익금 또는 손금에 각각 산입. 　① 연결사업연도 동안 다른 연결법인의 결손금과 합한 해당 법인의 소득금액 : 익금산입 　② 연결사업연도 동안 다른 연결법인의 소득금액과 합한 해당 법인의 결손금 : 손금산입

(3) 신고 및 납부

계산순서	내 용
연결중간예납	각 연결사업연도의 기간이 6개월을 초과하는 연결모법인은 중간예납기간이 지난 날부터 2개월 이내에 중간예납세액 납부
연결모법인의 연결과세표준 신고	연결모법인은 각 연결사업연도의 종료일이 속하는 달의 말일부터 **4개월 이내**에 해당 연결사업연도의 소득에 대한 법인세의 과세표준과 세액을 신고하여야 함
연결자법인의 지급의무	연결법인세는 연결모법인이 납부하므로 연결자법인은 연결법인세액의 납부기한까지 연결법인별 산출세액에서 감면세액, 중간예납세액 및 원천징수세액을 차감하고 가산세를 가산하여 연결모법인에게 지급하고 그 지급한 금액을 손금불산입함
연결법인세액의 납부	연결모법인은 납부하여야 할 세액을 연결과세표준 신고기한까지 납세지 관할세무서에 납부하여야 함. 이 경우 연결모법인이 연결자법인으로부터 지급받았거나 지급받을 금액은 익금불산입하고, 연결법인세액으로 납부한 세액은 다시 손금불산입하여야 함

연결산출세액이 없는 경우의 정산금 배분 NEW	연결산출세액이 없는 경우로서 다음에 해당하는 경우에는 결손금 이전에 따른 손익을 정산한 금액(이하 "정산금")을 다음에서 정하는 바에 따라 연결법인별로 배분하여야 한다.
	① 다음의 어느 하나에 해당하는 연결자법인이 있는 경우: 해당 연결자법인이 대통령령으로 정하는 바에 따라 계산한 정산금을 과세표준 신고기한까지 연결모법인에 지급
	  ㉠ 연결자법인의 해당 연결사업연도 소득금액에 다른 연결법인의 결손금이 합하여진 경우
	  ㉡ 연결자법인의 연결소득 개별귀속액에서 다른 연결법인의 결손금이 공제된 경우
	② 다음의 어느 하나에 해당하는 연결자법인이 있는 경우 : 연결모법인이 대통령령으로 정하는 바에 따라 계산한 정산금을 과세표준 신고기한까지 해당 연결자법인에 지급
	  ㉠ 연결자법인의 해당 연결사업연도 결손금이 다른 연결법인의 소득금액에 합하여진 경우
	  ㉡ 연결자법인의 결손금이 다른 연결법인의 연결소득 개별귀속액에서 공제된 경우

연대납세의무	연결법인간 각 연결사업연도의 법인세(토지 등 양도소득에 대한 법인세 및 조세특례제한법상 투자·상생협력 촉진을 위한 과세특례를 적용하여 계산한 법인세 포함)에 대하여 연대납세의무 부담 ○
분납과 물납	개별납세방식에서의 법인세 분납과 물납규정을 준용함

■ ■ ■ 이진욱 세무사의 **Tax Note**

PART 6

소득세법

CHAPTER 01	소득세법 총론
CHAPTER 02	이자소득과 배당소득
CHAPTER 03	사업소득
CHAPTER 04	근로·연금·기타소득
CHAPTER 05	소득금액계산의 특례
CHAPTER 06	종합소득과세표준의 계산
CHAPTER 07	종합소득세액의 계산
CHAPTER 08	퇴직소득세의 계산
CHAPTER 09	종합·퇴직소득세의 납세절차
CHAPTER 10	양도소득세
CHAPTER 11	소득세법의 기타사항

CHAPTER 01 소득세법 총론

구 분	내 용

납세의무자	(1) 원칙적인 구분
	① 거주자 : 국내에 주소를 두거나 183일이상 거소를 둔 개인 → 국내·외 원천소득
	② 비거주자 : 거주자가 아닌 자 → 국내원천소득
	(2) 납세의무자 특례규정
	① 거주자의제·비거주자의제
	
		구 분	내 용 |
			     |---|---|
			     | 거주자 의제 | 다음에 해당하는 자는 원칙적인 기준에도 불구하고 거주자로 본다.
			     ① 계속하여 183일 이상 국내 거주를 요하는 직업을 가진 자
			     ② 국내에 생계를 같이하는 가족이 있고 그 직업·자산상태에 비추어 계속하여 183일 이상 국내에 거주할 것으로 인정되는 자
			     ③ 외국을 항행하는 선박·항공기 승무원의 경우 그 승무원과 생계를 같이하는 가족이 거주하는 장소 또는 그 승무원이 근무기간 이외의 기간 중 통상 체재하는 장소가 국내에 있는 자
			     ④ 국외에서 근무하는 공무원·거주자나 내국법인의 국외사업장·해외현지법인(내국법인의 직·간접 지분율이 100%인 경우에 한함)에 파견된 임직원 |
			     | 비거주자 의제 | 다음에 해당하는 자는 원칙적인 기준에도 불구하고 비거주자로 본다.
			     ① 외국국적을 가졌거나 외국의 영주권을 얻은 자로서 국내에 생계를 같이하는 가족이 없고 그 직업·자산상태에 비추어 다시 입국하여 주로 국내에 거주하리라고 인정되지 아니하는 자
			     ② 외국을 항행하는 선박·항공기 승무원의 경우 그 승무원과 생계를 같이하는 가족이 거주하는 장소 또는 그 승무원이 근무기간 이외의 기간 중 통상 체재하는 장소가 국외에 있는 자
			     ③ 주한 외교관·그 외교관의 세대에 속하는 가족(대한민국 국민은 제외)과 미군의 구성원, 군무원 및 그 가족 |
			
			② 단기 외국인거주자 특례
			    ㉠ 단기외국인거주자 : 해당 과세기간 종료일 10년 전부터 국내에 주소나 거소를 둔 기간의 합계가 5년 이하인 외국인 거주자
			    ㉡ 원칙적 과세소득 : 국내·외 원천 모든 소득(거주자에 해당하므로)
			    ㉢ 과세범위 판정의 특례 : 국내소득과 국외소득 중 국내지급분 또는 국내송금분에 한하여 과세(국외에서 지급받은 부분 제외)

③ 법인 아닌 단체

구 분	내 용
1거주자 (1비거주자)	〈구성원에 대한 수익분배비율 × & 수익분배사실 ×〉 「국세기본법」에 따라 법인으로 보는 단체 외의 법인 아닌 단체로서, ① 국내에 주사무소 또는 사업의 실질적 관리장소를 둔 경우 : 1거주자 ② 그 밖의 경우 : 1비거주자
공동사업	〈구성원에 대한 수익분배비율 ○ or 수익분배사실 ○〉 다음의 어느 하나에 해당하는 경우에는 소득구분에 따라 해당 단체의 각 구성원별로 소득세 또는 법인세(해당 구성원이 법인인 경우) 납부의무부담 ㉠ 구성원 간 이익의 분배비율이 정하여져 있고 해당 구성원별로 이익의 분배비율이 확인되는 경우 ㉡ 구성원 간 이익의 분배비율이 정하여져 있지 아니하나 사실상 구성원별로 이익이 분배되는 것으로 확인되는 경우
수익의 일부분배	해당 단체의 전체 구성원 중 일부 구성원의 분배비율만 확인되거나 일부 구성원에게만 이익이 분배되는 것으로 확인되는 경우 ㉠ 확인되는 부분 : 해당 구성원별로 소득세 또는 법인세에 대한 납세의무 부담 ㉡ 확인되지 아니하는 부분 : 해당 단체를 1거주자 또는 1비거주자로 보아 소득세에 대한 납세의무 부담
국외투자기구 1비거주자 의제	법인으로 보는 단체 외의 법인 아닌 단체에 해당하는 국외투자기구*를 '국외투자기구에 대한 실질귀속자 특례' 규정에 따라 국내원천소득의 실질귀속자로 보는 경우의 해당 국외투자기구 : 1비거주자로서 소득세 납부의무 부담 * 투자권유를 하여 모은 금전 등을 가지고 재산적 가치가 있는 투자대상자산을 취득, 처분하거나 그 밖의 방법으로 운용하고 그 결과를 투자자에게 배분하여 귀속시키는 투자행위를 하는 기구로서 국외에서 설립된 기구

④ 신탁재산 귀속소득의 납세의무범위

구 분	내 용
원 칙 (수익자)	신탁재산에 귀속되는 소득은 그 신탁의 이익을 받을 수익자(수익자가 사망하는 경우에는 그 상속인)에게 귀속되는 것으로 본다.
예 외 (위탁자)	위탁자가 신탁재산을 실질적으로 통제하는 등 다음 중 어느 하나의 요건을 갖춘 신탁의 경우에는 그 신탁재산에 귀속되는 소득은 위탁자에게 귀속되는 것으로 본다. ㉠ 위탁자가 신탁을 해지할 수 있는 권리, 수익자를 지정하거나 변경할 수 있는 권리, 신탁 종료 후 잔여재산을 귀속 받을 권리를 보유하는 등 신탁재산을 실질적으로 지배·통제할 것 ㉡ 신탁재산 원본을 받을 권리에 대한 수익자는 위탁자로, 수익을 받을 권리에 대한 수익자는 그 배우자 또는 같은 주소 또는 거소에서 생계를 같이 하는 직계존비속(배우자의 직계존비속 포함)으로 설정했을 것

납세의무자

납세의무자	(3) 거주자 또는 비거주자가 되는 시기		
		비거주자가 거주자로 되는 시기	거주자가 비거주자로 되는 시기
		① 국내에 주소를 둔 날 ② 국내에 주소를 가지거나 국내에 주소가 있는 것으로 보는 사유가 발생한 날 ③ 국내에 거소를 둔 기간이 183일이 되는 날	① 거주자가 주소 또는 거소의 국외 이전을 위하여 출국하는 날의 다음날 ② 국내에 주소가 없거나 국외에 주소가 있는 것으로 보는 사유가 발생한 날의 다음날
	(4) 거주기간의 계산 ① 국내에 거소를 둔 기간은 입국하는 날의 다음 날부터 출국하는 날까지로 한다. ② 국내에 거소를 두고 있던 개인이 출국 후 다시 입국한 경우에 생계를 같이하는 가족의 거주지나 자산소재지 등에 비추어 그 출국목적이 관광, 질병의 치료 등으로서 명백하게 일시적인 것으로 인정되는 때에는 그 출국한 기간도 국내에 거소를 둔 기간으로 본다. ③ 국내에 거소를 둔 기간이 1과세기간 동안 183일 이상인 경우에는 국내에 183일 이상 거소를 둔 것으로 본다. ④ 「재외동포의 출입국과 법적 지위에 관한 법률」에 따른 재외동포가 입국한 경우에 생계를 같이하는 가족의 거주지나 자산소재지 등에 비추어 그 입국목적이 관광, 질병의 치료 등 비사업목적으로서 명백하게 일시적인 것으로 인정되는 때에는 그 입국한 기간은 국내에 거소를 둔 기간으로 보지 아니한다.		

과세대상	① 원칙 : 소득원천설에 따른 열거주의 과세방식(이, 배, 사, 근, 연, 기, 퇴, 양) ② 유형별포괄주의 : 이자·배당소득·사업소득 → 열거되지 않은 경우에도 포괄적 과세
과세기간	① 원칙 : 1월 1일부터 12월 31일 ② 예외 : 거주자가 사망하거나 출국하는 경우 → 1월 1일부터 사망일 또는 출국일

세 율	※ 8단계 초과누진세율(기본세율)	
	과세표준	세 율
	1,400만원 이하	6%
	1,400만원 초과 5,000만원 이하	84만원 + 1,400만원 초과분의 15%
	5,000만원 초과 8,800만원 이하	624만원 + 5,000만원 초과분의 24%
	8,800만원 초과 1억 5천만원 이하	1,536만원 + 8,800만원 초과분의 35%
	1억 5천만원 초과 3억원 이하	3,706만원 + 1억5천만원 초과분의 38%
	3억원 초과 5억원 이하	9,406만원 + 3억원 초과분의 40%
	5억원 초과 10억원 이하	1억7,406만원 + (5억원을 초과하는 금액의 42%)
	10억원 초과	3억8,406만원 + (10억원을 초과하는 금액의 45%)

과세단위	① 원칙 : 개인단위과세 ② 예외 : 공동사업합산과세 → 세대단위과세

과세방법	① 종합소득(이자·배당·사업·근로·연금·기타)
	   ㉠ 원칙 : 종합과세(모든 소득 합산하여 기본세율 적용)
	   ㉡ 예외 : 분리과세*(다른 소득과 합산하지 않고 별도과세)
	② 퇴직소득, 양도소득 → 분류과세
	＊ [참고] 분리과세의 개념
	   ① 원천징수 분리과세
	      ㉠ 완납적 분리과세 : 원천징수로서 납세의무가 종결되므로 과세표준확정신고를 할 필요가 없는 방식
	         (ex) 예납적 분리과세 및 비원천징수 분리과세를 제외한 분리과세 소득)
	      ㉡ 예납적 분리과세 : 소득지급시 원천징수가 이루어지지만 이에 대한 과세표준확정신고를 하여야 하며, 원천징수세액은 기납부세액으로 공제받는 방식(ex) 세액계산특례가 적용되는 연 1,200만원 초과 사적연금소득)
	   ② 비원천징수 분리과세 : 다른 소득과 합산되지 아니하나 원천징수되지 아니하는 소득으로서 과세표준확정신고를 하여야 하는 방식(ex) 사업소득 중 분리과세 주택임대소득, 기타소득 중 계약금이 위약금으로 대체된 경우의 위약금 및 가상자산소득* 등)
	      ＊ 2025년 1월 1일 이후 적용

원천징수	① 예납적 원천징수 : 소득지급시 원천징수 → 확정신고시 기납부세액 공제
	   (ex) 완납적 분리과세소득 및 퇴직소득을 제외한 모든 소득)
	② 완납적 원천징수 : 원천징수로서 납세의무가 종결
	   (ex) 완납적 분리과세소득 및 퇴직소득)

연말정산	① 의의 : 원천징수의무자가 지급하는 소득 외의 소득은 없다고 가정하고 연말에 해당 소득을 지급받는 자의 소득세결정세액을 계산한 후 이미 원천징수하여 납부한 세액을 차감하여 정산하는 절차
	② 연말정산대상소득
	   ㉠ 근로소득
	   ㉡ 공적연금소득
	   ㉢ 간편장부대상자인 보험모집인·방문판매원·음료품배달원의 사업소득
	   ㉣ 종교인에게 지급되는 기타소득

신고납부	① 원칙 : 과세기간의 다음연도 5월 1일 ~ 5월 31일까지 확정신고
	② 예외 : 다음의 경우는 확정신고의무 면제
	   ㉠ 원천징수 분리과세대상소득만 있는 자
	   ㉡ 연말정산대상소득 중 1개만 있는 자
	   ㉢ 퇴직소득만 있는 자
	   ㉣ 양도소득이 있는 자가 양도소득세 예정신고를 한 경우로서 해당 과세기간에 다른 양도소득이 발생하지 아니하였거나, 이미 정산하여 예정신고를 이행한 경우
	   ㉤ 수시부과 후 추가발생소득이 없는 자

납세지	원 칙	① 거주자 : 주소지(주소지가 없는 경우에는 거소지) ② 비거주자 ⊙ 원칙 : 국내사업장의 소재지 ⓒ 국내사업장이 둘 이상 있는 경우 : 주된 국내사업장의 소재지 ⓒ 국내사업장이 없는 경우 : 국내원천소득이 발생하는 장소	
	원천징수 의무자	원천징수의무자	납세지
		거주자	① 원칙 : 그 거주자의 주된 사업장 소재지 ② 주된 사업장 외의 사업장에서 원천징수를 하는 경우 : 그 사업장의 소재지 ③ 사업장이 없는 경우 : 그 거주자의 주소지 또는 거소지
		비거주자	① 원칙 : 그 비거주자의 주된 국내사업장 소재지 ② 주된 국내사업장 외의 국내사업장에서 원천징수를 하는 경우 : 그 국내사업장의 소재지 ③ 국내사업장이 없는 경우 : 그 비거주자의 거류지 또는 체류지
		내국법인	본점·주사무소 또는 사업의 실질적 관리장소의 소재지
		외국법인	주된 국내사업장의 소재지
		납세조합	납세조합의 소재지
		＊ 법인의 지점·영업소 기타 사업장이 독립채산제에 의하여 독자적으로 회계사무를 처리하는 경우에는 그 사업장의 소재지(그 사업장의 소재지가 국외에 있는 경우를 제외)로 한다. 다만, 다음 중 어느 하나에 해당하는 경우에는 그 법인의 본점 또는 주사무소의 소재지를 납세지로 할 수 있다. ① 법인이 지점, 영업소 또는 그 밖의 사업장에서 지급하는 소득에 대한 원천징수세액을 본점 또는 주사무소에서 전자계산조직 등에 의하여 일괄계산하는 경우로서 본점 또는 주사무소의 관할 세무서장에게 신고한 경우 ② 「부가가치세법」에 따라 사업자단위로 등록한 경우	
	납세지 지정	(1) 납세지 지정신청 ① 신청사유 : 사업소득이 있는 거주자가 사업장 소재지를 납세지로 신청한 경우 ② 신청절차 : 해당 과세기간의 10월 1일부터 12월 31일까지 납세지지정신청서 제출 ③ 지정통지 : 다음연도 2월 말일까지 납세지 지정을 서면으로 통지 (2) 직권에 의한 납세지 지정 ① 지정사유 : 거주자 또는 비거주자로서 원칙적인 납세지가 납세의무자의 소득 상황으로 보아 부적당하거나 납세의무를 이행하기에 불편하다고 인정되는 경우 ② 지정통지 : 직권에 의하여 납세지를 지정한 때에는 당해 과세기간의 과세표준확정신고 또는 납부기간 개시일 전(중간예납 또는 수시부과의 사유가 있는 때에는 그 납기 개시 15일 전)에 이를 서면으로 통지	
	납세지 변경	① 거주자나 비거주자는 납세지가 변경된 경우 그 <u>변경된 날부터 15일 이내에 변경 후의</u> 납세지 관할 세무서장에게 변경신고를 하여야 함 ② 이 경우 부가가치세법에 따른 사업자등록 정정신고를 한 경우에는 납세지변경신고를 한 것으로 봄	

> ⭐ **참고** 소득세 납세의무의 특례

구 분	내 용
공동사업의 경우	① 공동사업에 관한 소득금액을 계산하는 경우에는 해당 공동사업자별로 납세의무를 진다. ② 다만, 공동사업합산과세 규정이 적용되어 주된 공동사업자에게 합산과세되는 경우 그 합산과세되는 소득금액에 대해서는 주된 공동사업자의 특수관계인은 손익분배비율에 해당하는 그의 소득금액을 한도로 주된 공동사업자와 연대하여 납세의무를 진다.
상속의 경우	① 피상속인의 소득금액에 대해서 과세하는 경우에는 그 상속인이 납세의무를 진다. ② 이 경우 피상속인의 소득금액에 대한 소득세와 상속인의 소득금액에 대한 소득세는 각각 구분하여 계산한다.
우회양도에 대한 양도소득세	우회양도에 대한 부당행위계산부인 규정이 적용되어 증여자가 자산을 직접 양도한 것으로 보는 경우 그 양도소득에 대해서는 증여자와 증여받은 자가 연대하여 납세의무를 진다.
분리과세 소득의 경우	원천징수되는 소득으로서 종합소득과세표준에 합산되지 아니하는 소득(완납적 분리과세 소득)이 있는 자는 그 원천징수되는 소득세에 대해서 납세의무를 진다.
공동소유자산의 양도소득세	공동으로 소유한 자산에 대한 양도소득금액을 계산하는 경우에는 해당 자산을 공동으로 소유하는 각 거주자가 납세의무를 진다.

CHAPTER 02 이자소득과 배당소득

1 이자소득의 범위

구 분	내 용
① 예금·적금이자	국내·외에서 받는 예금(적금·부금·예탁금 및 우편대체를 포함)의 이자
② 채권·증권의 이자와 할인액	㉠ 원칙 : 이자소득 과세 ㉡ 국채 등을 공개시장에서 통합발행(일정 기간 동안 추가하여 발행할 채권의 표면금리와 만기 등 발행조건을 통일하여 발행하는 것)하는 경우 해당 채권의 매각가액과 액면가액과의 차액 : 과세× (국고채 통합발행시 이자소득 비과세). ㉢ 국가가 발행한 채권으로서 그 원금이 물가에 연동되는 채권(물가연동국고채)의 경우 해당 채권의 원금증가분 : 이자소득 과세
③ 환매조건부 매매차익	금융기관이 환매기간에 따른 사전약정이율을 적용하여 환매수 또는 환매도하는 것을 조건으로 매매하는 채권 또는 증권의 매매차익 ★ 유사소득구분 : 일반적인 채권·증권의 매매차익은 채권·증권시장의 활성화를 위하여 과세제외(단, 특정주식은 양도소득으로 과세됨)

④ 저축성보험의 보험차익	다음과 같이 계산된 저축성보험의 보험차익
	
	만기보험금·중도해지환급금 − 납입보험료 또는 납입공제료
	
	다만, 다음 중 어느 하나에 해당하는 보험의 보험차익은 제외함(과세제외요건)
	㉠ 보험기간이 10년 이상이고 납입보험료 합계액이 1억원 이하인 저축성보험
	㉡ 보험기간이 10년 이상이고 매월 납입보험료 합계액이 150만원 이하인 월 납입식 저축성보험
	㉢ 종신형 연금보험계약에 따른 저축성보험
	   ★ 유사소득구분
	     ⓐ 사업무관 또는 신체상손실에 대한 보장성보험의 보험차익 → 과세제외
	     ⓑ 사업관련 재산상손실에 대한 보장성보험의 보험차익 → 사업소득
	     ⓒ 퇴직보험계약에 따른 보험차익 → 사업소득

⑤ 직장공제회 초과반환금	직장공제회에 가입한 근로자가 퇴직하거나 탈퇴하여 그 규약에 따라 직장공제회로부터 받는 반환금에서 납입공제료를 뺀 금액(납입금 초과이익)과 반환금을 분할하여 지급하는 경우 그 지급하는 기간 동안 추가로 발생하는 이익(반환금 추가이익)
⑥ 비영업대금의 이익	금전의 대여를 사업목적으로 하지 아니하는 자가 일시적·우발적으로 금전을 대여함에 따라 지급받는 이자 또는 수수료 등 ★ 유사소득구분 : 사업적으로 금전을 대여하고 받는 이자는 사업소득으로 과세됨 ★ 원천징수세율 : 일반적인 이자소득의 원천징수세율은 14%가 적용되지만, 비영업대금의 이익에 대해서는 25%가 적용됨. 다만, 「온라인투자연계금융업 및 이용자 보호에 관한 법률」에 따라 금융위원회에 등록한 온라인투자연계금융업자를 통하여 지급받는 이자소득에 대해서는 14%로 한다.
⑦ 유사이자소득	위 ① ~ ⑥과 유사한 소득으로서 금전 사용에 따른 대가로서의 성격이 있는 것 ★ 거주자가 일정기간 후에 같은 종류로서 같은 양의 채권을 반환받는 조건으로 채권을 대여하고 해당 채권의 차입자로부터 지급받는 해당 채권에서 발생하는 이자에 상당하는 금액 포함
⑧ 신종금융상품의 이익	위 ① ~ ⑦ 중 어느 하나에 해당하는 이자소득을 발생시키는 거래·행위(이자부상품)와 파생상품이 결합되어 실질상 하나의 상품과 같이 운용되는 경우 해당 파생상품의 거래·행위로부터의 이익

> **참고** 이자소득으로 보지 않는 이자성격의 소득

구 분	내 용
사업관련소득	매입에누리·매입할인액·할부이자·연체이자 등 → 사업소득 ① 물품을 매입할 때 대금의 결제방법에 따라 에누리되는 금액(매입에누리) ② 외상매입금이나 미지급금을 약정기일 전에 지급함으로써 할인되는 금액(매입할인) ③ 물품을 판매하고 대금의 결제방법에 따라 추가로 받는 금액(외상판매이자) ④ 외상매출금이나 미수금의 지급기일을 연장하여 주고 추가로 받는 금액(연체이자)★ ⑤ 장기할부조건 판매시 현금거래보다 추가로 받는 금액(할부이자)★ ★ 외상매출금이나 미수금이 소비대차로 전환되어 발생하는 이자는 이자소득으로 과세함
손해배상금관련 법정이자	① 정신적·육체적·물리적 피해관련 손해배상금 + 법정이자 → 과세제외 ② 계약위반·해약 등으로 인한 손해배상금 + 법정이자 → 기타소득

2 이자소득의 수입시기

구 분	내 용
일반적인 이자소득	① 원칙 : 실제지급일(현금주의) ② 예외 : 원본전입·해약·계약연장시 → 원본전입일·해약일·계약연장일
• 기명공사채이자 • 환매조건부매매차익 • 직장공제회초과반환금[★1] • 비영업대금의 이익[★2] • 유사이자소득	① 원칙 : 약정에 의한 이자지급일 ② 예외 : 환매조건부매매차익, 비영업대금의 이익, 유사이자소득으로서 실제지급일(회수일)이 약정일보다 빠른 경우는 실제지급일(회수일)

[★1] 직장공제회초과반환금의 수입시기는 약정에 따른 납입금 초과이익 및 반환금 추가이익의 지급일로 하되 반환금을 분할하여 지급하는 경우 원본에 전입하는 뜻의 특약이 있는 납입금 초과이익은 특약에 따라 원본에 전입된 날을 수입시기로 한다.

[★2] 비영업대금이익의 총수입금액을 계산할 때 해당 과세기간에 발생한 비영업대금의 이익에 대하여 과세표준확정신고 전에 해당 비영업대금이 회수불능채권에 해당하여 채무자 또는 제3자로부터 원금 및 이자의 전부 또는 일부를 회수할 수 없는 경우에는 회수한 금액에서 원금을 먼저 차감하여 계산한다. 즉, 약정일이 지난 경우에도 이후 실제 회수된 날을 수입시기로 한다.

[★2] 대여금 원금의 반제 및 이자지급의 기한경과 등의 사유로 지급받는 추가금액도 비영업대금의 이익에 포함한다(소기통 16-26-2). 이 경우 약정한 변제기일 이후의 기간에 대한 이자상당액의 수입시기는 실제로 이자를 지급받는 날로 한다.

3 배당소득의 범위

구 분	내 용
① 일반배당	일반적인 이익배당, 건설이자의 배당 및 이와 유사한 배당 또는 분배금 등
② 의제배당	잉여금의 자본전입 or 자본감소·해산·합병 및 분할로 인한 의제배당
③ 인정배당	법인세법에 의하여 배당으로 처분된 금액
④ 간주배당	국제조세조정에 관한 법률에 따라 배당받은 것으로 간주된 금액
⑤ 신탁재산 배당·분배금	「법인세법」에 따라 내국법인으로 보는 신탁재산(이하 "법인과세 신탁재산")으로부터 받는 배당금 또는 분배금
⑥ 집합투자기구로 부터의 이익	국내 또는 국외에서 받은 투자신탁의 이익 * 유사소득구분 : 퇴직일시금신탁의 이익은 사업소득으로 과세됨
⑦ 파생결합증권 및 사채	국내 또는 국외에서 받는 파생결합증권 또는 파생결합사채로부터의 이익
⑧ 출자공동사업자의 배당소득	공동사업장에서 발생한 사업소득 중 출자공동사업자의 손익분배비율에 상당하는 금액
⑨ 동업기업과세특례에 따른 배당소득	동업기업의 동업자가 동업기업으로부터 배분받은 소득 등
⑩ 유사배당소득	위와 유사한 소득으로서 수익분배의 성격이 있는 소득(유형별포괄주의) * 거주자가 일정기간 후에 같은 종류로서 같은 양의 주식을 반환받는 조건으로 주식을 대여하고 해당 주식의 차입자로부터 지급받는 해당 주식에서 발생하는 배당에 상당하는 금액 포함
⑪ 신종금융상품의 이익	위 ① ~ ⑩ 중 어느 하나에 해당하는 배당소득을 발생시키는 거래·행위(배당부 상품)와 파생상품이 결합되어 실질상 하나의 상품과 같이 운용되는 경우 해당 파생상품의 거래·행위로부터의 이익

4 배당소득의 수입시기

구 분	수입시기
잉여금 처분에 의한 배당	당해 법인의 잉여금처분결의일
무기명주식의 이익이나 배당	그 지급을 받는 날
유사배당소득	그 지급을 받는 날
파생금융상품의 배당소득	그 지급을 받는 날
출자공동사업자의 배당	과세기간 종료일
의제배당	법인세법상 의제배당 귀속시기 규정과 동일
인정배당	당해 법인의 당해 사업연도의 결산확정일
간주배당	특정외국법인의 해당 사업연도 종료일의 다음 날부터 60일이 되는 날
집합투자기구로부터의 이익	① 원칙 : 이익을 지급받은 날 ② 예외 : 원본에 전입하는 뜻의 특약이 있는 분배금은 그 특약에 따라 원본에 전입되는 날

5 금융소득종합과세

(1) 금융소득의 구분

구 분	내 용
(1) 비과세금융소득	① 소득세법 :「공익신탁법」에 따른 공익신탁의 이익 ② 조세특례제한법 : 장기주택마련저축의 이자·배당소득 등
(2) 무조건분리과세 금융소득	① 비실명이자·배당소득(45% or 90%)[1] ② 직장공제회초과반환금(기본세율) ③ 민사집행법에 의한 법원보관금의 이자소득(14%) ④ 일정한 법인 아닌 단체가 얻은 이자·배당소득(14%)[2] ⑤ 기타 조세특례제한법상 분리과세되는 이자·배당소득 등
(3) 무조건종합과세 금융소득	① 국내에서 원천징수하지 않은 국내·외 금융소득 ② 출자공동사업자의 배당소득(2천만원 초과여부 판단시 고려하지 않음)
(4) 조건부종합과세 금융소득	위 (1), (2), (3) 이외의 금융소득

[1] 「금융실명거래 및 비밀보장에 관한 법률」에 따라 실명에 의하지 아니하고 거래한 금융자산에서 발생하는 이자 및 배당소득에 대하여는 90%의 원천징수세율을 적용한다. 다만, 원천징수의무자가 고의 또는 중대한 과실 없이 90%가 아닌 일반적인 14%로 원천징수한 경우에는 해당 계좌의 실질 소유자가 소득세 원천징수 부족액(이에 따른 가산세 포함)을 납부하여야 하며, 이에 따른 소득세 원천징수 부족액에 관하여는 해당 계좌의 실질 소유자를 원천징수의무자로 본다.

[2] 아파트관리사무소 등 법인으로 보는 단체 외의 단체 중 수익을 구성원에게 분배하지 아니하는 단체(1거주자로 보는 단체)로서 단체명을 표기하여 금융거래를 하는 단체가 금융기관으로부터 받은 이자·배당소득

(2) 금융소득의 과세방법

구 분	내 용
비과세금융소득	과세하지 않음
무조건분리과세금융소득	금액의 크기에 불문하고 금융소득별 원천징수세율로 원천징수함으로써 납세의무 종결
무조건종합과세금융소득	금액의 크기에 불문하고 무조건 종합소득금액에 합산하여 과세함
조건부종합과세금융소득	무조건종합과세금융소득*과의 합계액이 ① 2천만원 이하 → 분리과세 ② 2천만원 초과 → 종합과세

* 출자공동사업자의 배당소득은 무조건종합과세하는 금융소득이지만 조건부종합과세금융소득의 종합과세여부를 판단하는 2천만원 기준판단에는 고려하지 아니한다.

> ☆ 참고 **종합과세대상 금융소득에 대한 세율적용**
>
> | 구 분 | 종합과세여부 | 종합과세시 적용세율 |
> |---|---|---|
> | ① 출자공동사업자의 배당소득 | 무조건종합과세 | 기본세율 |
> | ② 국내에서 원천징수하지 않은 금융소득 | 무조건종합과세 | • 2천만원까지 : 14%
• 2천만원 초과분 : 기본세율 |
> | ③ 조건부종합과세 금융소득 | • ②+③ > 2천만원 → 종합과세
• ②+③ ≤ 2천만원 → 분리과세 | |

(3) 배당소득의 이중과세조정(Gross - Up제도)

구 분	내 용
취 지	배당소득에 대한 이중과세방지 목적
배당가산율	10% NEW
적용요건	다음의 요건을 모두 충족한 배당소득에 한하여 이중과세조정대상에 포함한다. 〈요건1〉 내국법인으로부터 받은 배당소득일 것 〈요건2〉 법인세가 과세된 소득을 재원으로 할 것 〈요건3〉 종합과세되고 기본세율이 적용되는 배당소득일 것
적용배제	다음 중 하나라도 해당되는 배당소득에 대하여는 이중과세조정대상에서 배제한다. 〈요건1〉 불충족 : 외국법인으로부터 받은 배당소득 〈요건2〉 불충족 : 법인세가 과세되지 아니한 소득을 재원으로 한 배당소득 ① 자기주식소각이익의 자본전입으로 인하여 과세되는 의제배당 ② 1%의 재평가세율이 적용된 토지분 재평가적립금의 자본전입으로 인한 의제배당 ③ 피투자회사가 자기주식을 보유한 상태에서 의제배당에 해당하지 않은 잉여금을 자본전입함에 따라 지분비율이 증가하는 경우 그 증가한 지분비율에 상당하는 주식가액으로 인한 의제배당 ④ 법인세법상 소득공제를 적용받는 유동화전문회사 등으로부터 받은 배당소득 ⑤ 조세특례제한법상 세액감면을 적용받은 법인으로부터의 배당 중 감면비율상당액 ⑥ 출자공동사업자에 대한 배당소득 ⑦ 동업기업과세특례를 적용받는 동업기업으로부터의 배당소득 ⑧ 집합투자기구로부터의 이익 ⑨ 유사배당소득 〈요건3〉 불충족 ① 분리과세되는 배당소득 ② 종합과세되는 배당소득 중 14% 세율이 적용되는 배당소득
14% 세율적용 금융소득판단	〈요건3〉의 14%(또는 9%) 세율이 적용되는 금융소득의 구성순서 ① 이자소득 ↓ ② Gross - up 대상이 아닌 배당소득 ↓ ③ Gross - up 대상 배당소득

> ☆ 참고 **출자공동사업자의 배당소득**
>
> ① 공동사업에서 발생한 소득 중 사업소득으로서 출자공동사업자에게 분배된 금액
> ② 원천징수세율 : 25%
> ③ 조건부종합과세금융소득의 종합과세판단금액(2천만원) 계산시 고려 ×
> ④ Gross - Up ×
> ⑤ 금액에 관계없이 무조건 종합과세

* 출자공동사업자란 다음의 어느 하나에 해당하지 아니하는 자로서 공동사업의 경영에 참여하지 아니하고 출자만 하는 자를 말한다.
  ① 공동사업에 성명 또는 상호를 사용하게 한 자
  ② 공동사업에서 발생한 채무에 대하여 무한책임을 부담하기로 약정한 자

CHAPTER 03 사업소득

1 원칙적인 범위

구 분	내 용
(1) 원칙적 범위	농업·임업·어업·광업, 제조업, 건설업, 도소매업, 운수업, 숙박 및 음식점업 등에서 발생하는 소득으로서 일정한 열거소득과 이와 유사한 소득으로서 영리를 목적으로 자기의 계산과 책임하에 계속적·반복적으로 행하는 활동을 통하여 얻는 소득(유형별포괄주의)
(2) 과세제외 사업소득	① 작물재배업 중 곡물 및 기타 식량작물재배업★[참고1] ② 연구개발업(계약 등에 따라 대가를 받는 경우는 제외) ③ 교육서비스업 중 일정한 법률에 따른 유치원·학교 및 이와 유사한 교육기관 ④ 사회복지사업 및 장기요양사업 ⑤ 「전자상거래 등에서의 소비자보호에 관한 법률」에 따라 통신판매중개를 하는 자를 통하여 물품 또는 장소를 대여하고 연간 수입금액이 500만원 이하의 사용료로서 받은 금품에 대하여 이를 기타소득으로 원천징수하거나 과세표준확정신고를 한 경우(기타소득으로 과세) ⑥ 공익사업 관련 지역권·지상권 설정 및 대여소득(기타소득으로 과세)
(3) 비과세 사업소득★[참고3]	① 논·밭의 임대소득(작물생산에 이용하는 경우에 한함) ② 1주택자의 주택임대소득(단, 국외주택과 기준시가 12억원을 초과하는 주택은 제외)★[참고2] ③ 농어가부업규모의 축산에서 발생하는 소득 ④ 위 ③의 축산을 제외한 일정규모(연3,000만원)이하의 농어가부업소득 ⑤ 일정규모(연1,200만원)이하의 전통주제조소득 ⑥ 조림기간 5년 이상인 임목의 벌채·양도소득 중 600만원 이하의 금액 ⑦ 곡물 및 기타 식량작물 재배업에서 발생하는 소득을 제외한 그 밖의 작물재배업에서 발생하는 소득으로서 해당 과세기간의 수입금액 합계액이 10억원 이하인 것 ⑧ 어로어업(연근해어업과 내수면어업) 또는 양식어업 NEW 에서 발생하는 소득으로서 해당 과세기간의 소득금액이 5천만원 이하인 것
(4) 주의사항	① 연예인·직업운동선수의 전속계약금은 사업소득으로 과세(기타소득 ×) ② 부동산임대업에서 발생하는 소득은 사업소득으로 과세하지만 결손금공제에 대한 특례를 적용하기 위해서 일반사업소득과 구분경리하여야 함

☆ 참고 1 작물재배업에서 발생한 소득의 과세체계

구 분	과세여부	
① 곡물 및 기타 식량작물재배업	과세제외	
② 위 ① 외의 작물재배업	연 수입금액 10억원 이하	비과세
	연 수입금액 10억원 초과	사업소득 과세

⭐ 참고 2 　주택임대소득에 대한 과세체계

구 분	사업소득 과세여부	과세방식
1주택자의 해당주택임대	① 원칙 : 비과세	비과세
	② 고가주택 or 국외주택 → 과세	① 연 수입금액 2,000만원 초과 → 종합과세
2주택 이상자의 주택임대	과세	② 연 수입금액 2,000만원 이하 → 종합과세와 분리과세* 중 납세자의 선택에 따라 과세(분리과세주택임대소득)

*비원천징수분리과세 방식으로서 주택임대소득에 14%를 적용하여 계산한 세액과 주택임대소득 외의 소득에 대한 결정세액을 합산하여 종합소득과세표준신고를 하여야 함

⭐ 참고 3 　비과세 및 과세제외 기준초과시의 과세문제

구 분	과세범위
① 곡물·식량작물재배업 외의 작물재배업으로서 연 수입금액이 10억원을 초과하는 경우의 작물재배소득	초과분만 과세
② 연 3천만원을 초과하는 축산 외의 농어가부업소득	초과분만 과세
③ 연 1,200만원을 초과하는 전통주 제조소득	전체분 과세
④ 연 600만원을 초과하는 산림소득	초과분만 과세
⑤ 연 5천만원을 초과하는 어로어업 및 양식어업 NEW 소득	초과분만 과세

2 법인세법상 익금항목과의 비교

구 분	각사업연도소득금액	사업소득금액
작물재배업소득	익금 ○	① 곡물 및 기타식량작물 재배업 → 과세제외 ② 이외 → 연 수입금액 10억원 이하 비과세
이자·배당수익	익금 ○	① 원칙 : 사업소득 × → 이자소득·배당소득 ② 예외 : 금융업자 → 사업소득 총수입금액 ○

유가증권
처분손익
	익금 or 손금 ○	① 원칙 : 과세제외(비열거소득)
		② 예외
		  ㉠ 비상장주식 등 일정한 주식의 양도차익 → 양도소득으로 과세
		  ㉡ 환매조건부채권·증권 매매차익 → 이자소득으로 과세

유·무형자산 처분손익	익금 or 손금 ○	① 원칙 : 복식부기의무자의 유형자산 처분손익 → 인식 ○ ② 간편장부대상자의 유형자산 처분손익 → 인식 × ③ 부동산 등 매각손익 → 양도소득 과세 ④ 각종 권리 등 매각 손익 → 기타소득 과세
자산평가차익	① 원칙 : 익금불산입 ② 예외 : 법률에 의한 평가증 → 익금 ○	총수입금액 불산입(개인사업자의 사업용자산은 법률에 의한 평가증의 대상이 아님)
자산수증이익 (채무면제이익)	① 원칙 : 익금 ○ ② 이월결손금 보전 충당시 → 익금불산입*	① 사업과 관련된 경우 → 총수입금액 ○ ② 사업과 무관한 경우 → 증여세과세 ③ 이월결손금 보전에 충당시 → 총수입금액 불산입*
보험차익	익금 ○	① 사업관련 재산상 손실에 대한 보장성 보험차익 및 퇴직보험 보험차익 → 사업소득 총수입금액 ○ ② 과세대상 저축성보험차익 → 이자소득 ③ 이 외의 보험차익 → 과세제외(비열거소득)
업무무관 가지급금	① 인정이자 → 익금산입 ② 지급이자 → 손금불산입	가지급금의 개념 ×

*국고보조금 등은 이월결손금 보전대상에서 제외함

3 법인세법상 손금항목과의 비교

구 분	각사업연도소득금액	사업소득금액
대표자 인건비	손금 ○	필요경비 ×
지급이자 손금불산입	① 채권자불분명사채이자 ② **비실명 채권·증권이자** ③ 건설자금이자 : 특정(강제), 일반(선택) ④ 업무무관자산 등 관련이자	① 채권자불분명사채이자 ② 건설자금이자 : 특정(강제), **일반(적용 ×)** ③ **초과인출금* 관련이자** ④ 업무무관자산 등 관련이자
대손충당금	매출채권, 대여금, 미수금 등 설정가능	대여금 설정불가 *금융업 영위사업자는 가능
일시상각충당금	임의조정사항(결산조정·신고조정)	결산조정만 가능(**신고조정 ×**)

생산설비 폐기·처분	다음 중 어느 하나에 해당하는 경우에는 장부가액에서 1천원을 공제한 금액을 손금에 산입할 수 있음 ㉠ 시설개체·기술낙후로 생산설비를 폐기한 경우 ㉡ 사업폐지 또는 사업장의 이전으로 임대차계약에 따라 임차한 사업장의 원상회복을 위해 시설물을 철거하는 경우	다음 중 어느 하나에 해당하는 경우에는 처분손실(장부가액 - 처분가액)을 필요경비에 산입할 수 있음 ㉠ 시설개체·기술낙후로 생산설비를 폐기한 경우 ㉡ 사업폐지 또는 사업장의 이전으로 임대차계약에 따라 임차한 사업장의 원상회복을 위해 시설물을 철거하는 경우
업무용 승용차 관련비용★[참고1]	① 모든 법인에 적용 ② 모든 업무용승용차에 대해 업무전용자동차보험 가입의무 ○ ③ 업무전용자동차보험 미가입시 → 전액 손不(귀속자 사외유출) ④ 업무사용금액 외의 관련비용 → 손不(귀속자 사외유출)	① 복식부기의무자만 적용 ② 사업자별로 1대에 대하여는 업무전용자동차보험 가입의무 × ③ 업무전용자동차보험 미가입시 ㉠ 일반업종 : 50% 필不 ㉡ 전문직 등 : 전액 필不 ④ 업무사용금액 외의 관련비용 → 필不(소득처분 없음)
외화자산·부채	평가규정 ○	평가규정 ×
소득처분	사외유출된 경우 귀속자에 대한 소득처분과 함께 원천징수의무 부담	소득처분의 개념 없음

*초과인출금이란 부채의 합계액이 사업용자산의 합계액을 초과하는 경우 그 초과하는 금액을 말한다.

> ☆ 참고1 **업무용승용차에 대한 업무전용자동차보험 가입의무**
>
> ① 원칙 : 모든 복식부기의무자에 대해 보험가입의무가 부여되며, 업무전용자동차보험에 가입하지 않은 경우에는 해당 업무용승용차(사업자별로 1대는 제외)에 대해서는 업무사용금액을 '0'으로 한다(전액 필요경비불산입).
> ② 경과규정
>   ㉠ 다만, 2024년과 2025년에 발생한 업무용승용차 관련비용에 대해서는 업무전용자동자보험에 가입하지 아니한 경우에도 업무사용비율금액의 50%를 업무사용금액으로 인정하되,
>   ㉡ 성실신고확인대상사업자, 의료업, 수의업, 약사업 및 전문직 서비스업을 영위하는 사람의 경우에는 그러하지 아니한다(2024년부터 전액 필요경비불산입 적용).

⭐ 참고 2 기부금

구 분	법인세법	소득세법
(1) 공제방법	손금산입	필요경비산입 또는 종합소득세액공제
(2) 현물기부금	① **특례** 및 **일반**(특수관계 ×) : 장부가액 ② **일반**(특수관계 ○), 비지정 : Max[장부가액, 시가]	모든 기부금에 대하여 Max[장부가액, 시가]로 평가함
(3) 한도액	① **특례**기부금 : 50% ② **일반**기부금 : 10%(사회적기업은 20%) ③ 비지정기부금 : 전액 손금불산입	① **특례**기부금 : 100% ② **일반**기부금 : 30%(종교단체 10%) ③ 비지정기부금 : 전액 필요경비불산입
(4) 이월공제	10년	10년

* 거주자가 정치자금기부금(정당 및 선거관리위원회에 기부) 또는 고향사랑기부금(지방자치단체에 기부)으로 기부한 금액은 다음과 같이 필요경비산입 또는 세액공제의 대상이 된다.
  ① 10만원 이하의 금액 : 그 기부금액의 100/110에 해당하는 금액에 대하여 정치자금세액공제 적용
  ② 10만원 초과금액(고향사랑기부금은 10만원 초과 500만원 이하)
    ㉠ 사업자인 경우 : 이를 특례기부금으로 보아 필요경비에 산입한다.
    ㉡ 비사업자인 경우 : 기부금세액공제가 적용되는 기부금으로 보아 해당 금액의 15%(또는 30%)를 세액에서 공제한다.

⭐ 참고 3 간주임대료

구 분	법인세법	소득세법
(1) 적용대상자	① 추계시 : 모든 법인에 적용 ② 이 외의 경우 : 부동산임대업을 주업 + 차입금과다 + 내국영리법인만 적용	업종 및 차입금과다여부 불문. 모든 부동산임대업자에 적용
(2) 주택임대 보증금	① 추계시 : 적용 ○ ② 이 외의 경우 : ×	추계여부 불문. 3주택* 이상 주택자 + 임대보증금 합계액 3억원 초과시 적용 ○
(3) 금융수익 차감액	이자수익, 배당수익, 신주인수권처분이익 및 유가증권처분이익	이자수익, 배당금수익에 한함

* 소득세법상 간주임대료 계산기준이 되는 3주택에는 주거의 용도로만 쓰이는 면적이 1세대당 40㎡ 이하인 주택으로서 해당 과세기간의 기준시가가 2억원 이하인 주택은 2023년 12월 31일까지는 주택수에 포함하지 아니함

⭐ 참고 4 간이과세자의 총수입금액계산과 부가가치세의 처리(소득세법 기본통칙 24-51-7)

① 부가가치세법상 간이과세자의 총수입금액은 재화 또는 용역의 공급대가로 한다.
② 간이과세자가 거래상대자로부터 재화 또는 용역을 제공받고 거래징수당한 부가가치세는 매입원가에 산입한다.
③ 간이과세자가 재화 또는 용역의 공급으로 부가가치세법에 의하여 납부한 부가가치세는 필요경비에 산입한다.

4 사업소득에 관한 기타의 과세문제

구 분	내 용
과세표준 확정신고	① 원칙 : 확정신고 ○ ② 예외 : 연말정산대상 사업소득(간편장부대상자에 해당하는 보험모집인, 방문판매원 및 음료품 배달원)만 있는 자로서 연말정산 이행 ○ → 확정신고 ×

원천징수	(1) 원칙 : 원천징수 ×
	(2) 예외 : VAT가 면제되는 일정한 인적용역 → 예납적원천징수 ○
	  ① 의료보건용역 및 기타 인적용역 → 수입금액의 3%(사업자만 원천징수*)
	  ② 접대부 또는 댄서 등의 봉사료 → 수입금액의 5%(사업주가 원천징수)
	    *외국인 직업운동가가 한국표준산업분류에 따른 스포츠 클럽 운영업 중 프로스포츠구단과의 계약(계약기간이 3년 이하인 경우로 한정)에 따라 용역을 제공하고 받는 소득에 대하여는 20%의 원천징수세율을 적용함

납세조합 징수	① 대상소득 : 납세조합에 가입한 다음 중 어느 하나에 해당하는 자의 소득
	  ㉠ 원천징수대상이 아닌 근로소득이 있는 자(국외근로소득자 등)
	  ㉡ 농·축·수산물 판매업자(복식부기의무자는 제외)
	  ㉢ 노점상인
	  ㉣ 기타 국세청장이 필요하다고 인정하는 사업자
	② 납세조합징수의무자 : 납세조합
	③ 이행절차 : 매월분 사업소득에 대한 소득세를 다음달 10일까지 납부
	④ 납세조합공제 : 원천징수세액의 5%를 연 100만원을 한도로 하여 매월 징수되는 금액에서 공제함

수입시기	(1) 원칙 : 법인세법상 귀속시기와 유사
	(2) 인적용역의 제공
	  ① 원칙 : 용역대가를 지급하기로 한 날 또는 용역제공을 완료한 날 중 빠른 날
	  ② 예외 : 연예인 또는 직업운동선수 등이 계약기간 1년을 초과하는 일신전속계약에 대한 대가를 일시에 받은 경우는 계약기간에 따라 월할 균등안분한 금액

사업장 현황신고	① 의의 : 사업자가 확정신고를 하기 전에 미리 1년간의 총수입금액을 신고하는 제도
	② 신고기한 : 해당 과세기간의 다음 연도 2월 10일 까지 신고
	③ 적용제외(사업장현황 신고의제)
	  ㉠ 부가가치세법에 따른 사업자가 예정신고 또는 확정신고를 한 때*
	  ㉡ 사업자의 사망 또는 출국으로 인한 과세표준확정신고 특례적용시
	    *다만, 사업자가 부가가치세법상 과세사업과 면세사업을 겸영하여 면세사업 수입금액 등을 신고하는 경우에는 그 면세사업 등에 대하여 사업장 현황신고를 한 것으로 의제함
	④ 사업장현황신고의무면제
	  ㉠ 납세조합에 가입하여 수입금액을 신고한 자
	  ㉡ 독립된 자격으로 보험가입자의 모집 및 이에 부수되는 용역을 제공하고 그 실적에 따라 모집수당 등을 받는 자
	  ㉢ 독립된 자격으로 일반 소비자를 대상으로 사업장을 개설하지 않고 음료품을 배달하는 계약배달 판매 용역을 제공하고 판매실적에 따라 판매수당 등을 받는 자
	  ㉣ 기타 기획재정부령으로 정하는 자

사업용
계좌개설
	(1) 적용대상 : 복식부기의무자
	(2) 적용대상거래
	   ① 거래의 대금을 금융회사 등을 통하여 결제하거나 결제받는 때
	   ② 인건비 및 임차료를 지급하거나 지급받는 경우
	(3) 개설 및 신고 : 복식부기의무자에 해당하는 과세기간의 개시일(사업개시와 동시에 복식부기의무자에 해당되는 경우에는 다음 과세기간 개시일)부터 **6개월** 이내
	(4) 불이행가산세 : 불이행금액 × 0.2%(산출세액이 없는 경우에도 적용됨)
	(5) 기타사항
	   ① 복식부기의무자는 사업장별로 해당 과세기간 중 사업용계좌를 사용하여야 할 거래금액, 실제 사용한 금액 및 미사용 금액을 구분하여 기록·관리하여야 함
	   ② 사업용계좌는 사업장별로 사업장 관할세무서장에게 신고해야 한다. 이 경우 1개의 계좌를 2이상의 사업장에 대한 사업용계좌로 신고할 수 있음
	   ③ 사업용계좌는 사업장별로 2이상 신고할 수 있음
	   ④ 「주택법」에 따른 지역주택조합은 공동사업주체인 등록사업자와 공동명의로 사업용계좌를 개설하여 사용할 수 있음

CHAPTER 04 근로·연금·기타소득

1 근로소득

구 분	내 용
과세대상 근로소득 (주요사항)	① 근로를 제공함으로써 받는 봉급·급료·보수 등 이와 유사한 성질의 급여 ② 이익처분에 의한 상여 ③ 법인세법에 따라 상여로 처분된 금액(인정상여) ④ 퇴직으로 인하여 받는 소득으로서 퇴직소득에 속하지 아니하는 소득 ⑤ 고용관계에 따라 부여된 주식매수선택권을 재직중 행사하여 얻은 주식매수선택권 행사이익(If. 고용관계 없이 부여 or 퇴직 후 행사 → 기타소득) ⑥ 주택을 제공받음으로써 얻은 이익(단, 비출자임원, 소액주주임원 및 사용인은 비과세) ⑦ 종업원이 주택의 구입·임차에 소요되는 자금을 저리 또는 무상으로 대여받음으로써 얻는 이익(다만, 중소기업 종업원(임원×)이 대여 받음으로써 얻는 이익은 비과세) ⑧ 종업원을 수익자로 하는 보험에 대하여 사용자가 부담하는 보험료. 단, 다음의 경우는 비과세 　㉠ 단체순수보장성보험과 단체환급부보장성보험의 보험료 중 연 70만원 이하의 금액 　㉡ 업무상 손해배상청구를 지급사유로 하고 임직원을 피보험자로 하는 보험의 보험료 ⑨ 계약기간 만료전 또는 만기에 종업원에게 귀속되는 단체환급부보장성보험의 환급금 ⑩ 종업원등 또는 대학의 교직원이 (재직 중) 지급받는 직무발명보상금(If. 퇴직한 후에 지급받는 직무발명보상금 → 기타소득) ⑪ 공무원 직급보조비 ⑫ 공무원이 국가 또는 지방자치단체로부터 공무 수행과 관련하여 받는 상금과 부상 ⑬ 기타 고용계약에 의하여 종속적 지위에서 근로를 제공하고 받는 각종 대가 등
비과세근로소득	① 근로자 본인의 업무관련 학자금(자녀학자금 ×) ② 식대 및 식사대 : 식사 → 전액비과세, 식대 → **월 20만원 한도** 비과세 ③ 자가운전보조금 : **월 20만원 한도**내 비과세 ④ 기타 실비변상적성질의 급여(벽지근무수당, 연구보조비, 일직료·숙직료 등) ⑤ 국외근로소득 : **월 100만원** 비과세(원양어선 및 국외건설현장 : **월 500만원** 개정안) ⑥ 월정액급여 210만원 이하이며, 직전과세기간의 총급여액이 3천만원 이하인 생산직근로자의 초과근로수당 : 원칙 → **연 240만원 한도**, 광산근로자·일용근로자 → 한도 × (전액비과세) ⑦ 사용자가 부담하는 4대보험 등의 부담금(법정부담분 초과부담분 → 근로소득 ○) ⑧ 근로자(배우자)의 출산 or 6세 이하의 자녀보육비 : **월 20만원** NEW **한도내** 비과세 ⑨ 수도권 외의 지역으로 이전하는 공공기관 소속 공무원 또는 직원에게 한시적으로 지급하는 **월 20만원 이내**의 이전지원금 ⑩ 「발명진흥법」에 따른 종업원등 사용자 등으로부터 받는 보상금으로서 연 700만원 개정안 이하의 금액(다만, 보상금을 지급한 사용자등과 특수관계에 있는 자가 받는 보상금은 제외 NEW) ⑪ 임직원의 고의(중과실 포함) 외의 업무상 행위로 인한 손해의 배상청구를 보험금의 지급사유로 하고 임직원을 피보험자로 하는 보험의 보험료 ⑫ 공무원이 국가·지방자치단체로부터 공무수행과 관련하여 받는 상금·부상 중 **연 240만원 이내**의 금액
근로소득금액	근로소득 − 비과세 분리과세* = 총급여액 − 근로소득공제 = 근로소득금액 *분리과세 : 일용근로자의 근로소득

근로소득공제	① 다음의 금액을 총급여액에서 공제하며, 1년 미만 근로자의 경우도 월할계산하지 않음	
	총급여액	공제액
	500만원 이하	총급여액×70%
	500만원 초과 1,500만원 이하	350만원+(총급여액-500만원)×40%
	1,500만원 초과 4,500만원 이하	750만원+(총급여액-1,500만원)×15%
	4,500만원 초과 1억원 이하	1,200만원+(총급여액-4,500만원)×5%
	1억원 초과	1,475만원+(총급여액-1억원)×2%
	② 공제한도 : 공제액이 2천만원을 초과하는 경우에는 2천만원을 공제한다.	
수입시기	① 일반급여 : 근로를 제공한 날 ② 잉여금처분에 의한 상여 : 해당 법인의 잉여금처분결의일 ③ 인정상여 : 해당 법인의 사업연도 중 근로를 제공한 날 ④ 주식매수선택권 : 주식매수선택권을 행사한 날 ⑤ 임원퇴직소득 인정한도를 초과한 금액 : 지급받거나 지급받기로 한 날	

과세방법	① 원천징수대상 근로소득
	  : 원천징수(간이세액표) → 연말정산 → 타소득 있는 경우 종합소득확정신고
	② 원천징수대상이 아닌 근로소득(국외근로소득)
	  ㉠ 납세조합미가입시 : 원천징수 × → 종합소득확정신고
	  ㉡ 납세조합가입시 : 납세조합징수 → 연말정산 → 타소득 있는 경우 종합소득확정신고
	③ 일용근로소득 : 원천징수로서 납세의무 종결(원천징수 분리과세)
	
	원천징수세액 = [일급여액 - 근로소득공제(15만원)] × 세율(6%) - 근로소득세액공제
	
	＊ 일용근로소득자 : 날·시간·성과에 따라 급여를 계산하여 받는 자로서, 동일고용주에게 3개월(건설근로자 1년, 하역근로자 기간제한 없음)미만 고용된 자	

참고 1   직무발명보상금의 과세판단

수령시점	700만원 개정안 이하분	700만원 개정안 초과분
재직 중 수령	비과세	근로소득 과세
퇴직 후 수령	비과세	기타소득 과세

참고 2   종업원에 대한 회사부담 보험료의 근로소득 과세문제

1. 원칙 : 종업원이 부담할 보험료를 사용자가 대신 납부한 금액은 근로소득으로 과세한다.
2. 예외

구 분	과세여부
(1) 건강보험료, 노인장기요양보험료 및 고용보험료	① 관련법령에 따른 사용자부담분 : 비과세 ② 사용자부담분 초과부담분 : 근로소득 과세
(2) 단체순수보장성보험과 단체환급부보장성보험의 보험료	① 1인당 연 70만원 이내 : 비과세 ② 1인당 연 70만원 초과분 : 근로소득 과세
(3) 종업원에게 귀속되는 단체환급부보장성보험의 환급금	전액 근로소득 과세
(4) 임직원의 고의(중과실 포함) 외의 업무상 행위에 대한 손해배상 보험의 보험료	비과세

2 연금소득

(1) 공적연금의 과세체계

구 분		연금형태 수령	일시금형태 수령	인출순서
본인부담분	소득공제 ×	과세 ×	과세 ×	①
	소득공제 ○	연금소득	퇴직소득	②
사용자(회사) 부담분				
운용수익				

(2) 사적연금(연금계좌)의 과세체계

구 분	연금수령	연금외수령	인출순서	운용손실 차감순서
자기불입분 중 세액공제 ×	과세 ×	과세 ×	①	③
이연퇴직소득	연금소득	퇴직소득	②	②
자기불입분 중 세액공제 ○	연금소득	기타소득	③	①
연금계좌 운용수익				

(3) 사적연금관련 주의사항

① 연금수령 : 연금계좌에서 다음의 요건을 모두 갖추어 인출한 경우
  ㉠ 보유기간요건 : 연금계좌 가입일부터 5년이 경과된 후에 인출할 것
  ㉡ 인출연령요건 : 가입자가 55세 이후 연금계좌취급자에게 연금수령 개시를 신청한 후 인출할 것
  ㉢ 인출한도요건 : 연간 연금수령한도 내에서 인출할 것
  단, 다음의 경우는 연금수령요건을 충족하지 못한 경우에도 이를 연금소득으로 과세한다.

구 분	내 용
ⓐ 의료비 인출	연금수령의 요건 ㉠과 ㉡을 충족한 연금계좌 가입자가 의료비를 인출하는 경우에는 ㉢의 인출한도요건을 충족하지 아니한 경우에도 이를 연금소득으로 과세한다.
ⓑ 부득이한 사유로 인한 인출	다음 중 어느 하나에 해당하는 사유로 인출하는 경우는 '연금수령'의 요건 ㉠, ㉡, ㉢을 모두 충족하지 못한 경우에도 연금소득으로 본다. ㉮ 천재·지변 ㉯ 가입자의 사망 또는 해외이주 ㉰ 가입자 또는 그 부양가족의 질병·부상에 따라 3개월 이상의 요양이 필요한 경우 ㉱ 가입자가 「채무자회생 및 파산에 관한 법률」에 따른 파산선고 또는 개인회생절차개시의 결정을 받은 경우 ㉲ 연금계좌를 취급하는 금융회사의 영업정지, 영업 인·허가의 취소, 해산결의 또는 파산선고 ㉳ 「재난 및 안전관리 기본법」의 재난으로 인해 가입자가 15일 이상의 입원 치료가 필요한 피해를 입은 경우

② 연금계좌의 인출순서
  ㉠ 과세제외금액(자기불입분 중 세액공제 미적용분)
  ㉡ 이연퇴직소득(퇴직급여불입액 중 사용자 부담분)
  ㉢ 그 밖의 연금계좌 불입액(자기불입분 중 세액공제 적용분 + 운용수익)

③ 연금계좌 운용손실액의 처리 : 연금계좌의 운용에 따라 연금계좌에 있는 금액이 원금에 미달하는 경우 연금계좌에 있는 금액은 원금이 연금계좌의 인출순서와 반대의 순서로 차감된 후의 금액으로 본다.
④ 연금계좌에서 인출된 금액이 연금수령한도를 초과하는 경우에는 연금수령분이 먼저 인출되고 그 다음으로 연금외수령분이 인출되는 것으로 본다.

(4) 연금소득 기타사항

구 분	내 용
비과세 연금소득	① 공적연금 관련법에 따라 받는 유족연금, 장애연금, 상이연금, 연계노령유족연금 또는 연계퇴직유족연금 등 ② 산업재해보상보험법에 따라 받는 각종 연금 ③ 국군포로의 송환 및 대우 등에 관한 법률에 따른 국군포로가 받는 연금
연금소득금액	연금소득 − 비과세 분리과세 = 총연금액 − 연금소득공제 = 연금소득금액
연금소득공제	총연금액 중 일정금액을 총연금액에서 연 900만원을 한도로 공제한다.
수입시기	① 공적연금 : 연금을 지급받기로 한 날 ② 연금계좌에서 연금수령한 연금소득 : 연금수령한 날 ③ 그 밖의 연금소득 : 해당 연금을 지급받은 날

과세방법	(1) 공적연금 : 원천징수(간이세액표) → 연말정산
	(2) 사적연금 : 원천징수* → 연말정산 × → 종합소득확정신고
	(3) 사적연금(연금계좌)의 원천징수세율
	  ① 세액공제를 받은 연금계좌납입액(자기불입분)과 연금계좌의 운용실적에 따라 증가된 금액을 연금수령한 경우는 다음의 ㉠ 또는 ㉡에 따른 세율로 원천징수하되, ㉠과 ㉡에 동시에 해당되는 경우에는 둘 중 낮은 세율을 적용함
	    ㉠ 연금소득자의 나이에 따른 세율
	
	      | 나이(연금수령일 현재) | 세 율 |
	      |---|---|
	      | 70세 미만 | 5% |
	      | 70세 이상 80세 미만 | 4% |
	      | 80세 이상 | 3% |
	
	    ㉡ 사망할 때까지 연금수령하면서 중도해지할 수 없는 종신계약에 따라 받는 연금소득 : 4%
	  ② 퇴직소득 원천징수이연분을 연금수령하는 연금소득
	    ㉠ 연금 실제 수령연차가 10년 이하인 경우 : 연금외수령 원천징수세율의 70%
	    ㉡ 연금 실제 수령연차가 10년을 초과하는 경우 : 연금외수령 원천징수세율의 60%

무조건 분리과세*	① 원천징수가 이연된 퇴직소득을 연금수령하는 연금소득 ② 연금계좌 자기불입분으로서 연금계좌세액공제를 받은 금액과 연금계좌의 운용실적에 따라 증가된 금액을 의료목적, 천재지변이나 그 밖에 부득이한 사유로 연금계좌에서 인출하는 연금소득

선택적
분리과세
	① 무조건분리과세를 제외한 사적연금소득 합계액이 연 1,500만원 NEW 이하인 경우
	  → 다음의 ㉠과 ㉡ 중 선택
	  ㉠ 연금소득을 종합소득과세표준에 포함시켜 종합과세 적용
	  ㉡ 연금소득에 대한 원천징수로 납세의무 종결(완납적분리과세)
	② 무조건분리과세를 제외한 사적연금소득 합계액이 연 1,500만원 NEW 을 초과하는 경우
	  → 다음의 ㉠과 ㉡ 중 선택(연금소득 세액계산 특례)
	  ㉠ 연금소득을 종합소득과세표준에 포함시켜 종합과세 적용
	  ㉡ 연금소득에 15%의 세율을 적용하여 분리과세 적용(예납적 분리과세)

확정신고	① 원칙 : 확정신고시 원천징수세액을 기납부세액으로 공제하여 신고 및 납부
	② 예외 : 다음의 연금소득은 종합소득확정신고 대상에서 제외함
	   ㉠ 공적연금으로서 연말정산에 의해 과세가 종결된 경우
	   ㉡ 사적연금 중 무조건 분리과세 연금소득
	   ㉢ 사적연금 중 선택적 분리과세 연금소득 중 ①에 해당되는 경우로서 분리과세를 선택한 경우

3 기타소득

(1) 기타소득의 범위

구 분	내 용
(1) 각종 권리의 양도·대여소득	① 저작자 또는 실연자·음반제작자·방송사업자 외의 자가 저작권 또는 저작인접권의 양도 또는 사용의 대가로 받는 금품 ② 광업권·어업권·산업재산권·상표권·영업권*(점포임차권 포함) 등 이와 유사한 자산이나 권리를 양도하거나 대여하고 그 대가로 받는 금품 ★ '양도소득세가 과세되는 토지, 건물 및 부동산에 관한 권리'와 함께 양도되는 영업권은 양도소득으로 본다. ③ 물품(유가증권을 포함한다) 또는 장소를 일시적으로 대여하고 사용료로서 받는 금품 ④ 「전자상거래 등에서의 소비자보호에 관한 법률」에 따라 통신판매중개를 하는 자를 통하여 물품 또는 장소를 대여하고 연간 수입금액이 500만원 이하의 사용료로서 받은 금품 ⑤ 「공익사업을 위한 토지 등의 취득 및 보상에 관한 법률」에 따른 공익사업과 관련하여 지역권·지상권을 설정하거나 대여함으로써 발생하는 소득 ⑥ 영화필름, 라디오·텔레비전방송용 테이프·필름 등의 자산·권리의 대여로 받는 금품
(2) 일시적 인적 용역 제공대가	① 고용관계 없이 다수인에게 강연을 하고 강연료 등 대가를 받는 용역 ② 라디오·텔레비전방송 등을 통하여 해설·계몽·연기심사 등을 하고 대가를 받는 용역 ③ 변호사, 공인회계사, 세무사, 등의 전문적 지식 또는 특별한 기능을 가진 자가 그 지식 또는 기능을 활용하여 보수 또는 그 밖의 대가를 받고 제공하는 용역 ④ 문예·학술·미술·음악 또는 사진에 속하는 창작품에 대한 원작자로서 받는 소득 ⑤ 그 밖에 고용관계 없이 수당 또는 이와 유사한 성질의 대가를 받고 제공하는 용역
(3) 각종 당첨금품	① 복권, 경품권, 그 밖의 추첨권에 당첨되어 받는 금품 ② 승마투표권, 승자투표권, 소싸움경기투표권 및 체육진흥투표권의 구매자가 받는 환급금 ③ 슬롯머신 및 투전기 등의 기구를 이용하는 행위에 참가하여 받는 당첨금품 등
(4) 상금·보상금 등 불로소득	① 상금·현상금·포상금·보로금 또는 이에 준하는 금품 ② 유실물의 습득보상금 및 매장물의 발견으로 인한 보상금 ③ 소유자가 없는 물건의 점유로 소유권을 취득하는 자산 ④ 사례금

(5) 기타의 일시소득	① 계약의 위약 또는 해약으로 인하여 받는 소득으로서 다음 중 어느 하나에 해당하는 것
	   ㉠ 위약금, ㉡ 배상금, ㉢ 부당이득 반환시 지급받는 이자
	   ★ 육체적·정신적·물리적 피해로 받는 손해배상금과 그 법정이자 : 과세 제외
	② 노동조합의 전임자가 노동조합 및 노동관계조정법을 위반하여 받는 급여
	③ 법소정 특수관계자로부터 받는 경제적 이익으로서 급여·배당·증여로 보지 않는 금품
	④ 재산권에 대한 알선수수료
	⑤ 법 소정 소기업·소상공인 공제부금의 해지일시금
	⑥ 법인세법에 의하여 기타소득으로 소득처분된 금액

(5) 기타의 일시소득	⑦ 연금계좌에서 다음의 금액을 재원으로 '연금외수령'한 소득 　㉠ 연금계좌에 납입한 금액(공적연금 제외) 중 세액공제를 받은 금액 　㉡ 연금계좌의 운용실적에 따라 증가된 금액 ⑧ 퇴직전에 부여받은 주식선택권을 퇴직 후에 행사하거나, 고용관계 없이 주식선택권을 부여받아 이를 행사함으로써 얻는 이익 ⑨ 종업원등 또는 대학의 교직원이 퇴직한 후에 지급받는 직무발명보상금 ⑩ 뇌물 및 알선수재·배임수재에 의하여 받는 금품 ⑪ 서화(書畵)·골동품의 양도로 발생하는 소득★ 　㉠ 영리를 목적으로 자기의 계산과 책임 하에 계속적·반복적으로 행하는 활동을 통하여 얻는 소득인 경우에도 사업소득이 아닌 기타소득으로 과세한다. 　㉡ 다만, 위 ㉠에도 불구하고 다음 중 어느 하나에 해당하는 경우에는 이를 사업소득으로 과세한다. 　　ⓐ 서화·골동품의 거래를 위하여 사업장 등 물적시설(인터넷 등 정보통신망을 이용하여 서화·골동품을 거래할 수 있도록 설정된 가상 사업장 포함)을 갖춘 경우 　　ⓑ 서화·골동품을 거래하기 위한 목적으로 사업자등록을 한 경우 ⑫ 종교관련종사자가 종교의식을 집행하는 등 종교관련종사자로서의 활동과 관련하여 종교단체로부터 받은 소득(종교인소득) 　★ 단, 종교인소득에 대하여 근로소득으로 원천징수하거나 과세표준확정신고를 한 경우에는 해당 소득을 근로소득으로 본다. 　★ 종교관련종사자가 현실적인 퇴직을 원인으로 종교단체로부터 지급받는 소득은 퇴직소득으로 본다. 　★ 기타소득으로 과세되는 종교인 소득에는 종교관련종사자가 그 활동과 관련하여 현실적인 퇴직 이후에 종교단체로부터 정기적 또는 부정기적으로 지급받는 소득으로서 현실적인 퇴직을 원인으로 종교단체로부터 지급받는 소득(퇴직소득)에 해당하지 않는 소득을 포함한다. ⑬ 가상자산을 양도하거나 대여함으로써 발생하는 소득("가상자산소득")★ 　★ 2025년 1월 1일 이후부터 적용
(6) 비과세기타소득	① 국가유공자 등이 법률에 따라 받는 보훈급여금·학습보조비 및 북한이탈주민이 법률에 따라 받는 정착금·보로금과 그 밖의 금품 ② 「국가보안법」에 따라 받는 상금과 보로금 ③ 「상훈법」에 따른 훈장과 관련하여 받는 부상·상금과 부상 ④ 종업원 등 또는 대학의 교직원이 퇴직한 후에 지급받거나 대학의 학생이 소속대학에 설치된 산학협력단으로부터 받는 직무발명보상금으로서 연 700만원 개정안 이하의 금액 ⑤ 법률에 따라 국군포로가 받는 정착금과 그 밖의 금품 ⑥ 법률에 따라 국가지정문화유산 NEW 으로 지정된 서화·골동품의 양도로 발생하는 소득 ⑦ 서화·골동품을 박물관 또는 미술관에 양도함으로써 발생하는 소득 ⑧ 종교인소득 중 일정한 소득

★ 서화·골동품 양도소득에 대한 과세규정 요약
① 개·조·점당 양도가액이 6천만원 이상인 것만 과세
② 양도일 현재 생존 국내원작자 작품은 과세제외
③ 박물관·미술관에 양도하는 경우는 비과세
④ 필요경비 = Max[실제 필요경비, 양도가액 × 80% or 90%]
⑤ 무조건 분리과세
⑥ 양수자가 국내사업장 없는 비거주자·외국법인인 경우 양도자가 원천징수납부의무 부담

(2) 기타소득 관련 기타사항

구 분	내 용
기타 소득금액	기타소득 − 비과세 분리과세 = 총수입금액 − 필요경비 = 기타소득금액
필요경비	(1) 원칙 : 실제 지출된 금액 (2) 예외 : 필요경비 의제 필요경비의제액 : Max[실제지출금액, 총수입금액 × 필요경비율] **구 분 / 필요경비율** ① 공익법인이 주무관청의 승인을 얻어 시상하는 상금·부상과 다수가 순위경쟁하는 대회에서 입상자가 받는 상금·부상 ② 위약금과 배상금 중 주택입주지체상금 → **80%** ③ 서화·골동품의 양도소득 　① 양도가액 1억원 이하 : 90% 　② 양도가액 1억원 초과 　　㉠ 1억원 이하분 : 90% 　　㉡ 1억원 초과분 : 80%* 　*단, 보유기간 10년 이상인 경우는 90% ④ 산업재산권 등 각종 권리의 양도 및 대여소득 ⑤ 통신판매중개업자를 통하여 물품·장소를 대여하고 연간 500만원 이하의 사용료로서 받은 금품 ⑥ 공익사업과 관련된 지상권·지역권의 설정·대여소득 ⑦ 일시적인 문예창작소득(원고료, 인세 등) ⑧ 일정한 인적용역을 일시적으로 제공하고 받은 대가 → **60%** ⑨ 종교인 소득 → **20% ~ 80%*** (3) 기타의 경우 ① 승마투표권, 승자투표권 등의 구매자가 받는 환급금 : 적중된 투표권의 단위투표금액 ② 슬롯머신 당첨금품 등 : 슬롯머신 등에 투입한 금액 ③ 가상자산소득(2025년 1월 1일 이후부터 적용) 　㉠ 원칙 : 실제 취득가액 + 부대비용(먼저 거래한 것부터 순차적으로 양도된 것으로 본다) 　㉡ 예외(경과규정) : 필요경비를 계산할 때 2025년 1월 1일 전에 이미 보유하고 있던 가상자산의 취득가액은 2025년 12월 31일 당시의 시가와 그 가상자산의 취득가액 중에서 큰 금액으로 한다.
수입시기	① 원칙 : 그 지급을 받은 날(현금주의) ② 인정기타소득 : 법인의 해당 사업연도 결산확정일 ③ 광업권 등 각종 권리의 양도소득 : 대금청산일, 인도일 또는 사용수익일 중 빠른 날 ④ 손해배상금 중 계약금이 위약금으로 대체되는 경우의 기타소득 : 계약의 위약 또는 해약이 확정된 날 ⑤ 기타소득으로 분류되는 연금계좌에서 연금외수령한 소득 : 연금외수령한 날

원천징수	① 원칙 : 기타소득금액의 20%
	② 예외
	    ㉠ 복권당첨금 등(무조건분리과세 기타소득)에 해당하는 소득 중 3억 초과분 : 기타소득금액의 30%
	    ㉡ 부가가치세가 면제되는 접대부·댄서 등의 봉사료수입금액 : 봉사료수입금액의 5%
	    ㉢ 연금계좌에서 연금외수령한 기타소득 : 연금외수령액의 15%
	    ㉣ 계약금이 위약금으로 대체되는 경우의 위약금·배상금 : 원천징수하지 않음
	    ㉤ 뇌물·알선수재 및 배임수재에 의하여 받은 금품 : 원천징수하지 않음
	    ㉥ 가상자산소득* : 원천징수하지 않음
	       * 2025년 1월 1일 이후부터 적용
	    ㉦ 종교인소득 : 종교인소득 간이세액표에 의한 세액

과세최저한	① 건별로 승마투표권, 승자투표권, 소싸움경기투표권, 체육진흥투표권의 권면에 표시된 금액의 합계액이 10만원 이하이고 다음의 어느 하나에 해당하는 경우
	    ㉠ 적중한 개별투표당 환급금이 10만원 이하인 경우
	    ㉡ 단위투표금액당 환급금이 단위투표금액의 100배 이하이면서 적중한 개별투표당 환급금이 <u>200만원 이하인 경우</u>
	② 복권 당첨금(복권당첨금을 분할하여 지급받는 경우에는 분할하여 지급받는 금액의 <u>합계액</u>) 또는 슬롯머신등 당첨금품 등이 건별로 <u>200만원 이하인 경우</u>
	③ 해당 과세기간의 가상자산소득금액이 250만원 이하인 경우*
	    * 2025년 1월 1일 이후부터 적용
	④ 그 밖의 기타소득금액(연금계좌에서 연금외수령한 기타소득금액은 제외)이 건별로 5만원 이하인 경우

무조건
분리과세
	① 복권당첨금
	② 승마투표권, 승자(경륜·경정)투표권, 소싸움경기투표권 등의 구매자가 받는 환급금
	③ 슬롯머신 및 투전기 등의 기구를 이용하는 행위에 참가하여 받는 당첨금품 등
	④ 연금계좌에서 연금외수령한 기타소득
	⑤ 서화·골동품의 양도로 발생하는 소득*
	    * 서화·골동품의 양수자가 국내사업장이 없는 비거주자 또는 외국법인인 경우에는 서화·골동품의 양도로 발생하는 소득을 지급받는 자를 원천징수의무자로 보아 원천징수규정을 적용함
	⑥ 가상자산소득*
	    * 2025년 1월 1일 이후부터 적용

무조건 종합과세	뇌물·알선수재·배임수재로 인한 금품
선택적 분리과세	기타소득금액*(비과세, 무조건분리과세 및 무조건종합과세 제외)이 연 300만원 이하인 경우 * 비과세, 무조건분리과세 및 무조건종합과세 기타소득은 제외하고, "계약금이 위약금으로 대체되는 경우의 위약금 등"은 포함한다.

확정신고	① 원칙 : 확정신고시 원천징수세액을 기납부세액으로 공제하여 신고 및 납부
	② 예외
	    ㉠ 무조건분리과세 : 확정신고 ×
	    ㉡ 무조건종합과세 : 확정신고 ○
	    ㉢ 선택적분리과세 중 "계약금이 위약금으로 대체된 경우의 위약금 등 : 확정신고 ○
	    ㉣ 선택적분리과세 중 위 ㉢ 외의 소득
	        ⓐ 분리과세 선택 : 확정신고 ×
	        ⓑ 종합과세 선택 : 확정신고 ○

> 참고 **기타소득 과세방법 정리**

기타소득구분	원천징수 여부	종합과세여부			과세표준 확정신고여부
① 비과세소득	×	비과세(총수입금액 제외)			×
② 과세최저한	×	기타소득금액 단계에서 과세배제			×
③ 무조건분리과세	○	분리과세[*1]			×[*1]
④ 무조건종합과세	×	종합과세			○
⑤ 계약금 → 위약금대체	×	⑤+⑥ > 300만원	종합과세		○
		⑤+⑥ ≤ 300만원	종합과세 선택		○
			분리과세[*2] 선택		○[*2]
⑥ 이외의 기타소득	○	⑤+⑥ > 300만원	종합과세		○
		⑤+⑥ ≤ 300만원	종합과세 선택		○
			분리과세[*1] 선택		×[*1]
⑦ 가상자산소득	×	분리과세			○[*3]

[*1] 원천징수 분리과세 : 원천징수로서 납세의무 종결됨
[*2] 비원천징수 분리과세 : 원천징수가 되지 아니한 상태에서 다른 종합소득과 합산되지 않는 방식이므로 해당 기타소득금액에 20%의 세율을 적용한 결정세액을 다른 소득의 종합소득결정세액과 합산하여 종합소득과세표준신고를 하여야 함
[*3] 가상자산소득 : 원천징수가 되지 아니한 상태에서 다른 종합소득과 합산되지 않는 방식이므로 다음과 같이 계산된 결정세액을 다른 소득의 종합소득결정세액과 합산하여 종합소득과세표준신고를 하여야 한다(2025년 1월 1일 이후부터 적용).

가상자산에 대한 결정세액 = [기타소득금액(가상자산소득금액) − 250만원] × 20%

CHAPTER 05 소득금액계산의 특례

1 부당행위계산의 부인

구 분	내 용
요 건	① 특수관계자와의 거래일 것 ② 조세의 부담을 부당하게 감소시켰을 것 ③ 사업소득·기타소득·출자공동사업자의 배당소득·양도소득일 것
조세부담의 부당감소행위	① 원칙 : 법인세법상 부당행위부인규정과 대부분 동일 ② 예외 : 직계존비속에게 주택을 무상으로 사용하게 하고 직계존비속이 해당 주택에서 실제로 거주한 경우에는 부당행위계산 부인규정을 적용하지 않으며, 해당 주택에 관련된 비용은 가사관련경비로 보아 필요경비로 인정하지 않음

2 공동사업 등의 소득금액계산의 특례

구 분		내 용
소득금액계산		해당 공동사업장을 1거주자로 보아 소득금액계산
소득금액분배		① 원칙 : 각 거주자별로 **손익분배비율**에 의하여 분배되었거나 분배될 소득금액(결손금)에 따라 각 공동사업자에게 분배 ② 예외 : 손익분배비율이 없는 경우에는 **지분비율**에 따라 분배
공동사업자의 납세의무		각 공동사업자가 분배받은 소득에 대하여 자신의 다른 종합소득과 합산하여 각자 개별적인 소득세 납세의무를 이행(연대납세의무 × → 국세기본법에 우선하는 특례)
기타규정		① 원천징수세액의 배분 : 공동사업장에서 발생한 소득금액에 대하여 원천징수된 세액은 각 공동사업자의 손익분배비율에 따라 배분 ② 공동사업과 관련된 가산세의 배분 : 공동사업장 관련 가산세(증빙불비, 원천징수등 납부지연가산세, 신용카드 관련 가산세 등)는 각 공동사업자의 손익분배비율에 따라 배분 ③ 신고불성실가산세·납부지연가산세 및 무기장가산세 : 각 공동사업자 개인별 부과 ④ 기장의무와 사업자등록 등 : 공동사업장을 1거주자로 보아 관련 규정 적용 ⑤ 기업업무추진비 및 기부금의 한도계산 : 공동사업장을 1거주자로 보아 한도액 계산 ⑥ 관할관청(결정 및 경정권자) : 대표공동사업자의 주소지 관할세무서장
공동사업 합산과세	적용요건	① 합산대상자 : 거주자 1인과 생계를 같이하는 친족인 공동사업자 ② 합산대상소득 : 공동사업의 사업소득 ③ 합산사유 : 조세를 회피하기 위하여 손익분배비율을 허위로 정한 경우
	적용효과	① 주된 공동사업자에게 허위분배소득 합산 ② 주된 공동사업자의 특수관계자는 그의 손익분배비율에 해당하는 소득금액을 한도로 주된 공동사업자와 연대납세의무 부담
	주된 공동 사업자	① 손익분배비율이 가장 큰 공동사업자 ② 해당 과세기간의 공동사업소득 이외의 종합소득금액이 가장 많은 자 ③ 직전 과세기간의 종합소득금액이 가장 많은 자 ④ 해당 사업에 대한 종합소득 과세표준을 신고한 자 ⑤ 종합소득 과세표준을 신고하지 않은 경우에는 관할세무서장이 정하는 자

3 결손금 및 이월결손금

구 분		내 용
결손금	일반사업소득	① 다른 종합소득금액에서 공제 ○(근→연→기→이→배) ② 15년간 이월공제 ○ ★ 이자·배당소득금액 : 사업소득결손금에 대한 공제금액·공제여부 선택 ○
	부동산임대업★ 발생소득	① 다른 종합소득금액에서 공제 × ② 부동산임대업에서 발생한 사업소득금액에서만 15년간 이월공제 ○
	양도소득	① 다른 종합소득금액에서 공제 × ② 이월공제 ×
이월결손금	일반사업소득	① 해당 과세기간의 사업소득금액에서 공제 → ② 근→연→기→이→배
	부동산임대업★ 발생소득	해당 과세기간의 부동산임대업에서 발생한 소득금액에서만 공제
	적용배제	① 원칙 : 추계신고 또는 추계조사결정하는 경우 이월결손금 공제 × ② 예외 : 천재지변 등 불가항력 사유로 장부멸실 → 공제 ○
결손금 소급공제	적용대상	사업소득(부동산임대업 제외)에서 발생한 결손금
	적용요건	① 중소기업의 일반사업소득(부동산임대업 제외)에서 발생한 이월결손금으로서 ② 소득세를 기한 내에 신고하고, ③ 과세표준 확정신고기한 내에 소득공제 환급신청을 하였으며, ④ 직전 연도에 납부한 세액이 있었을 것
	기타사항	≒ 법인세법상 결손금소급공제

★ 주거용건물 임대업에서 발생한 결손금은 부동산임대업에서 발생한 결손금이 아니라 일반 사업소득에서 발생한 결손금으로 보아 결손금 및 이월결손금의 공제규정을 적용함

> **☆ 참고 소득세법상 사업소득의 결손금과 이월결손금**
>
> ㉠ 결손금 : 사업소득 필요경비가 총수입금액을 초과하는 금액
> ㉡ 이월결손금 : 사업소득에서 발생한 결손금을 다른 소득금액에서 공제하고 남은 금액
> ∴ 적용순서 : 결손금의 타소득공제 → 이월결손금 소급공제

4 기타의 소득금액계산특례

구 분	내 용
(1) 채권 등에 대한 원천징수특례 (중도매매시)	① 채권소득금액 계산 : 채권 등에서 발생하는 이자·할인액은 채권의 상환기간 중에 보유한 거주자 등에게 그 보유기간의 이자상당액이 각각 귀속되는 것으로 본다. ② 보유기간 이자상당액에 대한 원천징수의무자 | 매도자	매수자	보유기간 이자에 대한 원천징수의무자
---	---	---
법인	법인	매도하는 법인
	개인	
개인	법인	매수하는 법인
	개인	원천징수의무 없음	
(2) 상속시 소득 금액의 구분계산	① 피상속인의 소득금액에 대한 소득세로서 상속인에게 과세할 것과 상속인의 소득금액에 대한 소득세는 <u>구분하여</u> 계산하여야 한다. ② 연금계좌의 가입자가 사망하였으나 그 배우자가 연금외수령 없이 해당 연금계좌를 상속으로 승계하는 경우에는 해당 연금계좌에 있는 피상속인의 소득금액은 상속인의 소득금액으로 보아 소득세를 계산한다.
(3) 중도해지로 인한 이자소득 금액 계산의 특례	종합소득과세표준 확정신고 후 예금 또는 신탁계약의 중도 해지로 이미 지난 과세기간에 속하는 이자소득금액이 감액된 경우 <u>그 중도 해지일이 속하는</u> 과세기간의 종합소득금액에 포함된 이자소득금액에서 그 감액된 이자소득금액을 뺄 수 있다. 다만, 국세기본법에 따라 경정을 청구한 경우에는 그러하지 아니하다.

CHAPTER 06 종합소득과세표준의 계산

1 인적공제

구 분		내 용
기본공제	공제액	기본공제대상자 1인당 연 150만원
	공제대상	① 동거요건 : 거주자와 동일세대구성 ② 연령요건 : 직계존속 → 60세 이상, 직계비속 → 20세 이하, 형제·자매 → 20세 이하·60세 이상 ③ 소득금액요건 : 소득금액 100만원 이하(단, 근로소득만 있는 경우에는 총급여액 500만원 이하)

	주의사항	(1) 장애인 : 연령제한 ×, 소득금액제한 ○
		(2) 동거요건의 판단
		  ① 원칙 : 주민등록상 동거가족으로서 거주자와 생계를 함께 하는 자
		  ② 예외 : 다음의 경우는 동거의제
		    ㉠ 배우자·직계비속·입양자
		    ㉡ 직계존속 : 주거형편에 따라 별거하고 있는 경우
		    ㉢ 기타공제가족 : 취학·질병요양·근무상 형편 등으로 일시퇴거한 경우
		(3) 연간소득금액 : '종합소득금액 + 퇴직소득금액 + 양도소득금액'으로서 비과세·과세제외·분리과세대상 소득을 제외한 금액

추가공제	경로우대자	기본공제대상자가 70세 이상인 경우 → 100만원
	장애인	기본공제대상자가 장애인인 경우 → 200만원
	부녀자	해당 거주자가 배우자가 있는 여성이거나 배우자가 없는 여성으로서 부양가족이 있는 세대주로서 종합소득금액이 3천만원 이하인 경우 → 50만원
	한부모 소득공제	해당 거주자가 배우자가 없는 사람으로서 기본공제대상자인 직계비속 또는 입양자가 있는 경우 → 100만원 * 부녀자공제와 한부모소득공제에 모두 해당되는 경우에는 한부모소득공제를 적용한다.

공제대상자
판정시기
		① 원칙 : 해당 연도의 과세기간 종료일 현재의 상황에 따른다.
		② 예외
		  ㉠ 과세기간 중 사망자 or 장애치유자 → 사망일 전날 or 장애치유일 전날 상황에 따름
		  ㉡ 연령기준적용시 → 해당 연령에 해당하는 날이 하루라도 있으면 적용 ○

2인 이상 공제가족에 해당하는 경우	① 원칙 : 신고서에 기재된 바에 따라 그 중 1명의 공제대상가족으로 한다. ② 거주자의 공제대상 배우자가 다른 거주자의 공제대상 부양가족에 해당하는 때에는 공제대상 배우자로 한다. ③ 거주자의 공제대상 부양가족이 다른 거주자의 공제대상 부양가족에 해당하는 때에는 직전 과세기간에 부양가족으로 인적공제를 받은 거주자의 부양가족으로 한다. 다만, 직전 과세기간에 부양가족으로 인적공제를 받은 사실이 없는 때에는 해당 과세기간의 종합소득금액이 가장 많은 거주자의 공제대상 부양가족으로 한다. ④ 거주자의 추가공제대상자가 다른 거주자의 추가공제대상자에 해당하는 때에는 기본공제를 하는 거주자의 추가공제대상자로 한다. ⑤ 사망·출국한 경우 : 해당 과세기간의 중도에 사망하였거나 외국에서 영주하기 위하여 출국한 거주자의 공제대상가족이 상속인 등 다른 거주자의 공제대상가족에 해당하는 사람에 대하여는 피상속인 또는 출국한 거주자의 공제대상으로 한다.

2 특별소득공제

구 분	내 용
개 요	① 종류 : 보험료공제 및 주택자금공제 ② 적용대상자 : 근로소득이 있는 거주자(일용근로자 제외) + 소득공제신청 ○ ③ 공제한도 : 근로소득금액 한도 ④ 기타 : 특별소득공제·항목별 세액공제 및 월세세액공제를 신청하지 않은 근로자는 표준세액공제(연 13만원)를 종합소득산출세액에서 공제
보험료공제	① 적용대상 : 근로소득이 있는 거주자 ② 대상보험료 : 국민건강보험료, 고용보험료 또는 노인장기요양보험료(사회보험료) ③ 공제한도 : 보험료 지급액 전액(근로소득금액 한도)

주택자금공제	① 적용대상자 : 근로소득이 있는 거주자 + 세대주*
	  * 주택청약저축 납입액에 대한 공제를 제외한 주택자금공제는 세대주가 해당 공제를 받지 아니하는 경우에는 근로소득이 있는 세대의 구성원이 주택자금공제를 적용받을 수 있음
	② 공제금액
	  ㉠ 주택청약저축 납입액* × 40%
	  ㉡ 주택임차차입금 원리금상환액 × 40%
	  ㉢ 장기주택저당차입금 이자상환액 × 100%
	③ 공제한도
	  ⓐ 위 ㉠ + ㉡ : 연 400만원 한도
	  ⓑ 위 ㉠ + ㉡ + ㉢ : 연 800만원 NEW 한도(단, ㉢이 일정요건에 해당하는 경우에는 연 2,000만원 NEW or 1,800만원 NEW or 600만원 NEW 한도)

3 기타의 공제

구 분	내 용

주택담보 노후연금 이자비용공제	① 적용대상 : 다음의 요건을 모두 충족한 거주자는 주택담보노후연금에서 발생한 이자비용상당액을 <u>연금소득금액에서 공제</u>한다.
	  ㉠ 계약체결일 현재 가입자가 <u>만 60세 이상</u>인 연금소득이 있는 거주자 일 것.
	  ㉡ 국민주택규모의 <u>1세대 1주택</u>을 보유할 것
	  ㉢ 주택의 공시가격이 12억원 [개정안] 이하일 것
	② 공제금액 : Min[㉠, ㉡]
	  ㉠ 해당연도에 발생한 주택담보노후연금 이자비용
	  ㉡ 한도액 : 200만원

연금보험료 공제	① 적용대상 : 종합소득이 있는 거주자 ② 대상보험료 : 공적연금보험료 ③ 공제한도 : 보험료 전액(다만, 종합소득공제액이 종합소득금액을 초과하는 경우 그 초과하는 금액을 한도로 연금보험료공제를 받지 아니한 것으로 본다) – 종합소득공제 중 가장 후순위로 적용함
신용카드 등 사용금액에 대한 소득공제 (조특법)	(1) 공제대상자 : 근로소득이 있는 거주자(일용근로자 제외) (2) 사용대상자 : 본인 + 연간소득금액 합계액이 100만원 이하(총급여액 500만원 이하의 근로소득만 있는 경우 포함)인 배우자 및 생계를 함께하는 직계존비속(형제·자매 ×) (3) 공제배제 : 이중공제, 위장·가공사용액, 등기자산 매입액, 해외사용액 등

4 종합소득공제 관련 기타사항

구 분	내 용
공제적용배제	① 분리과세소득만 있는 경우 : 종합소득공제 배제 ② 증빙서류 미제출시 : 거주자 본인 분 기본공제(150만원) + 표준세액공제 ③ 수시부과결정의 경우 : 본인에 대한 기본공제 150만원 공제
비거주자의 종합소득공제	종합소득공제 중 본인에 대한 기본공제와 추가공제만 적용(본인 이외의 자에 대한 인적공제와 특별소득공제, 자녀세액공제 및 특별세액공제 등은 적용 ×)

CHAPTER 07 종합소득세액의 계산

1 종합소득세의 계산

(1) 산출세액

구 분	내 용
세 율	6% ~ 45%까지의 8단계 초과누진세율

금융소득 산출세액 특례	(1) 금융소득금액이 2천만원을 초과하는 경우 : Max[①, ②]
	① 일반산출세액
	
	    (종합소득과세표준 − 2천만원) × 기본세율 + (2천만원 × 14%*)
	
	② 비교산출세액
	
	    = (종합소득과세표준 − 금융소득금액) × 기본세율 + (금융소득 × 원천징수세율*)
	
	    * 일반적인 금융소득은 14%, 비영업대금의 이익은 25%
	(2) 금융소득금액이 2천만원 이하인 경우(무조건종합과세만 있는 경우)
	
	    (종합소득과세표준 − 금융소득금액) × 기본세율 + (금융소득 × 원천징수세율)

부동산 매매업자에 대한 산출세액특례	(1) 적용대상
	  ① 비사업용토지의 매매차익
	  ② 미등기자산의 매매차익
	  ③ 분양권(조합원입주권 제외)의 매매차익
	  ④ 1세대 2주택(조합원입주권) 이상의 주택의 매매차익
	(2) 산출세액계산특례 : 종합소득산출세액 = Max[①, ②]
	  ① 과세표준 × 기본세율
	  ② (종합소득과세표준 − 부동산매매차익) × 기본세율 + (부동산매매차익 − 장기보유특별공제 − 양도소득기본공제) × 양도소득세율

주택임대소득에 대한 세액계산특례	(1) 적용대상
	  해당 과세기간에 주거용 건물 임대업에서 발생한 수입금액의 합계액이 2천만원 이하인 자의 주택임대소득(이하 '분리과세 주택임대소득')
	(2) 종합소득결정세액
	
	  종합소득결정세액 = ① 또는 ② 중 선택
	  ① 분리과세 주택임대소득을 종합소득과세표준에 포함시켜 계산한 종합소득결정세액
	  ② 다음의 ㉠과 ㉡을 더한 금액
	    ㉠ 분리과세 주택임대소득에 대한 사업소득금액*1 × 14% − 세액감면*2
	    ㉡ 위 ㉠외의 종합소득결정세액

구분	내용
주택임대소득에 대한 세액계산특례	★1 분리과세 주택임대소득에 대한 사업소득금액 | 구 분	사업소득금액
등록임대주택	총수입금액 − 총수입금액 × 60% − 400만원★
미등록임대주택	총수입금액 − 총수입금액 × 50% − 200만원★ | ★ 분리과세 주택임대소득을 제외한 해당 과세기간의 종합소득금액이 2천만원 이하인 경우에 한하여 400만원 또는 200만원을 차감한다. ★2 「조세특례제한법」상 소형주택 임대사업자(국민주택규모 + 기준시가 6억원 이하)에 대한 세액감면을 적용받는 거주자가 해당 감면대상 '등록임대주택'을 임대하는 경우에는 다음에 해당하는 감면세액을 차감한 금액으로 한다. ⓐ 단기민간임대주택(4년이상) : 해당 임대주택관련 소득세액 × 30% ⓑ 장기일반민간임대주택(10년이상) : 해당 임대주택관련 소득세액 × 75% (3) 기타 관련규정 ① 위의 '등록임대주택'이란 다음의 요건을 모두 갖춘 주택을 말한다. ㉠ 「민간임대주택에 관한 특별법」에 따른 임대사업자등록을 한 자가 임대 중인 민간임대주택 ㉡ 「소득세법」에 따른 임대 사업자등록을 한 자일 것 ㉢ 임대차계약 또는 약정한 임대료(임대보증금 포함)의 증액이 있은 후 1년 이내에 주택임대사업자가 임대료의 증액을 청구하지 않는 경우로서 임대료의 증가율이 5%를 초과하지 않을 것 ② 분리과세 주택임대소득(비원천징수 분리과세소득)이 있는 경우에도 종합소득과세표준 확정신고는 하여야 한다. ③ 사업자미등록 가산세 : 주택임대소득이 있는 사업자가 사업개시일부터 20일 이내에 등록을 신청하지 아니한 경우에는 사업 개시일부터 등록을 신청한 날의 직전일까지의 주택임대수입금액의 <u>0.2%</u>에 해당하는 금액을 해당 과세기간의 결정세액에 더한다.
연금소득 세액계산특례	사적연금소득 중 분리과세연금소득 외의 연금소득이 있는 거주자의 종합소득 결정세액은 다음의 세액 중 하나를 선택하여 적용 ① 연금소득을 종합소득과세표준에 포함시켜 계산한 종합소득결정세액 ② 다음의 ㉠과 ㉡을 더한 금액 ㉠ 연금소득 중 분리과세연금소득 외의 연금소득 × <u>15%</u> ㉡ 위 ㉠외의 종합소득결정세액

(2) 종합소득세액공제

구 분	내 용
외국납부 세액공제	외국납부세액공제 : Min[①,②] ① 직접 + 의제 (간접외국납부세액 ×) ② 한도 : 산출세액 × $\dfrac{국외원천소득}{종합소득금액}$
재해손실 세액공제	≒ 법인세법
기 장 세액공제	(1) 적용대상 : 간편장부대상자가 복식부기로 기장한 경우 (2) 기장세액공제 : Min[①,②] ① 산출세액 × $\dfrac{기장된 사업소득금액}{종합소득금액}$ × 20% ② 한도 : 100만원 (3) 적용배제 ① 신고하여야 할 소득금액의 20% 이상을 누락하여 신고한 경우 ② 기장세액공제 관련장부·증명서류를 해당 과세표준확정신고기간 종료일로부터 5년간 보관하지 않은 경우. 단, 천재 등 부득이한 사유에 해당하는 경우는 제외

근로소득 세액공제	근로소득산출세액	근로소득세액공제액	한도
	130만원 이하	근로소득산출세액 × 55%	최대 74만원
	130만원 초과	715,000 + (근로소득산출세액 − 130만원) × 30%	

배당 세액공제	Gross-up 적용 가산금액

전자계산서 발급 전송에 대한 세액공제	① 적용대상자 : 직전 과세기간의 사업장별 총수입금액이 3억원 미만인 사업자 + 신규사업자 개정안 ② 적용요건 : 전자계산서를 2024년 12월 31일까지 발급[전자계산서 발급명세를 전송기한까지 국세청장에게 전송한 경우로 한정]하는 경우 ③ 세액공제액 : 다음의 금액을 해당 과세기간의 사업소득에 대한 종합소득산출세액에서 공제할 수 있음 Min[㉠, ㉡] ㉠ 전자계산서 발급 건 수 × 200원 ㉡ 연간 100만원 한도 ④ 세액공제를 적용받으려는 사업자는 과세표준확정신고시 전자계산서 발급 세액공제신고서를 납세지 관할 세무서장에게 제출하여야 한다.

자녀 세액공제	① 일반공제 : 종합소득이 있는 거주자의 기본공제대상자에 해당하는 자녀(입양자 및 위탁아동 포함) 및 손자녀 NEW 로서 8세 이상의 사람에 대해서는 다음의 구분에 따른 금액을 종합소득산출세액에서 공제한다.

기본공제대상 자녀수	자녀세액공제액
1명	연 15만원
2명	연 35만원 NEW
3명 이상	연 35만원 NEW + 2명을 초과하는 1명당 30만원

② 출산·입양자녀 세액공제
해당 과세기간에 출산하거나 입양 신고한 공제대상자녀가 있는 경우 다음의 구분에 따른 금액을 종합소득산출세액에서 공제
㉠ 출산하거나 입양 신고한 공제대상자녀가 첫째인 경우 : 연 30만원
㉡ 출산하거나 입양 신고한 공제대상자녀가 둘째인 경우 : 연 50만원
㉢ 출산하거나 입양 신고한 공제대상자녀가 셋째 이상인 경우 : 연 70만원

연금계좌 세액공제	연금계좌세액공제액 = [(1)+(2)] × 12% or 15%* (1) Min[①, ②] 　① Min[연금저축계좌 납입액, 연 600만원] + 퇴직연금계좌 납입액 　② 연 900만원 (2) Min[①, ②] 　① 개인종합자산관리(ISA)계좌의 연금계좌 전환금액 × 10% 　② 300만원 * 종합소득금액 4천 500만원 이하(근로소득만 있는 경우 총급여액 5천5백만원 이하)인 자

구 분	공제적용
(1) 근로소득이 있는 자	다음 ①, ② 중 선택 ① 특별소득공제·항목별 세액공제·월세액 세액공제 ② 표준세액공제(13만원)

(2) 근로소득이 없는 자[*1]
  ① 사업소득만 있는 자[*2]
  ② 위 이외의 자
	표준세액공제(7만원)만 적용(기부금세액공제 ×)
	기부금세액공제 + 표준세액공제(7만원) 적용

[*1] 근로소득이 없는 자가 법 소정의 성실사업자에 해당하는 경우의 특별세액공제 적용
  ① 조세특례제한법상 성실사업자 및 소득세법상 성실신고확인대상자로서 성실신고확인서를 제출한 자 → 의료비세액공제, 교육비세액공제 및 월세액세액공제를 추가로 적용받을 수 있음
  ② 소득세법에 따른 성실사업자 → 12만원의 표준세액공제를 적용받을 수 있음. 단, 위 ①의 적용을 받은 경우에는 표준세액공제를 적용하지 아니함
[*2] 사업소득만 있는 자는 기부금세액공제의 적용을 배제하되, 연말정산 대상 사업소득만 있는 자는 기부금세액공제의 적용이 가능함

특별 세액공제

보험료 세액공제

(1) 공제대상자 : 근로소득자(일용근로자 ×) + 보장성보험료 지급
(2) 공제대상피보험자 : 기본공제대상자(연령요건 ○ + 소득요건 ○)
(3) 세액공제액 : = ① + ②
  ① 장애인 보장성보험료 : Min[보험료지급액, 연100만원] × 15%
  ② 일반 보장성보험료 : Min[보험료지급액, 연100만원] × 12%

의료비 세액공제

(1) 공제대상자 : 근로소득자(일용근로자 제외)가 기본공제대상자(연령요건 ×, 소득요건 ×)를 위하여 공제대상의료비를 지급한 경우
(2) 공제대상의료비* : 해당 근로자가 직접 부담하는 다음의 어느 하나에 해당하는 의료비
  ★ 해외의료비, 미용성형수술을 위한 비용 및 건강증진을 위한 의약품구입비용은 공제대상에서 제외
  ★ 의료비지출액에 대하여 실손의료보험금을 지급받는 경우 그 실손의료보험금은 제외
  ① 진찰·진료·질병예방을 위하여 국내의료기관에 지급하는 비용
  ② 의약품(한약 포함)을 구입하고 지급하는 비용
  ③ 장애인보장구 및 의료용구를 구입 또는 임차하기 위하여 지출한 비용
  ④ 안경 또는 콘택트렌즈 구입비용(1인당 연 50만원 이내)의 금액
  ⑤ 보청기 구입을 위하여 지출한 비용
  ⑥ 노인장기요양보험법에 따라 실제 지출한 본인 일부부담금
  ⑦ 산후조리비용으로서 출산 1회당 200만원 이내의 금액
  ⑧ 「장애인활동 지원에 관한 법률」에 따른 활동지원급여에 대한 비용으로서 실제 지출한 본인부담금 [개정안]
(3) 세액공제액

의료비 세액공제액 = (① × 30%) + (② × 20%) + [(③+④) × 15%]

  ① 난임시술비(난임시술 관련 의약품 구입비용 포함)
  ② 미숙아 및 선천성이상아를 위하여 지급한 의료비
  ③ 본인·6세 이하인 자 [NEW]·장애인·65세 이상인 자 및 중증질환자·희귀난치성질환자 또는 결핵환자에 대한 의료비
  ④ 기타의 의료비 : Min[위 ①, ②, ③ 외의 의료비 - (총급여액 × 3%), 700만원]
    ★ ④의 의료비가 '총급여액×3%'에 미달하는 경우에는 그 미달하는 금액을 ③의 의료비에서 뺀다.
    ★ ③, ④의 의료비 합계액이 '총급여액×3%'에 미달하는 경우에는 그 미달하는 금액을 ②의 의료비에서 뺀다.
    ★ ②, ③, ④의 의료비 합계액이 '총급여액×3%'에 미달하는 경우에는 그 미달하는 금액을 ①의 의료비에서 뺀다.
    ★ 성실사업자의 의료비세액공제시에는 '총급여액'이 아닌 '사업소득금액'을 적용한다.

특별
세액공제
	교육비
	세액
	공제
		(1) 공제대상자 : 근로소득자(일용근로자 ×) + 교육비 지급
		(2) 공제대상교육비 : 기본공제대상자(연령요건 × + 소득요건 ○)에 대하여 지급된 다음의 교육비
		  ① 수업료·입학금·입학전형료·보육비용·방과후 과정 등의 수업료
		  ② 급식비·교과서 대금(초·중·고등학생만 해당)·교복구입비용(중·고등학생만 해당되며, 학생 1인당 연 50만원 한도)
		  ③ 「초·중등교육법」에 따라 학교가 교육과정으로 실시하는 현장체험학습에 지출한 비용(초·중·고등학교의 학생만 해당하며, 학생 1명당 연 30만원을 한도로 함)
		  ④ 근로자 본인의 학자금 대출의 원리금 상환에 지출한 교육비. 다만, 학자금 대출 상환시 추가로 지급하는 다음의 금액은 공제대상 교육비에서 제외한다.
		    ㉠ 학자금 대출의 원리금 상환의 연체로 인하여 추가로 지급하는 금액
		    ㉡ 학자금 대출의 원리금 중 감면받거나 면제 받은 금액
		    ㉢ 학자금 대출의 원리금 중 지방자치단체 또는 공공기관 등으로부터 학자금을 지원받아 상환한 금액
		(3) 세액공제액 = Min[①, ②] × 15%
		  ① 교육비 지급액 − 학자금·장려금·지원금(소득세 비과세분)
		  ② 적용대상자별 한도액
		(4) 한도
		  ① 본인 : 한도 없음(전액)
		  ② 부양가족
		    ㉠ 대학생 : 1인당 연 900만원
		    ㉡ 유치원·초·중·고등학생 : 1인당 연 300만원
		  ③ 장애인 특수교육비 : 한도 없음(전액)
		(5) 기타 주의사항
		  ① 대학원비 : 본인 ○, 부양가족 ×
		  ② 직계존속의 교육비 ×
		  ③ 취학전아동에 대한 학원비 외의 학원비 ×
		  ④ 부양가족이 법소정 학자금 대출을 받아 지급하는 교육비는 제외됨

	기부금
	세액
	공제
		(1) 공제대상자 : 종합소득이 있는 거주자(사업소득만 있는 자는 제외하되, 연말정산대상 사업소득만 있는 자는 포함)의 기부금
		  ★ 거주자 본인의 기본공제대상자(연령 제한을 받지 아니함)가 지출한 기부금도 공제대상에 포함됨
		(2) 공제대상 기부금
		    공제대상 기부금 = 한도 내 기부금 − 사업소득 필요경비산입 기부금
		(3) 세액공제액 = Min[①, ②]
		  ① 공제대상 기부금 × 15%★(1천만원 초과분 30%★)
		  ② 한도 : 종합소득산출세액 − 사업소득금액에 대한 산출세액
		  ★ 기부금세액공제율 한시적 확대 NEW : 2024년 1월 1일부터 2024년 12월 31일까지 지급한 기부금에 대하여는 해당 공제대상기부금이 3천만원을 초과하는 경우 그 초과분에 대해서 10%에 해당하는 금액을 추가로 공제한다(1천만원 이하분 → 15%, 1천만원 초과 3천만원 이하분 → 30%, **3천만원초과분 → 30%+10% = 40%**).
		(4) 이월공제 : 10년간 이월공제

표준 세액공제	구 분		공제액
	근로소득 ○	항목별세액공제, 월세액 세액공제 및 특별소득공제의 신청 ×	13만원
	근로소득 ×	소득세법상 성실사업자 ○ + 의료비·교육비·월세액 세액공제 신청 ×	12만원
		소득세법상 성실사업자 ○ + 의료비·교육비·월세액 세액공제 신청 ○	0원
		소득세법상 성실사업자 ×	7만원

⭐ 참고1 공제별 기본공제대상자 요건의 적용범위

구 분	연령요건	소득요건
보험료 세액공제[*1]	○	○
의료비 세액공제	×	×
교육비 세액공제[*2]	×	○
기부금 세액공제	×	○
신용카드 등 사용액 소득공제	×	○

[*1] 장애인 전용 보장성보험료는 연령요건을 불문한다.
[*2] 장애인특수교육비의 경우는 연령요건 뿐 아니라 소득요건도 불문한다.

⭐ 참고2 항목별 세액공제율

구 분	세액공제율
① 연금계좌세액공제	㉠ 12% ㉡ 종합소득금액 4,500만원 이하(총급여액 5,500만원 이하)인 경우 : 15%
② 보험료세액공제	㉠ 일반보장성 보험료 : 12% ㉡ 장애인보장성 보험료 : 15%
③ 의료비세액공제	㉠ 난임시술비 : 30% ㉡ 미숙아 및 선천성이상아를 위하여 지급한 의료비 : 20% ㉢ 본인등 의료비 및 기타의료비 : 15%
④ 교육비세액공제	15%
⑤ 기부금세액공제	㉠ 1천만원 이하분 : 15% ㉡ 1천만원 초과분 : 30%*

*3천만원 초과분에 대하여는 2024년에 지급한 기부금에 한정하여 40%의 공제율을 적용함 NEW

⭐ 참고3 근로소득자만 적용되는 소득공제 및 세액공제

① 특별소득공제(보험료공제, 주택자금공제) ② 신용카드 등 사용금액에 대한 소득공제
③ 보험료세액공제 ④ 근로소득세액공제

⭐ 참고4 세액감면과 세액공제가 동시에 적용되는 경우의 적용순위(소법 제60조)

조세에 관한 법률을 적용할 때 소득세의 감면에 관한 규정과 세액공제에 관한 규정이 동시에 적용되는 경우 그 적용순위는 다음의 순서로 한다.
① 해당 과세기간의 소득에 대한 소득세의 감면
② 이월공제가 인정되지 아니하는 세액공제
③ 이월공제가 인정되는 세액공제(이 경우 해당 과세기간 중에 발생한 세액공제액과 이전 과세기간에서 이월된 미공제액이 함께 있을 때에는 이월된 미공제액을 먼저 공제함)

CHAPTER 08 퇴직소득세의 계산

1 기본규정

구 분	내 용

범 위	(1) 공적연금 관련법에 따라 받는 일시금
	(2) 사용자 부담을 기초로 하여 현실적인 퇴직을 원인으로 지급받는 소득
	(3) 기타의 퇴직급여
	  ① 공적연금관련법에 따라 받는 일시금 퇴직소득을 지급하는 자가 퇴직소득의 일부·전부를 지연지급하면서 지연지급에 대한 이자를 함께 지급하는 경우 해당 이자
	  ② 「과학기술인공제회법」에 따라 지급받는 과학기술발전장려금
	  ③ 건설근로자의 고용개선 등에 관한 법률」에 따라 지급받는 퇴직공제금
	  ④ 종교관련종사자가 현실적인 퇴직을 원인으로 종교단체로부터 지급받는 소득

퇴직판정의 특례	(1) 다음의 어느 하나에 해당하는 사유로 퇴직하였으나 퇴직급여를 실제로 받지 아니한 경우에는 퇴직으로 보지 아니할 수 있다.
	  ① 종업원이 임원이 된 경우
	  ② 법인의 상근임원이 비상근임원이 된 경우
	  ③ 비정규직 근로자가 정규직 근로자로 전환된 경우
	(2) 계속근로기간 중에 다음의 어느 하나에 해당하는 사유로 퇴직급여를 미리 지급받은 경우에는 그 지급받은 날에 퇴직한 것으로 본다.
	  ① 「근로자 퇴직급여 보장법 시행령」상 무주택자인 근로자가 본인 명의로 주택을 구입하는 경우 등의 법 소정의 사유에 해당하는 경우
	  ② 퇴직연금제도 및 확정급여형 퇴직연금제도가 폐지되는 경우

임원 퇴직소득 한도	임원의 퇴직소득 중 소득세법상 임원퇴직소득 한도금액을 초과하는 경우에는 그 초과하는 금액을 이를 근로소득으로 본다.
수입시기	① 일반적인 퇴직 소득 : 퇴직한 날 ② 공적연금 관련법에 따라 받는 일시금 및 「건설근로자의 고용개선 등에 관한 법률」에 따라 지급받는 퇴직공제금 : 소득을 지급받는 날(분할지급시에는 최초로 지급받는 날)
외국납부 세액공제	적용가능. 단, 공제한도 초과액은 이월공제 ×
과세방법	분류과세 + 완납적원천징수
퇴직소득 과세이연	거주자의 퇴직소득이 다음 중 어느 하나에 해당하는 경우 퇴직소득에 대한 소득세를 연금외수령하기 전까지 원천징수를 하지 아니하거나, 이미 원천징수된 경우 환급을 신청할 수 있는데 이를 <u>이연퇴직소득세</u>라 함 ① 퇴직일 현재 연금계좌에 있거나 연금계좌로 지급되는 경우 ② 지급받은 날부터 60일 이내에 연금계좌에 입금되는 경우

2 퇴직소득세의 계산구조

구 분	내 용
환 산 급 여	= (퇴직소득금액 − 근속연수공제*) × $\frac{12}{\text{근속연수}}$
(−) 환산급여공제	(아래 표 참조)
퇴직소득과세표준	
(×) 세 율	
퇴직소득산출세액	= (퇴직소득과세표준 × 기본세율) × $\frac{\text{근속연수}}{12}$
(−) 외국납부세액공제	공제한도 초과액은 이월공제를 적용할 수 없음
퇴직소득결정세액	

환산급여공제:

환산급여	공제액
8백만원 이하	100%
8백만원 초과 7천만원 이하	8백만원 + (8백만원 초과분의 60%)
7천만원 초과 1억원 이하	4천 520만원 + (7천만원 초과분의 55%)
1억원 초과 3억원 이하	6천 170만원 + (1억원 초과분의 45%)
3억원 초과	1억5천170만원 + (3억원 초과분의 35%)

*근속연수공제

근속연수*	공제액
5년 이하	100만원×근속연수
5년 초과 ~ 10년 이하	500만원+200만원×(근속연수−5년)
10년 초과 ~ 20년 이하	1천500만원+250만원×(근속연수−10년)
20년 초과	4천만원+300만원×(근속연수−20년)

*근로를 제공하기 시작한 날 또는 퇴직소득 중간지급일의 다음 날부터 퇴직한 날까지로 한다. 다만, 퇴직급여를 산정할 때 근로기간으로 보지 아니한 기간은 근속연수에서 제외하며, 근속연수 계산시 1년 미만의 기간은 1년으로 본다.

*해당연도 중에 2회 이상 퇴직함으로써 퇴직급여를 받는 때에는 해당 연도의 퇴직급여의 합계액에서 1회에 한하여 퇴직소득공제를 한다.

CHAPTER 09 종합·퇴직소득세의 납세절차

1 가산세

종 류	가산세액
(1) 지급명세서제출 불성실가산세	① 지급명세서 미제출 　㉠ 상용근로자 : 미제출 지급금액 × 1%* 　　*제출기한이 지난 후 3개월 이내에 제출하는 경우에는 0.5% 　㉡ 일용근로자 : 미제출 지급금액 × 0.25%* 　　*제출기한이 지난 후 1개월 이내에 제출하는 경우에는 0.125% ② 지급명세서 불분명·거짓기재 　㉠ 상용근로자 : 미제출 지급금액 × 1% 　㉡ 일용근로자 : 미제출 지급금액 × 0.25% ③ 간이지급명세서 미제출 : 미제출 지급금액 × 0.25%* 　*제출기한이 지난 후 1개월 이내에 제출하는 경우에는 0.125% ④ 간이지급명세서 불분명·거짓기재 : 불분명·거짓기재금액 × 0.25%*
(2) 계산서불성실가산세	① 미발급*1·가공발급 및 수령(비사업자 포함), 타인명의 발급 및 수령 : 공급가액 × 2% ② 계산서 부실기재 및 전자계산서 발급의무자의 전자계산서 외의 계산서 발급 : 공급가액 × 1% ③ 계산서 지연발급*2 : 공급가액 × 1% 　*1 계산서의 발급시기가 지난 후 해당 재화 또는 용역의 공급시기가 속하는 과세기간의 다음연도 1월 25일까지 발급하지 아니한 경우 　*2 계산서의 발급시기가 지난 후 해당 재화 또는 용역의 공급시기가 속하는 과세기간의 다음연도 1월 25일까지 발급한 경우
(3) 계산서·세금계산서 합계표 불성실가산세	① 매출·매입처별 계산서합계표 미제출·부실기재 : 공급가액 × 0.5% ② 매출·매입처별 계산서합계표 지연제출* : 공급가액 × 0.3% ③ 매입처별 세금계산서합계표 미제출·부실기재 : 공급가액 × 0.5% ④ 매입처별 세금계산서합계표 지연제출* : 공급가액 × 0.3% 　*합계표 제출기한이 지난 후 1개월 이내에 제출하는 경우
(4) 전자계산서 발급명세 전송 불성실가산세	① 지연전송* : 공급가액 × 0.3% 　*전자계산서 발급명세 전송기한이 지난 후 재화 또는 용역의 공급시기가 속하는 과세기간 말의 다음달 25일까지 전자계산서 발급명세를 전송하는 경우 ② 미전송 : 공급가액 × 0.5% 　*전자계산서 발급명세 전송기한이 지난 후 재화 또는 용역의 공급시기가 속하는 과세기간 말의 다음달 25일까지 전자계산서 발급명세를 전송하지 아니한 경우
(5) 증명서류수취 불성실가산세	미수취·불명분 금액 × 2% *소규모사업자 및 소득금액이 추계되는 자는 제외
(6) 영수증수취명세서 미제출가산세	미제출·불명분 지급금액 × 1% *소규모사업자 및 소득금액이 추계되는 자는 제외
(7) 사업장현황신고 불성실가산세	무신고·미달신고 수입금액 × 0.5%
(8) 공동사업장등록 불성실가산세	① 미등록·거짓등록한 과세기간의 총수입금액 × 0.5% ② 무신고·거짓신고한 과세기간의 총수입금액 × 0.1%

구분	내용
(9) 장부의 기록·보관 불성실가산세	산출세액 × (무기장·미달기장 소득금액 / 종합소득금액) × 20% * 소규모사업자는 제외
(10) 사업용계좌 불성실가산세	① 사업용계좌를 사용하지 아니한 경우 : 미사용금액 × 0.2% ② 사업용계좌를 신고하지 않은 경우 : Max[㉠, ㉡]* 　㉠ 미신고기간의 수입금액 × 0.2% 　㉡ 미사용 거래금액의 합계액 × 0.2% * 다만, 사업자가 사업장별 신고를 하지 아니하고 이미 신고한 다른 사업장의 사업용계좌를 사용한 경우에는 ②를 적용하지 아니함
(11) 신용카드거부 및 허위발급 가산세	건별 거부금액·불명분 금액 × 5%(건별 최소 5천원)
(12) 현금영수증 발급불성실가산세	① 미가맹 : 미가맹기간의 수입금액 × 1% ② 발급거부·거짓발급 : 건별 거부금액·거짓발급금액 × 5%(건별 최소5천원) ③ 미발급 : 미발급금액 × 20%* * 착오나 누락으로 인하여 거래대금을 받은 날부터 10일 이내에 관할세무서에 자진신고하거나 현금영수증을 자진발급한 경우에는 10%로 한다.
(13) 기부금영수증 불성실가산세	① 기부금액을 사실과 다르게 발급한 경우 : 발급된 금액 × 5% ② 기부자의 인적사항을 사실과 다르게 적어 발급한 경우 : 발급된 금액 × 5% ③ 기부자별 발급명세를 작성·보관하지 아니한 경우 : 해당 금액 × 0.2% *「상속세 및 증여세법」에 따라 보고서 제출의무를 이행하지 아니하거나 출연받은 재산에 대한 장부의 작성·비치의무를 이행하지 아니하여 가산세가 부과되는 경우에는 가산세를 적용하지 아니함
(14) 성실신고확인서 미제출가산세	Max[①, ②] ① 종합소득산출세액 × (사업소득금액 / 종합소득금액) × 5% ② 사업소득 총수입금액 × 2/10,000
(15) 유보소득 계산 명세서 제출불성실가산세	특정외국법인의 유보소득 계산 명세서 미제출·부실기재 등 불분명한 경우 : 해당 특정외국법인의 배당 가능한 유보소득금액 × 0.5%
(16) 주택임대사업자의 사업자미등록가산세	주택임대사업자가 사업개시일부터 20일 이내에 등록을 신청하지 아니한 경우 : 주택임대수입금액* × 0.2% * 사업개시일부터 등록을 신청한 날의 직전일까지의 수입금액
(17) 업무용승용차 관련비용 명세서 제출 불성실 가산세	① 미제출 : 필요경비에 산입한 금액 × 1% ② 허위제출 : 필요경비에 산입한 금액 중 허위기재 금액 × 1%

* 위의 가산세['(9)장부의 기록·보관 불성실가산세' 제외]는 종합소득산출세액이 없는 경우에도 적용한다.

2 기납부세액

구 분		내 용
중간예납	적용대상자	사업소득이 있는 거주자(신규사업자 등 제외, 비거주자도 적용 ○)
	적용배제	사업소득이 있는 거주자의 경우에도 다음 중 어느 하나에 해당하는 경우에는 중간예납에 대한 의무가 없다. ① 신규사업자 ② 사업소득 중 부가가치세가 면제되는 일정한 용역을 제공하는 사업자 등 ③ 사업소득 중 수시부과하는 소득만 있는 자 ④ 분리과세 주택임대소득만 있는 자 ⑤ 납세조합이 중간예납기간 중 그 조합원의 해당 소득에 대한 소득세를 매월 징수하여 납부한 경우
	대상기간	1월1일부터 6월 30일까지의 기간

	과세방법	① 원칙 : 직전실적기준(중간예납기준액 × 1/2)에 의한 세액을 **정부고지·납부**(11월 30일 납기)
		② 예외 : 당기실적기준(중간예납추계액)에 의한 세액을 **자진신고·납부**(11월 1일 ~ 11월 30일까지)
		   ㉠ 신고·납부 선택규정(당기실적 저조한 경우) : 중간예납추계액(당기 6개월 실적)이 중간예납기준액의 30%에 미달하는 경우에는 중간예납추계액을 중간예납세액으로 신고할 수 있다.
		   ㉡ 신고·납부 강제규정(직전실적 없는 경우) : 중간예납기준액(직전 12개월 실적)이 없는 거주자 중 복식부기의무자는 중간예납추계액을 중간예납세액으로하여 신고하여야 한다.

	가산세	① 고지납부시 : 고지서상 납기까지 납부 × → 납부지연가산세 부과 ② 자진신고시 : 자진신고·납부 × → 납부지연가산세 ○, 신고불성실가산세 ×
	소액부징수	중간예납세액이 50만원 미만인 때에는 해당 세액을 징수하지 아니함
	기타사항	중간예납세액 1,000만원 초과시 분납가능, 수정신고 및 경정청구 불가
예정신고 납부	적용대상자	토지·건물을 양도한 부동산매매업자
	신고기한	매매일이 속하는 달의 말일부터 2개월 이내
	세액계산	예정신고산출세액 = 토지 등 매매차익 × 양도소득세율
	불이행시	국세기본법에 따른 신고불성실가산세, 납부지연가산세 부과

원천징수	납부기한	① 원칙 : 징수일이 속하는 달의 다음 달 10일까지 납부
		② 예외(반기징수) : 다음 중 어느 하나에 해당하는 원천징수의무자로서 관할세무서장으로부터 원천징수세액을 매 반기별로 납부할 수 있도록 승인을 받거나 국세청장의 지정을 받은 자는 원천징수세액을 그 징수일이 속하는 반기의 마지막 달의 다음 달 10일까지 납부할 수 있다.
		   ㉠ 직전 연도의 상시고용인원이 20명 이하인 원천징수의무자(금융 및 보험업을 경영하는 자는 제외)
		   ㉡ 종교단체

	원천징수 면제	① 비과세소득 또는 소득세가 면제되는 소득을 지급하는 경우 ② 이미 발생된 원천징수대상소득이 지급되지 않음으로써 소득세가 원천징수되지 않은 상태에서 이미 종합소득에 합산되어 종합소득세가 과세된 경우

원천징수	원천징수 특례	① 특정금전신탁 등의 원천징수의 특례 : 집합투자기구 외의 신탁의 경우에는 원천징수를 대리하거나 위임을 받은 자가 원천징수대상 이자소득 및 배당소득이 신탁에 귀속된 날부터 3개월 이내의 특정일에 그 소득에 대한 소득세를 원천징수하여야 한다. ② 회생기업 대표자 상여처분의 원천징수특례 : 법인이 회생절차에 따라 특수관계인이 아닌 다른 법인에 합병되는 등 지배주주가 변경(인수)된 이후 회생절차 개시 전에 발생한 사유로 인수된 법인의 대표자 등에 대하여 상여로 처분되는 소득에 대해서는 소득세를 원천징수하지 아니한다.
	소액부징수	원천징수세액 또는 납세조합의 징수세액이 1,000원 미만인 경우(단, 이자소득과 원천징수대상 사업소득 중 부가가치세가 면제되는 인적용역제공사업자의 사업소득(2024.7.1. 이후 시행) NEW 은 제외)

	소득별 원천징수 세율	(1) 이자소득
		  ① 일반적인 이자소득 : 14%
		  ② 비영업대금이익 : 25%★
		    ★ 다만,「온라인투자연계금융업 및 이용자 보호에 관한 법률」에 따라 금융위원회에 등록한 온라인투자연계금융업자를 통하여 지급받는 이자소득에 대해서는 14%로 한다.
		  ③ 직장공제회 초과반환금 : 기본세율(연분연승법 적용)
		  ④ 비실명이자소득 : 45%
		(2) 배당소득
		  ① 일반적인 배당소득 : 14%(9%)
		  ② 출자공동사업자의 배당소득 : 25%
		  ③ 비실명 배당소득 : 45%
		(3) 사업소득
		  ① 의료보건용역 및 기타 인적용역 : 수입금액★¹ × 3%★²
		    ★¹ 조제용역의 공급으로 발생하는 사업소득 중 의약품가격이 차지하는 비율에 상당하는 소득은 제외
		    ★² 외국인 직업운동가가 프로스포츠구단과의 계약(계약기간이 3년 이하)에 따라 용역을 제공하고 받는 소득은 20%
		  ② 접대부 등의 봉사료수입금액 : 수입금액 × 5%
		(4) 근로소득
		  ① 상용근로자 : 매월 간이세액표를 적용한 세액 징수 후 연말정산(2월)
		  ② 일용근로자 : 6%
		(5) 연금소득
		  ① 공적연금소득 : 간이세액표를 적용한 세액 징수 후 연말정산(1월)
		  ② 사적연금 중 이연퇴직소득 연금수령분
		    ㉠ 연금수령연차 10년 이하 : 연금외수령 원천징수세율 × 70%
		    ㉡ 연금수령연차 10년 초과 : 연금외수령 원천징수세율 × 60%
		  ③ 사적연금 중 자기불입분 또는 운용수익 : Min[㉠, ㉡]
		    ㉠ 연령기준 : 3%, 4%, 5%
		    ㉡ 종신계약에 따른 연금소득 : 4%
		(6) 기타소득
		  ① 일반적인 기타소득 : 기타소득금액 × 20%
		  ② 복권당첨소득 등으로서 3억원을 초과하는 부분 : 3억원 초과분 × 30%
		  ③ 연금계좌에서 연금외수령한 기타소득 : 기타소득금액 × 15%
		  ④ 조세특례제한법에 따른 소기업·소상공인 공제부금의 해지일시금 : 15%
		  ⑤ 접대부 및 댄서 등 봉사료 : 5%
		  ⑥ 종교인소득 : 간이세액표 적용한 세액 징수 후 연말정산
		(7) 퇴직소득 : 기본세율(연분연승법 적용)

원천징수	지급시기
	의 제
		〈주요사항만 정리〉
		① 일반 배당소득
		   ㉠ 1월 1일 ~ 10월 31일 처분결의 → 처분결의일 ~ 3개월이 되는 날
		   ㉡ 11월 1일 ~ 12월 31일 처분결의 → 다음연도 2월 말일
		② 출자공동사업자의 배당소득 미지급액 : 과세기간 종료후 3개월 되는 날
		③ 근로소득·연말정산 사업소득·퇴직소득
		   ㉠ 1월 ~ 11월까지의 미지급소득 → 12월 31일
		   ㉡ 12월분 미지급소득 → 다음연도 2월 말일
		④ 인정소득
		   ㉠ 법인세과세표준을 신고하는 경우 : 그 신고일 또는 수정신고일
		   ㉡ 법인세과세표준을 결정·경정하는 경우 : 소득금액변동통지서를 받은 날

	연말정산	① 대상소득
		   ㉠ 근로소득
		   ㉡ 공적연금소득
		   ㉢ 간편장부대상자인 보험모집인, 방문판매원 및 음료품배달원의 사업소득
		   ㉣ 종교인소득
		② 연말정산시기
		   ㉠ 근로소득 및 사업소득 : 다음연도 2월분 소득지급시
		   ㉡ 공적연금소득 : 다음연도 1월분 소득지급시*
		      *공적연금소득을 받는 사람이 해당 과세기간 중에 사망한 경우 원천징수의무자는 그 사망일이 속하는 달의 다음다음달 말일까지 그 사망자의 공적연금소득에 대한 연말정산을 하여야 함
		   ㉢ 종교인 소득
		      ⓐ 해당 과세기간의 다음 연도 2월분의 종교인소득을 지급할 때
		      ⓑ 2월분의 종교인소득을 2월 말일까지 지급하지 아니하거나 2월분의 종교인소득이 없는 경우에는 2월 말일
		      ⓒ 해당 종교관련종사자와의 소속관계가 종료되는 달의 종교인소득을 지급할 때

수시부과		① 사유 : 조세를 포탈할 우려가 있다고 인정되는 경우 ② 수시부과 후 다른 소득이 없는 경우에는 확정신고를 하지 않아도 됨 ③ 수시부과세액 계산시 종합소득공제는 거주자 본인에 대한 공제(150만원)만 적용됨

> **참고** 비실명자산소득에 대한 원천징수 특례
>
> ① 원천징수의무자가 「금융실명거래 및 비밀보장에 관한 법률」에 따른 차등과세가 적용되는 이자 및 배당소득에 대하여 고의 또는 중대한 과실 없이 해당 세율(90%)이 아닌 일반적인 원천징수세율(14%)로 원천징수한 경우에는 해당 계좌의 실질 소유자가 소득세 원천징수 부족액(이에 따른 가산세 포함)을 납부하여야 한다.
> ② 위 ①에 따른 소득세 원천징수 부족액에 관하여는 해당 계좌의 실질 소유자를 원천징수의무자로 본다.

3 과세표준확정신고와 납부

구 분	내 용
확정신고 대상자	해당 과세연도의 종합소득금액·퇴직소득금액·양도소득금액이 있는 거주자 ★ 종합소득과세표준이 없거나, 결손금이 있는 거주자 포함 ★ 해당 과세기간에 다음 중 어느 하나에 해당하는 '비원천징수 분리과세소득'이 있는 경우에도 종합소득과세표준확정신고를 하여야 한다. ① 분리과세 주택임대소득 ② 계약금이 위약금으로 대체되는 경우의 위약금 ③ 가상자산소득(2025년 1월 1일 이후부터 적용).
확정신고기한	① 원칙 : 해당 과세기간의 다음연도 5월 1일부터 5월 31일까지 ② 거주자 사망시 : 상속개시일이 속하는 달의 말일로부터 6개월이 되는 날까지 ③ 거주자 출국시 : 출국일 전날까지
필수적 제출서류	재무상태표, 손익계산서, 합계잔액시산표, 세무조정계산서 → 하나라도 누락하는 때에는 무신고로 본다.
확정신고의무 면 제	① 분리과세소득만 있는 자 ② 연말정산대상소득 중 하나만 있는 자 ③ 퇴직소득만 있는 자 ④ 양도소득이 있는 거주자로서 자산양도차익에 대한 예정신고를 한 자 ⑤ 수시부과한 경우 수시부과 후 추가로 발생한 소득이 없는 자
분 납	① 분납요건 : 납부할 세액이 1천만원을 초과하는 경우 ② 분납기한 : 납부기한이 지난 후 2개월 이내 ③ 분납금액 | 납부할 세액 | 분납가능금액 | |---|---| | 1천만원 초과 2천만원 이하인 경우 | 1천만원을 초과하는 금액 | | 2천만원을 초과하는 경우 | 해당 세액의 50% 이하의 금액 | ④ 소득처분으로 인한 추가납부세액은 분납할 수 없음
추가신고 자진납부	과세표준 확정신고기간이 지난 후에 배당·상여 또는 기타소득으로 소득처분함에 따라 추가로 납부할 소득세가 있어서 법인세 신고기일 또는 소득금액변동통지서 수령일이 속하는 달의 다음 다음달 말일까지 추가신고한 때에는 확정신고기한 내에 신고한 것으로 보아 가산세를 부과하지 아니한다.

4 결정 및 경정

구 분	내 용
원 칙	실지조사
예 외	① 단순경비율법 : 신규사업자(수입금액이 복식부기의무자에 해당하는 자 제외)와 직전과세기간의 수입금액이 일정액 미만인 사업자 ② 기준경비율법 : 단순경비율대상자 이외의 사업자 ③ 동업자권형 : 기준경비율 또는 단순경비율이 결정되지 않았거나 모든 증명서류가 미비된 경우
추계조사시 불이익	① 이월결손금공제 적용배제 ② 외국납부세액공제 적용배제 ③ 간주임대료 계산시 추계산식적용(과세강화) ★ 단, 천재지변 등 불가항력으로 장부 등이 멸실되어 추계결정하는 경우는 제외

참고 성실신고확인서 제출제도

구 분	내 용
의 의	수입금액이 일정규모 이상인 개인사업자가 세무사 등에게 장부기장내용의 정확성 여부 등을 확인받아 종합소득과세표준 확정신고를 하는 제도를 말하며, 이는 고소득 개인소득자의 성실한 신고를 유도하여 과세표준을 양성화하고 세무조사에 따른 행정력의 낭비를 방지하려는 데 그 취지가 있다.
적용대상자	해당 과세기간 수입금액(사업용 유형자산의 양도로 인한 수입금액은 제외)의 합계액이 다음에 따른 금액 이상인 개인사업자 ① 농업, 임업, 어업, 광업, 도·소매업, 부동산매매업 등 — 기준수입금액 15억원 ② 제조업, 숙박 및 음식점업, 건설업, 운수업 등 — 7억 5천만원 ③ 부동산 임대업, 교육서비스업, 예술·스포츠 및 여가관련 서비스업, 기타 개인 서비스업 등 — 5억원
성실신고 확인서 제출	성실신고확인대상사업자는 종합소득 과세표준 확정신고를 할 때에 확정신고시 제출서류에 성실신고확인서를 첨부하여 납세지 관할세무서장에게 제출하여야 한다.

적용혜택	① 확정신고기한 연장 : 성실신고확인대상사업자가 성실신고확인서를 제출하는 경우에는 과세표준 확정신고 기간을 그 과세기간의 다음 연도 5월 1일부터 6월 30일까지로 한다.
	 ② 성실신고확인비용에 대한 세액공제 : 성실신고확인비용의 60%를 120만원 한도 내에서 세액공제한다.
	   ⊙ 성실신고확인대상자가 해당 과세연도의 사업소득금액을 과소 신고한 경우로서 그 과소 신고한 사업소득금액이 경정(수정신고로 인한 경우를 포함한다)된 사업소득금액의 10% 이상인 경우에는 세액공제 받은 금액을 전액 추징한다.
	   ⊙ 위 ⊙에 따라 사업소득금액이 경정된 성실신고확인대상자에 대해서는 경정일이 속하는 과세연도의 다음 과세연도부터 3개 과세연도 동안 성실신고 확인비용에 대한 세액공제를 하지 아니한다.
	 ③ 의료비 등 공제 : 근로소득이 없는 경우에도 의료비세액공제와 교육비세액공제를 적용받을 수 있다.

불이행제재	① 미제출가산세 : 성실신고확인대상자가 성실신고확인서를 제출기한까지 제출하지 아니한 경우에는 다음의 금액을 결정세액에 더한다. Max[①, ②] ① 종합소득산출세액 × $\dfrac{\text{사업소득금액}}{\text{종합소득금액}}$ × 5% ② 사업소득 총수입금액 × $\dfrac{2}{10,000}$ ② 수시선정 세무조사 : 성실신고확인대상자의 성실신고확인서제출 불이행은 국세기본법상 수시선정사유에 해당하여 세무조사 대상이 된다.

CHAPTER 10 양도소득세

1 양도소득의 개념과 양도의 범위

구 분	내 용
개 념	개인이 <u>양도소득세 과세대상으로 열거된 자산</u>을 <u>사업성 없이</u> 양도함으로써 얻은 소득
특 징	① 비사업성(사업성 ○ → 부동산매매업자의 사업소득) ② 결집효과발생(∴ 분류과세 및 장기보유특별공제 적용) ③ 부동산투기억제기능(∴ 투기성 거래에 대하여는 고율의 단일비례세율로 중과세)
양도의 범위	① 양도의 개념 : 자산이 <u>유상</u>(무상 → 증여)으로 <u>사실상 이전</u>(등기·등록여부 불문)되는 것 ② 양도해당여부 <table><tr><td>구 분</td><td>내 용</td></tr><tr><td>양도 ○</td><td>매도, 교환[*1], 현물출자, 대물변제, 수용, 경매[*2] 및 부담부증여</td></tr><tr><td>양도 ×</td><td>환지·보류지 충당, 양도담보[*3], 신탁해지, 매매원인무효 및 공유지분분할[*4, 5]</td></tr></table> [*1] 토지의 경계를 변경하기 위하여 「측량·수로조사 및 지적에 관한 법률」에 따른 토지의 분할 등 법 소정의 방법과 절차로 하는 토지 교환의 경우는 양도소득세가 과세되는 양도로 보지 아니함 [*2] 소유자산을 경매·공매로 인하여 자기가 재취득하는 경우에는 양도로 보지 아니한다. [*3] 양도담보재산이 채무변제에 충당된 경우에는 이를 대물변제로 보아 양도에 해당함 [*4] 공유지분이 변경되는 경우에는 해당 변경된 부분은 양도에 해당함 [*5] 이혼 위자료를 부동산 등으로 지급하여 소유권이 이전되는 경우는 이를 대물변제로 보아 양도소득세가 과세되나, 이혼을 원인으로 한 재산분할청구권의 행사에 따라 부동산 등의 소유권이 이전되는 경우에는 이를 공유지분분할로 보아 양도소득세가 과세되지 아니함.

2 양도소득세 과세대상자산

구 분		대상자산
1그룹	부동산	토지, 건물
	부동산에 관한 권리	① 부동산을 이용할 수 있는 권리 : 지상권, 전세권, <u>등기된</u> 부동산임차권 ② 부동산을 취득할 수 있는 권리 : 아파트분양권, 토지상환채권, 주택상환채권 등
	기타자산	① 특정주식A·B [참고1] ② 특정시설물이용권 : 골프회원권, 콘도회원권, 헬스클럽이용권 등 ③ 사업에 사용하는 '부동산 및 부동산에 관한 권리'에 해당하는 자산과 함께 양도하는 영업권[*] 　[*] 영업권을 별도로 평가하지 아니하였으나 사회통념상 자산에 포함되어 함께 양도된 것으로 인정되는 영업권과 행정관청으로부터 인가·허가·면허 등을 받음으로써 얻는 경제적 이익을 포함함 ④ 토지 또는 건물과 함께 양도하는 이축권[*] 　[*] 다만, 해당 이축권 가액을 감정평가업자가 감정한 가액이 있는 경우 그 가액(감정한 가액이 2 이상인 경우에는 그 감정한 가액의 평균액)을 구분하여 신고하는 경우는 제외함(기타소득으로 과세)
2그룹	주 식	① 국내주식 　㉠ 비상장주식 　㉡ 상장주식 중 대주주[참고 2] 양도분 및 장외양도분 ② 국외주식(외국법인이 발행하였거나 외국에 있는 시장에 상장된 주식등)

3그룹	파생상품	① 주가지수를 기초자산으로 하는 장내파생상품 ② 주식워런트증권(ELW) ③ 차액결제거래(CFD) ④ 경제적 실질이 위 ①과 동일한 장외파생상품 ⑤ 해외 파생상품시장에서 거래되는 파생상품
4그룹	신탁 수익권	신탁의 이익을 받을 권리(신탁수익권)의 양도로 발생하는 소득. 다만, 신탁 수익권의 양도를 통하여 신탁재산에 대한 지배·통제권이 사실상 이전되는 경우는 신탁재산 자체의 양도로 본다.

☆ 참고 1 특정주식의 범위

구 분	내 용
특정주식A	법인의 자산총액 중 다음의 합계액이 차지하는 비율이 50% 이상인 법인의 과점주주(법인의 주주 1인 및 기타주주가 소유하고 있는 주식의 합계액이 해당 법인의 주식등의 합계액의 50%를 초과하는 경우 그 주주 1인 및 기타주주)가 그 법인의 주식 등의 50% 이상을 해당 과점주주 외의 자에게 양도하는 경우(과점주주가 다른 과점주주에게 양도한 후 양수한 과점주주가 과점주주 외의 자에게 다시 양도하는 경우로서 해당 과점주주 간 양도되었던 주식 등을 포함)에 해당 주식 등 ① 부동산 및 부동산에 관한 권리 ② 해당 법인이 직접 또는 간접으로 보유한 다른 법인(특정주식A 또는 B에 해당하는 주식의 발행법인)의 주식가액에 그 다른 법인의 부동산 등 비율을 곱하여 산출한 가액
특정주식B	골프장업·스키장업 등 체육시설업 및 관광사업 중 휴양시설관련업과 부동산업·부동산개발업 등의 사업을 하는 법인으로서 자산총액 중 부동산 등 비율이 80% 이상인 법인의 주식 등

★ 특정주식A에 대하여 과점주주가 주식등을 수회에 걸쳐 양도하는 때에는 과점주주 중 1인이 주식등을 양도하는 날부터 소급하여 3년내에 과점주주가 양도한 주식 등을 합산한다.

☆ 참고 2 상장주식의 대주주의 범위

상장주식 양도시 양도소득세가 과세되는 대주주란 주주 1인의 주식합계[1]가 양도일이 속하는 직전 사업연도 종료일(주식등의 양도일이 속하는 사업연도에 새로 설립된 법인의 경우에는 해당 법인의 설립등기일로 함) 현재 다음의 <u>지분율기준</u>과 <u>시가총액기준</u> 중 어느 하나에 해당하는 경우를 말한다.

구 분	지분율기준	시가총액기준
유가증권시장 상장법인	1% 이상 소유	50억원 NEW 이상 소유
코스닥시장 상장법인	2% 이상 소유	50억원 NEW 이상 소유
코넥스시장상장법인	4% 이상 소유	50억원 NEW 이상 소유
비상장법인	4% 이상 소유	50억원 NEW 이상 소유

★[1] 최대주주의 대주주 판단기준 : 주식 등의 양도일이 속하는 사업연도의 직전 사업연도 종료일 현재 주주 1인 및 그와 특수관계에 있는 자의 소유주식의 비율 합계가 <u>해당 법인의 주주 1인등 중에서 최대인 경우</u>에는 주식등의 양도일이 속하는 사업연도의 직전 사업연도 종료일 현재 주주 1인 및 주식등의 양도일이 속하는 사업연도의 직전 사업연도 종료일 현재 그와 <u>특수관계에 있는 자의 소유주식의 비율과 시가총액을 합계하여 판단</u>한다.
★[2] 시가총액은 주식 등의 양도일이 속하는 사업연도의 직전사업연도 종료일 현재의 최종시세가액으로 한다. 다만, 직전사업연도 종료일 현재의 최종시세가액이 없는 경우에는 직전거래일의 최종시세가액에 따른다.
★[3] 직전 사업연도 종료일에 지분율이 위의 비율 미만이었으나, 그 후 주식을 취득함으로써 위의 비율 이상이 된 경우에는 그 취득일로부터 대주주로 본다.

3 비과세 양도소득

① 파산선고에 의한 처분으로 발생하는 소득
② 농지의 교환 또는 분합(分合)으로 인하여 발생하는 소득
③ 1세대 1주택의 양도로 인한 소득*
④ 조합원입주권을 1개 보유한 1세대가 해당 조합원입주권을 양도하여 발생하는 소득
⑤ 「지적재조사에 관한 특별법」에 따른 경계의 확정으로 지적공부상의 면적이 감소되어 같은 법에 따라 지급받는 조정금

* 주택 및 이에 딸린 토지의 양도 당시 실지거래가액의 합계액이 12억원을 초과하는 고가주택은 제외하며, 1세대가 주택과 조합원입주권 또는 분양권을 보유하다가 그 주택을 양도하는 경우에는 이를 1세대 1주택의 양도로 보지 아니한다.

(1) 1세대 요건

구 분	내 용
원 칙	1세대란 거주자 및 그 배우자*가 그들과 동일한 주소 또는 거소에서 생계를 같이하는 가족과 함께 구성하는 집단을 말하는 것으로서 배우자*가 없으면 1세대로 보지 아니함 * 배우자의 범위에는 법률상 이혼을 하였으나 생계를 같이 하는 등 사실상 이혼한 것으로 보기 어려운 관계에 있는 사람을 포함함
예 외	다음의 경우에는 배우자가 없어도 1세대로 인정됨 ① 거주자의 연령이 30세 이상인 경우 ② 배우자가 사망하거나 이혼한 경우 ③ 해당 거주자의 나이가 30세 미만이면서 [개정안] 종합소득·퇴직소득·양도소득이 「국민기초생활 보장법」에 따른 기준 중위소득을 12개월로 환산한 금액의 40% 이상이고 소유하고 있는 주택 또는 토지를 관리·유지하면서 독립된 생계를 유지할 수 있는 경우. 다만, 미성년자의 경우를 제외하되, 미성년자의 결혼, 가족의 사망 등으로 1세대의 구성이 불가피한 경우에는 그러하지 아니하다.

(2) 1주택 요건

구 분	내 용
원 칙	① 양도일 현재 국내에 1개의 주택(고가주택 제외)을 보유한 자가 해당 1주택을 양도하는 경우 ② 단, 아래의 예외에 해당하는 경우에는 양도일 현재 2주택을 보유하고 있는 경우에도 1주택을 보유한 것으로 보아 비과세여부를 판단한다.
예 외 (2주택특례)	**[1] 일시적 2주택** 국내에 1주택을 소유한 1세대가 그 주택(종전주택)을 양도하기 전에 다른 주택(신규 주택)을 취득(자기가 건설하여 취득한 경우 포함)함으로써 일시적으로 2주택이 된 경우 종전의 주택을 취득한 날부터 1년 이상이 지난 후 신규 주택을 취득하고 신규 주택을 취득한 날부터 3년 이내에 종전의 주택을 양도하는 경우에는 이를 1세대1주택으로 보아 비과세 적용여부를 판단한다. **[2] 직계존속 동거봉양으로 인한 합가** 1주택을 보유하고 1세대를 구성하는 자가 1주택을 보유하고 있는 60세 이상의 직계존속을 동거봉양하기 위하여 세대를 합침으로써 1세대가 2주택을 보유하게 되는 경우 합친 날부터 10년 이내에 먼저 양도하는 주택에 대하여는 이를 1주택의 양도로 보아 비과세 적용여부를 판단한다. **[3] 혼인으로 인한 합가** 다음 중 어느 하나에 해당하는 경우에는 각각 혼인한 날부터 5년 이내에 먼저 양도하는 주택에 대하여 이를 1주택의 양도로 보아 비과세 적용여부를 판단한다. ① 1주택을 보유하는 자가 1주택을 보유하는 자와 혼인함으로써 1세대가 2주택을 보유하게 되는 경우 ② 1주택을 보유하고 있는 60세 이상의 직계존속을 동거봉양하는 무주택자가 1주택을 보유하는 자와 혼인함으로써 1세대가 2주택을 보유하게 되는 경우

예 외 (2주택특례)	**[4] 상속으로 인한 2주택** 상속받은 주택과 그 밖의 주택(일반주택)을 국내에 각각 1개씩 소유하고 있는 1세대가 일반주택을 양도하는 경우에 대하여는 이를 1주택의 양도로 보아 비과세 적용여부를 판단한다. **[5] 지정문화유산주택 보유로 인한 2주택** 지정문화유산 및 등록문화유산 주택과 그 밖의 주택(일반주택)을 국내에 각각 1개씩 소유하고 있는 1세대가 일반주택을 양도하는 경우에 대하여는 이를 1주택의 양도로 보아 비과세 적용여부를 판단한다. **[6] 농어촌주택 보유로 인한 2주택** 다음 중 어느 하나에 해당하는 주택으로서 수도권 밖의 지역 중 읍·면지역에 소재하는 주택(농어촌주택)과 그 외의 주택(일반주택)을 국내에 각각 1개씩 소유하고 있는 1세대가 일반주택을 양도하는 경우에 대하여는 이를 1주택의 양도로 보아 비과세 적용여부를 판단한다. ① 상속받은 주택(피상속인이 취득 후 5년 이상 거주한 사실이 있는 경우에 한함) ② 이농인이 취득일 후 5년 이상 거주한 사실이 있는 이농주택 ③ 영농 또는 영어의 목적으로 취득한 귀농주택(그 주택을 취득한 날부터 5년 이내에 일반주택을 양도하는 경우에 한하여 적용) **[7] 수도권 밖 주택을 부득이한 사유로 보유한 경우의 2주택** 취학, 근무상의 형편, 질병의 요양, 그 밖에 부득이한 사유로 취득한 수도권 밖에 소재하는 주택과 그 밖의 주택(일반주택)을 국내에 각각 1개씩 소유하고 있는 1세대가 부득이한 사유가 해소된 날부터 <u>3년 이내</u>에 일반주택을 양도하는 경우에 대하여는 이를 1주택의 양도로 보아 비과세 적용여부를 판단한다. **[8] 임대주택사업자의 거주주택** 장기임대주택 또는 장기어린이집과 그 밖의 1주택(거주주택)을 국내에 소유하고 있는 1세대가 다음의 요건을 충족하고 거주주택을 양도하는 경우에 대하여는 이를 1주택의 양도로 보아 비과세 적용여부를 판단한다(단, 장기임대주택을 보유한 경우에는 생애 한차례만 거주주택을 최초로 양도하는 경우에 한정함). ① 거주주택 : 보유기간 중 거주기간이 2년 이상일 것 ② 장기임대주택 : 양도일 현재 소득세법에 따른 사업자등록을 하고, 장기임대주택을 「민간임대주택에 관한 특별법」에 따라 민간임대주택으로 등록하여 임대하고 있으며, 임대보증금 또는 임대료의 연 증가율이 5%를 초과하지 않을 것. ③ 장기어린이집 : 양도일 현재 소득세법에 따라 사업자등록을 하고, 장기어린이집을 운영하고 있을 것

(3) 2년 이상 보유요건

구 분	내 용
원 칙	① 일반적인 경우: 양도일 현재 1세대가 해당 주택을 2년 이상 보유하여야 한다. ② 취득당시 조정대상지역에 있는 주택의 경우: 해당 주택의 보유기간이 2년 이상이고 그 보유기간 중 거주기간*이 2년 이상이어야 한다. * 해당 주택이 공동상속주택인 경우의 거주기간은 해당 주택에 거주한 공동상속인의 거주기간 중 가장 긴 기간으로 한다. 개정안

예 외	1세대가 양도일 현재 국내에 1주택을 보유하고 있는 경우로서 다음 중 어느 하나에 해당하는 경우에는 그 보유기간 및 거주기간의 제한을 받지 아니한다(단, ④의 경우는 보유기간의 제한은 받으나 거주기간의 제한은 받지 아니함).
	① 민간건설임대주택, 공공건설임대주택 또는 공공매입임대주택을 취득하여 양도하는 경우로서 해당 임대주택의 임차일부터 해당 주택의 양도일까지의 기간 중 세대전원이 거주(취학, 근무상의 형편, 질병의 요양, 그 밖에 부득이한 사유로 세대의 구성원 중 일부가 거주하지 못하는 경우를 포함)한 기간이 5년 이상인 경우
	② 다음의 어느 하나에 해당하는 경우
	   ㉠ 주택 및 그 부수토지(사업인정 고시일 전에 취득한 주택 및 그 부수토지에 한함)의 전부 또는 일부가 법률에 의한 협의매수·수용되는 경우
	   ㉡ 「해외이주법」에 따른 해외이주로 세대전원이 출국하는 경우. 다만, 출국일 현재 1주택을 보유하고 있는 경우로서 출국일부터 2년 이내에 양도하는 경우에 한한다.
	   ㉢ 1년 이상 계속하여 국외거주를 필요로 하는 취학 또는 근무상의 형편으로 세대전원이 출국하는 경우. 다만, 출국일 현재 1주택을 보유하고 있는 경우로서 출국일부터 2년 이내에 양도하는 경우에 한한다.
	③ 1년 이상 거주한 주택을 취학, 근무상의 형편, 질병의 요양, 그 밖에 부득이한 사유로 양도하는 경우
	④ 거주자가 지정지역의 공고가 있은 날 이전에 매매계약을 체결하고 계약금을 지급한 사실이 증빙서류에 의하여 확인되는 경우로서 해당 거주자가 속한 1세대가 계약금 지급일 현재 주택을 보유하지 아니하는 경우
	★ 보유기간과 거주기간의 판단
	  ① 자산의 보유기간은 그 자산의 취득일부터 양도일까지로 한다. 다만, 이월과세의 경우에는 증여한 배우자 또는 직계존비속이 해당 자산을 취득한 날부터 기산하고, 가업상속공제가 적용된 비율에 해당하는 자산의 경우에는 피상속인이 해당 자산을 취득한 날부터 기산한다.
	  ② 거주기간은 주민등록표상의 전입일자부터 전출일까지의 기간에 의한다.
	  ③ 거주기간 또는 보유기간을 계산할 때 다음의 기간을 통산하여 판단한다.
	    ㉠ 보유 중에 소실·도괴·노후 등으로 인하여 멸실되어 재건축한 경우 멸실 전의 보유기간
	    ㉡ 비거주자가 해당 주택을 3년이상 계속 보유하고 그 주택에서 거주한 상태로 거주자로 전환된 경우 전환 전의 보유기간
	    ㉢ 상속받은 주택에 있어 상속인과 피상속인이 상속개시 당시 동일세대인 경우 상속인과 피상속인이 동일세대로서 거주하고 보유한 기간

상생임대 주택에 대한 특례	국내에 1주택(일시적 2주택 특례 등 1세대1주택으로 보는 경우를 포함)을 소유한 1세대가 다음의 요건을 모두 갖춘 주택(상생임대주택)을 양도하는 경우에는 비과세 규정 등을 적용할 때 해당 규정에 따른 거주기간의 제한을 받지 않는다. ① 1세대가 주택을 취득한 후 해당 주택에 대하여 임차인과 체결한 직전 임대차계약(해당 주택의 취득으로 임대인의 지위가 승계된 경우의 임대차계약은 제외) 대비 임대보증금 또는 임대료의 증가율이 5%를 초과하지 않는 임대차계약(상생임대차계약)을 2021년 12월 20일부터 2024년 12월 31일까지의 기간 중에 체결(계약금을 지급받은 사실이 증빙서류에 의하여 확인되는 경우로 한정)하고 임대를 개시할 것 ② 위 ①에 따른 직전 임대차계약에 따라 임대한 기간*이 1년 6개월 이상일 것 ③ 상생임대차계약에 따라 임대한 기간*이 2년 이상일 것 * 임대기간을 계산할 때 임차인의 사정으로 임대를 계속할 수 없어 새로운 임대차계약을 체결하는 경우로서 일정한 요건을 충족하는 경우에는 새로운 임대차계약의 임대기간을 합산하여 계산한다.

참고1 주택의 범위

① **주택의 개념** : 주거를 목적으로 하는 건물(독립된 주거생활을 할 수 있는 구조를 갖추어 NEW 사실상 주거용으로 사용하는 건물)과 그 부수토지(건물정착면적 5배, 도시지역 외의 지역 10배)를 포함하는 개념으로서, 주택인지의 여부는 공부상의 용도에 관계없이 실질적인 용도로 판단한다.
② **조합원입주권 보유시 비과세 적용배제** : 1세대가 1주택과 조합원입주권을 보유하다가 주택을 양도하는 경우에는 비과세의 적용을 배제한다(조합원입주권 → 주택수 포함).
③ **겸용주택의 구분**
  ㉠ 주택면적 > 기타건물면적 : 전체를 주택으로 보아 비과세를 적용한다.
  ㉡ 주택면적 ≤ 기타건물면적 : 주택부분만 주택으로 본다.
④ **고가주택** : 고가주택이란 주택 및 이에 딸린 토지의 양도 당시의 실지거래가액의 합계액이 12억원을 초과하는 것으로서, 1주택 및 이에 딸린 토지의 일부를 양도하거나 일부가 타인 소유인 경우로서 실지거래가액 합계액에 양도하는 부분(타인 소유부분을 포함)의 면적이 전체주택면적에서 차지하는 비율을 나누어 계산한 금액이 12억원을 초과하는 경우에는 고가주택으로 본다.
⑤ **양도주택의 순서판단** : 2개 이상의 주택을 같은 날에 양도하는 경우에는 해당 거주자가 선택하는 순서에 따라 주택을 양도한 것으로 본다.
⑥ **다가구주택** : 한 가구가 독립하여 거주할 수 있도록 구획된 부분을 각각 하나의 주택으로 보되, 다가구주택을 구획된 부분별로 양도하지 않고 하나의 매매단위로 하여 양도하는 경우에는 그 전체를 하나의 주택으로 본다.
⑦ **공동소유주택의 주택수 계산**
  ㉠ 원칙 : 1주택을 여러 사람이 공동으로 소유한 경우 특별한 규정이 있는 것 외에는 주택 수를 계산할 때 공동소유자 각자가 그 주택을 소유한 것으로 본다(따라서 공동소유주택 외의 다른 주택의 양도시에는 비과세가 적용되지 아니함).
  ㉡ 공동상속주택의 경우 : 공동상속주택 외의 다른 주택을 양도하는 때에는 해당 공동상속주택은 해당 거주자의 주택으로 보지 아니한다. 다만, 상속지분이 가장 큰 상속인의 경우에는 그러하지 아니하며, 상속지분이 가장 큰 상속인이 2명 이상인 경우에는 그 2명 이상의 사람 중 '① 당해 주택에 거주하는 자 → ② 최연장자'의 순서로 그 공동상속주택을 소유한 것으로 본다.

참고2 비과세의 배제

구 분	내 용
미등기 양도자산	① 원칙 : 미등기양도자산에 대하여는 소득세법이나 그 밖의 법률 중 양도소득세의 비과세에 대한 규정을 적용하지 아니한다. ② 예외 : 해당 자산이 법률의 규정 또는 법원의 결정 등 일정한 원인에 따라 등기가 불가능한 자산의 경우는 비과세를 배제하지 아니한다.
거짓 계약서 작성	부동산 및 부동산에 관한 권리를 매매하는 거래당사자가 매매계약서의 거래가액을 실지거래가액과 다르게 적은 경우에는 다음의 금액을 양도소득세의 비과세 또는 감면세액에서 차감한다. 비과세(감면)차감액 = Min[①, ②] ① 비과세를 적용하지 아니하였을 경우의 양도소득세 산출세액 ② 매매계약서의 거래가액과 실지거래가액의 차액

4 취득·양도시기

구 분	취득시기 및 양도시기
일반적인 매매거래	① 원칙 : 대금청산일 ② 대금청산일이 분명하지 않은 경우 : 등기·등록접수일 또는 명의개서일 ③ 대금청산전에 소유권이전등기 등을 한 경우 : 소유권이전등기 접수일
장기할부매매	소유권이전등기 접수일·인도일·사용수익일 중 가장 빠른 날
상속·증여받은 자산	상속개시일·증여일
자가건축물	① 원칙 : 사용승인서 교부일 ② 사용승인서 교부일 전에 사실상 사용하거나 임시사용승인을 얻은 경우 : 사실상 사용일 또는 임시사용승인일 중 빠른 날 ③ 건축허가를 받지 아니하고 건축하는 건축물 : 사실상 사용일
특정주식 (A)	주주 1인과 기타주주(특수관계인)가 해당 법인의 주식 등의 합계액의 50% 이상 양도하는 날. 이 경우 50% 이상 여부는 3년간 누계기준에 따른다.
기 타	① 「민법」의 규정에 의하여 부동산의 소유권을 취득하는 경우 : 당해 부동산의 점유를 개시한 날 ② 「공익사업을 위한 토지 등의 취득 및 보상에 관한 법률」이나 그 밖의 법률에 따라 공익사업을 위하여 수용되는 경우 : 대금을 청산한 날, 수용의 개시일 또는 소유권이전등기접수일 중 빠른 날다만, 소유권에 관한 소송으로 보상금이 공탁된 경우에는 소유권 관련 소송 판결 확정일. ③ 완성 또는 확정되지 아니한 자산을 양도 또는 취득한 경우로서 해당 자산의 대금을 청산한 날까지 그 목적물이 완성 또는 확정되지 아니한 경우에는 그 목적물이 완성 또는 확정된 날 ④ 양도한 자산의 취득시기가 분명하지 아니한 경우에는 먼저 취득한 자산을 먼저 양도한 것으로 본다.

5 양도가액과 취득가액의 산정

> ⭐ **참고** **양도소득과세표준 계산구조**
>
>   양 도 가 액
> (-) 필 요 경 비 …… 취득가액[*1] + 기타 필요경비[*2]
>   양 도 차 익 …… 자산별로 계산
> (-) 장기보유특별공제 …… (일반자산) : 6% ~ 30%, (고가주택) : 보유기간공제율[*3] + 거주기간공제율[*4]
>   양 도 소 득 금 액
> (-) 양도소득기본공제 …… 그룹별로 연 250만원 공제
>   양도소득과세표준
>
> [*1] 매입부대비용 포함 …… 취득시 지출액
> [*2] 자본적지출액 + 양도비용 …… 취득 이후 지출액
> [*3] 12%~40%
> [*4] 8%~40%

(1) 실지거래가액을 알 수 있는 경우

구 분	양도가액 및 취득가액
양도 가액	(1) 원칙 : 실지양도가액(실제거래금액) (2) 예외 : 실제거래금액이 확인되는 때에도 다른 금액을 실지양도가액으로 하는 경우 　① 특수관계자에게 저가양도한 경우 : 시가와 양도가액의 차액이 3억원 이상이거나 시가의 5% 이상인 경우에는 시가를 실지양도가액으로 함(부당행위계산부인). 　② 특수관계**법인**에게 고가양도한 경우 : 법인세법에 따라 시가초과액에 대하여 배당·상여·기타소득으로 처분된 경우에는 시가를 실지양도가액으로 함 　③ 특수관계법인 외의 자에게 고가양도한 경우 : 상속세 및 증여세법상 증여재산가액으로 하는 금액이 있는 경우에는 그 양도가액에서 증여재산가액을 뺀 금액을 실지양도가액으로 함
취득 가액	(1) 원칙 : 실지취득가액(실제거래금액) (2) 예외 : 실제거래금액이 확인되는 때에도 다른 금액을 실지취득가액으로 하는 경우 　① 특수관계자로부터 고가매입한 경우 : 시가와 취득가액의 차액이 3억원 이상이거나 시가의 5% 이상인 경우에는 시가를 실지취득가액으로 함 　② 특수관계**법인**으로부터 저가매입한 경우 : 법인세법에 따라 시가미달액에 대하여 배당·상여·기타소득으로 처분된 경우에는 그 배당·상여·기타소득으로 처분된 금액을 취득가액에 더한다(=시가를 취득가액으로 함) 　③ 이자상당액 : 당사자 약정에 따른 대금지급방법에 따라 취득원가에 이자상당액을 가산하여 거래가액을 확정하는 경우 해당 이자상당액은 취득원가에 포함함 　④ 현재가치할인차금 : 사업자가 자산을 할부조건으로 매입하고 결산상 현재가치할인차금을 계상한 경우에도 그 현재가치할인차금을 취득가액에 포함. 단, 양도자산 보유기간에 동 현재가치할인차금 상각액을 사업소득금액 계산시 필요경비에 산입한 경우는 그 금액을 취득가액에서 공제함 　⑤ 감가상각비 : 양도자산보유기간에 그 자산에 대한 감가상각비를 사업소득금액 계산시 필요경비에 산입한 경우에는 그 금액을 취득가액에서 공제함 　⑥ 주식매수선택권을 행사하여 취득한 주식을 양도한 때에는 주식매수선택권을 행사하는 당시의 시가를 그 주식의 취득가액으로 함 　⑦ 상속 또는 증여(부담부증여의 채무액에 해당하는 부분 포함)받은 자산의 경우 : 상속개시일 또는 증여일 현재 상속세 및 증여세법의 규정에 의하여 평가한 가액(세무서장 등이 결정·경정한 가액이 있는 경우 그 결정·경정한 가액으로 함)을 취득당시의 실지거래가액으로 본다. 　⑧ 부가가치세법상 면세전용 또는 폐업시 잔존재화(공급의제)로 인한 부가가치세 : 사업자로서 매입시 매입세액공제를 받은 후 폐업으로 인해 다시 납부한 잔존재화에 대한 부가가치세는 취득가액에 포함함

(2) 실지거래가액을 인정 또는 확인할 수 없어 추계하는 경우

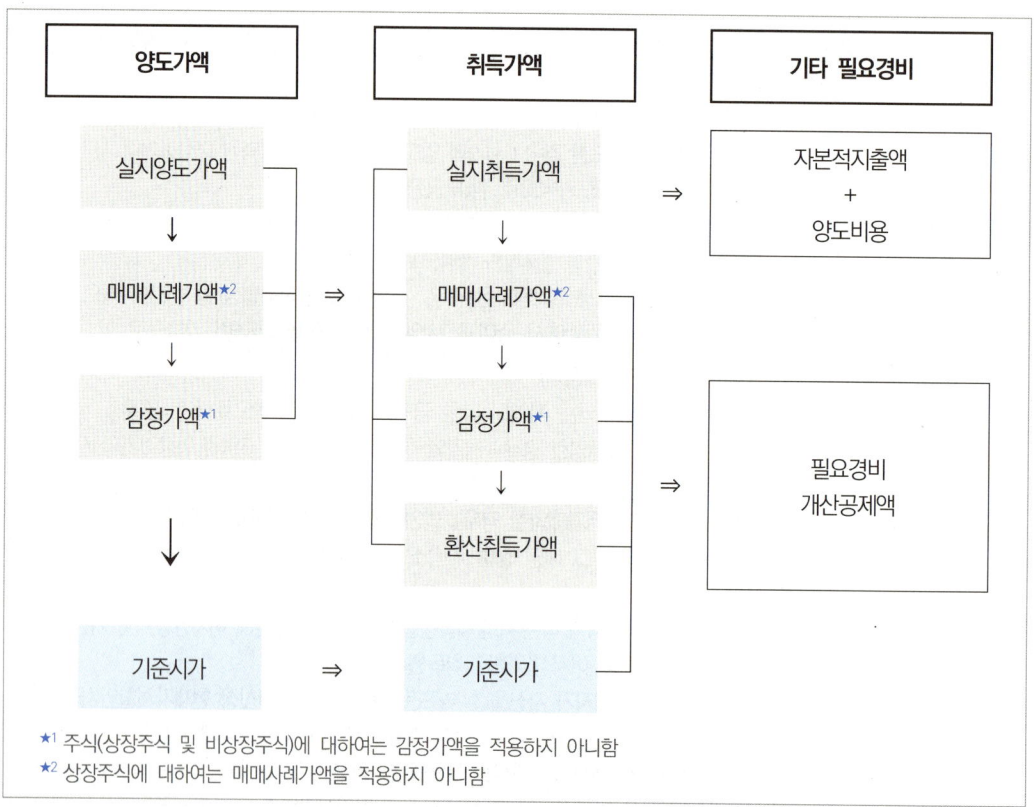

★¹ 주식(상장주식 및 비상장주식)에 대하여는 감정가액을 적용하지 아니함
★² 상장주식에 대하여는 매매사례가액을 적용하지 아니함

> ☆ 참고 **추계금액의 산정기준**

구 분	내 용
① 매매사례가액	양도일 또는 취득일 전후 각 3개월 이내에 해당 자산과 동일성 또는 유사성이 있는 자산의 매매사례가 있는 경우 그 가액(단, 특수관계인과의 거래에 따른 가액 등으로서 객관적으로 부당하다고 인정되는 경우는 제외)
② 감정가액	양도일 또는 취득일 전후 각 3개월 이내에 해당 자산(주식등은 제외)에 대하여 둘 이상의 감정평가업자가 평가한 것으로서 신빙성이 있는 것으로 인정되는 감정가액(감정평가기준일이 양도일 또는 취득일 전후 각 3개월 이내인 것에 한함)이 있는 경우에는 그 감정가액의 평균액. 다만, 기준시가가 10억원 이하인 자산(주식등 제외)의 경우에는 하나의 감정평가업자가 평가한 것으로서 신빙성이 있는 것으로 인정되는 감정가액
③ 환산취득가액	양도당시의 실지거래가액·매매사례가액·감정가액 $\times \dfrac{\text{취득당시의 기준시가}}{\text{양도당시의 기준시가}}$
④ 기준시가	소득세법의 규정에 따라 산정한 가액(개별공시지가, 개별주택가격 및 공동주택가격 등)으로서 양도 또는 취득당시의 기준이 되는 가액

6 필요경비

양도차익을 계산할 때 양도가액에서 공제할 필요경비는 '취득가액'과 '기타 필요경비'를 합한 금액으로 하며, 여기서 '기타 필요경비'는 다음의 금액을 적용한다.

취득가액의 적용	기타 필요경비
① 취득가액을 실지거래가액으로 적용한 경우	자본적지출 및 양도비용
② 취득가액을 매매사례가액·감정가액·환산취득가액·기준시가 중 어느 하나로 적용한 경우	필요경비개산공제

> ☆ 참고 **필요경비개산공제액**

구 분		필요경비 개산공제액
(1) 토지와 건물		취득당시의 기준시가 × 3% (미등기자산은 0.3%)
(2) 부동산에 관한 권리	① 부동산을 이용할 수 있는 권리	취득당시의 기준시가 × 7% (미등기자산은 1%)
	② 부동산을 취득할 수 있는 권리	취득당시의 기준시가 × 1%
(3) 기타자산		
(4) 주식·출자지분		

7 장기보유특별공제

구 분	내 용
의 의	장기간에 걸쳐 형성된 양도소득에 대해서 결집효과를 완화하기 위해 보유기간에 따라 양도차익의 일정비율만큼을 공제해주는 제도
적용대상	3년 이상 보유한 토지와 건물 및 조합원입주권 ★ 조합원으로부터 취득한 것은 제외
적용배제	미등기자산 및 2주택 이상자★의 주택 양도 ★ 조정대상지역의 1세대 2주택(조합원입주권의 수 포함) 이상에 해당하는 주택으로서 중과세율을 적용받는 주택
보유기간 계산	장기보유특별공제 적용시 보유기간은 자산의 취득일(초일산입)로부터 양도일까지의 기간을 말하며, 다음에 해당하는 자산의 기산일은 다음과 같다. ① 배우자 및 직계존비속으로부터 증여받은 자산에 대한 이월과세를 적용받는 자산 : 증여한 배우자 또는 직계존비속의 취득일 ② 가업상속공제가 적용된 비율에 해당하는 자산 : 피상속인의 취득일
공제금액	① 일반자산 : 자산의 양도차익 × 보유기간별 공제율 ② 1세대 1주택(고가주택 등) 　 : (자산의 양도차익 × 보유기간별 공제율) + (자산의 양도차익 × 거주기간별 공제율)

> 📌 **참고 1 장기보유특별공제율**

(1) 일반적인 토지·건물 등의 보유기간별 공제율

보유기간	공제율
3년 이상 ~ 4년 미만	6%
4년 이상 ~ 5년 미만	8%
5년 이상 ~ 6년 미만	10%
6년 이상 ~ 7년 미만	12%
7년 이상 ~ 8년 미만	14%
8년 이상 ~ 9년 미만	16%
9년 이상 ~ 10년 미만	18%
10년 이상 ~ 11년 미만	20%
11년 이상 ~ 12년 미만	22%
12년 이상 ~ 13년 미만	24%
13년 이상 ~ 14년 미만	26%
14년 이상 ~ 15년 미만	28%
15년 이상	30%

(2) 법소정 1세대 1주택의 공제율 적용

보유기간 공제율		거주기간 공제율	
보유기간	공제율	거주기간	공제율
3년 이상 ~ 4년 미만	12%	2년 이상 ~ 3년 미만*	8%
		3년 이상 ~ 4년 미만	12%
4년 이상 ~ 5년 미만	16%	4년 이상 ~ 5년 미만	16%
5년 이상 ~ 6년 미만	20%	5년 이상 ~ 6년 미만	20%
6년 이상 ~ 7년 미만	24%	6년 이상 ~ 7년 미만	24%
7년 이상 ~ 8년 미만	28%	7년 이상 ~ 8년 미만	28%
8년 이상 ~ 9년 미만	32%	8년 이상 ~ 9년 미만	32%
9년 이상 ~ 10년 미만	36%	9년 이상 ~ 10년 미만	36%
10년 이상	40%	10년 이상	40%

[적용사례] 장기보유특별공제액 계산

(1) 일반 토지 및 건물 : 양도차익 1억원, 보유기간 5년 2개월
  ① 장기보유특별공제액 : 1억원 × 10% = 1,000만원
  ② 양도소득금액 : 1억원 - 1,000만원 = 9,000만원
(2) 1세대 1주택(고가주택) : 양도차익 1억원, 보유기간 5년 2개월, 거주기간 3년 4개월
  ① 장기보유특별공제액 : (1억원 × 20%) + (1억원 × 12%) = 3,200만원
  ② 양도소득금액 : 1억원 - 3,200만원 = 6,800만원

> **참고 2 용도변경시 장기보유특별공제율 적용의 특례(2025.1.1. 이후 적용)**

① 장기보유특별공제의 원칙적인 규정에도 불구하고 주택이 아닌 건물을 사실상 주거용으로 사용하거나 공부상의 용도를 주택으로 변경하는 경우로서 그 자산이 1세대 1주택(이에 딸린 토지를 포함)에 해당하는 자산인 경우 장기보유 특별공제액은 그 자산의 양도차익에 아래의 ㉠에 따른 보유기간별 공제율을 곱하여 계산한 금액과 ㉡에 따른 거주기간별 공제율을 곱하여 계산한 금액을 합산하여 계산한다.

| 주택외의 건물을 주택으로 용도변경시 장기보유특별공제액 | = | (양도차익 × ㉠의 공제율) + (양도차익 × ㉡의 공제율) |

㉠ 보유기간별 공제율 : 다음에 따라 계산한 공제율(다만, 다음 계산식에 따라 계산한 공제율이 100분의 40보다 큰 경우에는 100분의 40으로 한다)

> Min [ⓐ+ⓑ, 40%]
> ⓐ 주택이 아닌 건물로 보유한 기간에 해당하는 일반적인 보유기간별 공제율(6%~30%)
> ⓑ 주택으로 보유한 기간에 해당하는 1세대 1주택의 보유기간별 공제율(12%~40%)

㉡ 거주기간별 공제율 : 다음에 따라 계산한 공제율

> 주택으로 보유한 기간 중 거주한 기간에 해당하는 1세대 1주택의 거주기간별 공제율(8%~40%)

② 위 ①의 적용시 주택으로 보유한 기간은 해당 자산을 사실상 주거용으로 사용한 날부터 기산한다. 다만, 사실상 주거용으로 사용한 날이 분명하지 아니한 경우에는 그 자산의 공부상 용도를 주택으로 변경한 날부터 기산한다.

8 양도차손의 공제

구 분	내 용
의 의	양도자산별로 양도차손(양도가액<(취득가액+필요경비)이 발생한 경우에는 동일 그룹 내의 다른 자산의 양도소득금액에서 이를 공제하는 제도(양도소득의 결손금공제제도)
공제단위	그룹별 공제
공제방법	① 1차 공제 : 동일 그룹 내의 동일한 세율을 적용받는 자산의 양도소득금액에서 공제함 ② 2차 공제 : 1차 공제 후 미공제된 양도차손은 다른 세율이 적용되는 자산의 양도소득금액에서 공제하며, 2 이상의 자산이 있는 경우에는 양도소득금액에 비례하여 공제함
미공제분의 처리	2차 공제 후에도 미공제된 양도차손은 다른 소득에서 공제할 수 없으며, 다음 과세기간으로도 이월하지 않고 소멸된다.

9 양도소득기본공제

구 분	내 용
공제금액	그룹별로 각각 250만원 공제
적용배제	미등기자산
공제방법	① 양도소득금액에 감면소득금액이 있는 경우에는 그 감면소득금액 외의 양도소득금액에서 먼저 공제 ② 감면소득금액 외의 양도소득금액 중에서는 해당 과세기간에 먼저 양도한 자산의 양도소득금액에서부터 순서대로 공제

10 양도소득금액계산의 특례

(1) 배우자 또는 직계존비속으로부터 증여받은 자산에 대한 이월과세

구 분	내 용
대상자산	토지·건물·특정시설물이용권 및 부동산을 취득할 수 있는 권리
적용요건	배우자* 또는 직계존비속에게 증여받은 재산을 10년 이내에 타인에게 양도하는 경우 * 양도당시 혼인관계가 소멸된 경우를 포함하되, 사망으로 혼인관계가 소멸된 경우는 제외함
적용배제	① 사업인정고시일부터 소급하여 2년 이전에 증여받은 경우로서 법률에 따라 협의매수 또는 수용된 경우 ② 이월과세 규정을 적용할 경우 비과세되는 1세대 1주택(비과세대상에서 제외되는 고가주택 포함) 양도에 해당하게 되는 경우 ③ 이월과세 규정을 적용하여 계산한 양도소득 결정세액이 이월과세 규정을 적용하지 아니하고 계산한 양도소득 결정세액보다 적은 경우
납세의무자	수증자
적용효과	① 취득가액은 거주자의 배우자 또는 직계존비속이 해당 자산을 취득할 당시의 금액으로 한다. ② 필요경비에는 거주자의 배우자 또는 직계존비속이 해당 자산에 대하여 지출한 금액을 포함한다 NEW.
기납부증여세	수증자가 자산 수증시 부담한 증여세 산출세액은 양도자산의 필요경비로 본다.
연대납세의무	수증자의 양도소득세에 대한 배우자 및 직계존비속간 연대납세의무 없음

(2) 가업상속공제 적용 자산에 대한 이월과세

구 분	내 용
의 의	가업상속공제로 상속세의 부담이 경감된 후 상속인이 자산을 양도할 경우 피상속인의 보유기간 동안의 자본이득에 대한 양도소득세까지 과세되지 아니하여 과세형평성을 저해하는 문제가 있어 2014년 1월 1일 이후 상속받아 가업상속공제가 적용된 자산을 양도하는 경우에는 피상속인의 취득시점 상황을 반영하여 양도소득세를 계산한다.

내 용	① 피상속인의 취득시기를 기준으로 필요경비, 장기보유특별공제 및 세율을 판단한다.
	② 양도가액에서 공제할 취득가액 및 자본적지출액 : ㉠ + ㉡
	  ㉠ 피상속인의 취득가액 및 자본적지출액 × 가업상속공제 적용율*
	  ㉡ 상속개시일 현재 해당 자산가액 × (1 − 가업상속공제 적용율*)
	    * 가업상속공제 적용율 : 해당 자산가액 중 가업상속공제가 적용된 비율

(3) 우회양도에 대한 부당행위계산부인

구 분	내 용
대상자산	모든 양도소득세 과세대상자산
적용요건	① 특수관계자로부터 증여받은 재산을 10년 이내에 타인에게 양도하는 경우일 것 ② 증여 후 양도시의 증여세 + 양도소득세 < 증여자가 직접 양도하는 경우의 양도소득세
적용배제	① 배우자 및 직계존비속으로부터 증여 받아 이월과세를 적용받은 재산 ② 양도소득이 해당 수증자에게 실질적으로 귀속되는 경우
납세의무자	증여한 특수관계자
적용효과	증여한 특수관계자가 해당 자산을 직접 양도한 것으로 보아 양도소득세 과세
기납부증여세	부과취소
연대납세의무	증여자의 양도소득세에 대한 특수관계자간 연대납세의무 있음

(4) 고가주택 등에 대한 특례

구 분	내 용
고가주택* 등	실지양도가액이 12억원을 초과하는 1세대 1주택 및 1세대 1조합원입주권의 양도
양도차익	고가주택 등의 양도차익 = 양도차익 × $\dfrac{\text{양도가액} - 12억원}{\text{양도가액}}$
장기보유특별공제	고가주택 등의 양도차익 × (20% ~ 80%)

* 고가주택을 판단함에 있어 하나의 건물이 주택과 주택외의 부분으로 복합되어 있는 경우와 주택에 딸린 토지에 주택외의 건물이 있는 경우에는 주택 외의 부분은 주택으로 보지 아니함

(5) 부담부증여

구 분	내 용
의 의	수증자가 증여자의 일정한 채무를 부담하는 조건으로 증여받은 경우(부담부증여)에는 증여가액 중 그 채무액에 상당하는 부분은 그 자산이 유상으로 사실상 이전되는 것으로 보아 양도소득세를 과세한다.
양도가액	양도당시의 자산가액 × $\dfrac{\text{채무액}}{\text{증여재산가액}}$
취득가액	취득당시의 자산가액 × $\dfrac{\text{채무액}}{\text{증여재산가액}}$
증여추정	배우자간 또는 직계존비속간의 부담부증여에 대하여는 수증자가 증여자의 채무를 인수한 경우에도 해당 채무액은 수증자에게 인수되지 않은 것으로 추정하여 증여세를 과세한다. 다만, 해당 채무액이 국가 및 지방자치단체, 금융회사에 대한 채무 등 객관적으로 인정되는 경우에는 그러하지 아니한다.

11 양도소득 산출세액의 계산과 납세절차

(1) 양도소득세율

양도소득세의 세율은 다음과 같으며, 둘 이상의 세율이 적용되는 경우에는 해당 세율을 적용하여 계산한 양도소득 산출세액이 큰 것을 그 세액으로 한다.

1) 1그룹(부동산 등)

구 분	대상자산		세 율
토지·건물 및 부동산에 관한 권리	① 미등기자산		70%
	② 분양권(전지역 적용)		60%
	③ 1년 미만 보유	일반자산	50%
		주택·조합원입주권 및 분양권	70%
	④ 1년 이상 ~ 2년 미만 보유	일반자산	40%
		주택·조합원입주권 및 분양권	60%
	⑤ 비사업용토지		기본세율 + 10%
	⑥ 위 외의 자산		기본세율
기타자산	① 비사업용토지 비율이 50% 이상인 특정주식 A·B		기본세율 + 10%
	② 그 외의 기타자산(등기 및 보유기간 불문)		기본세율

2) 2그룹(주식 등)

구 분		대상자산		세 율
국내주식	대주주 양도분	① 1년 미만 보유한 중소기업 외의 법인의 주식 등		30%
		② 위 ① 외의 주식	과세표준 3억원 이하	20%
			과세표준 3억원 초과분	25%
	대주주 외의 주식 양도분	중소기업의 주식 등		10%
		중소기업 외의 주식 등		20%
국외주식*		중소기업의 주식 등		10%
		그 밖의 주식 등		20%

3) 3그룹(파생상품 등) − 20%*

   * 3그룹에 해당하는 자산의 양도시 적용세율은 20%를 적용하되, 자본시장 육성 등을 위하여 필요한 경우 그 세율의 75%의 범위에서 대통령령으로 정하는 바에 따라 인하할 수 있도록 규정하고 있으며, 현행 대통령령에 의하여 10%의 세율이 적용되고 있다.

4) 4그룹(신탁수익권)

양도소득과세표준	세 율
3억원 이하	20%
3억원 초과	6천만원 + (3억원 초과액 × 25%)

> ☆ 참고 1 **조정대상지역 내 다주택자에 대한 중과세 특례**
>
> 다음의 어느 하나에 해당하는 주택을 양도하는 경우에는 기본세율에 20%(③ 및 ④의 경우 30%)을 더한 세율을 적용한다. 이 경우 해당 주택 보유기간이 2년 미만인 경우에는 기본세율에 20%(③ 및 ④의 경우 30%)을 더한 세율을 적용하여 계산한 양도소득 산출세액과 2년 미만 보유시 주택등의 중과세율(60% 또는 70%)을 적용하여 계산한 양도소득 산출세액 중 큰 세액을 양도소득 산출세액으로 한다.
> ① 조정대상지역에 있는 주택으로서 1세대 2주택*에 해당하는 주택
> ② 조정대상지역에 있는 주택으로서 1세대가 주택*과 조합원입주권을 각각 1개씩 보유한 경우의 해당 주택. 다만, 일정한 장기임대주택 등은 제외한다.
> ③ 조정대상지역에 있는 주택으로서 1세대 3주택* 이상에 해당하는 주택
> ④ 조정대상지역에 있는 주택으로서 1세대가 주택*과 조합원입주권을 보유한 경우로서 그 수의 합이 3 이상인 경우 해당 주택. 다만, 일정한 장기임대주택 등은 제외한다.

* 다주택자 중과세율 적용 주택수 계산에 고려하지 않는 주택(주요사항)
  ① 수도권 및 광역시·특별자치시 외의 지역에 소재하는 주택으로서 양도 당시 기준시가가 3억원을 초과하지 않는 주택
  ② 임대사업자등록을 한 거주자가 민간임대주택으로 등록하여 임대하는 등 일정 요건을 충족하는 "장기임대주택"
  ③ 종업원에게 무상으로 제공하는 사용자 소유의 주택으로서 당해 무상제공기간이 10년 이상인 주택("장기사원용주택")
  ④ 문화재 주택, 상속받은 주택(상속일로부터 5년이 경과하지 아니한 경우) 및 어린이집에 해당하는 주택
  ⑤ **보유기간이 2년 이상인 주택을 2024년 5월 9일까지 양도하는 경우 그 해당 주택**

> **참고2 미등기 양도시 제재규정**
>
> ① 비과세 및 감면규정 적용배제
> ② 필요경비개산공제율의 축소적용
> ③ 장기보유특별공제 적용배제
> ④ 양도소득기본공제 적용배제
> ⑤ 70%의 중과세율 적용

(2) 가산세

구 분	내 용
신고불성실·납부지연 가산세	국세기본법상 규정에 따름
주식 등에 대한 기장불성실가산세	① 법인의 대주주가 양도하는 주식에 대하여 거래명세 등을 기장하지 않았거나 누락한 경우 ② 가산세액 | 구 분	가산세
일반적인 경우	산출세액 × $\dfrac{\text{무기장·누락기장 소득금액}}{\text{양도소득과세표준}}$ × 10%
산출세액이 없는 경우	거래금액 × $\dfrac{7}{10,000}$	
환산가액 적용에 따른 가산세	① 거주자가 건물을 신축 또는 증축하고 그 건물의 취득일 또는 증축일부터 5년 이내에 해당 건물을 양도하는 경우로서 감정가액 또는 환산취득가액을 그 취득가액으로 하는 경우에는 해당 건물의 감정가액 또는 환산취득가액의 5%에 해당하는 금액을 양도소득 결정세액에 더한다. ② 위 ①의 가산세는 양도소득 산출세액이 없는 경우에도 적용한다.

(3) 기타사항

구 분	내 용
예정신고 산출세액	(1) 예정신고기한 　① 1그룹 자산 : 양도일이 속하는 달의 말일부터 2개월 이내 　② 2그룹 자산 　　㉠ 국내주식 : 양도일이 속하는 반기의 말일부터 2개월 이내 　　㉡ 국외주식 : 예정신고의무 없음 　③ 3그룹 자산 : 예정신고의무 없음 　④ 4그룹 자산 : 양도일이 속하는 달의 말일부터 2개월 이내 (2) 예정신고산출세액 　(양도차익 − 장기보유특별공제 − 양도소득기본공제) × 양도소득세율
예정신고시 확정신고 의무	① 예정신고를 한 자는 해당 소득에 대한 확정신고를 하지 아니할 수 있다. ② 다만, 예정신고를 2회 이상 한 자가 이미 신고한 양도소득금액과 합산하여 신고하지 아니한 경우 등 일정한 경우에는 예정신고를 한 경우에도 확정신고를 하여야 한다.
확정신고	해당과세기간의 다음연도 5월 1일부터 5월 31일까지
분 납	납부세액이 1천만원을 초과하는 경우에는 분납가능(예정신고, 확정신고 모두 적용)

CHAPTER 11 소득세법의 기타사항

1 비거주자에 대한 소득세

구 분	내 용
비거주자범위	거주자가 아닌 자(국내에 주소 또는 183일 이상 거소가 없는 자)
납세의무범위	국내원천소득에 한하여 소득세 과세
국내원천소득	① 국내원천 이자소득, ② 국내원천 배당소득, ③ 국내원천 부동산소득, ④ 국내원천 선박등임대소득, ⑤ 국내원천 사업소득, ⑥ 국내원천 인적용역소득, ⑦ 국내원천 근로소득, ⑧ 국내원천 퇴직소득, ⑨ 국내원천 연금소득, ⑩ 국내원천 부동산등양도소득, ⑪ 국내원천 사용료소득, ⑫ 국내원천 유가증권양도소득, ⑬ 국내원천 기타소득
과세방법	(1) 종합소득 (외국법인 규정과 동일) 　① 국내사업장이 있는 경우 　　㉠ 원칙 : 종합과세 　　㉡ 예외 : 국내사업장과 관련이 없거나 국내사업장에 귀속되지 않는 소득 – 분리과세 　② 국내사업장이 없는 경우 　　㉠ 원칙 : 분리과세 　　㉡ 예외 : 부동산소득이 있는 경우 – 종합과세 (2) 양도소득 및 퇴직소득 : 거주자와 동일하게 과세(분류과세)하되, 양도소득의 경우는 예납적원천징수를 적용한다. ＊ 인적용역소득에 대한 종합과세 선택 : 국내원천 인적용역소득이 있는 비거주자가 분리과세규정에도 불구하고 종합소득과세표준확정신고를 하는 경우에는 국내원천소득(퇴직소득 및 양도소득은 제외)에 대하여 종합하여 과세할 수 있다.
종합과세	① 비거주자의 소득세에 대하여 종합과세하는 경우 비거주자의 신고와 납부(중간예납을 포함)에 관하여는 거주자의 신고와 납부에 관한 규정을 준용한다. ② 다만, 종합소득확정신고시 비거주자의 과세표준에 원천징수된 소득의 금액이 포함되어 있는 경우에는 그 원천징수세액은 기납부세액으로서 공제되는 세액으로 본다.
분리과세	비거주자의 소득세에 대하여 분리과세하는 경우 원천징수세율은 다음과 같다. {{TABLE}}
국내사업장	외국법인 규정과 동일함

분리과세 표:

구 분	원천징수세액
① 이자소득, 배당소득, 사용료소득	지급금액×20%(채권이자소득은 14%)
② 인적용역소득	지급금액×20%(전문지식 인적용역은 3%)
③ 기타소득	지급금액×20%
④ 선박·항공기 등의 임대소득, 사업소득	지급금액×2%
⑤ 근로소득, 연금소득	거주자의 경우를 준용
⑥ 부동산등양도소득, 유가증권양도소득	Min[㉠, ㉡] ㉠ 지급금액 × 10% ㉡ (지급금액 – 취득가액 – 양도비용) × 20%

기타사항	① 인적용역소득이 있는 비거주자가 분리과세규정에도 불구하고 종합소득과세표준확정신고를 하는 경우에는 국내원천소득(퇴직소득과 양도소득은 제외)에 대하여 종합하여 과세할 수 있다. ② 종합소득공제에 있어서 인적공제 중 비거주자 본인에 대한 기본공제와 추가공제만 적용(비거주자 본인 이외의 자에 대한 인적공제, 특별소득공제, 자녀세액공제 및 특별세액공제 등은 적용하지 아니함) ③ 양도소득세 계산시 1세대 1주택에 대한 비과세규정 및 장기보유특별공제규정 적용배제

> ☆ 참고 **대표신고자의 일괄신고**
>
> 법인으로 보는 단체 외의 법인 아닌 단체 중 단체의 구성원별로 납세의무를 부담하는 단체(공동사업)의 비거주자인 구성원(비거주자구성원)이 국내원천소득에 대하여 종합소득 과세표준확정신고를 하는 경우로서 다음의 요건을 모두 갖춘 경우에는 해당 단체의 거주자인 구성원 1인(대표신고자)이 아래의 ①에 따라 동의한 비거주자구성원을 대신하여 비거주자구성원의 종합소득과세표준을 일괄 신고할 수 있다.
> ① 비거주자구성원의 전부 또는 일부가 대표신고자가 자신의 종합소득과세표준을 대신 신고하는 것에 동의할 것
> ② 비거주자구성원이 자신이 거주자인 국가에서 부여한 「국제조세조정에 관한 법률」에 따른 납세자번호를 대표신고자에게 제출할 것

2 국외자산에 대한 양도소득세

구 분	내 용
납세의무자	해당 자산의 양도일까지 국내에서 계속 5년 이상 주소 또는 거소를 둔 거주자
과세대상자산	다음의 사항을 제외하고는 국내자산으로서 양도소득세가 과세되는 자산과 동일함 ① 부동산임차권에 대하여는 등기여부를 불문하고 과세대상자산에 포함 ② 2그룹자산 : ×(국내자산으로 과세됨) ③ 3그룹자산 : ×(국내자산으로 과세됨) ④ 4그룹자산 : ×(국내자산으로 과세됨)
양도차익의 외화환산	① 국외자산 양도에 대한 양도차익을 계산함에 있어서는 양도가액 및 필요경비를 수령하거나 지출한 날 현재의 기준환율 또는 재정환율에 의하여 계산함 ② 장기할부조건의 경우에는 장기할부조건의 양도 및 취득시기 규정에 따른 양도일 및 취득일을 양도가액 또는 취득가액을 수령하거나 지출한 날로 봄
양도소득 과세표준계산	다음의 사항을 제외하고는 국내자산의 양도소득세 과세표준의 계산규정과 동일함 ① 필요경비개산공제 적용 × (실제 필요경비를 공제함) ② 장기보유특별공제 적용배제 ③ 양도차손이 발생한 경우에도 다른 자산의 양도소득금액에서 공제하지 아니함 ④ 양도소득기본공제 : 연 250만원 적용
세 율	기본세율
외국납부 세액공제	국외자산의 양도소득에 대하여 외국에 납부하였거나 납부한 세액이 있는 경우
기타의 적용배제사항	미등기양도자산에 대한 비과세규정, 기준시가, 이월과세, 장기보유특별공제

3 거주자의 출국시 국내 주식 등에 대한 과세특례

구 분	내 용
개 요	일정한 요건을 모두 갖추어 출국하는 거주자(국외전출자)는 원칙적인 양도소득의 과세방식에도 불구하고 출국 당시 소유한 다음의 주식 등을 출국일에 양도한 것으로 보아 양도소득에 대하여 소득세를 납부할 의무가 있다. ① 2그룹에 속하는 주식 중 국내주식 ② 1그룹에 중 특정주식 A, B
국외전출자 요 건	① 출국일 10년 전부터 출국일까지의 기간 중 국내에 주소나 거소를 둔 기간의 합계가 5년 이상일 것 ② 출국일이 속하는 연도의 직전 연도 종료일 현재 해당 법인의 대주주에 해당할 것
양도가액	국외전출자가 출국당시 소유한 주식 등의 평가이익은 양도소득으로 보아 과세표준 및 세액을 계산하며, 이 경우 양도가액은 다음에 의한다. ① 국외전출자의 출국일 당시의 해당 주식 등의 거래가액 ② 다만, 거래가액을 정하기 어려울 때에는 다음의 방법에 따른다. | 구 분 | 양도가액 | |---|---| | 상장주식 | 소득세법상 상장주식의 기준시가(양도일 이전 1개월 동안 공표된 매일의 최종 시세가액의 평균액) | | 비상장주식 | 다음의 방법을 순차로 적용하여 계산한 가액 ㉠ 출국일 전후 각 3개월 이내에 해당 주식 등의 매매사례가 있는 경우 그 가액 ㉡ 소득세법상 비상장주식의 기준시가 |
과세표준 계 산	양 도 가 액 …… 위의 규정을 적용한 금액 － 필 요 경 비 …… 국내자산의 양도소득세 규정 준용 ＝ 양 도 소 득 금 액 － 양도소득기본공제 …… 연 250만원 　양도소득 과세표준 ★ 위의 국외전출자의 양도소득 과세표준은 종합소득, 퇴직소득 및 국내자산양도소득의 과세표준과 구분하여 계산함
산출세액	| 양도소득 과세표준 | 세 율 | |---|---| | 3억원 이하 | 20% | | 3억원 초과 | 6천만원 + (3억원 초과액 × 25%) |
조정공제	국외전출자가 출국한 후 국외전출자 국내주식등을 실제 양도한 경우로서 실제 양도가액이 평가이익 계산시의 양도가액보다 낮은 때에는 다음의 계산식에 따라 계산한 세액(조정공제액)을 산출세액에서 공제한다. [평가이익 계산시의 양도가액 － 실제 양도가액] × 20%(또는 25%)
외국납부 세액공제	① 국외전출자가 출국한 후 국외전출자 국내주식 등을 실제로 양도하여 해당 자산의 양도소득에 대하여 외국정부에 세액을 납부하였거나 납부할 것이 있는 때에는 산출세액에서 조정공제액을 공제한 금액을 한도로 하여 계산한 외국납부세액을 산출세액에서 공제한다. ② 단, 다음 중 어느 하나에 해당하는 경우에는 외국납부세액공제를 적용하지 아니한다. ㉠ 외국정부가 산출세액에 대하여 외국납부세액공제를 허용하는 경우 ㉡ 외국정부가 국외전출자 국내주식 등의 취득가액을 평가이익 계산시의 양도가액으로 조정하여 주는 경우

비거주자의 국내원천소득 세액공제	① 국외전출자가 출국한 후 국외전출자 국내주식 등을 실제로 양도하여 비거주자의 국내원천소득으로 국내에서 과세되는 경우에는 다음의 금액을 산출세액에서 공제한다.
	
	＊세액공제액 = Min[㉠, ㉡]
	  ㉠ 국내원천징수세액 = Min[실제 양도가액 × 10%, (실제양도가액 − 필요경비) × 20%]
	  ㉡ 한도액 = 산출세액 − 조정공제액
	
	② 위 ①에 따른 공제를 하는 경우에는 외국납부세액의 공제를 적용하지 아니한다.

신고·납부	① 보유현황신고 : 국외전출자는 국외전출자 국내주식 등의 양도소득에 대한 납세관리인과 국외전출자 국내주식 등의 보유현황을 출국일 전날까지 납세지 관할 세무서장에게 신고하여야 한다. 이 경우 국외전출자 국내주식 등의 보유현황은 신고일의 전날을 기준으로 작성한다. ② 과세표준신고 : 국외전출자는 양도소득과세표준을 출국일이 속하는 달의 말일부터 3개월 이내(납세관리인을 신고한 경우에는 양도소득과세표준 확정신고 기간 내)에 납세지 관할 세무서장에게 신고하여야 한다. ③ 양도소득세 납부 : 국외전출자가 위 ②에 따라 양도소득과세표준을 신고할 때에는 산출세액에서 감면세액과 세액공제액을 공제한 금액을 납부하여야 한다. ④ 가산세 : 국외전출자가 출국일 전날까지 국외전출자 국내주식등의 보유현황을 신고하지 아니하거나 누락하여 신고한 경우에는 액면금액 또는 출자가액의 2%에 상당하는 금액을 산출세액에 더한다. ⑤ 경정청구 : 조정공제, 외국납부세액공제 및 비거주자의 국내원천소득 세액공제를 적용받으려는 자는 국외전출자 국내주식 등을 실제 양도한 날부터 2년 이내에 경정을 청구할 수 있다.

납부유예	① 국외전출자가 다음의 요건을 모두 갖춘 경우에는 출국일부터 국외전출자 국내주식 등을 실제로 양도할 때까지 납세지 관할 세무서장에게 양도소득세 납부의 유예를 신청하여 납부를 유예받을 수 있다.
	  ㉠ 국세기본법 규정에 따른 납세담보를 제공할 것
	  ㉡ 납세관리인을 납세지 관할세무서장에게 신고할 것
	② 위 ①에 따라 납부를 유예받은 국외전출자는 출국일부터 5년(국외전출자의 국외유학 등 일정한 사유에 해당하는 경우에는 10년) 이내에 국외전출자 국내주식 등을 양도하지 아니한 경우에는 출국일부터 5년이 되는 날이 속하는 달의 말일부터 3개월 이내에 국외전출자 국내주식 등에 대한 양도소득세를 납부하여야 한다.
	③ 납부유예를 받은 국외전출자는 국외전출자 국내주식 등을 실제 양도한 경우 양도일이 속하는 달의 말일부터 3개월 이내에 국외전출자 국내주식 등에 대한 양도소득세를 납부하여야 한다.
	④ 납부를 유예받은 국외전출자는 국외전출자 국내주식 등에 대한 양도소득세를 납부할 때 납부유예를 받은 기간에 대한 이자상당액을 가산하여 납부하여야 한다.
	⑤ 납부유예 적용시점 : 위의 요건을 충족하여 납부유예를 신청한 날에 납부유예를 받은 것으로 본다.

재전입에 따른 환급	① 국외전출자(㉢의 경우에는 상속인)는 다음 중 어느 하나에 해당하는 사유가 발생한 경우 그 사유가 발생한 날부터 1년 이내에 납세지 관할 세무서장에게 납부한 세액의 환급을 신청하거나 납부유예 중인 세액의 취소를 신청하여야 한다.
	  ㉠ 국외전출자가 출국일부터 5년 이내에 국외전출자 국내주식 등을 양도하지 아니하고 국내에 다시 입국하여 거주자가 되는 경우
	  ㉡ 국외전출자가 출국일부터 5년 이내에 국외전출자 국내주식 등을 거주자에게 증여한 경우
	  ㉢ 국외전출자의 상속인이 국외전출자의 출국일부터 5년 이내에 국외전출자 국내주식 등을 상속받은 경우
	② 납세지 관할 세무서장은 위 ①에 따른 신청을 받은 경우 지체 없이 국외전출자가 납부한 세액을 환급하거나 납부유예 중인 세액을 취소하여야 한다.
	③ 위 ①에 해당하여 국외전출자가 납부한 세액을 환급하는 경우 국내주식 보유현황을 신고하지 아니하거나 누락함을 원인으로 산출세액에 더하여진 가산세는 환급하지 아니한다.
	④ 위 ①의 ㉡ 또는 ㉢에 해당하여 국외전출자가 납부한 세액을 환급하는 경우에는 「국세기본법」에도 불구하고 국세환급금에 국세환급가산금을 가산하지 아니한다.

■ ■ ■ 이진욱 세무사의 **Tax Note**

PART 7

상속세 및 증여세법

CHAPTER 01 상속세

CHAPTER 02 증여세

CHAPTER 03 상속세 및 증여세의 납세절차

CHAPTER 04 재산의 평가

CHAPTER 01 상속세

1 부의 무상이전에 대한 유형 및 과세방법

구 분	개 념	과세방법
① 증여	자연인이 사망하기 전에 타인에게 재산을 직접 또는 간접적인 방법으로 무상 이전하는 것	증여세 과세
② 상속	사망하거나 또는 실종선고를 받은 자(피상속인)의 법률상의 지위를 일정한 자(상속인)들이 포괄적으로 승계하는 것	상속세 과세
③ 유증	유언자가 유언에 의하여 자기의 재산을 수증자에게 사후에 무상으로 양도할 것을 그 내용으로 하는 단독행위	
④ 사인증여	증여자가 수증자와의 생전에 쌍방계약에 의해 성립한 증여계약이 증여자의 사망으로 인하여 효력이 발생하는 증여	

2 부의 무상이전에 대한 과세체계

무상취득자		적용조세	세부내용
법인	영리법인	법인세	법인의 각 사업연도소득금액 계산시 익금에 포함되어 과세되므로 상속세 및 증여세는 과세되지 않음
	비영리법인	상속세 및 증여세	비영리법인의 자산수증이익은 비수익사업소득으로서 법인세가 과세되지 않으므로 상속세 및 증여세가 과세됨
자연인	사업관련취득	소득세	사업관련 자산수증이익은 사업소득의 총수입금액에 포함되어 과세되므로 증여세는 과세되지 않음
	사업무관취득	상속세 및 증여세	사업과 무관한 자산수증이익은 소득세가 과세되지 않으므로 상속세 및 증여세가 과세됨

3 용어의 뜻

구 분	내 용
상속	「민법」에 따른 상속을 말하며, 다음의 것을 포함 ㉠ 유증 ㉡ 「민법」에 따른 증여자의 사망으로 인하여 효력이 생길 증여(사인증여) ㉢ 「민법」에 따른 피상속인과 생계를 같이 하고 있던 자, 피상속인의 요양간호를 한 자 및 그 밖에 피상속인과 특별한 연고가 있던 자(특별연고자)에 대한 상속재산의 분여 ㉣ 「신탁법」에 따른 유언대용신탁(이하 "유언대용신탁") ㉤ 「신탁법」에 따른 수익자연속신탁(이하 "수익자연속신탁")
상속개시일	피상속인이 사망한 날(피상속인의 실종선고로 인하여 상속이 개시되는 경우에는 실종선고일)
상속재산	피상속인에게 귀속되는 모든 재산을 말하며, 다음의 물건과 권리를 포함. 다만, 피상속인의 일신에 전속하는 것으로서 피상속인의 사망으로 인하여 소멸되는 것은 제외 ㉠ 금전으로 환산할 수 있는 경제적 가치가 있는 모든 물건 ㉡ 재산적 가치가 있는 법률상 또는 사실상의 모든 권리
상속인	민법에 따른 상속인을 말하며, 상속포기자 및 특별연고자를 포함
수유자	㉠ 유증을 받은 자 ㉡ 사인증여에 의하여 재산을 취득한 자 ㉢ 유언대용신탁 및 수익자연속신탁에 의하여 신탁의 수익권을 취득한 자
증여	그 행위 또는 거래의 명칭·형식·목적 등과 관계없이 직접 또는 간접적인 방법으로 타인에게 무상으로 유형·무형의 재산 또는 이익을 이전(현저히 낮은 대가를 받고 이전하는 경우 포함)하거나 타인의 재산가치를 증가시키는 것을 말한다. 다만, 유증, 사인증여, 유언대용신탁 및 수익자연속신탁은 제외
증여재산	증여로 인하여 수증자에게 귀속되는 모든 재산 또는 이익을 말하며, 다음의 물건, 권리 및 이익을 포함 ㉠ 금전으로 환산할 수 있는 경제적 가치가 있는 모든 물건 ㉡ 재산적 가치가 있는 법률상 또는 사실상의 모든 권리 ㉢ 금전으로 환산할 수 있는 모든 경제적 이익
거주자	국내에 주소를 두거나 183일 이상 거소를 둔 사람을 말하며, "비거주자"란 거주자가 아닌 사람을 말한다. 이 경우 주소와 거소의 정의 및 거주자와 비거주자의 판정은 소득세법 시행령에 의하며, 비거주자가 국내에 영주를 목적으로 귀국하여 국내에서 사망한 경우에는 거주자로 본다.
수증자	증여재산을 받은 거주자(본점이나 주된 사무소의 소재지가 국내에 있는 비영리법인을 포함) 또는 비거주자(본점이나 주된 사무소의 소재지가 외국에 있는 비영리법인을 포함)
특수관계	본인과 친족관계, 경제적 연관관계 또는 경영지배관계 등 일정한 관계에 있는 자. 이 경우 본인도 특수관계인의 특수관계인으로 본다.

4 상속세 및 증여세의 과세방법

구 분	개 념
(1) 유산과세형 (유산세)	① 무상으로 이전되는 재산 전체에 누진세율을 적용하여 산출세액을 계산한 후 수증자 또는 상속인의 지분에 따라 각 수증자 또는 상속인이 부담할 세액을 안분하는 방법 ② 현행 상속세에 적용되는 방법
(2) 취득과세형 (유산취득세)	① 각 수증자 또는 상속인이 취득한 재산을 과세단위로 하여 세액을 계산하는 방법 ② 현행 증여세에 적용되는 방법

5 상속세의 과세대상

피상속인	과세대상
(1) 거주자가 사망한 경우	거주자의 모든 상속재산(무제한납세의무)
(2) 비거주자가 사망한 경우	국내에 있는 비거주자의 모든 상속재산(제한납세의무)

6 상속세 납세의무자

구 분	과세대상
(1) 상속인별 납세의무	① 원칙 : 상속인(상속포기자 및 특별연고자 포함) 또는 수유자는 상속세에 대하여 상속재산 중 각자가 받았거나 받을 재산을 기준으로 계산한 비율에 의하여 상속세를 납부할 의무가 있음 ② 예외 : 특별연고자 또는 수유자가 영리법인인 경우에는 그 영리법인이 납부할 상속세를 면제하되, 그 영리법인의 주주 또는 출자자 중 상속인과 그 직계비속이 있는 경우에는 다음의 금액을 그 상속인 및 직계비속이 납부할 의무가 있다. $\left(\begin{array}{c}\text{영리법인이 받았거나}\\\text{받을 상속재산에 대한}\\\text{상속세 상당액}\end{array} - \begin{array}{c}\text{영리법인이 받았거나}\\\text{받을 상속재산}\end{array} \times 10\%\right) \times \begin{array}{c}\text{상속인 또는}\\\text{직계비속의}\\\text{주식 또는}\\\text{출자지분의 비율}\end{array}$
(2) 연대 납세의무	상속세는 상속인 또는 수유자가 각자가 받았거나 받을 재산*을 한도로 연대하여 납부할 의무를 짐

* "각자가 받았거나 받을 재산"이란 상속으로 인하여 얻은 자산(상속재산에 가산하는 증여재산가액 포함)의 총액에서 부채총액과 그 상속으로 인하여 부과되거나 납부할 상속세 및 상속재산에 가산한 증여재산에 대한 증여세를 공제한 가액을 말한다.

7 관할관청

구 분	과세대상
(1) 원 칙	상속개시지(피상속인의 주소지 또는 주소지가 없거나 불분명한 경우는 거소지)를 관할하는 세무서장
(2) 예 외	① 상속개시지가 국외인 경우 : 국내에 있는 재산의 소재지를 관할하는 세무서장 ② 상속재산이 2 이상의 세무서장 등의 관할구역에 있는 경우 : 주된 재산의 소재지를 관할하는 세무서장

8 상속세 과세가액의 계산

(1) 총상속재산가액(상속재산가액 + 의제상속재산가액 + 추정상속재산가액)

구 분	내 용
상속 재산가액	① 원칙 : 피상속인에게 귀속되는 재산으로서 금전으로 환산할 수 있는 경제적 가치가 있는 모든 물건과 재산적 가치가 있는 법률상 또는 사실상의 모든 권리의 가액으로서 유증재산과 사인증여재산을 포함 상속재산가액 = 민법상 상속재산 + 유증재산 + 사인증여재산 ② 예외 : 상속재산 중 피상속인의 일신에 전속하는 것(변호사, 세무사자격 및 법인의 임원으로서의 지위 등)으로서 피상속인의 사망으로 인하여 소멸되는 것은 제외
의제상속 재산가액	① 보험금 : 피상속인의 사망으로 인하여 받는 생명보험 또는 손해보험의 보험금으로서 피상속인이 보험계약자인 보험계약에 따라 받는 것 ★ 단, 피상속인의 사망으로 인하여 받는 보험금이라 할 지라도 그에 대한 부담자가 상속인인 경우에는 해당 보험금을 상속재산으로 보지 아니함 ② 신탁재산 : 피상속인이 신탁한 재산은 상속재산으로 본다. ㉠ 다만, 수익자의 증여재산가액으로 하는 해당 신탁의 이익을 받을 권리의 가액은 상속재산으로 보지 아니한다(수익자에게 증여세 과세). ㉡ 피상속인이 신탁으로 인하여 타인으로부터 신탁의 이익을 받을 권리를 소유하고 있는 경우에는 그 이익에 상당하는 가액을 상속재산에 포함한다. ㉢ 수익자연속신탁의 수익자가 사망함으로써 타인이 새로 신탁의 수익권을 취득하는 경우 그 타인이 취득한 신탁의 이익을 받을 권리의 가액은 사망한 수익자의 상속재산에 포함한다. ③ 퇴직금 : 피상속인에게 지급될 퇴직금, 퇴직수당, 공로금, 연금 또는 이와 유사한 것이 피상속인의 사망으로 인하여 지급되는 경우 그 금액
추정상속 재산가액	(1) 의의 : 상속개시일 전에 피상속인의 재산처분 및 채무발생 등을 통한 상속세 부담의 회피를 방지하기 위하여 피상속인의 상속개시일 전 일정기간 동안 발생한 재산처분액, 예금인출액 및 채무액 중 그 사용용도가 객관적으로 명백하지 않은 금액의 일부를 상속한 것으로 추정하여 상속세 과세가액에 포함하는 것 (2) 적용요건 {{TABLE}} ★ '재산의 종류별'이란 ① 현금·예금·유가증권, ② 부동산 및 부동산에 관한 권리, ③ 기타자산의 세가지 종류를 말함 (3) 추정의 배제 : 다음에 해당하는 금액은 추정상속재산가액에서 배제함 추정배제기준금액 = Min[①, ②] ① 재산처분대금·재산인출금액·채무부담액 × 20% ② 2억원 (4) 추정상속재산가액의 계산 추정상속재산가액 = (재산처분대금 등 − 용도입증금액) − 추정배제기준금액

추정상속재산가액 적용요건:

구 분	적용요건
재산처분 및 인출의 경우	다음 중 하나에 해당하는 경우로서 용도가 객관적으로 명백하지 않은 경우 ① 상속개시일 전 1년 이내에 재산종류별★로 2억원 이상인 경우 ② 상속개시일 전 2년 이내에 재산종류별★로 5억원 이상인 경우
채무부담의 경우	다음 중 하나에 해당하는 경우로서 용도가 객관적으로 명백하지 않은 경우 ① 상속개시일 전 1년 이내에 2억원 이상인 경우 ② 상속개시일 전 2년 이내에 5억원 이상인 경우

(2) 비과세재산가액

구 분	내 용
전사자 등에 대한 비과세	전쟁 또는 사변 또는 이에 준하는 비상사태로 토벌 또는 경비 등 작전업무를 수행하는 중 사망하거나 해당 전쟁 또는 공무의 수행 중 입은 부상 또는 그로 인한 질병으로 사망하여 상속이 개시되는 경우

비과세되는 상속재산	① 국가·지방자치단체 또는 공공단체에 유증·사인증여한 재산
	② 민법에 따라 제사를 주재하는 상속인을 기준으로 다음에 해당하는 재산
	   ㉠ 피상속인이 제사를 주재하고 있던 선조의 분묘(이하 이 조에서 "분묘"라 한다)에 속한 9,900㎡ 이내의 금양임야
	   ㉡ 분묘에 속한 1,980㎡ 이내의 묘토인 농지(㉠과 합하여 2억원 한도 비과세)
	   ㉢ 족보와 제구(1천만원 한도)
	③ 정당법에 따른 정당에 유증 등을 한 재산
	④ 근로복지기본법에 따른 사내근로복지기금이나 우리사주조합 공동근로복지기금 및 근로복지진흥기금에 유증 등을 한 재산
	⑤ 사회통념상 인정되는 이재구호금품, 치료비 및 불우한 자를 돕기 위하여 유증 등을 한 재산
	⑥ 상속재산 중 상속인이 상속세 과세표준 신고기한 이내에 국가·지방자치단체 또는 공공단체에 증여한 재산

(3) 과세가액 불산입액

구 분	내 용
공익법인 등의 출연재산에 대한 상속세 과세가액불산입	상속재산 중 피상속인 또는 상속인이 공익법인 등에게 출연한 재산의 가액은 상속세 과세가액에 산입하지 아니함
공익신탁재산에 대한 상속세 과세가액불산입	상속재산 중 피상속인 또는 상속인이 공익신탁을 통하여 공익법인 등에 출연하는 재산의 가액은 상속세 과세가액에 산입하지 아니함

(4) 과세가액 공제액

구 분	내 용
공과금	상속개시일 현재 피상속인이 납부할 의무가 있는 것으로서 상속인에게 승계된 조세·공공요금 및 국세기본법에 따른 공과금은 과세가액에서 공제함 ★ 다만, 상속개시일 이후 상속인의 귀책사유로 인하여 납부 또는 납부할 가산세, 가산금, 강제징수비, 벌과금, 과료 및 과태료 등을 제외
장례비용	과세가액에서 공제되는 장례비용 = ① + ② ① 피상속인의 사망일부터 장례일까지 직접 소요된 금액(최소 5백만원, 최대 1천만원) ② 봉안시설 또는 자연장지(自然葬地)의 사용에 소요된 금액(최대 5백만원) ★ 단, 비거주자의 사망으로 인한 상속의 경우에는 장례비용을 차감하지 아니한다.

채 무	상속개시 당시 피상속인의 채무로서 상속인이 실제로 부담하는 사실이 입증(국가·지방자치단체 및 금융기관에 대한 채무 등)되는 것은 과세가액에서 공제함
	★ 다만, 다음의 증여채무는 공제대상에서 제외함
	  ① 상속개시일 전 10년 이내에 상속인에게 진 증여채무
	  ② 상속개시일 전 5년 이내에 상속인 이외의 자에게 진 증여채무

(5) 합산대상증여재산가액(사전증여재산가액)

구 분	증여재산가액
상속인에게 증여한 경우	상속개시일 전 10년 이내에 증여한 재산가액
상속인이 아닌 자에게 증여한 경우	상속개시일 전 5년 이내에 증여한 재산가액

9 상속세 과세표준의 계산

(1) 인적공제

구 분	내 용
기초공제	상속세 과세가액에서 2억원을 공제함 ★ 단, 피상속인이 비거주자인 경우에는 기초공제만을 적용하고 다른 상속공제는 적용하지 아니함

배우자
상속공제
	① 적용요건
	   ㉠ 배우자상속재산분할신고 : 상속세 과세표준 신고기한의 다음날부터 9개월이 되는 날까지 배우자의 상속재산을 분할 및 신고한 경우에 적용한다.
	   ㉡ 배우자상속재산분할기한의 연장 : 다음의 부득이한 사유로 배우자상속재산분할기한까지 배우자의 상속재산을 분할할 수 없는 경우로서 배우자상속재산분할기한의 다음날부터 6개월이 되는 날까지 상속재산을 분할하여 신고할 수 있다.
	      ⓐ 상속인 등이 상속재산에 대하여 상속회복청구의 소를 제기하거나 상속재산 분할의 심판을 청구한 경우
	      ⓑ 상속인이 확정되지 아니하는 부득이한 사유 등으로 배우자상속분을 분할하지 못하는 사실을 관할세무서장이 인정하는 경우
	② 배우자상속공제액
	
	   배우자상속공제액 = Min[①, ②]
	   ① 배우자가 실제 상속받은 금액
	   ② 한도 : Min[ⓐ, ⓑ]
	      ⓐ 상속재산가액 × 배우자의 법정상속분 - 배우자에게 증여한 증여재산가액
	      ⓑ 30억원
	
	③ 공제최저한 : 배우자가 실제 상속받은 금액이 없거나 상속받은 금액이 5억원 미만인 경우에는 상속세 신고여부와 무관하게 5억원을 공제한다.

그 밖의 인적공제	<table><tr><th>구 분</th><th>공제대상자</th><th>1명당 공제액</th></tr><tr><td>자녀공제</td><td>자녀(태아를 포함하며, 연령 및 동거여부 무관)</td><td>5천만원</td></tr><tr><td>연로자공제</td><td>상속인(배우자 제외) 및 동거가족 중 65세 이상인 자</td><td>5천만원</td></tr><tr><td>미성년자공제</td><td>상속인(배우자 제외) 및 동거가족 중 미성년자</td><td>1,000만원 × 19세가 될 때까지의 연수</td></tr><tr><td>장애인공제</td><td>상속인(배우자 포함) 및 동거가족 중 장애인</td><td>1,000만원 × 기대여명의 연수</td></tr></table>

일괄공제	① 원칙 : 기초공제 및 그 밖의 인적공제의 합계액과 5억원(일괄공제액) 중 큰 금액으로 공제할 수 있음
	② 예외
	   ⓐ 상속세과세표준의 신고 또는 기한후신고가 없는 경우 : 5억원(일괄공제)만 공제
	   ⓑ 피상속인의 배우자가 단독으로 상속받는 경우 : 기초공제 및 그 밖의 인적공제만 적용(일괄공제 선택불가)

(2) 물적공제

구 분	내 용
가업상속 공제	① 공제대상 : 거주자의 사망으로 상속이 개시되는 경우로서 가업(중소기업 또는 중견기업(매출액 평균금액이 5천억원 이상인 기업은 제외)의 상속(이하 "가업상속")에 해당하는 경우에는 가업상속 재산가액에 상당하는 금액을 상속세 과세가액에서 공제한다. ② 가업상속공제 한도 　㉠ 피상속인이 10년 이상 20년 미만 계속하여 경영한 경우 : 300억원 　㉡ 피상속인이 20년 이상 30년 미만 계속하여 경영한 경우 : 400억원 　㉢ 피상속인이 30년 이상 계속하여 경영한 경우 : 600억원 ③ 공제배제 : 해당 기업이 중견기업에 해당하는 경우로서 상속인의 가업상속재산 외의 상속재산의 가액이 해당 상속인이 상속세로 납부할 금액에 200%를 곱한 금액을 초과하는 경우에는 가업상속공제를 적용하지 아니한다. ④ 피상속인 요건 : 피상속인이 다음의 요건을 모두 갖춘 경우 　㉠ 중소기업 또는 중견기업의 최대주주등인 경우로서 피상속인과 그의 특수관계인의 주식등을 합하여 해당 기업의 발행주식총수등의 40%(상장법인은 20%) 이상을 10년 이상 계속하여 보유할 것 　㉡ 가업의 영위기간 중 다음의 어느 하나에 해당하는 기간을 대표이사(대표자)로 재직할 것 　　ⓐ 100분의 50 이상의 기간 　　ⓑ 10년 이상의 기간 　　ⓒ 상속개시일부터 소급하여 10년 중 5년 이상의 기간 ⑤ 상속인 요건 : 상속인이 다음의 요건을 모두 갖춘 경우(상속인의 배우자가 갖춘 경우에도 인정) 　㉠ 상속개시일 현재 18세 이상일 것 　㉡ 상속개시일 전에 2년 이상 직접 가업에 종사하였을 것. 다만, 피상속인이 65세 이전에 사망하거나 천재지변 및 인재 등 부득이한 사유로 사망한 경우에는 그러하지 아니하다. 　㉢ 상속세과세표준 신고기한까지 임원으로 취임하고, 상속세 신고기한부터 2년 이내에 대표이사등으로 취임할 것 ⑥ 가업상속재산 　㉠ 「소득세법」을 적용받는 가업 : 가업에 직접 사용되는 토지, 건축물, 기계장치 등 사업용 자산의 가액에서 해당 자산에 담보된 채무액을 뺀 가액 　㉡ 「법인세법」을 적용받는 가업 : 가업에 해당하는 법인의 주식등의 가액 ⑦ 사후관리 : 가업상속공제를 받은 상속인이 상속개시일부터 5년 이내에 정당한 사유 없이 다음의 어느 하나에 해당하면 가업상속공제받은 금액을 상속개시 당시의 상속세 과세가액에 산입하여 상속세를 부과한다. 이 경우 이자상당액을 그 부과하는 상속세에 가산한다. 　㉠ 가업용 자산의 100분의 40 이상을 처분한 경우 　㉡ 해당 상속인이 가업에 종사하지 아니하게 된 경우 　㉢ 주식등을 상속받은 상속인의 지분이 감소한 경우 　㉣ 다음에 모두 해당하는 경우 　　ⓐ 상속개시일부터 5년간 정규직 근로자 수의 전체 평균이 상속개시일이 속하는 소득세 과세기간 또는 법인세 사업연도의 직전 2개 소득세 과세기간 또는 법인세 사업연도의 정규직근로자 수의 평균의 100분의 90에 미달하는 경우 　　ⓑ 상속개시일부터 5년간 총급여액의 전체 평균이 상속개시일이 속하는 소득세 과세기간 또는 법인세 사업연도의 직전 2개 소득세 과세기간 또는 법인세 사업연도의 총급여액의 평균의 100분의 90에 미달하는 경우

구분	내용

영농상속 공제	① 공제대상 : 거주자의 사망으로 상속이 개시되는 경우로서 대통령령으로 정하는 영농[양축, 영어 및 영림 포함]의 상속(이하 "영농상속")에 해당하는 경우에는 영농상속 재산가액에 상당하는 금액(30억원을 한도로 한다)을 상속세 과세가액에서 공제한다.
	② 피상속인 요건 : 피상속인이 다음의 요건을 모두 갖춘 경우
	  ㉠ 상속개시일 8년 전부터 계속하여 직접 영농에 종사(영농법인의 경우는 기업경영)할 것
	  ㉡ 농지·초지·산림지(이하 "농지등")가 소재하는 시·군·구, 그와 연접한 시·군·구 또는 해당 농지등으로부터 직선거리 30km 이내에 거주할 것
	③ 상속인 요건 : 상속인이 다음의 요건을 충족하는 경우 또는 영농, 영어 및 임업후계자인 경우
	  ㉠ 상속개시일 현재 18세 이상일 것
	  ㉡ 상속개시일 2년 전부터 계속하여 직접 영농에 종사 할 것. 다만, 피상속인이 65세 이전에 사망하거나 천재지변 및 인재 등 부득이한 사유로 사망한 경우에는 그렇지 않다.
	  ㉢ 농지·초지·산림지(이하 "농지등")가 소재하는 시·군·구, 그와 연접한 시·군·구 또는 해당 농지등으로부터 직선거리 30km 이내에 거주할 것
	  ㉣ 영농법인의 경우 : 상속개시일 2년 전부터 계속하여 해당 기업에 종사한 경우로서 상속세 과세표준 신고기한까지 임원으로 취임하고, 상속세 신고기한부터 2년 이내에 대표이사등으로 취임할 것
	④ 사후관리 : 영농상속공제를 받은 상속인이 상속개시일부터 5년 이내에 정당한 사유 없이 다음의 어느 하나에 해당하면 영농상속공제받은 금액을 상속개시 당시의 상속세 과세가액에 산입하여 상속세를 부과한다. 이 경우 이자상당액을 그 부과하는 상속세에 가산한다.
	  ㉠ 영농상속공제 대상인 상속재산을 처분한 경우
	  ㉡ 해당 상속인이 영농에 종사하지 아니하게 된 경우
	⑤ 동일한 상속재산에 대해서는 가업상속공제와 영농상속공제를 동시에 적용하지 아니한다.

금융재산 상속공제	<table><tr><th>순금융재산가액</th><th>공제액</th></tr><tr><td>2천만원 이하</td><td>순금융재산가액</td></tr><tr><td>2천만원 초과</td><td>순금융재산가액 × 20%(최저 2천만원 최대 2억원)</td></tr></table>★ 할증평가대상 최대주주의 주식 및 상속세 신고기한까지 신고하지 아니한 타인명의 금융재산은 제외
재해손실 공제	상속세과세표준 신고기한 이내에 화재·붕괴 및 자연재해 등의 재난으로 인하여 상속재산이 멸실되거나 훼손된 경우 그 손실가액을 상속세 과세가액에서 공제
동거주택 상속공제	다음의 요건을 모두 갖춘 경우에는 상속주택가액(주택부수토지의 가액을 포함하되, 상속개시일 현재 해당 주택 및 주택부수토지에 담보된 피상속인의 채무액을 뺀 가액을 말함)의 100%에 해당하는 금액을 6억원을 한도로 하여 상속세과세가액에서 공제함 동거주택상속공제 : Min[①, ②] ① (상속주택가액 - 상속개시일 현재 주택에 담보된 피상속인의 채무) × 100% ② 한도 : 6억원 ① 피상속인과 상속인(직계비속 및 직계비속의 사망 등으로 대습상속을 받아 상속인이 된 그 직계비속의 배우자인 경우로 한정함)이 상속개시일부터 소급하여 10년 이상 (상속인이 미성년자인 기간은 제외) 하나의 주택에서 동거할 것 ② 상속개시일부터 소급하여 10년 이상 계속하여 소득세법에 따른 1세대 1주택(고가주택 포함)에 해당할 것 ③ 상속개시일 현재 무주택자이거나 피상속인과 공동으로 1세대 1주택을 보유한 자로서 피상속인과 동거한 상속인이 상속받은 주택

(3) 감정평가수수료 공제

공제대상 감정평가수수료	한도액
① 감정평가업자의 평가에 따른 수수료 ② 서화·골동품의 평가에 따른 수수료	500만원
③ 신용평가전문기관의 비상장주식 평가수수료	평가대상 법인 수 및 평가기관의 수 별로 각각 1천만원

10 상속세액의 계산

(1) 상속세 산출세액

구 분	내 용	
① 세율	과세표준	세 율
	1억원 이하	과세표준의 10%
	1억원 초과 5억원 이하	1천만원 + 1억원을 초과하는 금액의 20%
	5억원 초과 10억원 이하	9천만원 + 5억원을 초과하는 금액의 30%
	10억원 초과 30억원 이하	2억4천만원 + 10억원을 초과하는 금액의 40%
	30억원 초과	10억4천만원 + 30억원을 초과하는 금액의 50%
② 세대생략 할증과세	상속인이나 수유자가 피상속인의 자녀를 제외한 직계비속인 경우에는 상속세 산출세액에서 다음의 금액을 가산함(단, 민법에 따른 대습상속의 경우는 제외) $$\text{산출세액} \times \frac{\text{그 상속인이나 수유자가 받았거나 받을 재산}}{\text{총상속재산가액 + 상속인 또는 수유자가 받은 증여재산가액}} \times 30\%^*$$ * 피상속인의 자녀를 제외한 직계비속이면서 미성년자에 해당하는 상속인 또는 수유자가 받았거나 받을 상속재산의 가액이 20억원을 초과하는 경우에는 40%로 한다.	

(2) 세액공제

구 분	내 용			
증여 세액공제	상속재산에 가산한 증여재산가액이 있는 경우에는 이중과세를 조정하기 위하여 그 증여재산에 대한 증여당시의 산출세액을 공제함(단, 상속세 과세가액에 가산하는 증여재산에 대하여 제척기간의 만료로 인하여 증여세가 부과되지 않은 경우와 상속세 과세가액이 5억원 이하인 경우에는 적용배제)			
외국납부 세액공제	외국에 있는 상속재산에 대하여 외국의 상속세를 부과받은 경우에는 해당 세액을 상속세 산출세액에서 공제함			
단기 재상속에 대한 세액공제	상속개시 후 10년 이내에 상속인이나 수유자의 사망으로 다시 상속이 개시되는 경우에는 전(前)의 상속세가 부과된 상속재산(상속재산에 가산하는 증여재산 중 상속인이나 수유자가 받은 증여재산을 포함함) 중 재상속되는 상속재산에 대한 전의 상속세 상당액을 상속세산출세액에서 공제함			
	재상속기간	공제율	재상속기간	공제율
	1년 이내	100%	6년 이내	50%
	2년 이내	90%	7년 이내	40%
	3년 이내	80%	8년 이내	30%

| | 4년 이내 | 70% | 9년 이내 | 20% |
| | 5년 이내 | 60% | 10년 이내 | 10% |

* 단기재상속세액공제액은 상속세 산출세액에서 증여세액공제 및 외국납부세액공제액을 차감한 금액을 한도로 함

| 신고세액공제 | 상속세 신고기한까지 과세표준신고를 한 경우

신고세액공제 = (산출세액 − 징수유예세액 − 공제·감면세액) × 3%

* 신고세액공제는 신고기한 이내에 신고를 한 자에 대하여 적용하는 것이므로 신고한 과세표준에 대한 납부세액을 자진납부하지 않은 경우에도 신고세액공제는 적용됨 |

(3) 지정문화유산 등 NEW 에 대한 상속세의 징수유예
(2024.5.17.부터 '문화재' → '문화유산' 명칭변경)

구 분	내 용
징수유예 대상재산	납세지 관할세무서장은 상속재산 중 다음의 어느 하나에 해당하는 재산이 포함되어 있는 경우에는 그 재산가액에 상당하는 상속세액의 징수를 유예한다. ① 문화유산자료등 : 문화유산의 보존 및 활용에 관한 법률자료 및 국가등록문화유산와 문화유산보호구역에 있는 토지 ② 박물관자료등 : 박물관자료 또는 미술관자료로서 같은 법에 따른 박물관 또는 미술관에 전시 중이거나 보존 중인 재산 ③ 국가지정문화유산등 : 국가지정문화유산 및 시·도지정문화유산과 같은 법에 따른 보호구역에 있는 토지 ④ 천연기념물등 NEW : 천연기념물·명승 및 시·도자연유산과 보호구역에 있는 토지
징수 유예세액	징수유예세액 = 산출세액 × $\dfrac{문화유산자료등의\ 가액}{총상속재산가액 + 상속재산에\ 가산하는\ 증여재산가액}$
사후관리	납세지 관할세무서장은 문화유산자료 등을 상속받은 상속인 또는 수유자가 이를 유상으로 양도하거나 박물관의 폐관 등 사유로 박물관자료를 인출하는 경우에는 즉시 그 징수유예한 상속세를 징수하여야 함
부과철회	납세지 관할세무서장은 징수유예 기간에 문화유산자료 등이나 박물관자료를 소유하고 있는 상속인 또는 수유자의 사망으로 다시 상속이 개시되는 경우에는 그 징수유예한 상속세액의 부과결정을 철회하고 그 철회한 상속세액을 다시 부과하지 아니함
담보제공	① 징수유예를 받으려는 자는 그 유예할 상속세액에 상당하는 담보를 제공하여야 한다. ② 위 ①에도 불구하고 국가지정문화유산등에 대한 상속세를 징수유예 받으려는 자는 그 유예할 상속세액에 상당하는 담보를 제공하지 아니할 수 있다. ③ 위 ②에 따라 납세담보를 제공하지 아니한 자는 매년 말 관할 세무서장에게 국가지정문화유산등의 보유현황을 제출하여야 하며, 관할 세무서장은 보유현황의 적정성을 점검하여야 한다. ④ 위 ②에 따라 납세담보를 제공하지 아니한 자가 국가지정문화유산등을 유상으로 양도할 때에는 국가지정문화유산등을 양도하기 7일 전까지 그 사실을 관할 세무서장에게 신고하여야 한다.

CHAPTER 02 증여세

1 증여세의 과세방법 - 완전포괄주의

구 분	내 용
민법상 증여	민법에 따른 증여란 당사자 일방이 자기의 재산을 무상으로 상대방에게 수여하는 의사를 표시하고 상대방이 이를 승낙함으로써 효력이 발생하는 계약행위를 말함
상속세 및 증여세법상 증여	상속세 및 증여세법에 의해 과세대상이 되는 '증여'란 열거에 의한 일정한 행위에 국한되지 않고 증여의 성격에 부합되는 모든 거래를 포괄하는 이른바 **'완전포괄주의'**에 의한 적용을 하고 있음

2 증여세의 과세대상

수증자*	과세대상
(1) 거주자 또는 비영리내국법인	증여받은 국내·외 모든 재산(무제한납세의무)
(2) 비거주자 또는 비영리외국법인	증여재산 중 국내에 소재하는 모든 재산(제한납세의무)

*수증자가 영리법인인 경우에는 증여세의 납세의무가 없음

3 증여세의 납세의무

구 분	내 용
본래의 납세의무	① 수증자는 증여세를 납부할 의무가 있다. ② 위 ①에도 불구하고 명의신탁재산 증여의제규정에 따라 재산을 증여한 것으로 보는 경우(명의자가 영리법인인 경우를 포함)에는 실제소유자가 해당 재산에 대하여 증여세를 납부할 의무가 있다.
명의신탁재산에 대한 물적납세의무	실제소유자가 명의신탁재산 증여의제규정에 따른 증여세·가산금 또는 체납처분비를 체납한 경우에 그 실제소유자의 다른 재산에 대하여 체납처분을 집행하여도 징수할 금액에 미치지 못하는 경우에는 「국세징수법」에서 정하는 바에 따라 명의자에게 증여한 것으로 보는 재산으로써 납세의무자인 실제소유자의 증여세·가산금 또는 체납처분비를 징수할 수 있다.
법인 아닌 단체	① 국세기본법에 따른 법인으로 보는 단체에 해당하는 경우 : 비영리법인 ② 위 외의 경우 : 거주자 또는 비거주자
수증자가 자력을 상실한 경우의 증여세 면제	다음의 증여규정에 해당하는 경우로서 수증자가 증여세를 납부할 능력이 없다고 인정되는 경우로서 체납처분을 하여도 증여세에 대한 조세채권을 확보하기 곤란한 경우에는 그에 상당하는 증여세의 일부 또는 전부를 면제함 ① 저가양수·고가양도에 따른 이익의 증여 ② 채무면제 등에 따른 이익의 증여 ③ 부동산 무상사용에 따른 이익의 증여 ④ 금전무상대출 등에 따른 이익의 증여
증여자의 연대납세의무	① 수증자의 주소나 거소가 분명하지 아니한 경우로서 조세채권을 확보하기 곤란한 경우 ② 증여세를 납부할 능력이 없다고 인정되는 경우로서 체납으로 인하여 체납처분을 하여도 조세채권을 확보하기 곤란한 경우 ③ 수증자가 비거주자인 경우

> **참고** 소득과세에 대한 증여세 배제
> ① 증여재산에 대하여 수증자에게 「소득세법」에 따른 소득세 또는 「법인세법」에 따른 법인세가 부과되는 경우에는 증여세를 부과하지 아니한다. 소득세 또는 법인세가 「소득세법」, 「법인세법」 또는 다른 법률에 따라 비과세되거나 감면되는 경우에도 또한 같다.
> ② 그러나 초과배당에 따른 이익의 증여 등 일정한 규정에 있어서는 예외적으로 소득세 또는 법인세의 과세와 증여세가 함께 이루어지는 경우도 있다.

4 관할관청

구 분	내 용
원 칙	수증자의 주소지(주소지가 없거나 분명하지 않은 경우에는 거소지)를 관할하는 세무서장
예 외	① 다음 중 어느 하나에 해당하는 경우 : 증여자의 주소지를 관할하는 세무서장 　㉠ 수증자가 비거주자인 경우 　㉡ 수증자의 주소 및 거소가 분명하지 않은 경우 　㉢ 명의신탁재산 증여의제규정에 따라 재산을 증여한 것으로 보는 경우 ② 다음 중 어느 하나에 해당하는 경우 : 증여재산의 소재지를 관할세무서장 　㉠ 수증자와 증여자가 모두 비거주자인 경우 　㉡ 수증자와 증여자 모두의 주소 또는 거소가 분명하지 아니한 경우 　㉢ 수증자가 비거주자이거나 주소 또는 거소가 분명하지 아니하고, 증여자가 법령에 따라 의제된 경우

5 증여세 과세가액 계산

(1) 증여재산가액

구 분	내 용
기본원칙	수증자에게 귀속되는 재산으로서 금전으로 환산할 수 있는 경제적 가치가 있는 모든 물건과 재산적 가치가 있는 법률상 또는 사실상의 모든 권리 및 금전으로 환산할 수 있는 모든 경제적 이익의 가액
상속재산의 협의분할	① 최초의 협의분할 : 법정상속분을 초과하더라도 그 초과취득분에 대하여는 상속재산의 분할에 해당하므로 증여세를 과세하지 아니함 ② 재분할 : 상속개시 후 상속재산에 대하여 등기·등록·명의개서 등에 의하여 각 상속인의 상속분이 확정된 상태에서 공동상속인 간의 협의에 의한 재분할로 특정 상속인이 당초 상속분을 초과하여 취득하는 재산가액에 대하여는 다음의 기준에 따라 증여세 과세여부를 판단함 　ⓐ 상속세 과세표준 신고기한 이내에 재분할 : 증여세 과세하지 않음 　ⓑ 상속세 과세표준 신고기한이 경과한 후 재분할 : 증여세가 과세됨 　ⓒ 당초 상속재산의 재분할에 대하여 무효 또는 취소 등 정당한 사유가 있는 경우 : 증여세가 과세되지 않음

증여받은 재산의 반환 및 재증여	반환 또는 재증여시기	당초 증여분	반환 또는 재증여
	① 증여세 신고기한 이내	증여세 ×	증여세 ×
	② 증여세 신고기한 경과 후 3개월 이내	증여세 ○	증여세 ×
	③ 증여세 신고기한 경과 후 3개월 경과 후	증여세 ○	증여세 ○
	④ 금전(시기불문)	증여세 ○	증여세 ○

(2) 합산대상증여재산가액

구 분	내 용
개 요	해당 증여일 전 10년 이내에 동일인(직계존속의 배우자 포함)으로부터 받은 증여재산가액을 합친 금액이 1천만원 이상인 경우에는 그 재산가액을 해당 증여재산가액에 합산하여 증여세를 과세함
이중과세조정	증여세과세가액에 가산하는 증여재산가액이 있는 경우에는 그 증여재산에 대한 당초의 증여세 산출세액은 이중과세를 방지하기 위하여 납부세액에서 공제함
합산배제 증여재산	① 전환사채 등의 주식전환 등에 따른 이익의 증여 ② 주식 또는 출자지분의 상장 등에 따른 이익의 증여 ③ 합병에 따른 상장 등 이익의 증여 ④ 재산가치의 증가에 따른 이익의 증여 ⑤ 명의신탁재산증여의제 ⑥ 특수관계법인과의 거래를 통한 이익의 증여의제 ⑦ 특수관계법인으로부터 제공받은 사업기회로 발생한 이익의 증여의제

(3) 비과세재산가액

① 국가나 지방자치단체로부터 증여받은 재산의 가액
② 내국법인의 종업원으로서 우리사주조합에 가입한 자가 해당 법인의 주식을 우리사주조합을 통하여 취득한 경우로서 그 조합원이 소액주주의 기준에 해당하는 경우 그 주식의 취득가액과 시가의 차액으로 인하여 받은 이익에 상당하는 가액
③ 정당법에 따른 정당이 증여받은 재산의 가액
④ 근로복지기본법에 따른 사내근로복지기금이나 그 밖에 이와 유사한 단체가 증여받은 재산의 가액
⑤ 사회통념상 인정되는 이재구호금품, 치료비, 피부양자의 생활비, 교육비, 그 밖에 이와 유사한 것
⑥ 신용보증기금법에 따라 설립된 신용보증기금이나 그 밖에 이와 유사한 단체가 증여받은 재산의 가액
⑦ 국가·지방자치단체 또는 공공단체가 증여받은 재산의 가액
⑧ 장애인, 상이자 및 항상 치료를 요하는 중증환자를 수익자로 한 보험의 보험금(연간 4천만원 한도)
⑨ 국가유공자의 유족이나 의사자의 유족이 증여받은 성금 및 물품 등 재산의 가액
⑩ 비영리법인의 설립근거가 되는 법령의 변경으로 비영리법인이 해산되거나 업무가 변경됨에 따라 해당 비영리법인의 재산과 권리·의무를 다른 비영리법인이 승계받은 경우 승계받은 해당 재산의 가액

(4) 과세가액불산입액

1) 공익법인 관련 과세가액불산입

구 분	내 용
공익법인 등이 출연받은 재산	공익법인 등이 출연받은 재산의 가액은 증여세 과세가액에 산입하지 아니함
공익신탁재산	증여재산 중 증여자가 공익신탁을 통하여 공익법인 등에 출연하는 재산의 가액은 증여세과세가액에 산입하지 아니함

2) 장애인이 증여받은 재산에 대한 과세가액불산입

구 분	내 용
자익신탁	장애인이 재산을 증여받고 그 재산을 본인을 수익자로 하여 신탁한 경우로서 해당 신탁이 다음의 요건을 모두 충족하는 경우에는 그 증여받은 재산가액은 증여세 과세가액에 산입하지 아니한다. ① 「자본시장과 금융투자업에 관한 법률」에 따른 신탁업자에게 신탁되었을 것 ② 그 장애인이 신탁의 이익 전부를 받는 수익자일 것 ③ 신탁기간이 그 장애인이 사망할 때까지로 되어 있을 것. 다만, 장애인이 사망하기 전에 신탁기간이 끝나는 경우에는 신탁기간을 장애인이 사망할 때까지 계속 연장하여야 한다.

타익신탁	타인이 장애인을 수익자로 하여 재산을 신탁한 경우로서 해당 신탁이 다음의 요건을 모두 충족하는 경우에는 장애인이 증여받은 그 신탁의 수익은 증여세 과세가액에 산입하지 아니한다.
	① 신탁업자에게 신탁되었을 것
	② 그 장애인이 신탁의 이익 전부를 받는 수익자일 것
	③ 다음의 내용이 신탁계약에 포함되어 있을 것
	  ㉠ 장애인이 사망하기 전에 신탁이 해지 또는 만료되는 경우에는 잔여재산이 그 장애인에게 귀속될 것
	  ㉡ 장애인이 사망하기 전에 수익자를 변경할 수 없을 것
	  ㉢ 장애인이 사망하기 전에 위탁자가 사망하는 경우에는 신탁의 위탁자 지위가 그 장애인에게 이전될 것

한 도	과세가액불산입액 = Min[①+②, **5억원**] ① 자익신탁의 경우 그 증여받은 재산가액 ② 타익신탁 원본의 가액
사후관리	세무서장등은 재산을 증여받아 자익신탁을 설정한 장애인이 다음 어느 하나에 해당하면 해당 재산가액을 증여받은 것으로 보아 즉시 증여세를 부과한다. 다만, 부득이한 사유가 있거나 장애인 본인의 의료비 등의 용도로 신탁원본을 인출하여 원본이 감소한 경우에는 그러하지 아니하다. ① 신탁이 해지 또는 만료된 경우(단, 해지 또는 만료일부터 1개월 이내에 신탁에 다시 가입한 경우는 제외) ② 신탁기간 중 수익자를 변경한 경우 ③ 신탁의 이익 전부 또는 일부가 해당 장애인이 아닌 자에게 귀속되는 것으로 확인된 경우 ④ 신탁원본이 감소한 경우

(5) 부담부증여시 채무인수액

구 분	내 용
일반적인 부담부증여	부담부증여에 의하여 수증자가 증여자의 채무를 인수한 경우에는 증여재산가액에서 수증자가 인수한 채무를 차감한 금액을 증여세 과세가액으로 하되, 이 경우 증여재산가액에서 차감되는 채무액은 증여자가 양도한 것으로 보아 증여자에게 양도소득세가 과세됨
배우자 또는 직계존비속간의 부담부증여	① 원칙 : 배우자 또는 직계존비속간에는 채무의 인수조건이 허위일 개연성이 높기 때문에 이를 부담부증여로 인정하지 아니함. 따라서 채무인수액을 차감하지 않은 전액을 증여재산가액으로 추정함 ② 예외 : 국가·지방자치단체·금융기관의 채무 및 기타의 자에 대한 채무로서 증빙에 의하여 수증자가 실제로 부담한 사실이 객관적으로 인정되는 것인 경우에는 이를 부담부증여로 인정함

6 증여세 과세표준의 계산

(1) 증여공제

구 분	내 용
증여재산공제	① 합산기간(10년) 동안의 각 그룹별 공제한도 | 증여자	증여재산공제액
[1그룹] 배우자	6억원
[2그룹] 직계존속 (미성년자가 직계존속으로부터 증여를 받은 경우)	5,000만원 (2,000만원)
[3그룹] 직계비속	5,000만원

[4그룹] 6촌 이내의 혈족, 4촌 이내의 인척	1,000만원 |
	
	② 합산배제증여재산에 대하여는 합산배제증여재산별 3천만원의 증여세액공제를 적용한다. 다만, 합산배제 증여재산 중 다음에 해당하는 증여의제에 대하여는 증여재산공제를 배제한다.
	  ㉠ 명의신탁재산 증여의제
	  ㉡ 특수관계법인과의 거래를 통한 이익의 증여의제
	  ㉢ 특수관계법인으로부터 제공받은 사업기회로 발생한 이익의 증여의제

혼인·출산 증여재산 공제 NEW	① **혼인증여재산공제** : 거주자가 직계존속으로부터 혼인일(혼인관계증명서상 신고일) 전후 2년 이내에 증여를 받는 경우에는 증여재산공제(5천만원)와 별개로 1억원을 증여세 과세가액에서 공제한다. ② **출산증여재산공제** : 거주자가 직계존속으로부터 자녀의 출생일(출생신고서상 출생일) 또는 입양일(입양신고일)부터 2년 이내에 증여를 받는 경우에는 증여재산공제(5천만원)와 별도로 1억원을 증여세 과세가액에서 공제한다. ③ 혼인 및 출산 증여재산공제액 통합한도(1억원) : 위 ①과 ②에 따라 증여세 과세가액에서 공제받았거나 받을 금액을 합한 금액이 1억원을 초과하는 경우에는 그 초과하는 부분은 공제하지 아니한다. ④ 적용배제 : 증여예시, 증여추정 및 증여의제에 해당하는 증여재산에 대해서는 위 ① 또는 ②의 공제를 적용하지 아니한다.

혼인·출산 증여재산 공제 NEW	⑤ 혼인증여재산공제의 사후관리 　㉠ 거주자가 혼인증여재산공제를 받은 후 다음 중 어느 하나에 해당하는 부득이한 사유가 발생하여 해당 증여재산을 그 사유가 발생한 달의 말일부터 3개월 이내에 증여자에게 반환하는 경우에는 처음부터 증여가 없었던 것으로 본다. 　　ⓐ 약혼자의 사망 　　ⓑ 「민법」에 따른 약혼해제 사유 　　ⓒ 그 밖에 혼인할 수 없는 중대한 사유로서 국세청장이 인정하는 사유 　㉡ 혼인 전에 혼인증여재산공제를 받은 거주자가 증여일부터 2년 이내에 혼인하지 아니한 경우로서 증여일부터 2년이 되는 날이 속하는 달의 말일부터 <u>3개월</u>이 되는 날까지 「국세기본법」에 따른 수정신고 또는 기한 후 신고를 한 경우에는 신고불성실가산세의 전부 또는 일부를 부과하지 아니하되, 대통령령으로 정하는 바에 따라 계산한 이자상당액을 증여세에 가산하여 부과한다. 　㉢ 혼인증여재산공제를 받은 거주자가 혼인이 무효가 된 경우로서 혼인무효의 소에 대한 판결이 확정된 날이 속하는 달의 말일부터 <u>3개월</u>이 되는 날까지 「국세기본법」에 따른 수정신고 또는 기한 후 신고를 한 경우에는 신고불성실가산세의 전부 또는 일부를 부과하지 아니하되, 이자상당액을 증여세에 가산하여 부과한다.
재해손실공제	증여세 신고기한 이내에 화재·붕괴 및 자연재해 등의 재난으로 인하여 증여재산이 멸실되거나 훼손된 경우

(2) 감정평가수수료 공제

공제대상 감정평가수수료	한도액
① 감정평가업자의 평가에 따른 수수료	500만원
② 신용평가전문기관의 비상장주식 평가수수료	평가대상 법인 수 및 평가기관의 수 별로 각각 1천만원

7 증여세액의 계산

(1) 산출세액

구 분	내 용
① 세율	상속세의 세율과 동일함(단, 증여자의 최근친인 직계비속이 사망하여 그 사망한 자의 최근친인 직계비속이 증여받은 경우에는 그러하지 아니한다.)
② 세대생략 할증과세	수증자가 증여자의 자녀가 아닌 직계비속인 경우는 다음의 금액을 산출세액에 가산함 직계비속에 대한 증여시 할증세액 = 산출세액 × 30%* * 수증자가 증여자의 자녀가 아닌 직계비속이면서 미성년자인 경우로서 증여재산가액(합산대상 증여재산가액 중 부모를 제외한 직계존속으로부터 증여받은 재산 포함)이 20억원을 초과하는 경우에는 40%

(2) 세액공제

구 분	내 용
기납부세액공제	증여세과세가액에 가산한 증여재산가액(합산대상증여재산가액)에 대하여 납부하였거나 납부할 증여세액은 증여세 산출세액에서 공제함
외국납부 세액공제	거주자가 타인으로부터 재산을 증여받은 경우로서 외국에 있는 증여재산에 대하여 외국의 증여세를 부과받은 경우
신고세액공제	증여세 신고기한까지 과세표준신고를 한 경우 신고세액공제 = (산출세액* − 징수유예세액 − 공제·감면세액) × 3% * 신고한 과세표준에 대한 납부세액을 자진납부하지 않은 경우에도 신고세액공제는 적용됨

8 특수한 경우의 증여문제

(1) 증여의 유형별 예시

구 분	내 용
신탁이익	신탁계약에 의하여 위탁자가 타인을 신탁의 이익을 받을 수익자로 지정한 경우에는 해당 신탁의 이익을 받을 권리의 가액을 수익자의 증여재산가액으로 한다.
보험금	생명보험·손해보험에서 보험금 수령인과 보험료의 납부자가 다른 경우에는 보험사고가 발생한 경우에 보험금 상당액을 보험금 수령인의 증여재산가액으로 함
특수관계인간 저가양수· 고가양도	특수관계인으로부터 재산을 저가로 양수하거나 특수관계인에게 재산을 고가로 양도한 경우 그 이익을 얻은 자의 증여재산가액으로 함
특수관계인이 아닌 자 간의 양수·양도	특수관계인이 아닌 자 간에 재산을 양수·양도한 경우에는 양수·양도한 재산의 '시가−대가'가 시가의 30% 이상 차이가 나는 경우에 해당하면 '시가와 대가와의 차액'에서 3억원을 차감한 금액을 그 이익을 얻은 자의 증여재산가액으로 추정함
채무면제 등	채권자로부터 채무를 면제받거나 제3자로부터 채무의 인수 또는 변제를 받은 경우에는 그 이익을 얻은 자의 증여재산가액으로 함
부동산 무상사용	특수관계인의 부동산을 무상사용함에 따라 이익을 얻은 경우(무상사용의 이익이 1억원 이상인 경우)에는 해당 이익을 부동산 무상사용자의 증여재산가액으로 함

부동산 무상담보이용	타인의 부동산을 무상으로 담보로 이용하여 금전 등을 차입함에 따라 이익을 얻은 경우에는 그 부동산 담보 이용을 개시한 날을 증여일로 하여 그 이익에 상당하는 금액을 부동산을 담보로 이용한 자의 증여재산가액으로 한다. 다만, 그 이익에 상당하는 금액이 1억원 미만인 경우는 제외한다.
불공정 자본거래	특수관계인간 특정 법인의 합병, 증자, 감자 및 현물출자 등으로 통해 다른 특수관계인에게 이익을 분여한 경우 그 이익에 상당하는 금액은 해당 이익을 얻은 주주의 증여재산가액으로 함
전환사채 등의 주식전환	전환사채 등을 저가로 인수·취득하거나, 전환사채 등을 주식으로 전환하는 경우 및 전환사채 등을 고가로 양도하는 경우 등의 방법으로 특수관계에 있는 자로부터 직접 또는 간접적으로 얻은 이익은 이를 그 이익을 얻은 자의 증여재산가액으로 함
금전무상대부	타인으로부터 금전을 무상 또는 적정 이자율보다 낮은 이자율로 대출받은 경우에는 그 무상 또는 낮은 이자율로 대출받아 얻은 이익(1천만원 미만 제외)을 그 금전을 대출받은 자의 증여재산가액으로 함
주식 또는 출자지분의 상장	기업의 최대주주 등(비공개정보이용가능자)과 특수관계에 있는 자가 최대주주 등으로부터 해당 법인의 주식을 증여·취득한 경우에 증여·취득한 날부터 5년 이내에 그 주식 등이 상장됨에 따라 그 가액이 증가한 경우 그 이익에 상당하는 금액을 그 이익을 얻은 자의 증여재산가액으로 함
합병에 따른 상장	최대주주 등과 특수관계에 있는 자가 최대주주 등으로부터 해당 법인의 주식을 증여·유상으로 취득한 경우에 그 주식 등을 증여·취득한 날부터 5년 이내에 그 법인이나 다른 법인이 특수관계에 있는 주권상장법인과 합병됨에 따라 그 가액이 증가한 경우 그 이익에 상당하는 금액을 그 이익을 얻은 자의 증여재산가액으로 함
초과배당에 따른 이익의 증여	① 법인이 이익이나 잉여금을 배당 또는 분배하는 경우로서 그 법인의 최대주주등이 본인이 지급받을 배당등의 금액의 전부 또는 일부를 포기하거나 본인이 보유한 주식등에 비례하여 균등하지 아니한 조건으로 배당등을 받음에 따라 그 최대주주등의 특수관계인이 본인이 보유한 주식등에 비하여 높은 금액의 배당등을 받은 경우에는 '소득과세에 대한 증여세 배제' 규정에도 불구하고 법인이 배당 또는 분배한 금액을 지급한 날을 증여일로 하여 초과배당금액에서 해당 초과배당금액에 대한 소득세 상당액을 공제한 금액을 그 최대주주등의 특수관계인의 증여재산가액으로 한다. ② 위 ①에 따른 증여재산가액의 증여세 과세표준의 신고기한은 초과배당금액이 발생한 연도의 다음 연도 5월 1일부터 5월 31일(성실신고확인서를 제출한 성실신고확인대상 사업자는 6월 30일)까지로 한다.
법인의 조직변경 등에 따른 이익의 증여	주식의 포괄적 교환 및 이전, 사업의 양수·양도, 사업 교환 및 법인의 조직 변경 등에 의하여 소유지분이나 그 가액이 변동됨에 따라 이익을 얻은 경우에는 그 이익에 상당하는 금액(소유지분이나 그 가액의 변동 전·후 재산의 평가차액)을 그 이익을 얻은 자의 증여재산가액으로 한다. 다만, 그 이익에 상당하는 금액이 변동 전 해당 재산가액의 30% 또는 3억원 미만인 경우는 제외한다.
그 밖의 이익의 증여	위 외의 거래로서 우회적인 방법을 통하여 당사자간 일정한 재산적 이익이 직·간접적으로 이전된 경우에는 해당 이익을 그 이익을 얻은 자의 증여재산가액으로 함

(2) 증여의제

① 명의신탁재산의 증여의제

구 분	내 용
적용대상	권리의 이전이나 그 행사에 등기·등록·명의개서를 필요로 하는 재산(토지·건물은 제외)의 실제소유자와 명의자가 다른 경우에는 국세기본법에 따른 실질과세원칙에 불구하고 그 명의자로 등기 등을 한 날에 그 재산의 가액을 실제소유자가 명의자에게 증여한 것으로 의제함

적용조건	① 권리의 이전에 있어서 등기 등이 필요한 재산(토지 및 건물을 제외)
	② 소유권에 대한 실질 소유자와 명의자 상이
	③ 조세회피목적의 명의신탁
	   ㉠ 조세회피목적의 판단기준 : 조세회피여부를 판단하는 조세의 범위를 국세 및 지방세와 관세를 말하고, 조세회피목적이 있었는지 여부에 대해서는 실질적으로 조세를 회피한 사실이 있는 경우뿐만 아니라 조세회피의 개연성이 있는 경우까지를 포함하여 판단
	   ㉡ 조세회피목적이 있는 것으로 추정
	   ㉢ 명의신탁에 있어서 조세회피의 목적이 없었다는 점에 관한 입증책임은 이를 주장하는 명의자에게 있음

적용배제	① 조세회피목적 없이 타인의 명의로 재산의 등기 등을 하거나 소유권을 취득한 실제 소유자 명의로 명의개서를 하지 아니한 경우 ② 자본시장과 금융투자업에 관한 법률에 따른 신탁재산인 사실의 등기 등을 하는 경우 ③ 비거주자가 법정대리인 또는 재산관리인의 명의로 등기를 하는 경우
증여세 과세표준	명의신탁재산증여의제이익은 증여재산공제가 적용될 수 없으므로 증여의제이익에서 감정평가수수료공제만을 차감한 금액을 과세표준으로 함
증여의제 시기	① 타인명의 등기·등록·명의개서를 한 경우 : 그 명의자로 등기 등을 한 날 ② 명의개서 대상 주식 등을 취득한자가 명의개서를 불이행 한 경우 : 소유권취득일이 속하는 해의 다음해 말일의 다음날
증여세 납세의무자	① 주된 납세의무자 : 실제소유자가 해당 재산에 대하여 증여세를 납부할 의무가 있다. ② 물적 납세의무자 : 실제소유자가 명의신탁재산 증여의제규정에 따른 증여세·가산금 또는 강제징수비를 체납한 경우에 그 실제소유자의 다른 재산에 대하여 체납처분을 집행하여도 징수할 금액에 미치지 못하는 경우에는 「국세징수법」에서 정하는 바에 따라 명의자에게 증여한 것으로 보는 재산으로써 납세의무자인 실제소유자의 증여세·가산금 또는 강제징수비를 징수할 수 있다.

② 특수관계법인과의 거래를 통한 이익의 증여의제

구 분	내 용
개 요	상속세 및 증여세법은 법인이 해당 법인의 지배주주와 그 친족이 출자한 법인에게 일감을 몰아주는 방법을 통한 출자법인의 주식가치 상승에 따른 지배주주 등에 대한 우회적인 증여를 과세하기 위하여 이에 대한 증여의제의 규정을 두고 있다.
적용요건	(1) 수혜법인(일감을 받은 법인) | 구 분	내 용
중소기업 또는 중견기업	법인의 사업연도 매출액 중에서 그 법인의 지배주주와 특수관계에 있는 법인(특수관계법인)에 대한 매출액이 차지하는 비율(특수관계법인거래비율)이 정상거래비율(중소기업은 50% 중견기업의 경우는 40%)를 초과하는 내국법인
이 외의 기업	다음의 어느 하나에 해당하는 경우 ① 특수관계법인 거래비율이 정상거래비율(30%)을 초과하는 경우 ② 특수관계법인거래비율이 정상거래비율(30%)의 3분의 2를 초과하는 경우로서 특수관계법인에 대한 매출액이 1,000억원을 초과하는 경우 | (2) 지배주주(수혜법인의 최대주주 등) '지배주주'란 수혜법인의 사업연도 종료일을 기준으로 다음 중 어느 하나에 해당하는 자를 말한다. ① 수혜법인의 최대주주 중에서 직접보유비율이 가장 높은 자가 개인인 경우 : 그 개인 ② 수혜법인의 최대주주 중에서 직접보유비율이 가장 높은 자가 법인인 경우 : 수혜법인에 대한 직접보유비율과 간접보유비율을 합하여 그 비율이 가장 높은 개인 (3) 특수관계법인 : '특수관계법인'이란 수혜법인의 지배주주와 특수관계에 있는 자를 말한다. (4) 증여의제 과세대상자 : 수혜법인의 지배주주와 그 지배주주의 친족으로서 수혜법인의 사업연도 종료일을 기준으로 수혜법인에 대한 직접보유비율과 간접보유비율을 합한 비율이 한계보유비율(3%, 수혜법인이 중소기업 또는 중견기업인 경우에는 10%)을 초과하는 주주가 각각 증여세의 납세의무를 진다.
증여의제 이익계산	(1) 증여의제이익의 계산 ① 수혜법인이 중소기업인 경우 증여의제이익 수혜법인의 세후영업이익 × (특수관계거래비율 − 50%) × (주식보유비율 − 10%) ② 수혜법인이 중견기업인 경우 증여의제이익 수혜법인의 세후영업이익 × (특수관계거래비율 − 40% × $\frac{1}{2}$) × (주식보유비율 − 10% × $\frac{1}{2}$) ③ 수혜법인이 중소기업 또는 중견기업에 해당하지 않는 경우 증여의제이익 수혜법인의 세후영업이익 × (특수관계거래비율 − 5%) × 주식보유비율
증여세 과세표준	특수관계법인과의 거래를 통한 증여의제이익은 증여재산공제가 적용될 수 없으므로 증여의제이익에서 감정평가수수료공제만을 차감한 금액을 과세표준으로 한다.
증여의제 시기	증여의제이익은 수혜법인의 사업연도 단위로 계산하고, 수혜법인의 해당사업연도 종료일을 증여시기로 한다.
증여세 신고기한	수혜법인의 법인세법 규정에 따른 과세표준의 신고기한이 속하는 달의 말일부터 3개월이 되는 날

구분	내용
이중과세 조정	① 배당소득에 대한 이중과세조정 : 지배주주 등이 수혜법인의 사업연도 말일부터 증여세 과세표준 신고기한까지 수혜법인 또는 간접출자법인으로부터 배당받은 소득이 있는 경우에는 해당 배당소득으로 과세된 금액 중 증여의제이익에 포함되어 있는 금액을 증여의제이익에서 공제한다. ② 양도소득에 대한 이중과세조정 : 지배주주가 수혜법인 주식을 양도하는 경우에 지배주주에게 과세된 증여의제이익은 양도소득세 과세대상 주식의 취득가액에 합산하여 양도차익을 계산한다.

③ 특수관계법인으로부터 제공받은 사업기회로 발생한 이익의 증여의제

구분	내용
개요	지배주주와 그 친족이 직접 또는 간접으로 보유하는 주식보유비율이 30% 이상인 법인(수혜법인)이 지배주주와 특수관계에 있는 법인(중소기업과 수혜법인 본인의 주식보유비율이 50% 이상인 법인은 제외)으로부터 사업기회를 제공받는 경우*에는 그 사업기회를 제공받은 날(사업기회 제공일)이 속하는 사업연도(개시사업연도)의 종료일에 그 수혜법인의 지배주주 등이 증여의제이익을 증여받은 것으로 본다. * 특수관계법인이 직접 수행하거나 특수관계법인과 특수관계가 아닌 법인이 수행하고 있던 사업기회를 임대차계약, 입점계약 및 이와 유사한 경우로서 기획재정부령으로 정하는 방식으로 제공받는 경우
증여자	사업기회를 제공한 법인
수증자	수혜법인의 지배주주
증여의제 이익	[{(제공받은 사업기회로 인하여 발생한 개시사업연도의 수혜법인의 이익 × 지배주주등의 주식보유비율) − 개시사업연도분의 법인세 납부세액 중 상당액} ÷ 개시사업연도의 월 수 × 12] × 3
증여세 정산	(제공받은 사업기회로 인하여 개시사업연도부터 정산사업연도까지 발생한 수혜법인의 이익합계액 × 주식보유비율) − 개시사업연도분부터 정산사업연도분까지의 법인세 납부세액 중 상당액
배당소득 공제	지배주주 등이 수혜법인의 개시사업연도 말일부터 정산규정에 따른 과세표준 신고기한 종료일까지 수혜법인으로부터 배당받은 소득이 있는 경우에는 다음의 금액을 정산한 증여의제이익에서 공제한다. 다만, 공제 후 금액이 음수인 경우는 '0'으로 본다. $$\text{배당소득} \times \frac{\text{정산된 증여의제이익}}{\text{수혜법인의 배당가능 이익} \times \text{지배주주 등의 수혜법인에 대한 주식보유비율}}$$
주식 보유비율	증여의제이익과 증여세 정산계산시 지배주주 등의 주식보유비율은 개시사업연도 종료일을 기준으로 적용함
증여시기	사업기회를 제공받은 날이 속하는 사업연도 종료일
증여세 신고기간	증여세 과세표준 신고기한은 개시사업연도의 법인세법상 과세표준 신고기한이 속하는 달의 말일부터 3개월이 되는 날까지

④ 특정법인과의 거래를 통한 이익의 증여의제

구 분	내 용
개 요	특정법인(지배주주와 그 친족이 직접 또는 간접으로 보유하는 주식보유비율이 30% 이상인 법인)이 지배주주의 특수관계인에게 이익을 분여하는 <u>특정한 거래</u>를 하는 경우에는 거래한 날을 증여일로 하여 그 특정법인의 이익에 특정법인의 지배주주 등이 직접 또는 간접으로 보유하는 (NEW) 주식보유비율을 곱하여 계산한 금액을 그 특정법인의 지배주주등이 증여받은 것으로 본다.
증여의제 이익	(특정법인[*1]이 거래를 통하여 얻은 이익 - 법인세 해당액[*2]) × 지배주주 및 친족의 보유비율
증여시기	해당 거래일
증여세 신고기간	증여세 과세표준 신고기한은 특정법인의 법인세법상 과세표준 신고기한이 속하는 달의 말일부터 3개월이 되는 날까지

(3) 증여추정재산가액

구 분	내 용
배우자 (직계존비속)에 대한 양도시 증여추정	① 직접양도시 : 배우자 또는 직계존비속에게 양도한 재산은 양도자가 그 재산을 양도한 때에 그 재산의 가액을 배우자 등이 증여받은 것으로 추정하여 이를 배우자 등의 증여재산가액으로 함 ② 우회양도시 : 특수관계에 있는 자에게 양도한 재산을 그 특수관계에 있는 자가 양수일부터 3년 이내에 당초 양도자의 배우자 또는 직계존비속에게 다시 양도한 경우로서 우회양도를 통해 양도소득세가 부당하게 감소한 경우 → 양수자가 그 재산을 양도한 당시의 재산가액을 그 배우자 등이 증여받은 것으로 추정하여 이를 배우자 또는 직계존비속의 증여재산가액으로 함

재산취득자금 및 채무상환자금 증여추정	(1) 적용대상
	  ① 재산취득자금의 증여추정 : 직업, 연령, 소득 및 재산 상태 등으로 볼 때 재산을 자력으로 취득하였다고 인정하기 어려운 경우로서 자금출처로 입증된 금액이 취득가액에 미달하는 경우
	  ② 채무상환자금의 증여추정 : 직업, 연령, 소득, 재산 상태 등으로 볼 때 채무를 자력으로 상환하였다고 인정하기 어려운 경우로서 자금출처가 입증된 금액이 채무의 상환금액에 미달하는 경우
	(2) 증여추정기준금액 : 다음의 판단기준금액에 미달하는 경우에는 이를 증여로 추정하지 아니함
	  판단기준금액 : Min[①, ②]
	  ① 재산취득가액·채무상환금액 × 20%
	  ② 2억원
	(3) 적용배제
	  ① 재산취득일 또는 채무상환일 전 10년 이내에 해당 재산취득자금 또는 해당 채무상환자금의 합계액이 3천만원 이상으로서 연령·직업·재산상태·사회경제적 지위 등을 참작하여 국세청장이 정한 금액 이하인 경우
	  ② 취득자금 또는 상환자금의 출처에 관한 충분한 소명이 있는 경우

CHAPTER 03 상속세 및 증여세의 납세절차

1 과세표준의 신고 및 결정기한

(1) 상속세

구 분	내 용
과세표준 신고기한	상속개시일이 속하는 달의 말일부터 **6개월**(피상속인이나 상속인이 외국에 주소를 둔 경우에는 9개월) 이내
결정기한	상속세 과세표준 신고기한으로부터 **9개월** 이내

(2) 증여세

구 분	내 용
과세표준 신고기한	증여받은 날이 속하는 달의 말일부터 **3개월** 이내
결정기한	증여세 과세표준 신고기한으로부터 **6개월** 이내

2 신고세액의 납부

구 분	내 용
분 납	상속세 또는 증여세의 납부할 금액이 1천만원을 초과하는 경우에는 다음의 금액을 납부기한이 지난 후 2개월 이내에 분할납부할 수 있음 ① 납부할 세액이 1천만원 초과 2천만원 이하인 때 : 1천만원을 초과하는 금액 ② 납부할 세액이 2천만원을 초과하는 때 : 그 세액의 50% 이하의 금액
연부연납	(1) 적용요건 　① 상속세 납부세액 또는 증여세 납부세액이 2천만원을 초과할 것 　② 연부연납신청서를 제출할 것 　③ 연부연납을 신청한 세액에 상당하는 납세담보를 제공할 것 (2) 연부연납기간 　연부연납의 기간은 다음 구분에 따른 기간의 범위에서 해당 납세의무자가 신청한 기간으로 함(단, 각 회분의 분할납부세액이 1천만원을 초과하도록 연부연납기간을 정하여야 함) 상속세 : ① 가업상속재산 : 연부연납 허가일부터 20년 또는 연부연납 허가 후 10년이 되는 날부터 10년 ② 위 ①외의 상속재산 : 연부연납 허가일부터 10년 증여세 : ① 가업승계에 대한 증여세 과세특례를 적용받는 증여재산 : 연부연납 허가일부터 15년 (NEW) ② 위 ①외의 증여재산 : 연부연납 허가일부터 5년

연부연납	**(3) 연부연납절차**
	① 신청 : 상속세 또는 증여세 과세표준신고(수정신고 및 기한후신고를 하는 경우 포함)시에 납부하여야 할 세액에 대하여 연부연납신청서를 상속세 또는 증여세 과세표준신고와 함께 관할세무서장에게 제출하여야 한다. 다만, 과세표준과 세액의 결정통지를 받은 자는 해당 납부고지서에 의한 납부기한까지 그 신청서를 제출할 수 있다.
	② 허가 : 연부연납신청을 받은 세무서장은 다음의 기간 이내에 신청인에게 그 허가 여부를 서면으로 결정·통지하여야 한다.
	    ⓐ 상속세·증여세의 과세표준신고를 한 경우 : 과세표준신고기한이 경과한 날부터 상속세는 6개월, 증여세는 3개월
	    ⓑ 국세기본법에 따른 수정신고 또는 기한후신고를 한 경우 : 신고한 날이 속하는 달의 말일부터 9개월, 증여세는 6개월
	    ⓒ 결정통지를 받은 후 납부고지서의 납부기한까지 연부연납신청서를 제출한 경우 : 납부고지서에 의한 납부기한이 경과한 날부터 14일
	③ 취소 : 다음에 해당하는 경우에는 그 연부연납의 허가를 취소 또는 변경하고 그에 따라 연부연납에 관계되는 세액의 전부 또는 일부를 징수할 수 있다.
	    ⓐ 연부연납세액을 지정된 납부기한까지 납부하지 아니한 경우
	    ⓑ 담보의 변경 또는 그 밖에 담보보전에 필요한 관할세무서장의 명령에 따르지 아니한 경우
	    ⓒ 국세징수법상 납기전징수사유에 해당되는 경우
	    ⓓ 가업상속공제의 추징사유에 해당하는 경우
	    ⓔ 상속받은 사업을 폐업하거나 해당 상속인이 그 사업에 종사하지 아니하게 된 경우 등
	(4) 연부연납가산금
	연부연납시에는 다음의 금액을 각 회분의 분할납부세액에 가산하여 납부하여야 함
	
	| 구 분 | 연부연납가산금 |
	|---|---|
	| ① 처음의 분할납부세액을 납부할 때 | 연부연납 총세액 × 분할납부기간의 일수 × 가산율* |
	| ② 그 이후의 분할납부세액을 납부할 때 | (연부연납 총세액 − 기납부세액) × 분할납부기간의 일수 × 가산율* |
	
	* 서울특별시에 본점을 둔 금융기관의 1년 만기 정기예금이자율의 평균을 감안하여 국세청장이 정하여 고시하는 율을 말한다.

물 납	**(1) 요 건** ① 상속재산(상속재산에 가산하는 증여재산 중 상속인 및 수유자가 받은 증여재산 포함)중 부동산과 유가증권 가액이 해당 재산가액의 1/2 초과 ② 상속세의 납부세액이 2천만원 초과 ③ 상속세 납부세액이 상속재산가액 중 금융재산(상속재산에 가산하는 증여재산의 가액은 제외)의 가액을 초과할 것 ④ 관할세무서장이 물납을 허가 **(2) 물납청구의 범위** 물납을 청구할 수 있는 납부세액은 다음의 ①, ② 중 작은 금액을 초과할 수 없다. ① 상속재산 중 물납에 충당할 수 있는 부동산 및 유가증권의 가액에 대한 상속세 납부세액 ② 상속세 납부세액에서 금융재산(금융회사등에 대한 채무의 금액은 차감한 금액)과 거래소에 상장된 유가증권(법령에 따라 처분이 제한된 것은 제외)의 가액을 차감한 금액

물 납	(3) 비상장주식 물납의 제한 위 (2)의 규정에도 불구하고 비상장주식 등으로 물납할 수 있는 납부세액은 상속세 납부세액에서 상속세 과세가액(비상장주식 등과 상속개시일 현재 상속인이 거주하는 주택 및 부수토지의 가액을 차감한 금액)을 차감한 금액을 초과할 수 없다. (4) 물납재산의 충당순서 물납에 충당하는 재산은 세무서장이 인정하는 정당한 사유가 없는 한 다음의 순서에 따라 신청 및 허가하여야 함 ① 국채 및 공채 ② 한국거래소에 상장된 유가증권 ③ 국내에 소재하는 부동산 ④ 최초로 거래소에 상장되어 물납허가통지서 발송일 전일 현재「자본시장과 금융투자업에 관한 법률」에 따라 처분이 제한된 경우의 상장유가증권 ⑤ 비상장주식 등 ⑥ 상속개시일 현재 상속인이 거주하는 주택 및 부수토지 (5) 물납허가의 제한 및 물납재산의 변경 납세지 관할세무서장은 물납신청을 받은 재산이 관리·처분상 부적당하다고 인정되는 경우에는 그 재산에 대한 물납허가를 하지 아니하거나 관리·처분이 가능한 다른 물납재산으로의 변경을 명할 수 있음
문화유산 등에 대한 물납	① 다음의 요건을 모두 갖춘 납세의무자는 상속재산에 문화유산 및 미술품(문화유산 등)이 포함된 경우 납세지 관할 세무서장에게 해당 문화유산 등에 대한 물납을 신청할 수 있다. ㉠ 상속세 납부세액이 2천만원을 초과할 것 ㉡ 상속세 납부세액이 상속재산가액 중 금융재산의 가액(상속재산에 가산하는 증여재산의 가액은 포함하지 아니한다)을 초과할 것 ② 납세지 관할 세무서장은 위 ①에 따른 물납 신청이 있는 경우 해당 물납 신청 내역 등을 문화체육관광부장관에게 통보하여야 한다. ③ 문화체육관광부장관은 물납을 신청한 문화유산 등이 역사적·학술적·예술적 가치가 있는 등 물납이 필요하다고 인정되는 경우 납세지 관할 세무서장에게 해당 문화유산 등에 대한 물납을 요청하여야 한다. ④ 납세지 관할 세무서장은 위 ③에 따른 요청을 받은 경우 해당 문화유산 등이 국고 손실의 위험이 크지 아니하다고 인정되는 경우 물납을 허가한다. ⑤ 위 ①에 따라 물납을 신청할 수 있는 납부세액은 상속재산 중 물납에 충당할 수 있는 문화유산 등의 가액에 대한 상속세 납부세액을 초과할 수 없다.
가업상속에 대한 상속세 납부유예	① 납부유예대상 : 납세지 관할세무서장은 납세자가 다음의 요건을 모두 갖추어 상속세의 납부유예를 신청하는 경우 상속세납부세액 중 가업상속재산 비율(총상속재산 중 가업상속재산의 비율)에 해당하는 금액에 대하여 납부유예를 허가할 수 있다. ㉠ 상속인이 가업상속공제대상에 따른 가업(중소기업으로 한정)을 상속받았을 것 ㉡ 가업상속공제(또는 영농상속공제)를 받지 아니하였을 것 ㉢ 담보를 제공할 것 ㉣ 관할세무서장으로부터 납부유예신청에 대한 허가를 받을 것 ② 납세지 관할세무서장은 상속인이 정당한 사유 없이 다음의 어느 하나에 해당하는 경우 위 ①에 따른 허가를 취소하거나 변경하고, 다음 각각에 따른 세액과 이자상당액을 징수한다. ㉠ 가업용 자산의 40% 이상을 처분한 경우 : 납부유예된 세액 중 처분 비율을 고려하여 계산한 세액 ㉡ 해당 상속인이 가업에 종사하지 아니하게 된 경우 : 납부유예된 세액의 전부

　　　　　ⓒ 주식등을 상속받은 상속인의 지분이 감소한 경우 : 다음의 구분에 따른 세액
　　　　　　ⓐ 상속개시일부터 5년 이내에 감소한 경우 : 납부유예된 세액의 전부
　　　　　　ⓑ 상속개시일부터 5년 후에 감소한 경우 : 납부유예된 세액 중 지분 감소 비율을 고려하여 계산한 세액
　　　　　ⓔ 가업상속공제의 고용유지요건을 위배한 경우 : 납부유예된 세액의 전부
　　　　　ⓕ 해당 상속인이 사망하여 상속이 개시되는 경우 : 납부유예된 세액의 전부
　　③ 납세지 관할세무서장은 위 ①에 따라 납부유예 허가를 받은 자가 다음의 어느 하나에 해당하는 경우 그 허가를 취소하거나 변경하고, 납부유예된 세액의 전부 또는 일부와 이자상당액을 징수할 수 있다.
　　　ⓐ 담보변경 또는 기타 담보 보전에 필요한 관할세무서장의 명령에 따르지 아니한 경우
　　　ⓑ 「국세징수법」상 납부기한전 징수 사유의 어느 하나에 해당되는 경우

3 결정·경정

구 분	내 용
원 칙	세무서장 등은 납세의무자의 과세표준 및 세액에 대한 신고에 따라 과세표준신고기한으로부터 상속세는 9개월, 증여세는 6개월 이내에 상속세 및 증여세의 과세표준과 세액을 결정하여야 함
수시부과결정	세무서장 등은 국세징수법상 납부기한 전 징수의 사유가 있는 경우에는 위의 규정에도 불구하고 신고기한 전이라도 수시로 상속세·증여세의 과세표준과 세액을 결정할 수 있음
고액상속인에 대한 사후관리	세무서장 등은 결정된 상속재산의 가액이 30억원 이상인 경우로서 상속개시일부터 5년 이내에 상속인이 보유한 부동산, 주식 등 주요 재산의 가액이 상속개시 당시에 비하여 크게 증가한 경우에는 그 결정한 과세표준과 세액에 탈루 또는 오류가 있는지를 조사하여야 함(단, 상속인이 그 증가한 재산의 자금 출처를 증명한 경우는 제외)
결정통지	세무서장등은 결정한 상속세 과세표준과 세액을 상속인·수유자 또는 수증자에게 통지하여야 한다. 이 경우 상속인이나 수유자가 2명 이상이면 그 상속인이나 수유자 모두에게 통지하여야 한다.
경정청구 특례	국세기본법은 후발적 사유에 의한 경정 등의 청구기한을 <u>해당 사유가 발생한 것을 안 날로부터 3개월</u> 이내로 규정하고 있으나, 상속세 및 증여세법은 이러한 후발적 사유가 대부분 부동산의 등기·등록·법적 계약의 변경 등 복잡하고 장기간이 소요되는 사유가 대부분이므로 이에 대한 청구기한을 <u>해당 사유가 발생한 날부터 상속세는 6개월, 증여세는 3개월</u> 이내로 규정하고 있음(국세기본법에 우선하는 특례)

CHAPTER 04 재산의 평가

1 원칙적인 평가기준 - 시가평가의 원칙

구 분	내 용
시가의 개념	불특정다수인 사이에 자유롭게 거래가 이루어지는 경우에 통상적으로 성립된다고 인정되는 가액
시가로 인정되는 것	'수용가격·공매가격 및 감정가액 등 시가로 인정되는 것'이란 평가기간 이내의 기간 중 매매·감정·수용·경매 또는 공매가 있는 경우에 다음의 어느 하나에 따라 확인되는 가액을 말함

구 분	내 용
① 매매사례가액	해당 재산에 대한 매매사실이 있는 경우에는 그 거래가액을 시가로 인정함. 다만, 다음의 어느 하나에 해당하는 경우는 제외한다. ㉠ 특수관계인과의 거래 등으로 그 거래가액이 객관적으로 부당하다고 인정되는 경우 ㉡ 거래된 비상장주식의 가액(액면가액 합계액)이 다음의 금액 중 적은 금액 미만인 경우 　ⓐ 해당 법인의 발행주식총액(액면가액 기준) × 1% 　ⓑ 3억원
② 감정가액*¹	해당 재산(주식 및 출자지분 제외)에 대하여 2 이상의 감정기관이 평가한 감정가액이 있는 경우에는 그 감정가액의 평균액을 시가로 인정함
③ 보상·경매·공매가액*²	해당 재산에 대하여 수용·경매 또는 공매사실이 있는 경우에는 그 보상가액·경매가액 또는 공매가액을 시가로 인정함

〈주의사항〉
㉠ 평가기간 : 상속재산은 평가기준일 전후 6개월, 증여재산은 평가기준일 전 6개월부터 평가기준일 후 3개월까지의 기간을 말한다.
㉡ 시가로 보는 가액이 2 이상인 경우에는 평가기준일부터 가장 가까운 날에 해당하는 가액(그 가액이 둘 이상인 경우에는 그 평균액)을 시가로 적용한다.
㉢ 다만, 평가기간에 해당하지 아니하는 기간으로서 평가기준일 전 2년 이내의 기간중에 매매등이 있는 경우에도 평가기준일부터 과세표준과 세액의 결정기한까지의 기간 중에 주식발행회사의 경영상태, 시간의 경과 및 주위환경의 변화 등을 고려하여 가격변동의 특별한 사정이 없다고 보아 상속세 또는 증여세 납세자, 지방국세청장 또는 관할세무서장이 신청하는 때에는 평가심의위원회의 심의를 거쳐 해당 매매등의 가액을 시가로 인정되는 가액에 포함시킬 수 있다.

*¹ 납세의무자가 제시한 감정기관(원감정기관)의 감정가액이 세무서장 등이 다른 감정기관에 의뢰하여 평가한 감정가액의 80%에 미달하는 등 일정한 사유가 있는 경우에는 세무서장 등은 평가심의위원회의 심의를 거쳐 부실감정의 고의성, 미달정도 등을 감안하여 1년의 범위에서 기간을 정하여 해당 감정기관을 시가불인정 감정기관으로 지정할 수 있으며, 시가불인정 감정기관으로 지정된 기간 동안 해당 시가불인정 감정기관이 평가하는 감정가액은 시가로 보지 아니한다.

*¹ 감정가액을 결정할 때에는 둘 이상의 감정기관(기준시가 10억원 이하의 부동산의 경우에는 하나 이상의 감정기관)에 감정을 의뢰하여야 한다.

*² 경매 또는 공매가액 적용배제 : 다음 중 어느 하나에 해당하는 가액은 경매 또는 공매가액에서 제외한다.
① 물납한 재산을 상속인 또는 그의 특수관계인이 경매 또는 공매로 취득한 경우
② 경매 또는 공매로 취득한 비상장주식의 가액(액면가액 합계액)이 다음의 금액 중 적은 금액 미만인 경우
　㉠ 해당 법인의 발행주식총액(액면가액 기준) × 1%
　㉡ 3억원
③ 경매 또는 공매절차의 개시 후 수의계약에 의하여 취득하는 경우
④ 최대주주등이 보유하고 있던 비상장주식등이 경매 또는 공매된 경우로서 최대주주등의 상속인 또는 최대주주등의 특수관계인이 취득한 경우

2 보충적 평가방법 - 시가를 산정할 수 없는 경우

(1) 부동산

구 분		평가액
토 지		① 원칙 : 개별공시지가 ② 지정지역 안의 토지 : 개별공시지가 × 배율
건 물		건물의 신축가격·구조·용도·위치·신축연도 등을 고려하여 매년 1회 이상 국세청장이 산정·고시하는 가액
오피스텔·상업용건물		매년 1회 이상 국세청장이 토지와 건물에 대하여 일괄 산정·고시하는 가액
주택 (부수토지 포함)	공동주택	국토해양부장관 및 국세청장이 결정·고시한 공동주택가격
	단독주택	시장·군수·구청장이 결정·공시한 개별주택가격

(2) 주식 및 출자지분

구 분	평가액
주권상장주식	① 원칙 : 평가기준일(평가기준일이 공휴일 등 매매가 없는 날인 경우에는 그 전일) 이전·이후 각 2개월 동안 공표된 매일의 거래소 최종 시세가액의 평균액으로 한다. ② 예외 : 다만, 합병에 따른 이익의 증여규정을 적용할 때 합병(분할합병을 포함한다)으로 소멸하거나 흡수되는 법인 또는 신설되거나 존속하는 법인이 보유한 상장주식의 시가는 평가기준일 현재의 거래소 최종 시세가액으로 한다.
비상장주식	① 일반법인 　1주당 평가액 = Max[㉠, ㉡] 　㉠ [(1주당 순손익가치 × 3) + (1주당 순자산가치[*2] × 2)] ÷ 5 　㉡ 1주당 순자산가치 × 80% ② 부동산과다보유법인(자산총액 중 부동산비율이 50% 이상인 법인) 　1주당 평가액 = Max[㉠, ㉡] 　㉠ [(1주당 순손익가치 × 2) + (1주당 순자산가치[*2] × 3)] ÷ 5 　㉡ 1주당 순자산가치 × 80% ③ 무조건 순자산가치에 따라 평가하여야 하는 경우 　ⓐ 청산절차가 진행 중이거나 사업자의 사망 등으로 인하여 사업의 계속이 곤란하다고 인정되는 경우 　ⓑ 사업개시 전 법인, 사업개시 후 3년 미만인 법인과 휴·폐업 중에 있는 법인의 경우 　ⓒ 부동산 평가액이 총자산의 80% 이상인 법인의 비상장주식 　ⓓ 법인의 자산총액 중 주식 등의 가액의 합계액이 차지하는 비율이 80% 이상인 법인의 주식 등 　ⓔ 법인의 설립시부터 존속기한이 확정된 법인으로서 평가기준일 현재 잔여 존속기한이 3년 이내인 법인의 주식 등
할증평가특례	최대주주의 보유주식(중소기업 및 중견기업 주식 제외)에 대하여는 상속세법 및 증여세법에 의하여 평가한 금액에 20%를 곱한 금액을 가산하여 계산한다.

(3) 기타의 재산

구 분	평가액
선박·항공기·차량·기계장비 및 입목	처분할 경우 다시 취득할 수 있다고 예상되는 가액 ★ 그 가액이 확인되지 않는 경우에는 다음 가액을 순차적으로 적용 ① 장부가액(취득가액 − 감가상각비) → ② 지방세법상 시가표준액
상품·제품·원재료 등	처분할 때 취득할 수 있다고 예상되는 가액 ★ 그 가액이 확인되지 아니하는 경우에는 장부가액

국·공채 및 사채	① 한국거래소에서 거래되는 것 : Max[ⓐ, ⓑ]
	   ⓐ 평가기준일 이전 2개월간 공표된 매일의 최종시세가액의 평균액
	   ⓑ 평가기준일 이전 최근일의 최종시세가액
	② 이 외의 것
	   ⓐ 타인으로부터 매입한 국채 등 : 매입가액+평가기준일까지의 미수이자상당액
	   ⓑ 발행기관으로부터 직접 매입한 경우 : 평가기준일 현재 처분예상금액

예금·적금 등	평가기준일 현재의 예입총액 + 미수이자상당액 − 원천징수상당액
부동산을 취득할 수 있는 권리 및 특정 시설물이용권	평가기준일까지의 불입액 + 평가기준일 현재의 프리미엄 상당액 ★ 해당 권리에 대하여 소득세법에 의한 기준시가가 있는 경우에는 해당 가액에 의한다.
영업권	초과이익금액을 평가기준일 이후의 영업권지속연수(원칙적 5년)를 감안하여 환산한 가액

저당권 등이 설정된 재산	저당권 등이 설정된 재산에 대한 평가액 = Max[①, ②]
	① 평가기준일 당시의 시가 또는 보충적 평가방법에 따른 평가액
	② 해당 재산이 담보하는 채권액 또는 전세금 등
	★ '저당권 등이 설정된 재산'이란 다음의 재산을 말한다.
	   ㉠ 저당권, 담보권 또는 질권이 설정된 재산
	   ㉡ 양도담보재산
	   ㉢ 전세권이 등기된 재산(임대보증금을 받고 임대한 재산 포함)
	   ㉣ 위탁자의 채무이행을 담보할 목적으로 신탁계약을 체결한 재산

가상자산의 평가	「가상자산 이용자 보호 등에 관한 법률」에 따른 가상자산은 다음의 구분에 따른 금액으로 평가한다(2025년 1월 1일 이후 시행). ① 「가상자산 이용자 보호 등에 관한 법률」에 따라 신고가 수리된 가상자산 사업자 중 국세청장이 고시하는 사업자의 사업장에서 거래되는 가상자산 : 해당 가상자산 사업자가 공시하는 평가기준일 이전·이후 각 1개월 동안의 일평균가액의 평균액 ② 위 ① 외의 가상자산 : 「가상자산 이용자 보호 등에 관한 법률」에 따라 신고가 수리된 가상자산 사업자 및 그에 준하는 사업자의 사업장에서 공시하는 거래일의 일평균가액 또는 종료시각에 공시된 시세가액등 합리적으로 인정되는 가격
국외재산	외국에 있는 상속 또는 증여재산으로서 위의 평가방법을 적용하는 것이 부적당한 경우에는 해당 재산이 소재하는 국가에서 양도소득세·상속세 또는 증여세 등의 부과목적으로 평가한 가액을 평가액으로 하며, 이러한 평가액이 없는 경우에는 세무서장 등이 둘 이상의 국내 또는 외국의 감정기관에 의뢰하여 감정한 가액을 고려하여 평가한 가액에 따름

■ ■ ■ 이진욱 세무사의 **Tax Note**

종합부동산세법

1 총 칙

구 분	내 용
목 적	고액의 부동산 보유자에 대하여 종합부동산세를 부과하여 부동산보유에 대한 조세부담의 형평성을 제고하고, 부동산의 가격안정을 도모함으로써 지방재정의 균형발전과 국민경제의 건전한 발전에 이바지함을 목적으로 한다.
과세단위	인별합산과세원칙(세대별합산 ×, 부부합산 ×)
과세기준일	6월 1일(= 재산세 과세기준일)
납세지	① 개인(법인으로 보지 않는 법인 아닌 단체 포함) : 소득세의 납세지 ② 법인(법인으로 의제하는 법인 아닌 단체 포함) : 법인세의 납세지 ③ 국내사업장이 없는 비거주자 또는 외국법인 : 주택 또는 토지의 소재지★ ★둘 이상인 경우에는 공시가격이 가장 높은 주택의 소재지를 납세지로 함
과세구분 및 세액	① 종합부동산세는 주택에 대한 종합부동산세와 토지에 대한 종합부동산세의 세액을 합한 금액을 그 세액으로 한다. ② 토지에 대한 종합부동산세의 세액은 종합합산과세대상 토지분 세액과 별도합산과세대상 토지분 세액을 합한 금액으로 한다.

비과세 등	① 「지방세특례제한법」 또는 조세특례제한법에 의한 재산세의 비과세·과세면제 또는 경감에 관한 규정(재산세의 감면규정)은 종합부동산세를 부과함에 있어서 이를 준용한다.
	② 「지방세특례제한법」에 따른 시·군의 감면조례에 의한 재산세의 감면규정은 종합부동산세를 부과함에 있어서 이를 준용한다.
	③ 재산세의 감면규정을 준용함에 있어서 그 감면대상인 주택 또는 토지의 공시가격에서 그 공시가격에 재산세 감면비율을 곱한 금액을 공제한 금액을 공시가격으로 본다.
	④ 감면규정 또는 분리과세규정에 따라 종합부동산세를 경감하는 것이 종합부동산세를 부과하는 취지에 비추어 적합하지 않은 것으로 인정되는 다음의 어느 하나에 해당하는 경우에는 종합부동산세를 부과함에 있어서 해당 감면규정 또는 그 분리과세규정을 적용하지 아니한다.
	   ㉠ 재산세의 감면규정 등이 다음의 요건을 모두 충족하는 경우
	      ⓐ 전국 공통으로 적용되는 것이 아닌 것
	      ⓑ 당해 규정이 전국적인 과세형평을 저해하는 것으로 인정되는 것
	   ㉡ 재산세 감면규정 등이 종합부동산세가 합산배제되지 않는 임대주택에 적용되는 경우

세대의 범위	① '세대'란 주택 또는 토지의 소유자 및 그 배우자가 그들과 동일한 주소 또는 거소에서 생계를 같이 하는 가족과 함께 구성하는 1세대를 말한다.
	② 위 ①에서 "가족"이라 함은 주택 또는 토지의 소유자와 그 배우자의 직계존비속(그 배우자 포함) 및 형제자매를 말하며, 취학, 질병의 요양, 근무상 또는 사업상의 형편으로 본래의 주소 또는 거소를 일시퇴거한 자를 포함한다.
	③ 다음의 경우에는 배우자가 없는 때에도 이를 위 ①에 따른 1세대로 본다.
	   ㉠ 30세 이상인 경우
	   ㉡ 배우자가 사망하거나 이혼한 경우
	   ㉢ 「국민기초생활 보장법」에 따른 기준 중위소득의 40% 이상으로서 소유하고 있는 주택 또는 토지를 관리·유지하면서 독립된 생계를 유지할 수 있는 경우
	④ 혼인함으로써 1세대를 구성하는 경우에는 혼인한 날부터 5년 동안은 위 ①에도 불구하고 주택 또는 토지를 소유하는 자와 그 혼인한 자별로 각각 1세대로 본다.
	⑤ 동거봉양하기 위하여 합가함으로써 과세기준일 현재 60세 이상의 직계존속과 1세대를 구성하는 경우에는 합가한 날부터 10년 동안 주택 또는 토지를 소유하는 자와 그 합가한 자별로 각각 1세대로 본다.

2 주택에 대한 과세

구 분	내 용

납세의무자	① 원칙 : 과세기준일 현재 주택분 재산세의 납세의무자는 종합부동산세를 납부할 의무가 있다.
	② 신탁주택 : 「신탁법」에 따른 수탁자의 명의로 등기 또는 등록된 신탁재산으로서 주택(이하 "신탁주택")의 경우에는 위 ①에도 불구하고 위탁자가 종합부동산세를 납부할 의무가 있다. 이 경우 위탁자가 신탁주택을 소유한 것으로 본다.
	③ 물적납세의무 : 신탁주택의 위탁자가 다음의 어느 하나에 해당하는 종합부동산세 또는 강제징수비를 체납한 경우로서 그 위탁자의 다른 재산에 대하여 강제징수를 하여도 징수할 금액에 미치지 못할 때에는 해당 신탁주택의 수탁자는 그 신탁주택으로써 위탁자의 종합부동산세등을 납부할 의무가 있다.
	   ㉠ 신탁 설정일 이후에 법정기일이 도래하는 종합부동산세로서 해당 신탁주택과 관련하여 발생한 것
	   ㉡ 위 ㉠의 금액에 대한 강제징수 과정에서 발생한 강제징수비

과세대상	① 원칙 : 과세기준일 현재 납세의무자가 보유하고 있는 주택
	② 예외(합산배제주택) : 다음에 해당하는 주택은 종합부동산세가 과세되는 주택에서 제외함
	   ㉠ 민간임대주택, 공공임대주택 또는 일정한 다가구 임대주택 등
	   ㉡ 종업원에게 무상이나 저가로 제공하는 사용자 소유의 주택으로서 국민주택규모 이하 또는 과세기준일 현재 주택공시가격이 6억원 이하인 주택.
	   ㉢ 기숙사
	   ㉣ 자가건축소유하는 주택으로서 사업계획승인 또는 허가를 받은 미분양 주택
	   ㉤ 과세기준일 현재 5년 이상 계속하여 가정어린이집으로 운영하는 주택
	   ㉥ 주택의 시공자가 해당 주택의 공사대금으로 받은 미분양 주택
	   ㉦ 정부출연연구기관이 해당 연구기관의 연구원에게 제공하는 주택
	   ㉧ 「문화재보호법」에 따른 등록문화재에 해당하는 주택
	   ㉨ 기업구조조정부동산투자회사 또는 부동산집합투자기구 직접 취득을 하는 미분양주택
	   ㉩ 기업구조조정부동산투자회사등이 미분양주택을 취득할 당시 매입약정을 체결한 자가 그 매입약정에 따라 미분양주택을 취득한 경우로서 그 취득일부터 3년 이내인 주택
	   ㉪ 일정한 요건을 갖춘 신탁계약에 따른 신탁재산으로 직접취득 하는 미분양주택
	   ㉫ 「노인복지법」에 따른 노인복지주택
	   ㉬ 「향교재산법」에 따른 향교 또는 향교재단이 소유한 주택의 부속토지 등
	③ 주택보유현황의 신고 : 위 ②의 규정에 따른 주택을 보유한 납세의무자는 당해연도 9월 16일부터 9월 30일까지 납세지관할세무서장에게 당해 주택의 보유현황을 신고하여야 한다.

1세대 1주택 판정	① 1세대 1주택자란 세대원 중 1명만이 주택분 재산세 과세대상인 1주택만을 소유한 경우로서 그 주택을 소유한 「소득세법」에 따른 거주자를 말한다.
	② 다가구주택은 1주택으로 보되, 합산배제 임대주택으로 신고한 경우에는 1세대가 독립하여 구분 사용할 수 있도록 구획된 부분을 각각 1주택으로 본다.
	③ 1주택을 여러 사람이 공동으로 소유한 경우 공동 소유자 각자가 그 주택을 소유한 것으로 본다.
	④ 다음 중 어느 하나에 해당하는 경우에는 이를 1세대 1주택자로 본다.
	   ㉠ 1주택(주택의 부속토지만을 소유한 경우는 제외)과 다른 주택의 부속토지(주택의 건물과 부속토지의 소유자가 다른 경우의 그 부속토지를 말함)를 함께 소유하고 있는 경우
	   ㉡ 1세대 1주택자가 보유하고 있는 주택을 양도하기 전에 다른 1주택(신규주택)을 취득하여 2주택이 된 경우로서 과세기준일 현재 신규주택을 취득한 날부터 3년이 경과하지 않은 경우
	   ㉢ 1주택과 상속받은 주택으로서 다음 중 어느 하나에 해당하는 상속주택을 함께 소유하고 있는 경우
	      ⓐ 과세기준일 현재 상속개시일부터 5년이 경과하지 않은 주택
	      ⓑ 지분율이 100분의 40 이하인 주택
	      ⓒ 지분율에 상당하는 공시가격이 6억원(수도권 밖의 지역은 3억원) 이하인 주택

1세대 1주택 판정	ⓔ 1주택과 저가주택(공시가격 3억원 이하인 수도권 밖의 지역에 소재하는 주택)을 함께 소유하고 있는 경우 ⑤ 위 ④의 ⓒ,ⓒ,ⓔ의 규정을 적용받으려는 납세의무자는 해당 연도 9월 16일부터 9월 30일까지 '1세대 1주택자 판단 시 주택 수 산정 제외 신청서'를 관할세무서장에게 신청하여야 한다.
과세표준	주택에 대한 종합부동산세의 과세표준은 납세의무자별로 주택의 공시가격을 합산한 금액에서 일정한 공제액(9억원 or 12억원 or 0원)을 공제한 금액에 공정시장가액비율을 곱한 금액으로 한다. 다만, 그 금액이 영보다 작은 경우에는 영으로 본다. [주택공시가격[★1] − 납세자별 공제액[★2]] × 공정시장가액비율[★3] [★1] 납세의무자별 보유 주택의 공시가격을 합산한 금액 [★2] 납세자별 공제액 ① 일반적인 경우 : 9억원 ② 1세대 1주택자 : 12억원 ③ 2.7% 또는 5.0%의 세율이 적용되는 법인 : 0원 [★3] 공정시장가액비율은 부동산 시장의 동향과 재정 여건 등을 고려하여 100분의 60부터 100분의 100까지의 범위에서 대통령령이 정하는 비율을 말하는 것으로서 현행 공정가액비율은 60%가 적용되고 있다.
세 율	주택에 대한 종합부동산세는 다음과 같이 납세의무자가 소유한 주택 수에 따라 과세표준에 해당 세율을 적용하여 계산한 금액을 종합부동산세액으로 한다. ① 2주택 이하 소유자 | 과세표준	세 율
3억원 이하	0.5%
3억원 초과 6억원 이하	150만원+(3억원을 초과하는 금액의 0.7%)
6억원 초과 12억원 이하	360만원+(6억원을 초과하는 금액의 1%)
12억원 초과 25억원 이하	960만원+(12억원을 초과하는 금액의 1.3%)
25억원 초과 50억원 이하	2천650만원+(25억원을 초과하는 금액의 1.5%)
50억원 초과 94억원 이하	6천400만원+(50억원을 초과하는 금액의 2%)
94억원 초과	1억5천200만원+(94억원을 초과하는 금액의 2.7%) | ② 3주택 이상 소유자 | 과세표준	세 율
3억원 이하	0.5%
3억원 초과 6억원 이하	150만원+(3억원을 초과하는 금액의 0.7%)
6억원 초과 12억원 이하	360만원+(6억원을 초과하는 금액의 1%)
12억원 초과 25억원 이하	960만원+(12억원을 초과하는 금액의 2%)
25억원 초과 50억원 이하	3천560만원+(25억원을 초과하는 금액의 3%)
50억원 초과 94억원 이하	1억1천60만원+(50억원을 초과하는 금액의 4%)
94억원 초과	2억8천660만원+(94억원을 초과하는 금액의 5%) | ③ 납세의무자가 법인 또는 법인으로 보는 단체인 경우에는 위 ①, ②의 규정에도 불구하고 과세표준에 다음에 따른 세율을 적용하여 계산한 금액을 주택분 종합부동산세액으로 한다. ㉠ 공익법인등이 직접 공익목적사업에 사용하는 주택만을 보유한 경우와 공공주택사업자 등의 법인인 경우 : 위 '①'에 따른 세율 NEW ㉡ 공익법인등으로서 ㉠에 해당하지 아니하는 경우 : 위 '① 또는 ②'에 따른 세율 NEW ㉢ 위 ㉠ 및 ㉡ 외의 법인인 경우 : 다음에 따른 세율 　ⓐ 2주택 이하를 소유한 경우 : 2.7% 　ⓑ 3주택 이상을 소유한 경우 : 5.0%

구분	내용
세액공제	(1) 재산세액공제 : 주택분 과세표준 금액에 대하여 해당 과세대상주택의 주택분 재산세로 부과된 세액은 주택분 종합부동산세액에서 공제한다(이중과세방지목적). (2) 1세대 1주택자에 대한 세액공제 : 다음의 ①과 ②를 공제율 합계 80%의 범위에서 중복하여 적용할 수 있음 ① 고령자(만 60세 이상) 세액공제* | 연 령	세액공제액
만 60세 이상 ~ 65세 미만	산출세액 × 20%
만 65세 이상 ~ 70세 미만	산출세액 × 30%
만 70세 이상	산출세액 × 40% | ② 장기보유(5년 이상)세액공제* | 보유기간	세액공제액
5년 이상 ~ 10년 미만	산출세액 × 20%
10년 이상 ~ 15년 미만	산출세액 × 40%
15년 이상	산출세액 × 50% | *위 ① 또는 ②에 해당하는 1세대 1주택자가 1주택 판단시 주택수에 포함하지 않는 주택(부속토지만 보유한 경우, 대체취득주택, 상속주택, 지방저가주택)을 함께 보유한 경우에는 해당 1세대 1주택자의 공제액은 산출된 세액에서 해당 주택(부속토지만 보유한 경우, 대체취득주택, 상속주택, 지방저가주택)에 해당하는 산출세액을 제외한 금액에 연령별 또는 보유기간별 공제율을 곱한 금액으로 한다.
세부담의 상한	종합부동산세의 납세의무자가 해당 연도에 납부하여야 할 주택분 재산세액상당액(신탁주택의 경우 재산세의 납세의무자가 납부하여야 할 주택분 재산세액상당액)과 주택분 종합부동산세액상당액의 합계액(이하 "주택에 대한 총세액상당액")으로서 해당 납세의무자에게 직전년도에 해당 주택에 부과된 주택에 대한 총세액상당액으로서 계산한 세액의 150%를 초과하는 경우에는 그 초과하는 세액에 대해서는 이를 없는 것으로 본다. 다만, 납세의무자가 법인 또는 법인으로 보는 단체로서 2.7% 또는 5%의 세율이 적용되는 경우는 그러하지 아니하다(법인은 세부담 상한없이 전액 과세).

3 토지에 대한 과세

구 분	내 용
과세방법	토지에 대한 종합부동산세는 국내에 소재하는 토지에 대하여「지방세법」에 따른 종합합산과세대상과 별도합산과세대상으로 구분하여 과세한다.
납세의무자	① 원 칙 : 과세기준일 현재 토지분 재산세의 납세의무자로서 다음의 어느 하나에 해당하는 자는 해당 토지에 대한 종합부동산세를 납부할 의무가 있다. 　㉠ 종합합산과세대상 : 국내에 소재하는 해당 과세대상토지의 공시가격을 합한 금액이 5억원을 초과하는 자 　㉡ 별도합산과세대상 : 국내에 소재하는 해당 과세대상토지의 공시가격을 합한 금액이 80억원을 초과하는 자 ② 신탁토지 : 수탁자의 명의로 등기 또는 등록된 신탁재산으로서 토지(이하 "신탁토지")의 경우에는 위 ①에도 불구하고 위탁자가 종합부동산세를 납부할 의무가 있다. 이 경우 위탁자가 신탁토지를 소유한 것으로 본다. ③ 물적납세의무 : 신탁토지의 위탁자가 다음의 어느 하나에 해당하는 종합부동산세등을 체납한 경우로서 그 위탁자의 다른 재산에 대하여 강제징수를 하여도 징수할 금액에 미치지 못할 때에는 해당 신탁토지의 수탁자는 그 신탁토지로써 위탁자의 종합부동산세등을 납부할 의무가 있다.

구분	내용
납세의무자	㉠ 신탁 설정일 이후에 법정기일이 도래하는 종합부동산세로서 해당 신탁토지와 관련하여 발생한 것 ㉡ 위 ㉠의 금액에 대한 강제징수 과정에서 발생한 강제징수비
과세대상	① 재산세가 과세되는 종합합산과세대상 토지 ② 재산세가 과세되는 별도합산과세대상 토지 ★재산세가 과세되는 분리과세대상 토지는 종합부동산세의 과세대상이 아님
과세표준	① 종합합산과세대상 토지 (인별 해당 토지의 공시가격 합계액 − 5억원) × 공정시장가액비율★ ② 별도합산과세대상 토지 (인별 해당 토지의 공시가격 합계액 − 80억원) × 공정시장가액비율★ ★공정시장가액비율은 100%가 적용되고 있다.
세율	① 종합합산과세대상 : 1% ~ 3%의 3단계 초과누진세율 | 과세표준 | 세율 | |---|---| | 15억원 이하 | 1% | | 15억원 초과 45억원 이하 | 1천500만원 + (15억원을 초과하는 금액의 2%) | | 45억원 초과 | 7천500만원 + (45억원을 초과하는 금액의 3%) | ② 별도합산과세대상 : 0.5% ~ 0.7%의 3단계 초과누진세율 | 과세표준 | 세율 | |---|---| | 200억원 이하 | 0.5% | | 200억원 초과 400억원 이하 | 1억원 + (200억원을 초과하는 금액의 0.6%) | | 400억원 초과 | 2억2천만원 + (400억원을 초과하는 금액의 0.7%) |
재산세액 공제	과세기준금액을 초과하는 금액에 대한 해당 과세대상 토지의 토지분재산세 부과액은 종합합산과세대상 토지와 별도합산과세대상 토지의 산출세액 계산시 각각 공제한다(이중과세방지목적).
세부담의 상한	① 종합합산과세대상인 토지에 대하여 해당 연도에 납부하여야 할 재산세액상당액(신탁토지의 경우 재산세의 납세의무자가 종합합산과세대상인 해당 토지에 대하여 납부하여야 할 재산세액상당액)과 토지분 종합합산세액상당액의 합계액(종합합산과세대상인 토지에 대한 총세액상당액)이 해당 납세의무자에게 직전년도에 해당 토지에 부과된 종합합산과세대상인 토지에 대한 총세액상당액의 150%를 초과하는 경우에는 그 초과하는 세액은 이를 없는 것으로 본다. ② 별도합산과세대상인 토지에 대하여 해당 연도에 납부하여야 할 재산세액상당액(신탁토지의 경우 재산세의 납세의무자가 별도합산과세대상인 해당 토지에 대하여 납부하여야 할 재산세액상당액)과 토지분 별도합산세액상당액의 합계액(별도합산과세대상인 토지에 대한 총세액상당액)이 해당 납세의무자에게 직전년도에 해당 토지에 부과된 별도합산과세대상인 토지에 대한 총세액상당액의 150%를 초과하는 경우에는 그 초과하는 세액은 이를 없는 것으로 본다.

4 신고·납부 등

구 분	내 용
부과·징수	① 원칙 : 정부부과제도(12월 1일 ~ 12월 15일까지를 납부기한으로 하여 납부고지서 발부) ② 예외 : 신고납부제도(납세자가 신고납부를 선택한 경우 12월 1일 ~ 12월 15일까지를 신고납부기간으로 하여 신고납부) * 납세의무자가 종합부동산세를 신고한 경우에는 이미 발부된 납부고지서상의 종합부동산세의 결정은 없었던 것으로 본다.

사후관리	① 관할세무서장은 다음의 어느 하나에 해당하는 경우에는 경감받은 세액과 이자상당가산액(1일당 22/100,000)을 추징하여야 한다.
	  ㉠ 과세표준 합산의 대상이 되는 주택에서 제외된 주택 중 임대주택 또는 가정어린이집용 주택이 추후 그 요건을 충족하지 아니하게 된 경우
	  ㉡ 대체취득을 위한 일시적 2주택자의 경우로서 1세대 1주택자로 본 납세의무자가 추후 그 요건을 충족하지 아니하게 된 경우

분 납	① 분납요건 : 종합부동산세로 납부하여야 할 세액이 250만원을 초과하는 경우 ② 분납기한 : 납부기한이 지난 날부터 6개월 이내 ③ 분납금액 | 납부세액 | 분납한도 | |---|---| | 250만원 초과 500만원 이하 | 해당 세액에서 250만원을 차감한 금액 | | 500만원을 초과 | 해당 세액의 50% 이하의 금액 |

납부유예	① 관할세무서장은 다음의 요건을 모두 충족하는 납세의무자가 주택분 종합부동산세액의 납부유예를 그 납부기한 만료 3일 전까지 신청하는 경우 이를 허가할 수 있다.
	  ㉠ 과세기준일 현재 1세대 1주택자일 것
	  ㉡ 과세기준일 현재 만 60세 이상이거나 해당 주택을 5년 이상 보유하고 있을 것
	  ㉢ 직전 과세기간 총급여액이 7천만원 이하이고+종합소득금액이 6천만원 이하일 것
	  ㉣ 해당 연도의 주택분 종합부동산세액이 100만원을 초과할 것
	  ㉤ 유예세액에 상당하는 담보를 제공할 것
	② 관할세무서장은 납부유예의 신청을 받은 경우 납부기한 만료일까지 납세의무자에게 납부유예 허가 여부를 서면으로 통지하여야 한다.
	③ 관할세무서장은 주택분 종합부동산세액의 납부가 유예된 납세의무자가 다음의 어느 하나에 해당하는 경우에는 그 납부유예 허가를 취소하여야 한다.
	  ㉠ 해당 주택을 타인에게 양도하거나 증여하는 경우
	  ㉡ 사망하여 상속이 개시되는 경우
	  ㉢ 위 ①의 ㉠ 요건(1세대 1주택자)을 충족하지 아니하게 된 경우
	  ㉣ 담보의 변경 또는 그 밖에 담보 보전에 필요한 관할세무서장의 명령에 따르지 아니한 경우
	  ㉤ 「국세징수법」상 납부기한전 징수사유의 어느 하나에 해당되어 그 납부유예와 관계되는 세액의 전액을 징수할 수 없다고 인정되는 경우
	  ㉥ 납부유예된 세액을 납부하려는 경우
	④ 관할세무서장은 위 ③에 따라 주택분 종합부동산세액의 납부유예 허가를 취소한 경우에는 해당 납세의무자에게 납부를 유예받은 세액과 이자상당가산액을 징수하여야 한다.
	⑤ 관할세무서장은 납부유예 기간 동안에는 납부지연가산세를 부과하지 아니한다.

> **참고 물적납세의무에 대한 납부특례**

① 종합부동산세를 납부하여야 하는 위탁자의 관할 세무서장은 수탁자로부터 위탁자의 종합부동산세등을 징수하려면 종합부동산세등의 과세기간, 세액 및 그 산출근거 등을 적은 납부고지서를 수탁자에게 발급하여야 한다. 이 경우 수탁자의 주소 또는 거소를 관할하는 세무서장과 위탁자에게 그 사실을 통지하여야 한다.
② 위 ①에 따른 납부고지가 있은 후 납세의무자인 위탁자가 신탁의 이익을 받을 권리를 포기 또는 이전하거나 신탁재산을 양도하는 등의 경우에도 제1항에 따라 고지된 부분에 대한 납세의무에는 영향을 미치지 아니한다.
③ 신탁재산의 수탁자가 변경되는 경우에 새로운 수탁자는 위 ①에 따라 이전의 수탁자에게 고지된 납세의무를 승계한다.
④ 위 ①에 따른 납세의무자인 위탁자의 관할 세무서장은 최초의 수탁자에 대한 신탁 설정일을 기준으로 그 신탁재산에 대한 현재 수탁자에게 위탁자의 종합부동산세등을 징수할 수 있다.
⑤ 신탁재산에 대하여 「국세징수법」에 따라 강제징수를 하는 경우 「국세기본법」상 국세우선권 규정에도 불구하고 수탁자는 「신탁법」에 따른 신탁재산의 보존 및 개량을 위하여 지출한 필요비 또는 유익비의 우선변제를 받을 권리가 있다.

이진욱

인하대학교 경영학과 졸업
세무사

약력
現 세무법인 창조 대표세무사
現 한국세무사회 지방세연구위원
現 바른생각 경영아카데미 세법 전임강사
現 공단기 세법 전임강사
前 한국투자저축은행 근무
前 두레회계법인 재산팀 근무
前 지암회계법인 근무
前 웅지세무대학 회계정보학과 전임교수
前 웅지경영아카데미 세법학 전임강사
前 웅지공무원아카데미 세법 전임강사
前 열린사이버대학교 세법 겸임교수
前 윌비스고시학원 세법 전임강사
前 미래경영아카데미 세법학 전임강사

이진욱 세무사의 TAX NOTE (필다나)   ISBN 979-11-93234-98-3

발행일 · 2021年 10月 1日 초판 1쇄
　　　　2022年 1月 28日 2판 1쇄
　　　　2023年 2月 3日 3판 1쇄
　　　　2024年 2月 2日 4판 1쇄

저자와의
협의하에
인지생략

저　자 · 이진욱 ｜ 발행인 · 이용중
발행처 · (주)배움출판사 ｜ 주소 · 서울시 영등포구 영등포로 400 신성빌딩 2층 (신길동)
주문 및 배본처 ｜ Tel · 02) 813-5334 ｜ Fax · 02) 814-5334

본서는 저작권법 보호대상으로 무단복제(복사, 스캔), 배포, 2차 저작물 작성에 의한 저작권 침해를 금합니다. 또한 저작권법 제136조에 따라 5년 이하의 징역 또는 5천만 원 이하의 벌금에 처하거나 이를 병과할 수 있으며, 저작권법 제125조에 따라 1억 원 이상의 손해배상책임이 발생할 수 있습니다.

저작권 침해 제보 · 이메일 : baeoom1@hanmail.net ｜ 전화 : 02) 813-5334

정가 18,000원